国家出版基金项目
NATIONAL PUBLICATION FOUNDATION

陕西碑刻文獻萃編

唐前卷

吴敏霞等 編著

中華書局

圖書在版編目(CIP)數據

陝西碑刻文獻萃編/吴敏霞等編著. —北京:中華書局,2022.3
ISBN 978-7-101-15228-9

Ⅰ.陝… Ⅱ.吴… Ⅲ.碑刻-彙編-陝西 Ⅳ.K877.42

中國版本圖書館 CIP 數據核字(2021)第 109429 號

書　名	陝西碑刻文獻萃編(全八册)
編 著 者	吴敏霞等
出版發行	中華書局
	(北京市豐臺區太平橋西里 38 號　100073)
	http://www.zhbc.com.cn
	E-mail:zhbc@zhbc.com.cn
印　刷	北京新華印刷有限公司
版　次	2022 年 3 月北京第 1 版
	2022 年 3 月北京第 1 次印刷
規　格	開本/787×1092 毫米　1/8
	印張 270　字數 3300 千字
印　數	1-600 册
國際書號	ISBN 978-7-101-15228-9
定　價	2600.00 元

前　言

碑刻即鐫刻有文字的石刻，形制大致有碑碣、墓誌、造像題記、摩崖等，是歷史文化的重要載體。碑刻所記内容十分豐富，集歷史、文學、藝術于一體，具有重要的歷史文化價值。碑刻又是不可再生的文獻資源，保護碑刻實物，傳承碑刻内容，具有繼絶存亡、弘揚中華傳統文化的積極意義。

中國古代對陝西碑刻文獻的研究，主要見于古代金石學和地方史志各類著作。從學科史的角度考察，真正意義上的碑刻文獻整理與研究，是伴隨着器物學、古文字學而産生的，傳統稱之爲金石學。就中國古代對碑刻文獻研究的全域來考查，這一研究已有一千多年的歷史，自北宋歐陽修的《集古録》首開碑刻文獻搜集、整理、研究之先河，趙明誠《金石録》、洪适《隸釋》《隸續》隨其後，南宋有陳思《寶刻叢編》，元代有潘昂霄《金石例》，明代有趙崡《石墨鐫華》，清代有顧炎武《金石文字記》、孫星衍《寰宇訪碑録》、王昶《金石萃編》、陸耀遹《金石續編》、陸增祥《八瓊室金石補正》、楊守敬《寰宇貞石圖》、葉昌熾《語石》等。在上述金石學的著述中，保存了許多有價值的碑刻文獻資料，甚至有的書籍還輯録了一些碑刻的圖像等。上述著述均有對陝西碑刻文獻的著録和輯録。此外，以陝西碑刻文獻爲專門研究對象的古代著述主要有：宋田概《京兆金石録》、清畢沅《關中金石記》、朱楓《雍州金石録》、毛鳳枝《關中金石文字存逸考》《關中石刻文字新編》等。另外，在古代編修的地方史志中，也著録有陝西碑刻文獻資料，如清沈青崖《陝西通志》、張聰賢《長安縣志》、李恩繼《同州府志》等。這些著録，只占陝西古代碑刻文獻中的極小部分，與全面研究陝西碑刻文獻差距極大。

現當代對陝西碑刻文獻的研究，是隨着現代考古學的興盛而發達的。20世紀初中國考古學開始形成，經過長達百年的發展，至21世紀初，中國的考古事業迅猛發展，各類碑刻資料大量出土，碑刻的整理與研究成爲顯學。陝西是文物大省，碑刻數量居全國前列，其内容包羅萬象，幾乎涵蓋了古代和近代社會生活的各個層面，堪稱中國古代與近代史料特别是陝西地域史料之百科彙典，對于歷史文化研究具有重大價值，引起了學術界高度重視，涉及陝西碑刻文獻或專門研究陝西碑刻文獻的專著和大量論文，不斷問世。研究雖然取得了一定的成績，但仍存在明顯的不足，主要表現在以下三個方面：一是缺乏全面性。因對陝西碑刻文獻整體存藏數量不清，目前尚無全面收録陝西碑刻文獻的成果問世。二是缺乏系統性。歷代學者對陝西漢至唐時期碑刻文獻的整理和研究，重視程度較高，但對宋代以後陝西碑刻文獻研究重視不足。三是有關陝西碑刻文獻研究的成果，科學性、準確性有待進一步提高。目前關于陝西碑刻文獻研究的成果，特别是陝西省内研究成果，存在碑刻基本信息不夠準確、圖版模糊不清、釋文斷句存在明顯錯誤等問題。因此，關于陝西碑刻文獻研究和出版的整體品質尚有很大的提升空間。

本書是在對出土並存藏于陝西的碑刻文獻予以較全面系統搜集的基礎上，選取能夠較全面反映陝西出土、存藏的精華碑刻進行研究，目的是向學術界推出具有參考價值的碑刻文獻，突出其較高的史學價值、文學價值、藝術價值等，向世人展示陝西厚重的歷史文化，以弘揚中華優秀傳統文化。

本書前身乃科研課題，課題于2014年獲准立項爲國家社科基金重點課題，研究過程大致分爲四個階段，而各個階段互有補充：

第一階段：田野調查階段。本課題從2013年9月擬申請立項就開始了田野調查，于2014年11月立項後，至2015年12月，基本完成了田野調查。在田野調查中，課題組先後調查了西安碑林博物館、陝西省考古研究院、西安博物院；西安周至樓觀臺，户縣文廟、大觀樓、重陽宫、草堂寺，長安博物館、興教寺，臨潼博物館；咸陽博物館、昭陵博物館、乾陵博物館；渭南華陰市弘農楊氏墓、西嶽廟、華山；漢中博物館、略陽靈岩寺、勉縣武侯祠、留壩張良廟、洋縣博物館、城固博物館；安康博物館；寶雞市扶風博物館、鳳翔博物館、岐山博物館；商洛市丹鳳船幫會館、山陽博物館；延安市文物局、子長鐘山石窟、黄帝陵；榆林市文物保護研究所、紅石峽、綏德漢畫像石博物館、靖邊白城子、佳縣白雲山等存藏單位，及部分裸露于野外的碑刻。共收集碑刻資料6000餘種，爲課題的進一步研究奠定了堅實的基礎。

第二階段：資料整理與學術分析階段。從2016年1月至2017年1月，在繼續補充田野調查資料的同時，課題負責人用近一年的時間進行了細緻的資料整理與分析研究工作，主要是通過查找地方舊志書、金石文獻等資料，較全面地掌握了課題所涉的陝西碑刻的基本情况；特别是在進一步充實完善資料的基礎上，進行了較深入的分析，主要是嘗試性地從不同角度，對掌握的資料進行了初步研究，取得了一批階段性成果，如《陝西碑刻文獻數字化及其前景展望》《論陝西存藏碑刻的史學價值》《陝西存藏碑刻的書法藝術》《陝西存藏古代交通碑刻述論》《陝西存藏碑刻的文字學研究價值》《新見〈唐皇甫恂墓誌〉考述》《唐〈獨孤瑛墓誌〉發微》《重陽宫碑刻及其價值述論》等論文，均已正式發表。同時，根據田野調查取得的資料，課題組對所選取的千餘種碑刻拓片進行高分辨率掃描或拍照，爲課題的釋文及研究提供了依據。

第三階段：釋文考證階段。從2016年6月至2018年5月。主要是將課題分爲“唐前卷、唐五代卷上、唐五代卷下、宋金元卷、明代卷、清代卷”六個子課題，由課題組成員分别承擔，進行所選拓片的釋文考證和研究。

第四階段：統稿階段。從2017年6月到2019年9月，主要是由課題負責人逐字、逐句、逐條對初稿進行統稿，由于各子課題完成的品質高低不一，課題負責人在統稿過程中不但對其初稿進行增補或删減，甚至對原碑重新進行釋文與考釋研究。

本課題的最終成果即這套《陝西碑刻文獻萃編》，選取的範圍是陝西境内出土並現藏于陝西的碑刻。選取的標準是資料的稀缺性、史料的珍貴性、書法的藝術性、地域的顧全性，以及内容、形制的綜合性。在廣泛調研、認真遴選的基礎上，對每一通碑刻進行詳細登記核實信息，再進行精準釋文，並適當考釋。内容分唐前、唐五代、宋金元、明清等，共838種，1260幅圖版。主要内容爲：

（1）唐前卷

唐以前包括漢、魏晉南北朝和隋等衆多朝代，這一時期的碑刻與唐代及其後代碑刻相比，在數量、類型等方面雖然有所不及，但因其年代久遠，屬碑刻産生和發展的早期階段，其在歷史學、考古學、宗教學、古文字學、古代文學等諸方面都具有極高的研究價值與書法欣賞價值。

根據初步掌握的資料，唐前陝西碑刻現存總數約有近500種，本書選取其中精華部分130種。

（2）唐五代卷

陝西是唐都城長安所在地，是唐王朝政治經濟文化中心，也是“絲綢之路”的發源地。陝西境内唐文化遺存豐厚，唐代碑刻數量驚人，整理陝西境内存藏的唐代碑刻，對于發掘“絲綢之路”的内涵，瞭解唐代政治、經濟、軍事、宗教、文化、歷史人物及國際交流等，都極具價值。唐代亦是産生楷書三大家之時代，歐體、顔體、柳體在碑刻中體現相當完美，故其碑刻書法價值極高。

根據初步掌握的資料，陝西現藏的唐代碑刻總數約有4000種，本書選取其中精華部分300種。

（3）宋金元卷

唐末大亂，以關中爲核心的陝西地區遭受了幾近毁滅性的破壞，從此再未恢復到漢唐時期繁榮鼎盛的局面，中國傳統文化的重心也隨之加速向東南地區轉移。宋金元時期，陝西始終是烽火映照之地，很難有充分的休養生息。這一巨大的歷史轉變，在碑刻文獻領域留下了深刻的烙印。宋金元三代時間跨度爲408年，較唐五代的342年長半個多世紀，但從碑刻數量上看前者卻遠少于後者。和前後兩段時期比較，宋金元碑刻的種類明顯增多，碑碣、塔銘、祠廟銘記、造像題記等品種也所在多有。另外，金代道教全真教派興起，至元代達到鼎盛。陝西正是全真道的發源地，相關的宗教碑刻文獻十分豐富，且價值巨大，對于道教的研究有重要意義。

據目前已經掌握的資料，陝西現存宋金元碑刻約有700種，本書選取其中精華部分107種。

（4）明清卷

明代的陝西，經歷了五代、宋、金、元四百餘年間的權力更迭和經濟中心的轉移，周、秦、漢、唐的輝煌景象已不復存在。但作爲西北重鎮，陝西在傳達朝廷政令、管理邊疆少數民族事務、促進西北地方經濟繁榮等方面都發揮着不可替代的重要作用。明代碑刻是陝西碑刻史的重要組成部分，其内容涉及政治、經濟、文化、社會等諸多領域，不僅能夠全面反映陝西作爲西北重鎮的地位和作用，同時也可爲相關領域的深入研究提供重要的文獻資料。明代碑刻是陝西碑刻中年代相對較晚的部分，前代學者對陝西碑刻文獻的整理和研究大都聚焦于隋唐時期，對明代陝西碑刻文獻的價值未給予應有的重視，此次選取之精萃，可填補此遺憾。

明代陝西碑刻的總量尚無準確資料，粗略估計，當在1500種以上，本書選取其中精華部分151種。

陝西省轄行政區域内，現存清代的碑刻約數千種，部分散落于野外，部分存藏于各地文博單位，其保存完好程度亦千差萬别。本書選取了其中精華部分150種。以内容性質論，大致可分爲官私文書、紀事刻石、寺廟刻石、墓誌墓碑、遊覽題刻等五類。陝西遺存的大量清代碑刻文獻，爲補史、證史和考史提供了珍貴的資料；不少碑刻爲研究清代的社會生活、經濟生產和科技狀況提供了珍貴的史料；另外一批碑刻，反映了清代人民大衆反對封建統治和外國教會勢力的鬥爭；此外，陝西的清代碑刻文獻，爲研究當時的宗教狀況提供了豐富的資料。

本書旨在全面、系統、科學、精準地整理研究陝西出土、存藏的碑刻文獻。由于陝西存藏碑刻數量巨大，且不斷有新發現或新出土的碑刻，所以短期内無法完成一部“全集”。我們按時間先後順序彙編陝西現藏碑刻精萃部分，對所收碑刻製作高清圖版；對其出土、收藏、歷代著録情況等信息進行完整著録；對碑文進行精準釋讀，標點斷句；並與史籍結合，進行適當考證。力求爲碑刻學研究提供一份範本，爲完整編纂陝西存藏碑刻提供借鑒，爲研究陝西存藏碑刻提供幫助；企望能對搶救和保護陝西碑刻文獻具有一定的意義。課題組根據田野調查及各級文物管理部門提供的資料，統計出陝西現存碑刻文獻應該在20000種以上，除保存于博物館、文管單位、考古部門、寺廟道觀之外，尚有一部分爲私人收藏，還有相當一部分散落于野外，流失情況和破損程度相當嚴重。對碑刻文獻進行調查和著録，是保護碑刻文獻的重要工作。統計陝西現存碑刻文獻數量及分布，能爲相關文物保護部門的工作提供重要參考。我們對選録文獻進行了認真的整理和考證，希望有助于證史、補史、糾史等。此外，碑刻文獻中還有詩詞歌賦等文學作品，且多不見于傳世典籍之中，這對于研究古代文學具有重要價值。本書所收録碑刻文獻，自漢代以至明清，各個時期的文獻均有，很好地展現了漢字在字體、字形上的演變軌迹，希望對文字學的研究有所參考。碑刻文獻是珍貴的文化遺產，其史料價值、文獻價值、藝術價值都十分巨大。對碑刻文獻的整理，不但是對碑刻本身的再造性保護，同時也能夠進一步提升人們對碑刻文獻重要性的認識，在精神層面上滿足人們日益提升的文化享受和文化品位。

本書唐五代時期收録碑刻300種，從數量上看，已是全書各朝代中最多的。但是，相對于目前所見的4000餘種陝西存藏唐代碑刻文獻來説，300種還是太少，精中選精，難免會捨棄一些重要的碑刻文獻。其他卷次也同樣存在這個問題。此外，新的考古成果不斷公布，一些重要的碑刻材料可能會被遺漏。本書對所收録碑刻文獻的釋文，以準確審慎爲基本原則。對于一些僅存剩餘偏旁的殘字，即便能據上下文推知的，也大多不作釋文，這樣的處理，雖然減少了主觀上的失誤，但也影響了釋文的完整性。由于碑刻文獻内容涉及廣泛，釋文後所加的按語，由于時間及個人能力所限，尚不能全面細緻地反映碑刻文獻本身的價值，這也是本書的一大遺憾。

唐前卷主要參與人黨斌，唐五代卷主要參與人劉思怡、王志勇、楊志飛，宋金元卷主要參與人王珂，明清卷主要參與人梁志勝、王浩遠、李向菲。

凡　例

一、本書收録陝西境内出土之刻立于1911年以前並現存于陝西的碑刻，從中選取具有地域、形制和内容的代表性，以及資料的稀缺性、史料的珍貴性、書法的藝術性，且品相較好、形制齊全者約800餘種予以釋録。符合以上條件，但今已亡佚或移存陝西省境外者不在收録之列。

二、本書依朝代先後分卷，各卷又以朝代、年號、年、月、日先後爲序。年代一般根據刻立石時間，墓誌一般根據葬年，無葬年者根據卒年，年代不詳者，列于各卷之末。序號後標明公元紀年。

三、本書内容包括圖版（或有欠缺）、説明文字、釋文、按語等。

四、説明文字包括刻立時間、材質形制、尺寸、行數、字數、書體，撰、書、篆者姓名，紋飾，流轉、存藏、主要著録情况等。

標題：以簡稱爲主，如某某墓誌、某某碑等；如原標題簡短者，則照録原標題；如原文無標題者，則自擬標題；如原正文無標題而碑額有者，則以碑額所署爲標題。

刻立時間：以刻立朝代年號標注，年份後以圓括號（）内對應相應的公元紀年。

尺寸：以厘米爲單位。

行數字數：行數以可見之行數爲準；字數以正常的書寫格式計算，敬諱頂格書寫不包括在内。

書體：以楷書、隸書、篆書、行書、草書分稱；書體糅合者，以隸楷、行楷或行草等分稱。

撰、書、篆者姓名：只列姓名不加職銜，以撰文、書丹、篆蓋（額）表述。

流轉存藏：包括何年何月出土于何地暨今何地，地名表述仍以出土當時所稱，如西安市鄠邑區，在2017年之前仍稱户縣；何時流轉于何地；現存何地（以2019年爲準）或何單位。

主要著録：凡著録有多條者，以主要著録爲主，用全稱。其作者、版本等情況見主要參考文獻。

五、釋文儘量采用通行的繁體字。除人名、地名等專用名詞外，複雜多樣的異體字、缺筆避諱字、俗體字多徑改；通假字及現今仍流行的簡體字酌情照録原文；原碑缺字以“□”表示，缺字較多或不知具體字數者，以“（上闕）”或“（下闕）”表示；補字以〔〕表示，如024.526“詞誥絲〔綸〕”，“綸”乃據文意補；原碑疑似錯字或不能確定者，用（）注明，如011.496“矛而能剛”，據文意，“矛”當爲“柔”，我們作“矛（柔）而能剛”，058.572“字夷（婁？）”，表示釋作“夷”，但疑當作“婁”；原文中出于書寫格式和避諱等需要的空格、换行等，不予保留；碑文每行末尾加“｣”表示分行。碑文涉及漢文之外文字者，暫不今釋。

六、按語主要説明碑刻的文獻價值及研究價值，有適當的考證。

七、其他計量單位采用國家頒布的標準公制。

本册目録

001.66　鄐君開通褒斜道摩崖

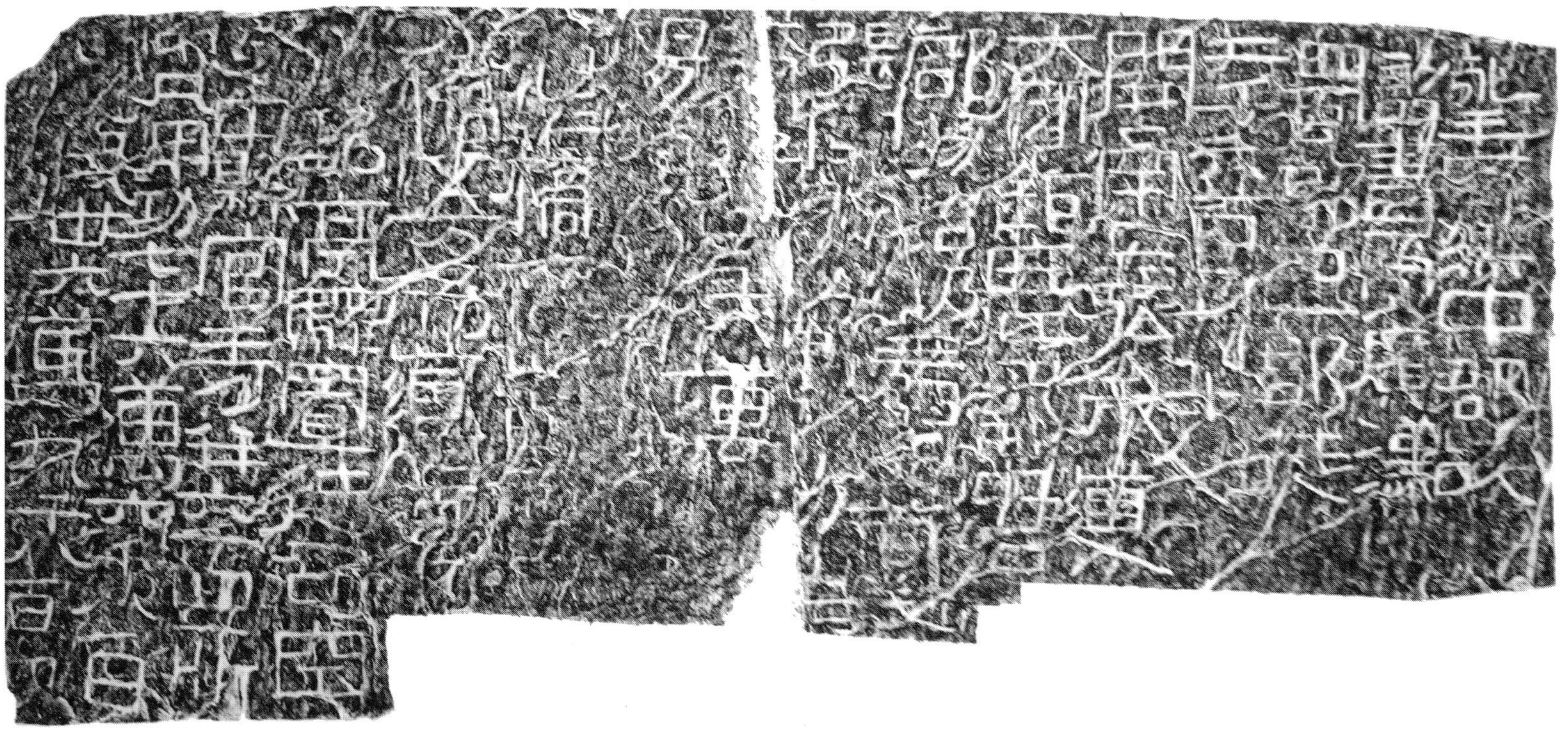

説 明

東漢永平九年（66）四月刻。摩崖呈狹長不規則四邊形，右窄左寬，通高分三段，前段長80厘米，中段長103厘米，後段長125厘米，上沿寬272厘米，下沿寬276厘米。正文隸書16行，行5至11字不等。原刻于漢中石門洞南右側山崖上，1971年因修建石門水庫，被鑿遷藏漢中市博物館。現存漢中市博物館。《關中金石記》《兩漢金石記》《金石萃編》等著録。

釋 文

永平六年，漢中郡以」詔書受廣漢」、蜀郡、巴郡徒」二千六百九十人」，開通褒余道」，太守鉅鹿鄐君」部掾治級王弘、史荀茂」、張宇、韓岑等典功作」，太守丞廣漢」楊顯將相用」，始作橋格六百卅三間」，大橋五，爲道二百五十」八里。郵亭、驛置、徒司空」、褒中縣官寺并六十四所」成。凡用功七十六萬六千八百」餘人，凡卅六萬九千八百四」。器用錢百四十九萬九千四百餘斛，粟。九年四月成就，益州東至京師，去就安隱。

按

《鄐君開通褒斜道摩崖》，又稱《開通褒斜道石刻》《大開通》《開道碑》，爲“石門十三品”之一，是現存最早的東漢摩崖刻石，也是研究我國古代棧道交通的重要實物資料。此摩崖書法結字方古舒闊，筆畫長短、粗細參差不齊，天真樸拙而高古偉岸，在中國書法史上亦占有重要的地位。因年代久遠，加之環境潮濕，石面被苔蘚封蓋。南宋紹熙五年（1194），南鄭縣令晏袤剥除苔蘚，並于其側刊刻題記，摩崖始爲人知。此後石面又被苔蘚遮蓋，直至清乾隆間陝西巡撫畢沅搜訪，方得以重見天日。

據文獻記載，南宋晏袤發現此摩崖時共計159字。清代《金石萃編》《關中金石記》等釋文均至“瓦卅六萬九千八百”一句結束，可見歷經風雨侵蝕，摩崖字迹漫漶，且有大片剥落，尤其是摩崖後部文字于清代中期之前已經殘損。現存摩崖隱約可識90餘字。此处録文據晏袤釋文補。

002.92　田鲂墓葬紀年刻

説 明

東漢永元四年（92）五月二十九日刻。石砂石質。高99厘米，寬20厘米。銘文隸書，分上、下兩部分：上部2行，行26至29字不等；下部4行，行15至19字不等。四周陰刻雙綫框。上部邊緣略殘，但未損字。1997年綏德縣四十里鋪鎮前街出土。現存綏德縣博物館。《榆林碑石》《新中國出土墓誌（陝西叁）》等著録。

釋 文

西河太守都集掾圜陽富里公乘田鲂萬歲神室。永元四年閏月廿六日甲」午卒上郡白土。五月廿九日丙申葬縣北駒亭部大道東高顯冢營」。

哀賢明而不遂兮，嗟痛淑雅之夭年。去白」日而下降兮，榮名絶而不信。精浮游而獶獐」兮，魂飄摇而東西。恐精靈而迷惑兮，歌」歸來而自還。掾兮歸來無妄行，卒遭毒氣遇匈殃」。

按

此刻爲墓葬前後室間過洞之中柱石。同類型的漢代墓葬紀年刻石在今陝西、山西等地均有發現，但多數僅簡述墓主姓名、卒葬時間、職官等，如《郭元通墓葬紀年刻》《張文卿墓葬紀年刻》《尹任墓葬紀年刻》《牛季平墓葬紀年刻》《王威墓葬刻》《西河圜陽郭季妃之槨刻》等。此刻石除記墓主田鲂職官、卒葬時間、地點等之外，還刻有銘文，反映了漢代喪葬文化及文學的發展狀況。

003.148　石門頌

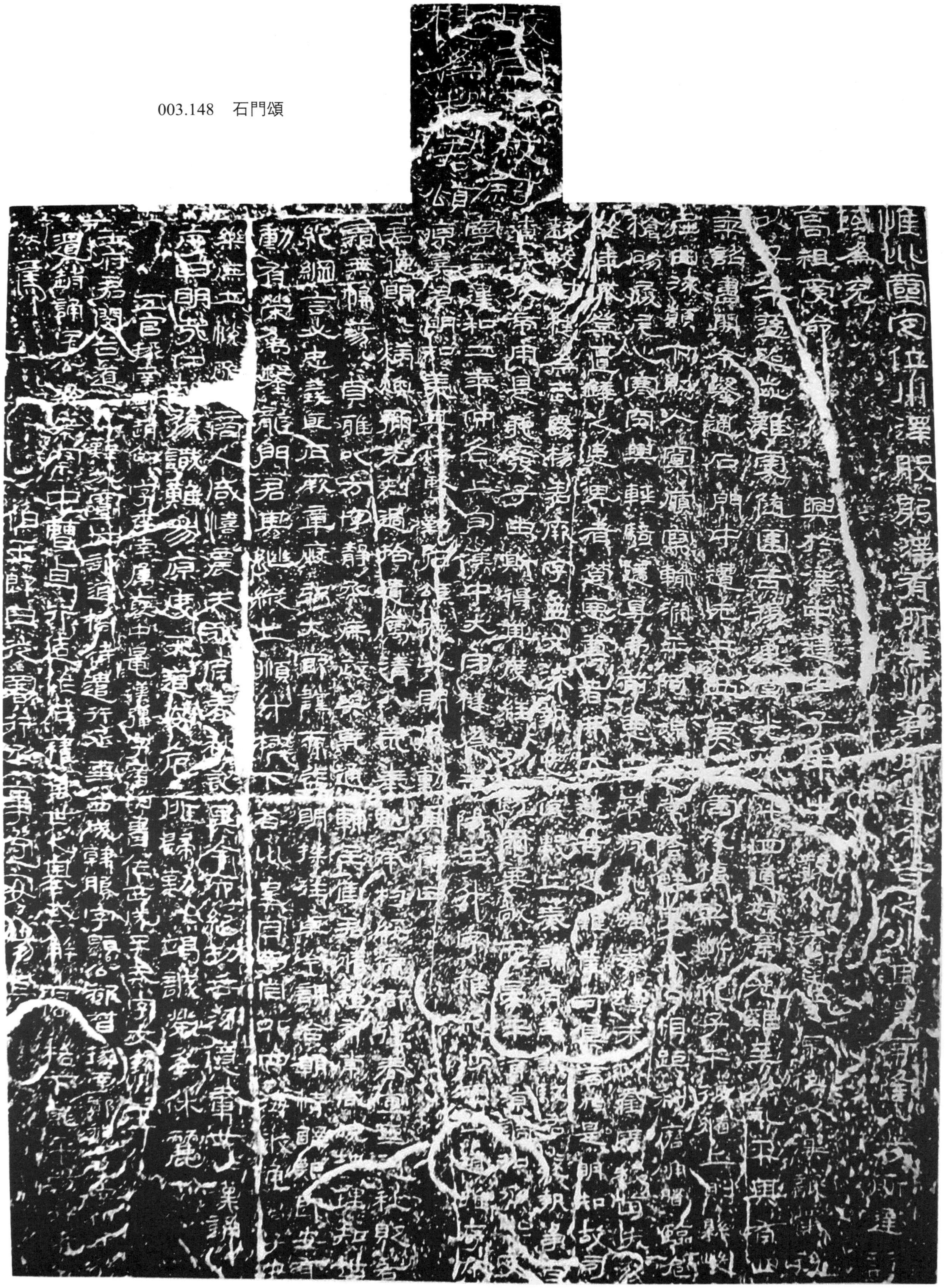

説 明

東漢建和二年（148）十一月刻。摩崖高205厘米，寬261厘米。額文2行，滿行5字，隸書“故司隸校尉」楗爲楊君頌」”。正文隸書25行，滿行31字。王升撰文，王戒書丹。原刻于漢中褒斜谷石門隧道西壁上，1971年因修建石門水庫，被鑿遷藏漢中市博物館。現存漢中市博物館。《隸釋》《金石萃編》《潛研堂金石文跋尾》《石門石刻大全》等著録。

釋 文

惟坤靈定位，川澤股躬。澤有所注，川有所通。余谷之川，其澤南隆。八方所達，益」域爲充」。高祖受命，興於漢中。道由子午，出散入秦。建定帝位，以漢詆（氏？）焉。後」以子午，塗路澀難。更隨圍谷，復通堂光。凡此四道，垓鬲尤艱。至於永平，其有四」年。詔書開余，鑿通石門。中遭元二，西夷虐殘。橋梁斷絶，子午復循。上則縣峻」，屈曲流顛。下則入冥，傾寫輸淵。平阿淖泥，常蔭鮮晏。木石相距，利磨确磐。臨危」槍碭，履尾心寒。空輿輕騎，遰导弗前。惡虫蔽狩，蛇蛭毒蟃。未秋截霜，稼苗夭殘」。終年不登，匱餧之患。卑者楚惡，尊者弗安。愁苦之難，焉可具言。

於是明知故司」隸校尉犍爲武陽楊君厥字孟文，深執忠伉，數上奏請。有司議駮，君遂執爭。百」僚咸從，帝用是聽。廢子由斯，得其度經。功飭爾要，敞而晏平。清涼調和，烝烝艾」寧。至建和二年仲冬上旬，漢中大守犍爲武陽王升，字稚紀，涉歷山道，推序本」原。嘉君明知，美其仁賢。勒石頌德，以明厥勳。其辭曰」：

君德明明，炳焕彌光。刺過拾遺，厲清八荒。奉魁承杓，綏億御蘁。春宣聖恩，秋貶若」霜。無偏蕩蕩，貞雅以方。寧静烝庶，政與乾通。輔主匡君，循禮有常。咸曉地理，知世」紀綱。言必忠義，匪石厥章。恢弘大節，讜而益明。揆往卓今，謀合朝情。醳艱即安，有」勳有榮。禹鑿龍門，君其繼縱。上順斗極，下答坤皇。自南自北，四海攸通。君子安」樂，庶士悦雍。商人咸憘，農夫永同。春秋記異，今而紀功。垂流億載，世世歎誦」。

序曰：

明哉仁知，豫識難易。原度天道，安危所歸。勤勤竭誠，榮名休麗」。

五官掾南鄭趙邵字季南，属褒中晁漢彊字産伯，書佐西成王戒字文寶，主」。

王府君閔谷道危難，分置六部道橋，特遣行丞事西成韓朖字顯公、都督掾南鄭魏整字伯玉，後」遣趙誦字公梁，案察中曹卓行，造作石積，萬世之基。或解高格，下就平易，行者欣」然焉。伯玉即日徙署行丞事，守安陽長」。

按

《石門頌》，亦稱《楊孟文頌》《司隸校尉楊孟文石門頌》，被譽爲漢代摩崖三頌之一，亦爲“石門十三品”之一。其正文全面、詳細記述東漢順帝時期漢中太守王升頌揚楊孟文等開鑿石門通道的功績，爲研究漢代交通提供了非常重要的實物資料，也爲研究漢隸書法提供了珍貴資料，在史學、文學藝術等領域均有十分重要的地位，亦爲歷代金石學家所珍視。

004.172　郙閣頌

説 明

東漢建寧五年（172）刻。摩崖高170厘米，寬125厘米。正文隸書19行，滿行27字。原刻共計472字，現存220字。仇靖撰文，仇紼書丹。原刻于略陽縣徐家坪街口村郭家地，右上部有古代拉船纖繩磨損的印痕七道，最長約70厘米，最短約20厘米。1979年修鄉間公路時又損，後被遷至靈巖寺黏接復原。現嵌于靈巖寺前洞石崖邊。《隸釋》《兩漢金石記》《關中金石記》《金石萃編》《石墨鐫華》《陜西金石志》《漢中碑石》等著録。

釋 文

惟斯析里，處漢之右。谿源漂疾，横柱于道。涉秋霖漉，盆溢滔涌。濤波滂」沛，激揚絶道。漢水逆讓，稽滯商旅。路當二州，經用衿沮。沮縣士民，或給」州府。休謁往還，恒失日晷。行理咨嗟，郡縣所苦。斯谿既然，郙閣尤甚。緣」崖鑿石，處隱定柱。臨深長淵，三百餘丈。接木相連，號爲萬柱。過者慄慄」，載乘爲下。常車迎布，歲數千兩。遭遇隤納，人物俱墮。沈没洪淵，酷烈爲」禍。自古迄今，莫不創楚。

於是」大守漢陽阿陽李君諱翕，字伯都，以建寧三年二月辛巳到官，思惟惠」利，有以綏濟。聞此爲難，其日久矣。嘉念高帝之開石門，元功不朽。乃俾」衡官掾下辨仇審，改解危殆，即便求隱。析里大橋，於今乃造。校致攻堅」，結構工巧。雖昔魯班，亦莫儗象。又醳散關之嶃漯，徙朝陽之平燥，減西」濱之高閣，就安寧之石道。禹導江河，以靖四海。經記厥續，艾康萬里。臣」蔡□□勒石示後，乃作頌曰」：

上帝綏□，降兹惠君。克明俊德，允武允文。躬儉尚約，化流若神。愛氓如」子，遐邇平均。精通皓穹，三納苻銀。所歷垂勳，香風有鄰。仍致瑞應，豐稔」年登。居民安樂，行人夷欣。

慕君靡已，乃詠新詩」。曰：

析里之陬，坤兑之間。高山崔巍兮，水流蕩蕩。地既瘠确兮，與寇爲鄰」。西隴鼎峙兮，東以析分。或失緒業兮，至于困貧。危危累卵兮，聖朝閔憐」。分符析壤兮，迺命是君。扶危救傾兮，全育孑遺。劬勞日稷兮，惟惠勤勤」。拯溺亨屯兮，瘡痍始起。閭閻充庶兮，百姓歡欣。僉曰太平兮，文翁復存」。（下闕）①

校勘記

①摩崖後部文字泐蝕嚴重，無法辨識。南宋洪适《隸釋》卷四載《李翕析里橋郙閣頌》後五行爲“建寧五□□月十八日癸（下闕）」時衡官□□□仇審字孔信」從史位□□□□字漢德爲此頌」故吏下辨□□□子長書此頌」時石師南□□□□威明」”。

按

《郙閣頌》，又稱《李翕析里橋郙閣頌》《漢武都太守李翕析里橋郙閣頌》，是現存漢代“三頌碑”之一。記載李翕重修郙閣棧道析里大橋的過程及結果，頌揚了李翕造福于民的功績。其字端莊方正，書風古樸方拙，筆勢勁挺險峻，爲書法愛好者所鍾愛。《郙閣頌》有原刻、南宋仿刻之别。至明代，申如塤在南宋仿刻《郙閣頌》崖面左上角補刻數字，但據畢沅、王昶等清代學者考察，申如塤所補刻文字極爲草率。《郙閣頌》歷代拓本極多，大體有北宋原拓，南宋原拓，宋刻宋拓，明代原拓，明清仿刻、補刻、翻刻拓本等數種。此釋文據南宋田克仁重刻碑，參照南宋洪适《隸釋》。

005.173　楊淮楊弼表

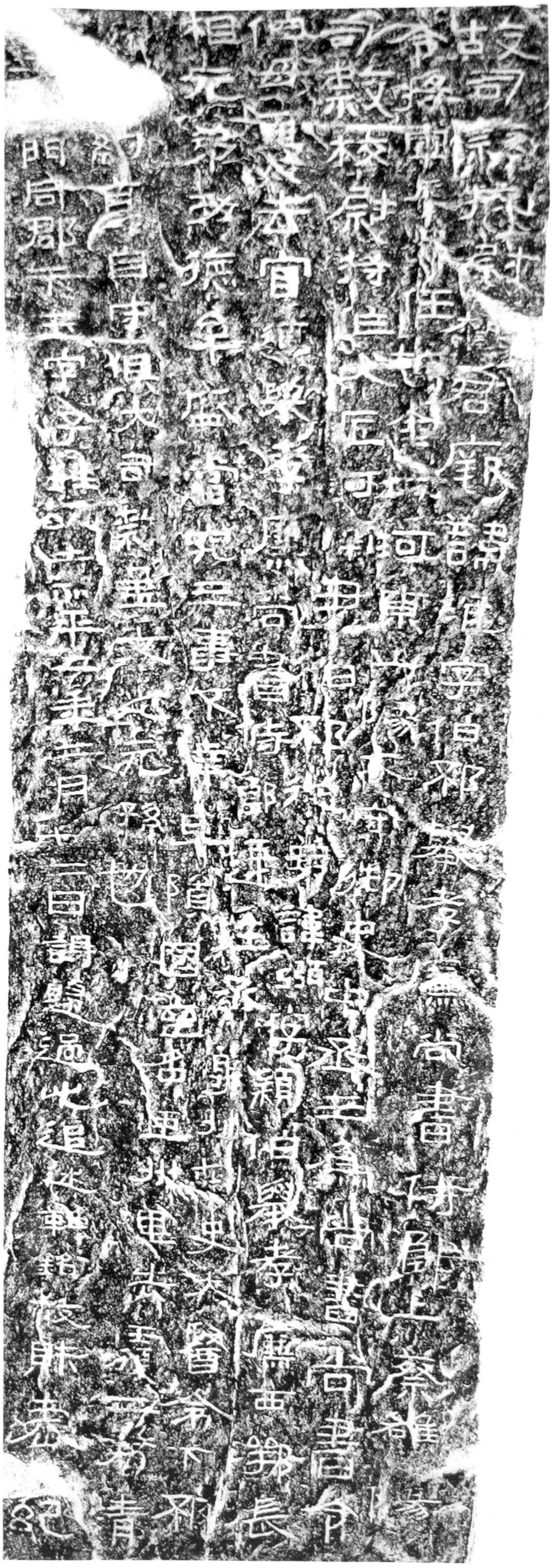

説明

東漢熹平二年（173）二月刻。摩崖通高216厘米，上寬67厘米，下寬50厘米。正文隸書7行，滿行24至26字不等。卞玉撰文。原刻于漢中褒斜谷石門隧道西壁上，1971年因修建石門水庫，被鑿遷藏漢中市博物館。現存漢中市博物館。《隸續》《兩漢金石記》《金石萃編》《石門石刻大全》等著録。

釋文

故司隸校尉楊君厥諱淮，字伯邳，舉孝廉，尚書侍郎，上蔡、雒陽」令。將軍長史，任城、金城、河東、山陽太守，御史中丞。三爲尚書、尚書令」、司隸校尉，將作大匠，河南尹。伯邳從弟諱弼，字穎伯，舉孝廉，西鄂長」。伯母憂去官。復舉孝廉，尚書侍郎，遷左丞、冀州剌史、太醫令、下邳」相。兄弟功德牟盛，當究三事，不幸早隕。國喪名臣，州里失覆，二君清」廉，約身自守，俱大司隸孟文之元孫也」。

黄門同郡卞玉字子珪，以熹平二年二月廿二日謁歸過此，追述勒銘，故財表紀」。

按

《楊淮楊弼表》，亦稱《楊淮表記》《司隸校尉楊淮表紀》，爲“石門十三品”之一。文載漢熹平二年，卞玉返鄉途經漢中石門，通讀《石門頌》摩崖題刻後，有感于頌文所述自己同鄉楊孟文修建石門之功績，遂作文述楊孟文之孫楊淮、楊弼清廉爲官之政績，刻于《石門頌》左側。《楊淮楊弼表》自上而下依石勢而刻，故整體布局上開下收，字體上大下小。從書體角度看，《楊淮楊弼表》仍沿襲西漢以來樸拙、粗獷的山野之氣，與東漢應規應矩的隸書比較有極大的風格差別，這也是此書體可貴之處。此釋文參考了歷代著録。

006.185 曹全碑

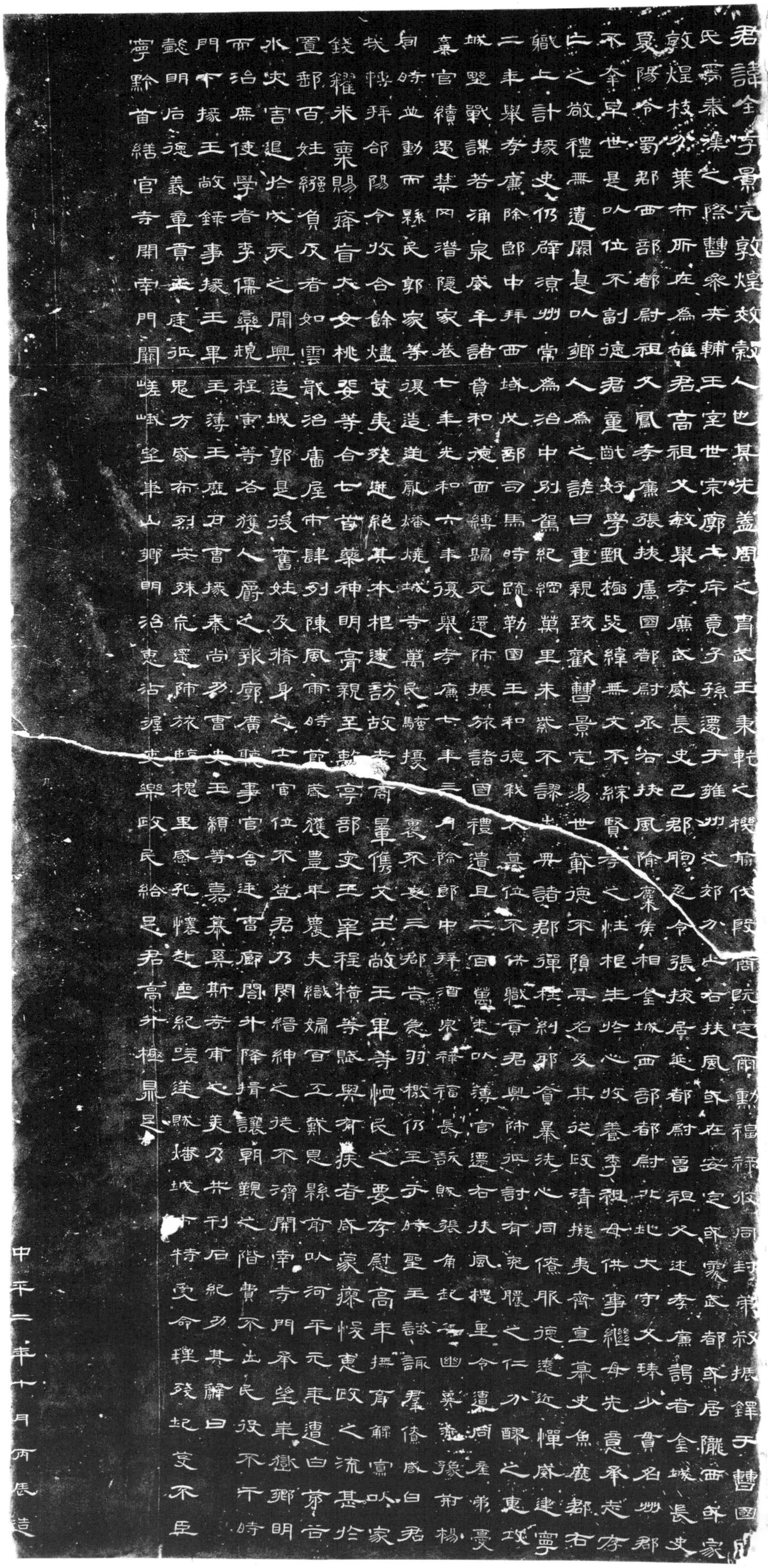

碑陽

説明

東漢中平二年（185）十月刻。碑高272厘米，寬95厘米。雙面刻。正文隸書，碑陽20行，滿行45字。碑陰爲捐資立碑人姓名，共五欄，每欄1至26行不等。王敞、王畢等立石。明萬曆初郃陽縣莘里村出土。後移存郃陽縣孔廟東門内，1956年移藏西安碑林。現存西安碑林博物館。《金石萃編》《西安碑林全集》《陝西碑石精華》等著録。

釋文

君諱全，字景完，敦煌效穀人也。其先蓋周之胄。武王秉乾之機，翦伐殷商，既定爾勳，福禄攸同，封弟叔振鐸于曹國，因」氏焉。秦漢之際，曹參夾輔王室，世宗廓土斥竟，子孫遷于雍州之郊，分止右扶風，或在安定，或處武都，或居隴西，或家」敦煌，枝分葉布，所在爲雄。君高祖父敏，舉孝廉，武威長史、巴郡朐忍令、張掖居延都尉。曾祖父述，孝廉、謁者、金城長史」、夏陽令、蜀郡西部都尉。祖父鳳，孝廉，張掖屬國都尉丞、右扶風隃麋侯相、金城西部都尉、北地大守。父琫，少貫名州郡」，不幸早世，是以位不副德。君童齔好學，甄極毖緯，無文不綜。賢孝之性，根生於心。收養季祖母，供事繼母，先意承志，存」亡之敬，禮無遺闕，是以鄉人爲之諺曰：重親致歡曹景完。易世載德，不隕其名。及其從政，清擬夷齊，直慕史魚。歷郡右」職，上計掾史，仍辟涼州，常爲治中、别駕，紀綱萬里，朱紫不謬。出典諸郡，彈枉糾邪，貪暴洗心，同僚服德，遠近憚威。建寧」二年，舉孝廉，除郎中，拜西域戊部司馬。時疏勒國王和德，弑父篡位，不供職貢。君興師征討，有兖膿之仁，分醪之惠。攻」城野戰，謀若涌泉，威牟諸賁，和德面縛歸死。還師振旅，諸國禮遺且二百萬，悉以薄官。遷右扶風槐里令，遭同産弟憂」，棄官。續遇禁綱，潛隱家巷七年。光和六年，復舉孝廉。七年三月，除郎中，拜酒泉禄福長。訞賊張角，起兵幽冀，兖豫荊楊」，同時並動。而縣民郭家等，復造逆亂，燔燒城寺，萬民騷擾，人懷不安。三郡告急，羽檄仍至，于時聖主諮諏，群僚咸曰君」哉。轉拜郃陽令，收合餘燼，芟夷殘逆，絶其本根。遂訪故老商量，儁艾王敞、王畢等，恤民之要。存慰高年，撫育鰥寡。以家」錢糴米粟，賜瘽盲。大女桃婓等，合七首藥神明膏，親至□亭。部吏王皋、程横等，賦與有疾者，咸蒙瘳悛。惠政之流，甚於」置郵。百姓繦負，反者如雲。戢治廧屋，市肆列陳。風雨時節，歲獲豐年。農夫織婦，百工戴恩。縣前以河平元年，遭白茅谷」水，灾害退，於戌亥之間興造城郭。是後舊姓及脩身之士，官位不登，君乃閔縉紳之徒不濟，開南寺門，承望華嶽，鄉明」而治，庶使學者李儒、欒規、程寅等，各獲人爵之報。廓廣聽事官舍，廷曹廊閣，升降揖讓，朝覲之階，費不出民，役不干時」。門下掾王敞、録事掾王畢、主簿王歷、户曹掾秦尚、功曹史王顓等，嘉慕奚斯考甫之美，乃共刊石紀功，其辭曰」：

懿明后，德義章。貢王廷，征鬼方。威布烈，安殊荒。還師旅，臨槐里。感孔懷，赴喪紀。嗟逆賊，燔城市。特受命，理殘圮。芟不臣」，寧黔首。繕官寺，開南門。闕嵯峨，望華山。鄉明治，惠沾渥。吏樂政，民給足。君高升，極鼎足」。

中平二年十月丙辰造」（以上碑陽）

碑陰

處士河東皮氏岐茂孝才二百」，縣三老商瞳伯祺五百」，鄉三老司馬集仲裳五百」，徵博士李儒文優五百」，故門下祭酒姚之辛卿五百」，故門下掾王敞元方千」，故門下議掾王畢世異千」，故督郵李諲伯嗣五百」，故督郵楊動子豪千」，故將軍令史董溥建禮三百」，故郡曹史守丞馬訪子謀」，故郡曹史守丞楊榮長孳」，故鄉嗇夫曼駿安雲」，故功曹任午子流」，故功曹曹屯定吉」，故功曹王河孔達」，故功曹王吉子僑」，故功曹王時孔良五百」，故功曹王獻子上」，故功曹秦尚孔都二」，故功曹王衡道興」，故功曹楊休當女五百」，故功曹王衍文珪」，故功曹秦杼漢都千」，璉」，故功曹王詡子弘」，故功曹杜安元進」，元」，孔宣」，萌仲謀」，故郵書掾姚閔升臺」，故市掾王尊文憙」，故市掾杜靖彥淵」，故主簿鄧化孔彥」，故門下賊曹王翊長河」，故市掾王瑨建和」，故市掾成播曼舉」，故市掾楊則孔則」，故市掾程璜孔休」，故市掾扈安子安千」，故市掾高頁顯和千」，故市掾王渡季晦」，故門下史秦典靜先」，（上闕）故賊曹史王授文博」，故金曹史精暢文亮」，故集曹史柯相文舉千」，故賊曹史趙福文祉」，故法曹史王□文國」，故塞曹史杜苗幼始」，故塞曹史吳產孔才五百」，□□部掾趙炅文高」，□□曹史高廉吉千」，義士河東安邑劉政元方千」，義士侯褒文憲五百」，義士潁川臧就元就五百」，義士安平邳博季長二百」。（以上碑陰）

按

此碑又名《曹景完碑》《郃陽令曹全碑》《漢郃陽令曹全紀功碑》，爲漢代碑刻中少數保存完好的作品之一。此碑爲曹全門生故吏爲頌揚其功德捐資所立。碑文涉及平定疏勒王和德叛亂及黄巾起義等重大歷史事件，可與史書互證並補其闕。該碑隸書娟秀清麗，結體扁平匀稱，在漢碑中獨樹一幟，爲歷代書家所推崇。碑出土時額已佚，但碑文完整，字畫完好無缺。清康熙後，碑身中部斷裂，部分碑文筆畫受損，但仍可通讀。

007.367　鄧太尉祠碑

説明

前秦建元三年（367）刻。圭首有穿。碑高170厘米，寬64厘米。正文隸書19行，滿行29字。文後題名分爲二部分，上部二欄，上欄9行，下欄7行；下部11行，滿行字數不等。原立于蒲城縣東北洛河溝鄧艾祠内，1972年入藏西安碑林。現存西安碑林博物館。《八瓊室金石補正》《金石續編》《西安碑林全集》等著録。

釋文

大秦苻氏建元三年歲在丁卯，馮翊護軍、建威將軍、奉車都尉、城安縣侯、華」山鄭能邈，字弘道，聖世鎮南參軍、水衡都尉、石安令、治書侍御史、南軍督都」水使者，被除右護軍，甘露四年十二月廿五日到官，以北接玄朔，給兵三百」人，軍府吏屬一百五十人，統和、寧戎、鄜城、洛川、定陽五部，領屠各、上郡夫施」、黑羌、白羌、高涼、西羌、盧水、白虜、支胡、粟特、苦水雜户七千，夷類十二種，兼統」夏陽治。在職六載，進無異才，履性忠孝，事上恪勤，夙夜匪懈。以太尉鄧公祠」張馮翊所造，歲久頽朽，因舊修飭，故記之。以其年六月左降爲尚書庫部郎」、護軍司馬、奉車都尉、關内侯。始平解虔字臣文，聖世水衡令、蒲子北掘令、安」遠將軍司馬、都水參軍，被除爲司馬。

軍參事北地靈武孟□定廣」、軍參事和戎鉗耳□□龍」、軍門下督和戎鉗耳□世虎」、軍功曹和戎鉗耳叵當世興」、軍主簿河西臨晉楊萬世和」、軍主簿和戎雷夫龍道藏」、軍主簿河西重泉范高延思」、軍主簿和戎雷道子安」、軍主簿和戎雷川玉光」、軍主簿和戎雷□景文」、軍主簿和戎西羌騎世龍」、軍録事和戎雷顔道□」、軍録事和戎覚陸道隆」、軍録事和戎儁蒙琕子諒」、功曹書佐和戎雷陵道進」、功曹書佐和戎儁蒙龍彦詳」、軍參事北地富平楊洸少論」、軍門下督馮翊朱進超石」、軍功曹寧戎盖周彦容」、軍主簿寧戎郝子星永文」、軍主簿寧戎屈男童道詵」、軍主簿寧戎覚共永萇」、軍主簿寧戎雷樹進嚚」、軍録事馮翊吕騫慎□」、軍録事寧戎覚投欽詳」、軍功曹書佐寧戎利非閻永達」、治下部大鉗耳丁比」

按

《鄧太尉祠碑》，又名《馮翊護軍鄭能進修鄧太尉祠》，亦稱《鄭宏道修鄧太尉祠記》，俗稱《鄧艾祠碑》。此碑爲鄭能進修葺前代鄧艾祠時所刊立。碑文漫漶，上部尤爲嚴重。但從殘存碑文來看，此碑仍體現出了由隸向楷過渡的書法發展特點和趨向。該碑所載涉及鄧艾生平、職官，魏晉時期少數民族内遷等問題，在補史、證史方面頗有價值，加之前秦石刻傳世者十分少見，故爲歷代史學家、金石學家和書法家所珍視。

008.402　吕他墓表

墓表
弘始四年十二月
乙未朔廿七日辛
酉秦故幽州刺史
略陽吕他葬於常
安北陵去城廿里

説明

後秦弘始四年（402）十二月刻。碑圓首方座。通高65厘米，寬34厘米。座長55厘米，寬39厘米，高10厘米。碑身與座榫卯相接。額隸書“墓表”二字。碑文隸書5行，滿行7字。20世紀70年代于咸陽市渭城區窑店鎮出土。1997年入藏西安碑林。現存西安碑林博物館。《咸陽碑刻》著録。

釋文

弘始四年十二月」乙未朔廿七日辛」酉，秦故幽州刺史」略陽吕他葬於常」安北陵，去城廿里」。

按

墓主吕他，據《晉書·吕光載記》，是後凉始祖吕光之子，爲魏晉時期氐族貴族。墓誌所云“常安”，即長安，前秦苻堅曾改漢長安爲常安。今墓誌出土地正距漢長安城二十里地。吕他墓誌的出土，既是研究魏晉南北朝歷史的珍貴資料，也是研究隸書演變的重要實物佐證。可參李朝陽《吕他墓表考述》（《文物》1997年第10期）、路遠《後秦吕他墓表與吕憲墓表》（《文博》2001年第5期）和羅新、葉煒《吕他墓誌疏證》（《新出魏晉南北朝墓誌疏證》）等。

大代宕昌公暉福寺碑

009.488　暉福寺碑

説明

北魏太和十二年（488）七月刻。碑螭首方座。通高294厘米，寬90厘米。額文3行，滿行3字，篆書“大代宕」昌公暉」福寺碑」”。碑文雙面刻。碑陽楷書24行，滿行44字。碑陰爲題名，已風化漫漶不清。額文兩側飾雙龍圖案。原立于澄縣羅家洼鄉北寺村暉福寺内，1971年入藏西安碑林。現存西安碑林博物館。《關中石刻文字新編》《金石萃編補遺》《澄城碑石》《西安碑林全集》《陝西碑石精華》等著録。

釋文

夫玄宗幽寂，非名相之所詮；至韻沖莫，非稱謂之所攝。妙絶稱謂，微」言以之載揚；體非名相，圖像以之而應。故群有殊致，道以經焉；萬流」競津，法以紀焉。是以神曦騰曜，鏡重昏於大千；三乘肇唱，拯沉黎於」炎宅。用能慈液流於當時，惠慶光於曠劫。自世道交喪，靈燭潛暉，攸攸群夢，靡照靡矜。我」皇文明自天，超世高悟。鼓淳風以懷萬邦，灑靈澤以霑九服。兼遐想虛宗，遵崇道教」。太皇太后聖慮淵詳，道心幽暢。協宣皇極，百揆挺惟新之明；緝熙庶績，八表流擊壤之詠。雖智周卅□，而方外之志」不虧；形應萬機，而恬素之真弗擾。故能優遊紫宫，憲章遺法。紹靈鷲於溥天，摹祇桓於振旦。非夫天縱在躬，量齊虛」受，其熟能令英風藹而重扇，玄猷淪而再揚哉。散騎常侍、安西將軍、吏部内行尚書、宕昌公王慶時，資性朗茂，秉」心淵懿。位亞台衡，任總機密。翼贊之功光於帝庭，忠規之節彰於朝司。每惟畣施之誠罔申，謝生之勤莫報，庶憑冥」津，玄期有寄。乃罄竭丹誠，於本鄉南北舊宅上爲」二聖造三級佛圖各一區。規崇爽塏，擇形勝之地，臨沃衍，據條剛，面脩巘而帶洛川，佩黃河而負龍門。伐良松於華」畎之陰，掇文瑶於荊山之陽。旌功鋭巧，窮妙極思。爰自經始，三載而就。崇基重構，層欄疊起。法堂禪室，通閣連暉。翠」林淥流，含榮遞映。蔚若靈椿之茂春陽，嵬若翔雲之籠濛汜。金儀赫曜，彩絢光備。覩之者則瀅發道心，藻除塵垢；悕」玄者則陶真煉和，遺形忘返。諒罕代之神規，當今之壯觀者矣。夫功高德盛，徽聲播於管弦；業隆曠載，刊迹流於後」昆。所以光宣軌摹，永垂不朽。故姻舊慶慈善之至，邑里感惠訓之誠。遂鐫石立言，式揚暉烈。庶洪因鍾於」聖躬，微津延於先住。其辭曰」：

淵哉沖猷，微矣虛宗。昏耶交扇，氛徒競鋒。有覺爰興，超悟玄蹤。志勤淨境，開拯塵蒙。於顯大代，長發其祥。景運承符」，世有喆王」。后皇高悟，道風載揚。哀此群或，照彼祈鄉。化因道感，道由人敷。愔愔安西，秉德陳謨。冥期幽屬，廓茲靈圖。曾是暉福」，慶崇皇居。爰建靈寺，妙契天規。飛甍雲翔，浮樠籠曦。金儀燭曜，功殫世奇。蔚如崐峰，瓊若珠麗。閑堂寂寥，禪室虛沖」。朱樯吐霞，翠户含風。僧徒遊宴，幽□是融。心栖化表，形寓俗中。靈津匪遼，□□則鏡。蜕神□緬，藻荎則淨。庶運微因」，慶鍾」皇聖。爰覬先慈，永超塵徑」。

太和十二年歲在戊辰七月己卯朔一日建」（以上碑陽）

父佛弟子安西將軍秦州刺史澄城（下闕）

兄佛弟子華州主簿（下闕）

兄佛弟子寧遠將軍澄城太守遷雍州刺史澄城侯（下闕）

兄佛弟子寧朔將軍河東太守澄城子遷澄城太守（下闕）

兄佛弟子本郡功曹□爲威遠將軍澄城太守（下闕）

兄子佛弟子鷹揚將軍華州戍將王元（下闕）

世子佛弟子内行内小王道訓（下闕）

宗弟二子佛弟子中書□生王（下闕）（以上碑陰）

按

《暉福寺碑》，又名《造三級浮圖碑》《後魏造三級浮圖碑》《宕昌公暉福寺碑》。此碑爲宕昌公王慶時爲“二聖”即文明太后和孝文帝祈福、爲父母兄弟消災而建造三級浮圖时所立。王慶時，名遇，馮翊李潤鎮羌人。曾官散騎常侍、安西將軍、吏部尚書，封爲宕昌公。《魏書》有傳。此碑造型奇特，書法精美，是陝藏碑刻中的珍品。

010.386—534　石黑奴造像碑

説明

約北魏時期（386—534）刻。碑尖首方座。通高45厘米，寬32厘米。正面雕釋迦牟尼像一尊，背面隸楷7行，滿行13至18字不等。原立于城固縣原公鎮青龍寺，20世紀70年代入藏城固縣文化館。現存城固縣博物館。《漢中碑石》《陝西碑石精華》著録。

釋文

太歲丁未三月十五日，弟子石黑奴爲亡父母」、亡婦兒敬造釋迦石像一區，願直

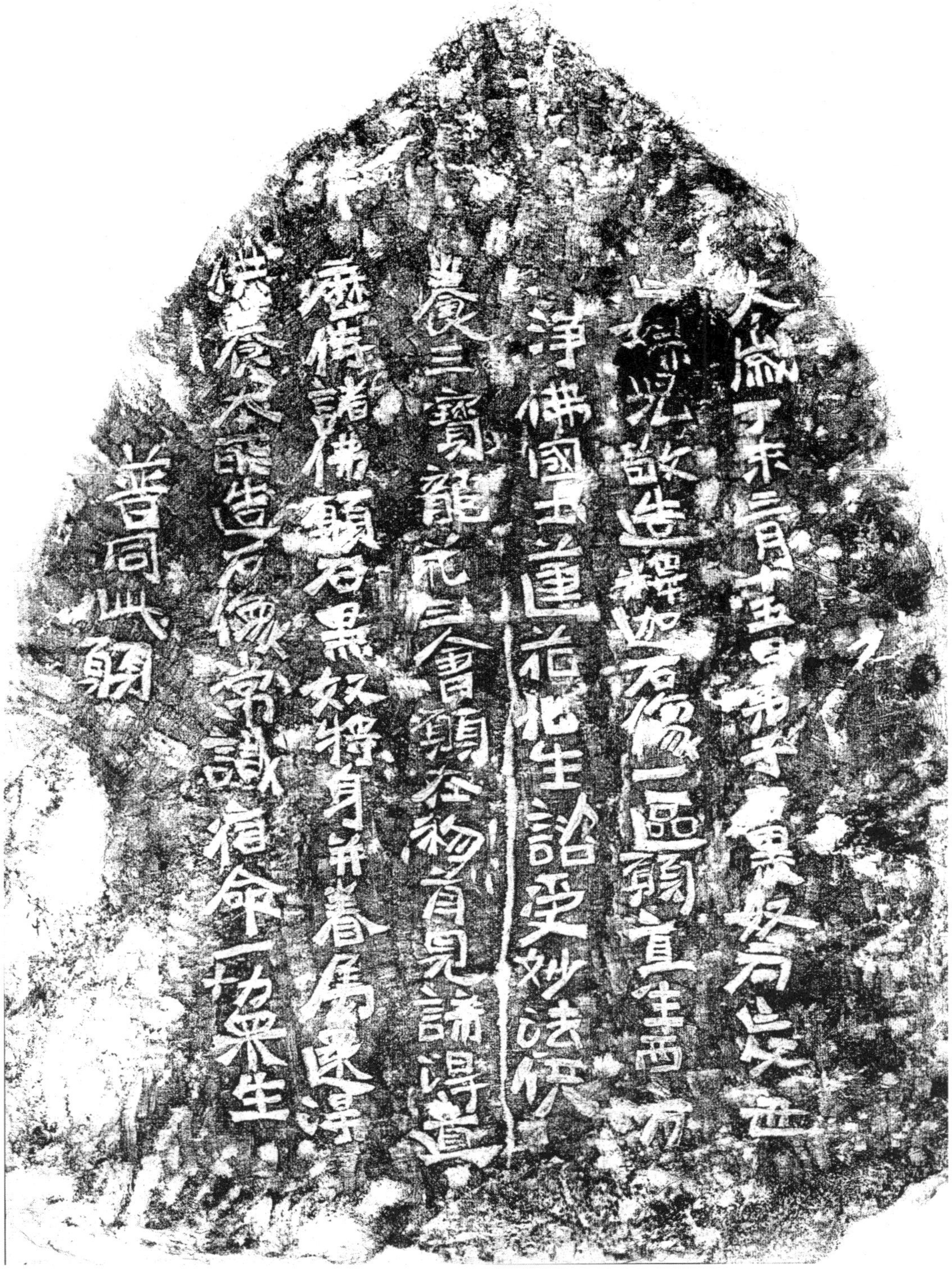

生西方」淨佛國土，蓮花化生，諮受妙法，供」養三寶。龍花三會，願在初首，見諦得道」，歷侍諸佛。願石黑奴將身并眷屬，還得」供養。本所造石像，常識宿命。一切衆生」，普同此願」。

按

石黑奴造像，碑陽單龕，龕内一佛二菩薩。主尊圓形肉髻，大耳垂肩，雍容飽滿，左手撫膝，右手施無畏，身著通肩式袈裟，呈V型對稱，衣紋深刻，綫條隆起，包腳式雙跏趺坐于蓮臺之上，背光爲蓮瓣形。二菩薩高髮髻，肩繞帔帛，錦帶下垂交叉重疊，下著羊腸裙，腹部微凸。由造像及書體之特點，此碑當爲北魏時期所立。

011.496　姚伯多兄弟造像碑

碑陽

説 明

北魏太和二十年（496）九月刻。碑青石質。四面造像。頂座皆佚。碑高130厘米，寬70厘米。碑陽上部開一大龕，造像三尊。龕下隸楷23行，滿行28字。碑陰上部開兩龕，上龕造像一尊，下龕造像三尊，龕下爲隸楷19行，滿行16字。碑右側上部爲供養人綫刻像及題名兩層，下爲隸楷9行，滿行19字。碑左側上部爲供養人立像及題名，下部爲隸楷9行，滿行22字。1931年耀縣漆河出土，初置文正書院，1936年遷入耀縣碑林，1955年遷入耀縣文化館碑廊，1971年遷藏耀縣藥王山。現存藥王山博物館。《陕西金石志》《陕西碑石精華》《藥王山碑刻》等著録。

釋 文

夫大道幽玄，以妙寄爲宗。靈教□澤，以虚寂爲旨。是以群方，而功不在」己，生成萬物，不以存私爲稱。故能苞羅六合，而品類咸熙。纖介通」微，而感物之彫。經云：大道如昧，而研之者明；至言若訥，而尋之」者辨。故真文弥梵，非高何以可宗；李耳和生，非玄教无以合空。鬱陵齋」禪，以致其真。當今世道教紛，群惑茲甚。假道乱真，群聚爲媚。大道之要」，清虚唯真素爲潔，練身尅修大道之本。有北地姚伯多兄弟等，承帝舜之」苗胄，珠紫奕世，仰論士爵，□不可訖。九族雍穆，真素清潔。兄弟至孝，通」於神明。望標胄族，雅量淵廓。神心肅悞，發自天然。雖形寄時俗，超然遠敬，乃自」尅削，内懷歡心。於大代太和廿年歲在丙子九月辛酉朔四日甲子，姚伯」多、伯龍、定龍、伯養、天虎等，上爲帝主，下爲七祖眷屬，敬造皇老君文石」像一軀。營構莊餝，極工匠之奇彫；隱起形圖，瓊若真容，現於今世。綺錯」盡窮巧之制，修奉清顔，有若真對。非夫道協幽宗，理會亡言，焉能若此者」。于時奉敬之徒，欽太極以興觀；信悞之賓，望玄門而喪偶。不勝欣躍之至」，即而頌之。其辭曰：

芒芒太上，亹亹幽微。於矣皇老，誕精云湄。純風」漸鼓，品物洽暉。非至非咸，孰啟冥機。洸洸尹生，妙契玄理。遠其城都，皓」變素起。微言既暢，萬累都止。陳文五千，功不在己。沖虚纏邈，如昧俞深。不」知其誰，像帝先人。化沾西域，流波東秦。至感無其，崇之者因。既建石像」，圖藻靈仙。石軒雲遘，岳峙霄間。莊麗巖餝，妙觀閑閑。髣髴神儀，載揚真」賢。濟濟川原，雍穆闢闢。俄俄風流，君子交齊。降生哲人，敘此熟」資。清爲時範，動爲世師。非唯立德，政化是妣。其妣唯何，唯政是匡。其政」唯何，矛（柔）而能剛。造立石像，德立弥章。唯我皇老，与日齊光。伯多、伯龍」、姚定龍、姚伯養、姚天□，□始供養，千載不忘。壽身捨身，道氣將自。如此種福」，萇久天堂。子□□□，後更煩（繁）昌。後人見之，供養如常。若當不信（下闕）（以上碑陽）

碑陰

（上闕）通道」（上闕）前則險莨川，後（下闕）」頭合□慈娥並（下闕）」舒國上仍興慶雲神仙遊（下闕）」曜虛空神暉通鬼并（下闕）」主從東上，俎豆礼既備，兼（下闕）」高坐暝真經，四面競求，請（下闕）」越功德，合郡蒙福幸。伯多、伯（下闕）」□伯多者，軒轅之苗胄，虞舜之後胤（下闕）」氣□□□暢□□□□□□矣，今值（下闕）」□□君臨万國，遷居北地，望（下闕）」□□万代，修人順德，名顯竹素，（下闕）」□年拜爲皇越大將軍，雍州刺史，□從（下闕）」公姚和，晉時鎮南□將軍（下闕）」晉時大中大夫，江夏□□姚□□□使（下闕）」尚書冠軍將軍，上谷太守姚銓蔭姚（下闕）」縣都盟統、晉陽保主、□州令，祖（下闕）（以上碑陰）

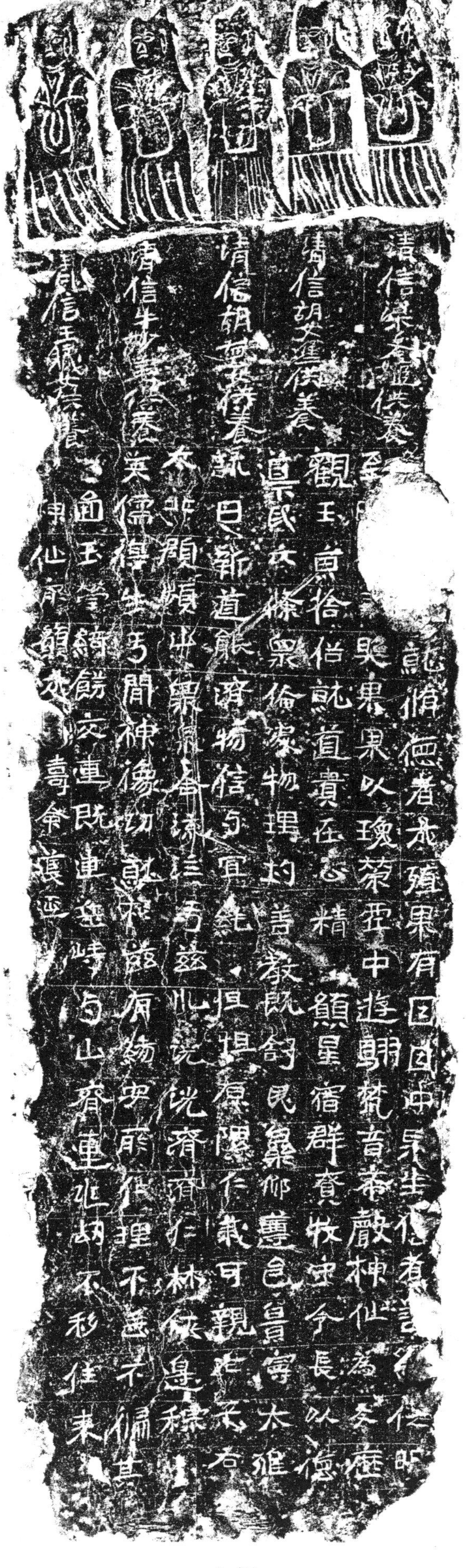

左側

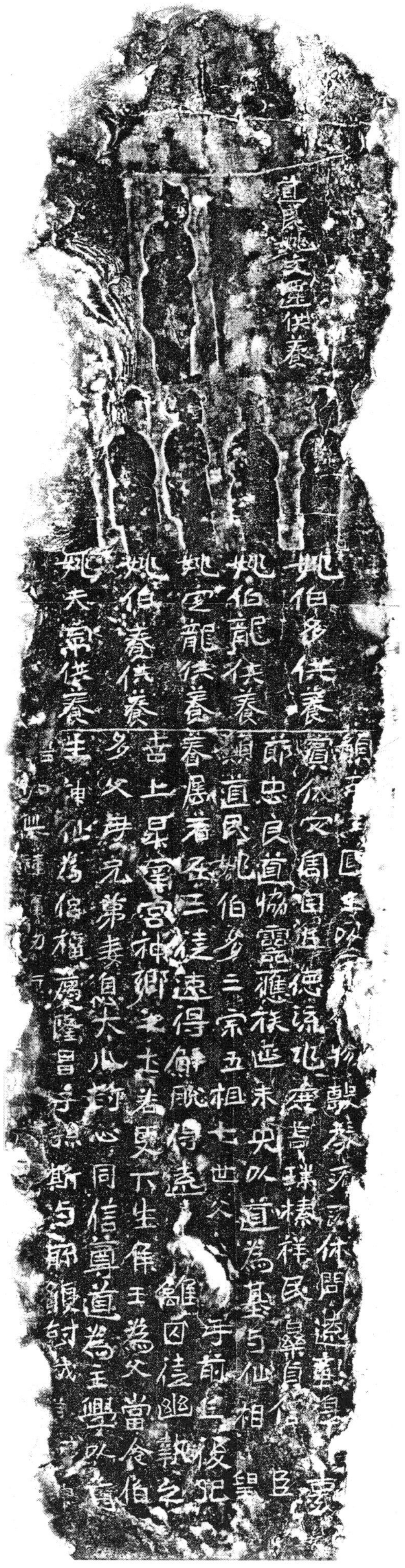

右側

清信梁冬姬供養

清信胡女進供養

清信胡德女供養

清信牛妙姜供養

清信王職女供養

□□□就，脩德者成。殖果有因，因中果生。信者□□，從明」至□。□□照果，果以瓊榮。虚中游翔，梵音希聲。神仙爲友，歷」觀玉京。捨俗就道，貴在心精。願星宿群僚，牧守令長，以德」導民。□條衆備，處物理均。善教既舒，民樂仰遵。邑景寧太，雅」詠日新。道能濟物，信与宜純。怛怛原隰，仁義可親。左平（子？）右」大（女？），北顧頻山。衆泉合流，注于茲川。洸洸濟濟，仁林□邊。穆穆」英儒，得生于間。神像功就，於茲有緣。安所仁理，不垂不偏。其」圖玉瑩，綺飾交連。既建岳峙，与山齊連。兆劫不移，往來」神仙。所願成□，壽命萇延」。（以上左側）

道民姚文遷供養

姚伯多供養

姚伯龍供養

姚定龍供養

姚伯養供養

姚天虎供養

願帝主國王，以□□物。敷教濟濟，休問遠彰。邊夷」賓伏，灾害自亡。德流兆庶，善瑞榛祥。民樂貞信，臣」節忠良。道協靈應，族延未央。以道爲基，与仙相望」。願道民姚伯多三宗五祖、七世父□□母、前亡後死」眷屬，若在三徒，速得解脱，得遠離囚徒幽執之」苦，上昇南宫神鄉之土。若更下生，侯王爲父。當念伯」多父母、兄弟、妻息大小，均心同信，尊道爲主。學以萇」生，神仙爲侶。福慶隆昌，子孫斯与。所願剋成，□□神」□，如此種福，功（下闕）（以上右側）

按

《姚伯多兄弟造像碑》，亦名《姚伯多造像碑》《姚伯多》，是北朝造像碑的典型代表。造像之外，因其題記文字較多，且行文中保存了大量碑别字，書體既保留有之前的漢隸特點，又開啟之後唐楷之先聲，故爲歷代金石學家所重視。于右任將此碑與《廣武將軍碑》《慕容恩碑》並提，贊爲“秦中三絶”。同時，姚姓在北朝是羌族著姓，其祖先姚萇爲前秦揚武將軍，淝水之戰後率羌人進據北地，建立後秦，稱萬年秦王，年號白雀。此碑的發現，對于研究魏晉南北朝時期民衆宗教信仰及少數民族歷史具有非常重要的價值。

012.508　趙超宗墓志

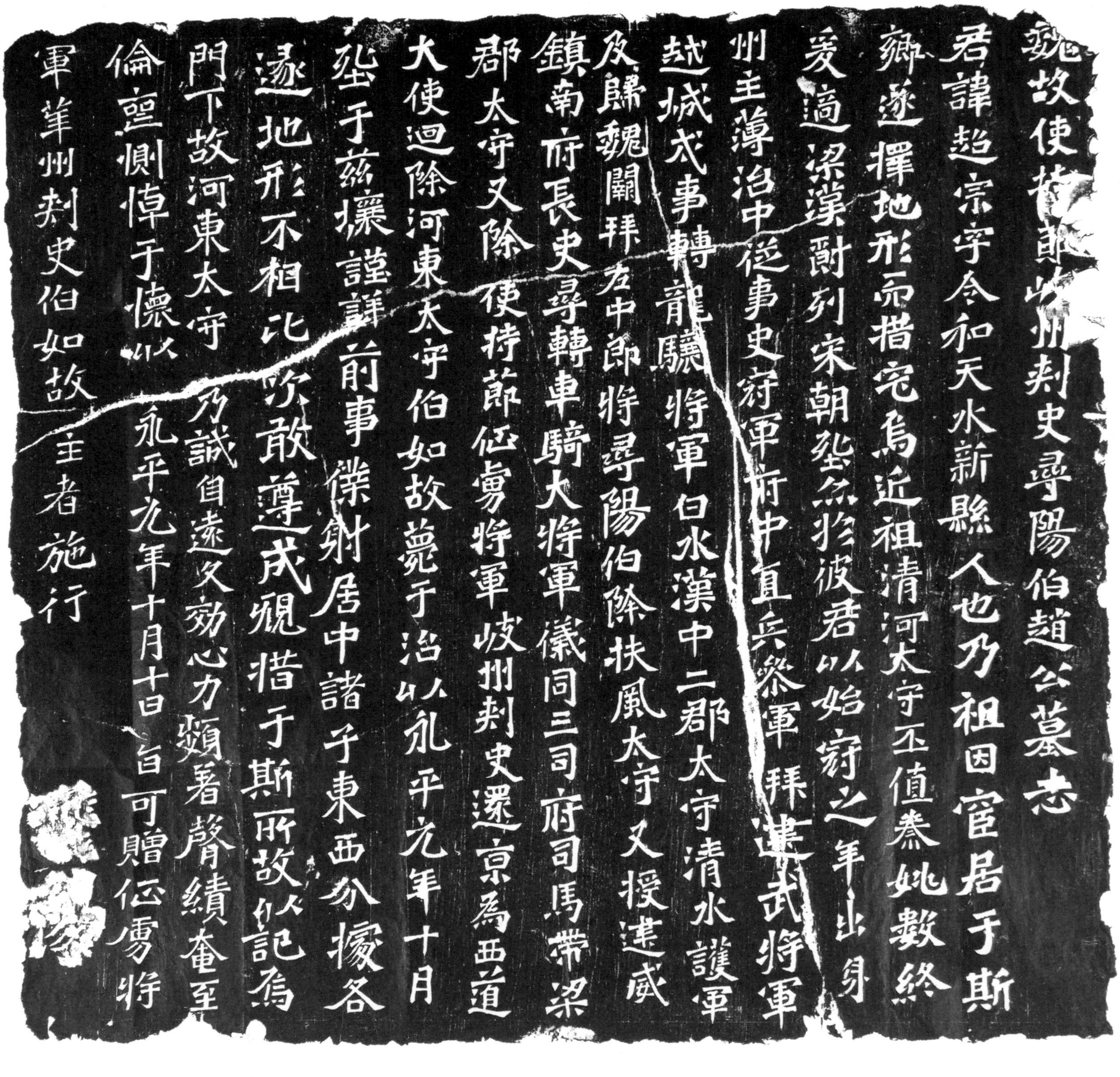
魏故使持節□州刺史尋陽伯趙公墓志
君諱超宗字令和天水新縣人也乃祖因宦居于斯
鄉遂擇地形而措宅焉近祖清河太守丞值秦姚數終
爰適梁漢尉列宋朝亟為彼君以始宦之年出身
州主簿治中從事史府軍府中直兵參軍拜建武將軍
越城戍事轉龍驤將軍白水漢中二郡太守清水護軍
及歸魏闕拜左中郎將尋陽伯除扶風太守又授建威
鎮南府長史尋轉車騎大將軍儀同三司府司馬帶梁
郡太守又除使持節征虜將軍岐州刺史還京為西道
大使迴除河東太守伯如故薨于治以永平元年十月
亟于茲壤謹詳前事傑射居中諸子東西分據各
遂地形不相比所敢遵戎觀措于斯所故以記為
門下故河東太守乃誠自遠又効心力頻著聲績奄至
倫喧惻悼于懷以永平元年十月十日旨可贈征虜將
軍華州刺史伯如故主者施行

説明

北魏永平元年（508）十月刻。青石質。蓋佚。長56厘米，寬53厘米。志文隸楷15行，滿行19至21字不等。2002年西安市長安區少陵原出土，同年入藏西安碑林。現存西安碑林博物館。《西安碑林博物館新藏墓誌彙編》著録。

釋文

魏故使持節岐州刺史尋陽伯趙公墓志」

君諱超宗，字令和，天水新縣人也。乃祖因宦居于斯」鄉，遂擇地形而措宅焉。近祖清河太守丕，值秦姚數終」，爰適梁漢，爵列宋朝，葬亦於彼。君以始冠之年，出身」州主簿治中從事史，冠軍府中直兵參軍，拜建武將軍」越城戍事，轉龍驤將軍、白水漢中二郡太守、清水護軍」。及歸魏闕，拜左中郎將、尋陽伯，除扶風太守。又授建威」鎮南府長史。尋轉車騎大將軍、儀同三司府司馬，帶梁」郡太守。又除使持節、征虜將軍、岐州刺史。還京，爲西道」大使。迴除河東太守，伯如故。薨于治。以永平元年十月」葬于兹壤。謹詳前事，僕射居中，諸子東西分據，各」逐地形，不相比次。敢遵成規，措于斯所，故以記焉」。

門下故河東太守乃誠自遠，久效心力，頻著聲績，奄至」倫喪，惻悼于懷。以永平元年十月十日，旨可贈征虜將」軍、華州刺史，伯如故。主者施行」。

按

誌主趙超宗，《魏書·趙逸傳》附趙超宗傳云其“身長八尺，頗有將略。太和末，爲豫州平南府長史，帶汝南太守，加建威將軍，賜爵尋陽伯。入爲驍騎將軍。超宗在汝南，多所受納，貨賂太傅北海王詳。詳言之于世宗，除持節、征虜將軍、岐州刺史。徙河東太守，卒官……贈本將軍、華州刺史，謚曰成伯”。此誌的出土，可與史籍記載互證並補其闕，對研究天水趙氏族系及魏晉南北朝歷史具有一定的價值。其命婦王夫人墓誌見031.536條。

013.509　彭成興墓誌

一

二

側

説 明

北魏永平二年（509）正月。磚質，共二方，尺寸相同。均長31厘米、寬15厘米。第一方誌文楷書7行，滿行14字。第二方正面誌文楷書6行，滿行12字；側面誌文楷書2行，滿行14至20字不等。有界格。20世紀70年代初麟游縣丈八鄉出土。現存麟游縣博物館。《新中國出土墓誌（陜西叁）》著録。

釋 文

大代魏帝孝文時，使持節、大都督、清」徐交廣四州諸軍事、振武將軍、歸趙」王安定彭王虎孫成興，帝授澀爵征」西將軍①，領護六夷校尉，武威太守，東」宫赦人」②，盧水統酋」。

永平二年太歲在己丑正月戊寅朔」廿九日丁未③，趙平郡鶉觚縣彭成興」。（以上第一方）

大代魏帝孝文時，使持節、大都」督、清徐交廣四州諸軍事、振武」大將軍、歸趙王安定彭王虎孫」成興，帝授澀爵征西將軍④，領護」六夷校尉，武威太守，東宫赦人」⑤，盧水統酋」。（以上第二方）

永平二年歲次己丑正月己卯朔廿九日丁未，趙平」郡鶉觚縣彭成興以此日福盡命終」。（以上側面）

校勘記

①④澀，疑爲“襲”之通假。

②⑤赦，應爲“舍”之通假。

③戊寅，誤，應爲“己卯”。

按

此誌鐫刻于兩方磚上。似先刻一磚未就，再重刻一磚爲完整者。誌主彭成興，未見史籍記載。誌文稱其曾爲領護六夷校尉、盧水統酋，兩官職亦未見正史記載，據此可補史載之闕。

014.509　石門銘

説明

北魏永平二年（509）正月刻。摩崖高175厘米，寬215厘米。正文楷書28行，滿行22字。王遠書丹。原刻于漢中褒斜谷石門隧道東壁北口，1971年鑿遷漢中博物館。現存漢中市博物館。《金石萃編》《關中金石志》《石門石刻大全》等著録。

釋文

石門銘」

此門蓋漢永平中所穿，將五百載。世代綿迥，屯夷遞作，乍」開乍閉，通塞不恒。自晉氏南遷，斯路廢矣。其崖岸崩淪，磵」閣堙褫，門南北各數里，車馬不通者久之。攀蘿捫葛，然後」可至。皇魏正始元年，漢中獻地，褒斜始開。至于門北一里」，西上鑿山爲道，峭岨槃迂九折無以加，經途巨礙，行者苦」之。梁秦初附，寔仗才賢，朝難其人，褒簡良牧。三年」，詔假節龍驤將軍、督梁秦諸軍事、梁秦二州刺史泰山羊」祉，建旟嶓漾，撫境綏邊，蓋有叔子之風焉。以天險難升，轉」輸難阻，表求自迴車已南開創舊路，釋嶺磴之劳，就方軌」之逸。詔遣左校令賈三德，領徒一萬人，石師百人，共成」其事。三德巧思機發，精解冥會，雖元凱之梁河，德衡之損」躡，未足偶其奇。起四年十月十日，訖永平二年正月畢功」。閣廣四丈，路廣六丈，皆填溪棧壑，砰險梁危，自迴車至谷」口二百餘里，連輈駢轡而進，往哲所不工，前賢所輟思，莫」不夷通焉。王生履之，可無臨深之歎；葛氏若存，幸息木牛」之勞。於是畜産鹽鐵之利，紈錦罽毲之饒，充牣川內，四民」富實，百姓息肩，壯矣。自非思埒班爾，籌等張蔡，忠公忘私」，何能成其事哉？乃作銘曰」：

龍門斯鑿，大禹所彰。兹岩迺穴，肇自漢皇。導此中國，以宣」四方。其功伊何，既逸且康。去深去阻，匪閣匪梁。西帶汧隴」，東控樊襄。河山雖險，憑德是强。昔惟畿甸，今則關壃。永懷」古烈，迹在人亡。不逢殊績，何用再光。水眺悠皛，林望幽長」。夕凝曉露，晝含曙霜。秋風夏起，寒鳥春傷。穹隆高閣，有車」轔轔。威夷石道，駟牡其駰。千載絶軌，百兩更新。敢刊岩曲」，以紀鴻塵。

魏永平二年太歲己丑正月己卯朔卅日戊申」

梁秦典籤太原郡王遠書

石師河南郡洛陽縣武阿仁鑿字」

按

碑文所言“此門蓋漢永平中所穿”，指前《石門頌》所載漢明帝時司隸校尉楊厥所開之石門。自漢永平六年至魏宣武帝永平二年，實447年，故云“將五百載”。此銘所述龍驤將軍、梁秦二州刺史泰山羊祉開通石門之功，《北史·羊祉傳》不載，實史書之闕漏，當據此補之。此銘與漢代《石門頌》相鄰而刻，兩刻比照，可見漢字書體的發展趨向以及不同時期的鮮明特徵，故兼具書法和史料雙重價值。釋文參考歷代著録。

015.511　楊穎墓誌

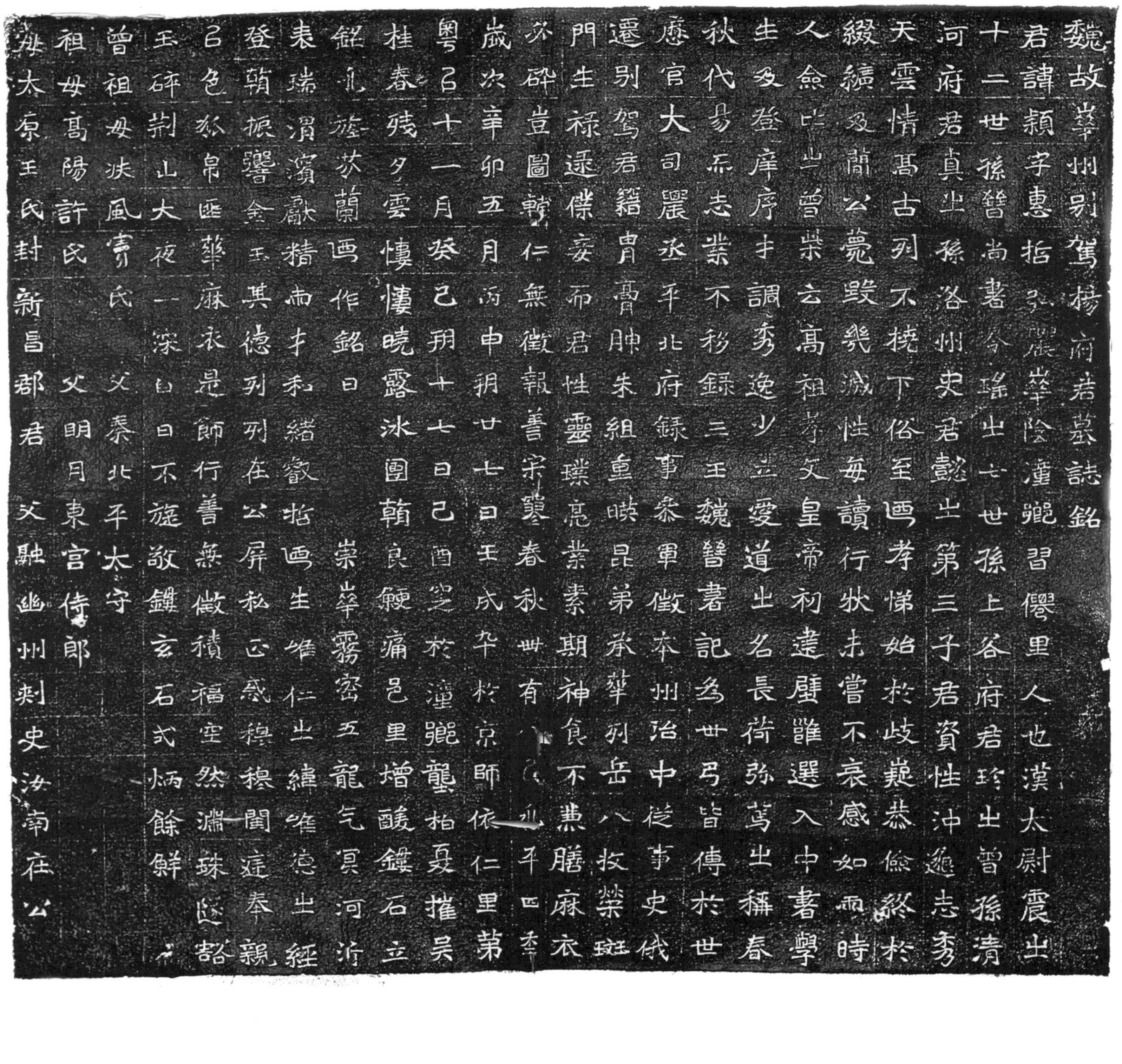

説 明

北魏永平四年（511）十一月刻。正方形。邊長52厘米。誌文隸楷24行，滿行22字。有界格。1967年華陰縣五方鄉五方村出土。現存陝西歷史博物館。《漢魏南北朝墓誌集釋》《華山碑石》《陝西碑石精華》等著録。

釋 文

魏故華州别駕楊府君墓誌銘」

君諱穎，字惠哲，弘農華陰潼鄉習僊里人也。漢太尉震之」十二世孫，晉尚書令瑶之七世孫，上谷府君珍之曾孫，清」河府君真之孫，洛州史君懿之第三子。君資性沖邈，志秀」天雲，情高古列，不撓下俗。至迺孝悌始於岐嶷，恭儉終於」綴纊。及簡公薨，毁幾滅性。每讀行狀，未嘗不哀感如雨，時」人僉比之曾、柴云。高祖孝文皇帝初建壁雝，選入中書學」生。及登庠序，才調秀逸。少立愛道之名，長荷弥篤之稱。春」秋代易，而志業不移，録三王魏晉書記爲卅卷，皆傳於世」。歷官大司農丞、平北府録事參軍，徵本州治中從事史，俄」遷别駕。君籍胄膏腴，朱組重映。昆弟承華，列岳八牧。榮班」門生，禄逮僕妾。而君性靈璞亮，業素期神，食不兼膳，麻衣」必碎。豈圖輔仁無徵，報善寂廖。春秋卌有八，以永平四年」歲次辛卯五月丙申朔廿七日壬戌，卒於京師依仁里第」。粤以十一月癸巳朔十七日己酉，窆於潼鄉。壟柏夏摧，吴」桂春殘。夕雲悽悽，曉露冰團。朝良鯁痛，邑里增酸，鏤石立」銘，永旍芬蘭。迺作銘曰：

崇華霧密，五龍气冥。河沂」表瑞，渭濱獻精。兩才和緒，叡哲迺生。唯仁之緯，唯德之經」。登朝振響，金玉其德。列列在公，屏私正惑。穆穆閨庭，奉親」以色。狐帛匪華，麻衣是飾。行善無徵，積福空然。淵珠隧豁」，玉碎荊山。大夜一深，白日不旋。敬鏤玄石，式炳餘鮮」。

曾祖母扶風竇氏，父秦，北平太守」。

祖母高陽許氏，父明月，東宫侍郎」。

母太原王氏，封新昌郡君。父融，幽州刺史、汝南莊公」。

按

誌主楊穎，史書有載，附于《魏書·楊播傳》及《北史·楊播傳》之後，但較爲簡略，止云“椿弟穎，字惠哲。本州别駕”。此墓誌的出土，可補其闕。楊穎之父爲楊懿，懿生播、椿、穎、順、津、舒、阿難、暐等兄弟八人。皆有墓誌出土。弘農楊氏爲中古時期世家大族，歷兩漢魏晉直至隋唐數百年間，名人輩出，故《魏書·楊播傳》謂其家族“荷内外之任，公卿牧守榮赫累朝”，而“門生故吏遍於天下”，朝野内外影響十分明顯。近年來相繼出土和刊布的弘農楊氏墓誌多達五十餘方，對研究中古弘農楊氏宗族狀況頗具參考價值。另，這幾方墓誌的書體，正是由篆向隸向楷過渡的魏碑體，其書體樸拙勁重，端方峻整，又夾雜有個别篆書，更顯古樸厚雅，深爲書法愛好者所喜好，也爲漢字書體的發展變化提供了實物佐證。

016.511　楊阿難墓誌

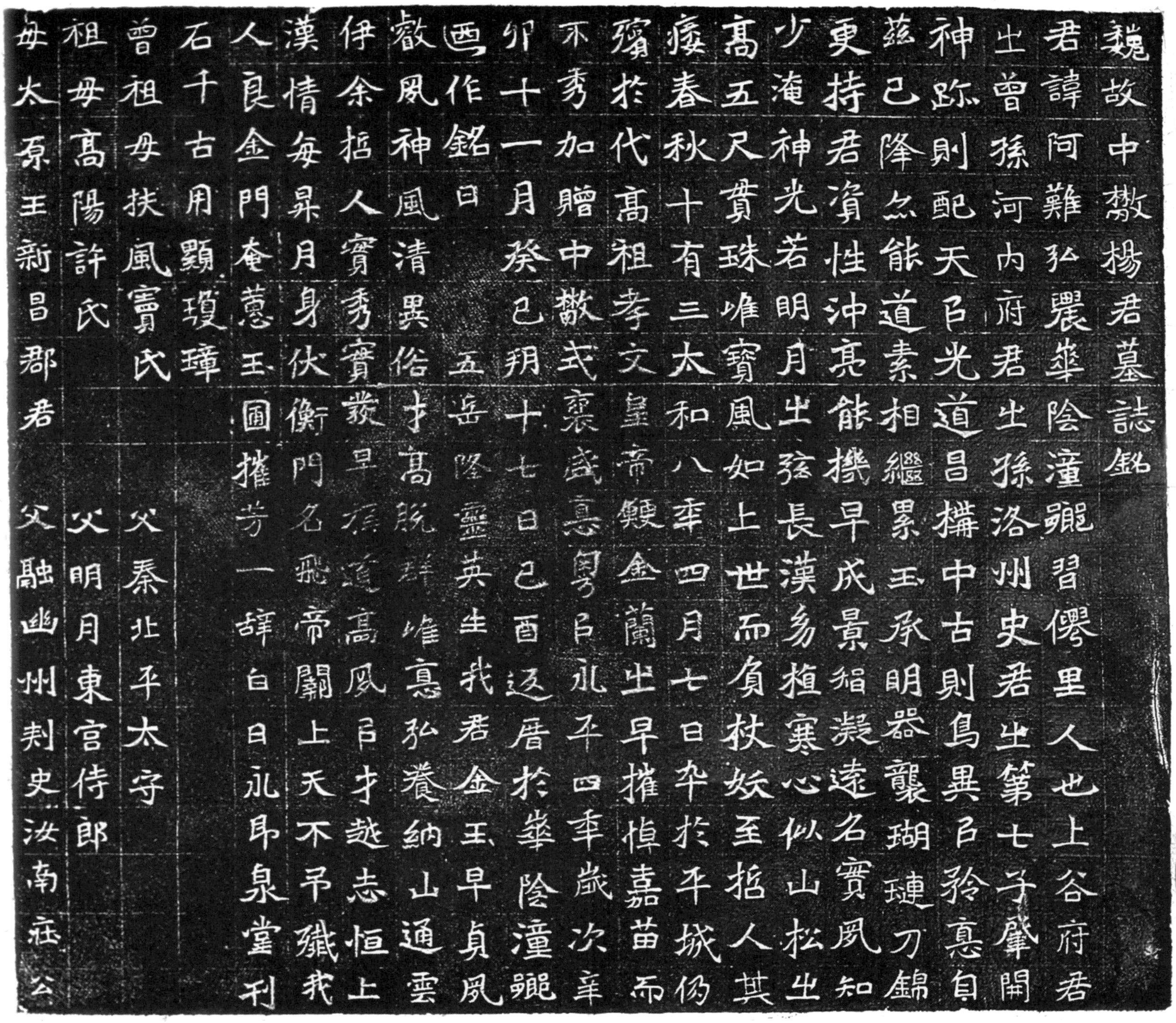
魏故中散楊君墓誌銘
君諱阿難弘農華陰潼鄉習僊里人也上谷府君
之曾孫河内府君之孫洛州史君之第七子聲開
神跡則配天以光道昌構中古則烏異以矜惪自
茲己降忽能道素相繼累玉承明器襲瑚璉刀錦
更持君資性沖亮能機早成景緍凝遠名實夙知
少淹神光若明月之弦長漢易植寒心似山松之
高五尺貫珠唯寶風如上世而負杖妖至招人其
痿春秋十有三太和八年四月七日卒於平城仍
殯於代高祖孝文皇帝鞭金蘭之早摧悼嘉苗而
不秀加贈中散式褒盛惪粤以永平四年歲次辛
卯十一月癸已朔十七日己酉返厝於華陰潼鄉
西作銘曰　五岳降靈英生我君金玉早貞夙
徽風神風清異俗才高脫群唯惪弘養納山通雲
伊余哲人實秀寶叢早摧道高風以才越志恒上
漢情每鼎月身伏衡門名飛帝闕上天不弔殲我
人良金門奄蕙玉圖摧芳一辭白日永卽泉堂刊
石千古用顯瓊瑋
曾祖母扶風竇氏　父秦北平太守
祖母高陽許氏　父明月東宮侍郎
母太原王新昌郡君　父融幽州刺史汝南莊公

説明

北魏永平四年（511）十一月刻。正方形。邊長41厘米。誌文隸楷21行，滿行19字，有界格。1984年華陰縣五方鄉五方村出土。現存陝西歷史博物館。《漢魏南北朝墓誌集釋》《華山碑石》《陝西碑石精華》等著録。

釋文

魏故中散楊君墓誌銘」

君諱阿難，弘農華陰潼鄉習僊里人也。上谷府君」之曾孫，河内府君之孫，洛州史君之第七子。肇開」神迹，則配天以光道；昌構中古，則鳥異以矜德。自」兹已降，亦能道素相繼，累玉承明，器襲瑚璉，刀錦」更持。君資性沖亮，能機早成。景智凝遠，名實夙知」。少淹神光，若明月之弦長漢；幼植寒心，似山松之」高五尺。貫珠唯寶，風如上世。而負杖妖至，哲人其」痿。春秋十有三，太和八年四月七日卒於平城，仍」殯於代。高祖孝文皇帝鯁金蘭之早摧，悼嘉苗而」不秀，加贈中散，式褒盛德。粵以永平四年歲次辛」卯十一月癸巳朔十七日己酉，返厝於華陰潼鄉」。迺作銘曰：

五岳降靈，英生我君。金玉早貞，夙」叡夙神。風清異俗，才高脱群。唯德弘養，納山通雲」。伊余哲人，實秀實發。早稱道高，夙以才越。志恒上」漢，情每昇月。身伏衡門，名飛帝闕。上天不弔，殲我」人良。金門奄蕙，玉圃摧芳。一辞白日，永即泉堂。刊」石千古，用顯瓊璋」。

曾祖母扶風竇氏。父秦，北平太守」。

祖母高陽許氏。父明月，東宫侍郎」。

母太原王新昌郡君。父融，幽州刺史、汝南莊公」。

按

誌主楊阿難，未見史籍記載，誌文可補史之闕。

017.516　楊播墓誌

説明

北魏熙平元年（516）九月刻。正方形。邊長68厘米。誌文隸楷32行，滿行32字。1984年華陰縣五方村出土。原藏華山西岳廟。現存陝西歷史博物館。《漢魏南北朝墓誌彙編》《華山碑石》《陝西碑石精華》等著録。

釋文

魏故使持節鎮西將軍雍州刺史華陰莊伯墓誌銘」

君姓楊，諱播，字延慶，司州恒農郡華陰縣潼鄉習僊里人也。祖父仲真，河内、清河二」郡太守。父懿，廣平太守，選曹給事中，使持節、安南將軍、洛州刺史，恒農簡公。君年十」有五，舉司州秀才，拜内小。尋爲内行羽林中郎，累遷給事中，領内起部。又以本官進」鸄北部尚書事。太和十五年，拜員外散騎常侍、龍驤將軍、北征都督。十六年，又加征」虜將軍，都督北蕃三鎮。討破地豆于賊。其年秋，加武衛將軍、中道都督，率騎三万，北」出雞鹿塞五千餘里，迫逐茹茹而還。其冬，改創百官，轉衛尉少卿，本官如故。十七年」，大駕南征，二翼並進。以君爲左將軍，恒領万騎以衛中權。車駕至洛陽，定鼎於郏鄏」。高祖初建，遷都之始，君参密謀焉。仍以左將軍与咸陽王禧等，經始太極廟社殿庫」。又脩成千金堨，引瀫、洛二水以灌京師。十八年，陟前將軍。十九年，從駕渡淮，徑至壽」春。三月，車駕進詣鍾離。司徒馮誕薨于留營，帝乃回旆北渡，留君爲殿，壯其厥功」，賜爵華陰子。尋陟右衛將軍。廿二年，從征南陽，以破鄧城制勝之功，進爵爲伯。又拜」太府卿，加平東將軍。廿三年，假節平西將軍，董卒三万，討逐巴帥泉榮祖於洛州。景」明元年，爲使持節、兼侍中大使，宣命岳牧，巡省方俗。二年，復轉左衛將軍，本官、伯如」故。其年冬，出爲使持節、都督并州諸軍事、安北將軍、并州刺史。君情係舊鄉，思蔭桑」梓。朝廷許之，改牧本邦，爲都督華州諸軍事、安西將軍、華州刺史，使持節、華陰伯如」故。永平二年，册授使持節、都督定州諸軍事、安北將軍、定州刺史，伯如故。君以直方」居性，權臣所忌。帝舅司徒公高肇譖而罪之，遂除名爲民。於是閉門静處，蕭然不」以得失爲情，澹爾以時命自守。春秋六十有一，以延昌二年歲次癸巳十一月十六」日，寢疾薨於洛陽縣之依仁里。嗣子號忠貞之見枉，冀追賢之有期。三年冬，權遷殯」於華陰鄉舘焉。仰遵顧命，喪事之礼，儉過貧庶。四年，高肇伏辜，怨屈斯理。以熙平元」年，有詔申雪，追復爵位。册贈使持節、鎮西將軍、雍州刺史，華陰伯如故。考終定謚」，是爲莊。粵其年秋九月二日庚申，卜窆于本縣舊塋，乃作銘以誌墓。其辞曰」：

岩岩華岳，浩浩河宗。仁濬智運，氣結形通。世推儒德，擅時才雄。實誕遺烈，有虆先蹤」。體孝基忠，懷文曜武。性協剛柔，行孚出處。毓問蕃墀，觀光帝寓。金聲玉潤，清規懋矩」。逶迤秋闈，綢繆春閤。内奉王言，外宣帝略。爪牙是寄，腹心伊託。謀定中樞，威陵絶漠」。神圖廣運，寶鼎底遷。南清江沔，北輯沙燕。龍旗肅邁，鳳盖凱旋。實禦不若，載翼中權」。帝嘉乃績，俟服故鄉。首冠兩弁，腰結參章。海府云委，言諏其良。皇華之命，允洽斯康」。西蔭關陝，北牧代趙。幃裳必褰，市獄不擾。抑絶三欺，敷懷四道。德被猶風，民化如草」。正直莫立，侮謗相傾。違升紫闥，守黜素庭。得喪如命，喜慍弗形。方恢人軌，式範天經」。智流無極，仁壽不長。曙月落景，寒谷凝霜。隕兹民望，殄彼國良。昭塗既晦，幽夜何央」。皇鑒孔明，窮怨載雪。禮隆改殯，恩重臨穴。聲逾古今，寵賁身世。陵谷可畜（貿？），音塵不滅」。

按

誌主楊播，《魏書》《北史》均有傳。爲北朝弘農華陰楊氏核心人物。據《魏書·楊播傳》：楊播本字元休，太和中高祖賜改元休爲延慶。墓誌所載與正史略有不同，兩者可互補。

018.517　張宜墓誌

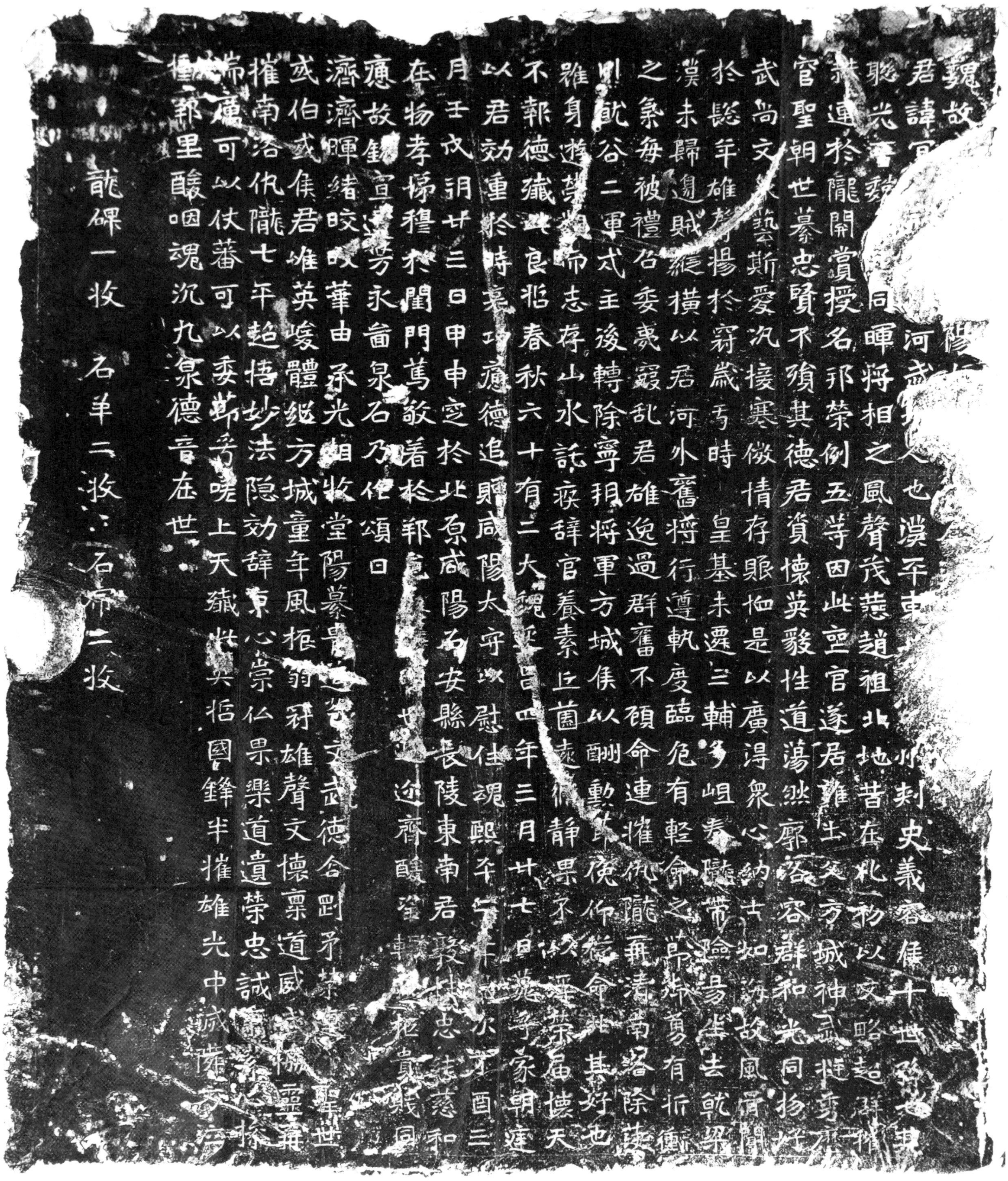

説 明

北魏熙平二年（517）三月刻。高79厘米，寬65厘米。誌文隸楷22行，滿行29字。1999年咸陽市渭城區窰店鎮出土。現存西安碑林博物館。《西安碑林博物館新藏墓誌彙編》著録。

釋 文

魏故□□□□□陽（下闕）」

君諱宜□□□□河武城人也。漢平東□□□州刺史、義容侯十世孫也。其」聯光晉魏，□□同暉。將相之風，聲茂燕趙。祖北地，昔在化初，以文略超群。摧」赫連於隴關，賞授名邦，榮例五等。因此喪官，遂居雍土。父方城，神武挺秀，歷」宦聖朝，世纂忠賢，不殞其德。君資懷英毅，性道蕩然，廓洛容群，和光同物。好」武尚文，衆藝斯愛。汎接寒微，情存賑恤。是以廣得衆心，納士如海。故風骨聞」於髫年，雄聲揚於冠歲。于時皇基未遷，三輔多岨，秦隴帶險，易生去就。梁」漢未歸，邊賊縱横。以君河外舊將，行遵軌度。臨危有輕命之節，御勇有折衝」之氣。每被禮召，委夷寇乱。君雄逸過群，奮不顧命，連摧仇隴，再清南洛，除葭」川、就谷二軍戍主。後轉除寧朔將軍、方城侯，以酬勳節。俛仰從命，非其好也」。雖身遊榮□，而志存山水，託疾辞官，養素丘園。遠修靜果，不以浮榮屆懷。天」不報德，殲此良哲。春秋六十有二，大魏延昌四年三月廿七日薨于家。朝庭」以君效重於時，哀功痛德，追贈咸陽太守，以慰往魂。熙平二年歲次丁酉三」月壬戌朔廿三日甲申，窆於北原咸陽石安縣長陵東南。君敦性忠純，慈和」在物。孝悌穆於閨門，篤敬著於邦邑。□□□世，遐迩齊酸。望輀扶柩，貴賤同」痛。故銘宣遺芳，永圖泉石。乃作頌曰」：

濟濟暉緒，皎皎華由。承光相牧，堂陽纂胄。道苞文武，德含剛矛（柔）。榮連聖世」，或伯或侯。君唯英峻，體繼方城。童年風振，弱冠雄聲。文懷稟道，威武協靈。再」摧南洛，仇隴七平。超悟妙法，隐效辞京。心崇佛果，樂道遺榮。忠誠秉潔，心操」峕厲。可以仗蕃，可以委節。于嗟上天，殲此英哲。國鋒半摧，雄光中滅。鄰方泣」慟，邦里酸咽。魂沉九泉，德音在世」。

龍碑一枚，石羊二枚，石虎二枚」。

按

墓誌右側略殘，誌題僅見三字，正文首行及二行亦有損字。誌主張宜，未見史籍記載。誌記其祖北地、父方城之稱，據誌文當爲封爵而非名諱。此誌所載張氏由清河武城遷居雍地之時間、北朝時期之授職封爵及其時之戰亂紛爭等歷史事實，均可補史籍之闕載。同時，誌末所載之“龍碑一枚，石羊二枚，石虎二枚”，亦爲研究南北朝時期喪葬習俗提供了實物參考。

019.517　楊舒墓誌

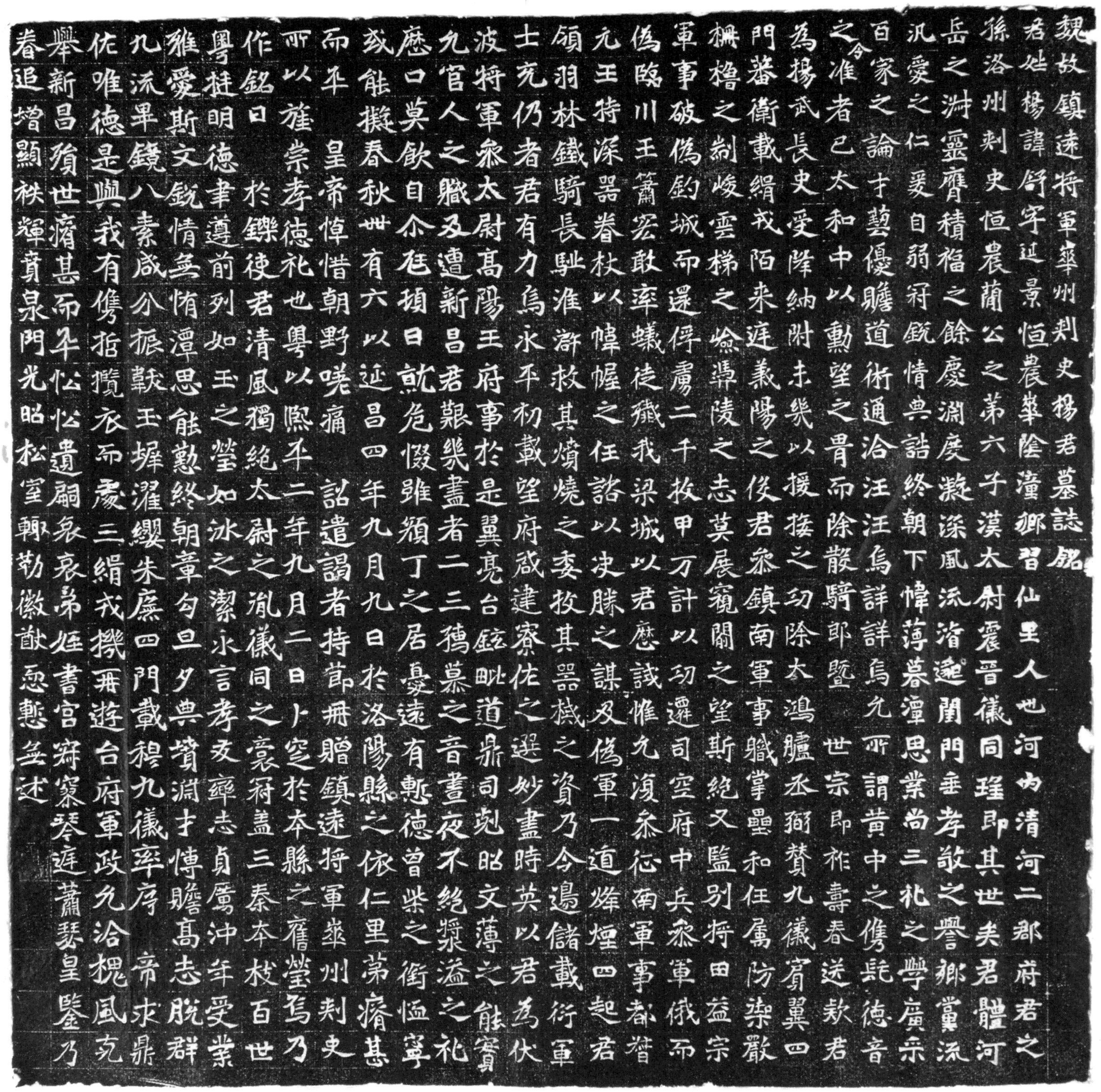

説明

北魏熙平二年(517)九月刻。正方形。邊長55厘米。誌文隸楷28行,滿行28字。有界格。1985年華陰縣五方鄉出土。1987年4月入藏西安碑林。現存西安碑林博物館。《漢魏南北朝墓誌彙編》《西安碑林博物館新藏墓誌彙編》著録。

釋文

魏故鎮遠將軍華州刺史楊君墓誌銘」

君姓楊,諱舒,字延景,恒農華陰潼鄉習仙里人也。河内、清河二郡府君之」孫,洛州刺史恒農簡公之第六子。漢太尉震,晉儀同瑶,即其世矣。君體河」岳之淑靈,膺積福之餘慶。淵度凝深,風流濬邈。閨門垂孝敬之譽,鄉黨流」汎愛之仁。爰自弱冠,鋭情典誥。終朝下幃,薄暮潭思。業尚三礼之學,廣采」百家之論。才藝優贍,道術通洽。汪汪焉,詳詳焉,允所謂黄中之儁髦,德音」之令准者已。太和中,以勳望之胄而除散騎郎。暨世宗即祚,壽春送款。君」爲揚武長史,受降納附。未幾,以援接之功除大鴻臚丞。弼贊九儀,賓翼四」門,蕃衛載緝,戎陌来庭。義陽之役,君参鎮南軍事。職掌壘和,任属防禦。嚴」栅櫓之制,峻雲梯之嶮。憑陵之志莫展,窺闔之望斯絶。又監别將田益宗」軍事,破僞鈞城而還,俘虜二千,收甲万計,以功遷司空府中兵参軍。俄而」,僞臨川王蕭宏敢率蟻徒殲我梁城,以君歷試惟允,復参征南軍事。都督」元王特深器眷,杖以幃幄之任,諮以決勝之謀。及僞軍一遁,烽煙四起,君」領羽林鐵騎長驅淮澨,救其熕燒之委,收其器械之資。乃令邊儲載衍,軍」士充仍者,君有力焉。永平初載,望府啟建,寮佐之選,妙盡時英。以君爲伏」波將軍,参太尉高陽王府事。於是翼亮台鉉,毗道鼎司,剋昭文簿之能,實」允官人之職。及遭新昌君艱,幾盡者二三。孺慕之音,晝夜不絶;漿溢之礼」,歷口莫飲。自爾尪頓,日就危惙。雖顔丁之居憂,遠有慙德;曾柴之銜恤,寧」或能擬。春秋卌有六,以延昌四年九月九日,於洛陽縣之依仁里第痟甚」而卒。皇帝悼惜,朝野嗟痛。詔遣謁者持節,册贈鎮遠將軍、華州刺史」。所以旌崇孝德,礼也。粤以熙平二年九月二日卜窆於本縣之舊塋焉。乃」作銘曰:

於鑠使君,清風獨絶。太尉之胤,儀同之裔。冠盖三秦,本枝百世」。粤挺明德,聿遵前列。如玉之瑩,如冰之潔。永言孝友,率志貞厲。沖年受業」,雅愛斯文。鋭情無惰,潭思能勤。終朝章句,旦夕典墳。淵才博贍,高志脱群」。九流畢鏡,八素咸分。振戟玉墀,濯纓朱廡。四門載穆,九儀率序。帝求鼎」佐,唯德是與。我有儁哲,攬衣而處。三緝戎機,再遊台府。軍政允洽,槐風克」舉。新昌殞世,痟甚而卒。忪忪遺嗣,哀哀弟姪。書宫寂寥,琴庭蕭瑟。皇鑒乃」眷,追贈顯秩。輝賁泉門,光昭松室。輒勒徽猷,恧慙無述」。

按

誌主楊舒,《魏書·楊播傳》附載,但較爲簡略。墓誌對楊舒先祖世系及楊舒任職及生平的較詳記載,頗有補史價值。誌文述及北魏後期與南朝的義陽、梁城等戰役的情況,可與文獻記載互證。此誌書法撇捺向兩側伸展,收筆前的粗頓及抬峰,使整個字形厚重穩健略顯飛揚,規則中正而有動態,頗具審美價值,是魏碑體的典型代表。

020.518　楊泰墓誌

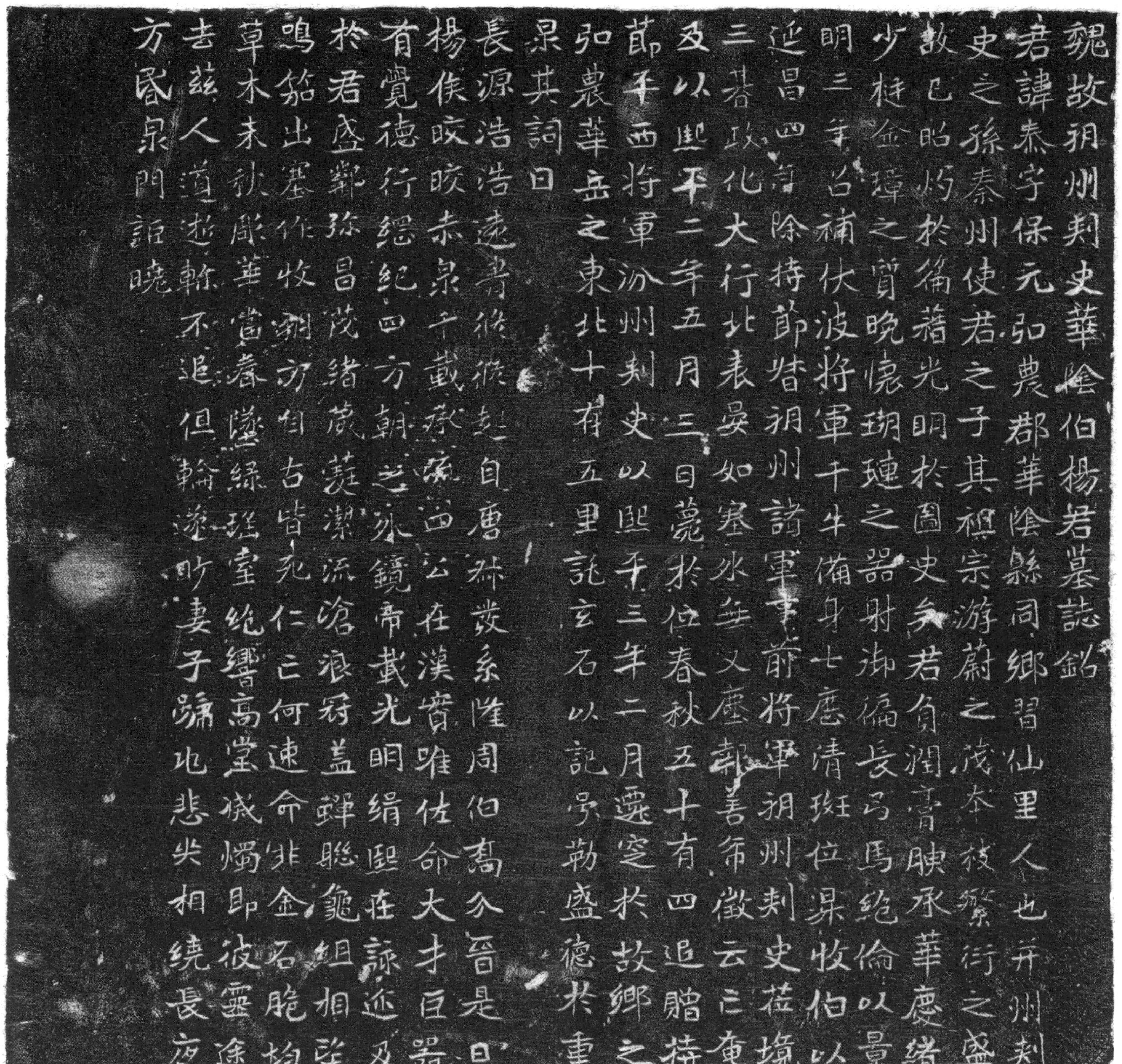
魏故朔州刺史華陰伯楊君墓誌銘
君諱泰字保元弘農郡華陰縣同鄉習仙里人也并州刺
史之孫秦州使君之子其禎宗游蔚之茂本枝繁衍之盛
故已昭灼於篇籍光明於圖史矣君負潤青腴承華慶緒
少挺金璋之質晚懷瑚璉之器射御偏長弓馬絕倫以景
明三年召補伏波將軍千牛備身七歷清斑位渠牧伯以
延昌四年除持節督朔州諸軍事前將軍朔州刺史莅境
三朞政化大行北表晏如塞氷無又歷鄣善希徵云云奄
及以熙平二年五月三日薨於位春秋五十有四追贈持
節平西將軍汾州刺史以熙平三年二月還窆於故鄉之
弘農華岳之東北十有五里託玄石以記乎勒盛德於重
泉其詞曰
長源浩浩遠青從從起自唐裔發系隆周伯喬分晉是曰
楊侯晈晈赤泉千載承流西公在漢實唯佐命大才巨器
有覺德行繼紀四方朝之水鏡帝載光明絹熙在詠迭及
於君盛鄰祢昌茂緒葳蕤潔流滄浪冠蓋蟬聯龜組相望
鳴笳出塞作牧朔方自古皆死仁亡何速命非金石脆均
草木未秋彫華當春隕綠瑶室絕響高堂滅燭即彼靈途
去茲人道逝軫不追但輪遂眄妻子躃地悲哭相繞長夜
方啟泉門詎曉

説 明

北魏熙平三年（518）二月刻。正方形。邊長65厘米。誌文隸楷20行，滿行22字。1985年華陰縣五方鄉出土，1987年4月入藏西安碑林。現存西安碑林博物館。《漢魏南北朝墓誌彙編》《華山碑石》《陝西碑石精華》等著録。

釋 文

魏故朔州刺史華陰伯楊君墓誌銘」

君諱泰，字保元，弘農郡華陰縣同鄉習仙里人也。并州刺」史之孫，秦州使君之子。其祖宗游蔚之茂，本枝繁衍之盛」，故已昭灼於篇籍，光明於圖史矣。君負潤膏腴，承華慶緒」，少挺金璋之質，晚懷瑚璉之器，射御偏長，弓馬絶倫。以景」明三年召補伏波將軍、千牛備身。七歷清斑（班），位昇牧伯。以」延昌四年除持節督朔州諸軍事、前將軍、朔州刺史。莅境」三朞，政化大行，北表晏如，塞外無又塵。報善希徵，云亡奄」及。以熙平二年五月三日薨於位，春秋五十有四。追贈持」節平西將軍、汾州刺史。以熙平三年二月，遷窆於故鄉之」弘農華岳之東北十有五里。託玄石以記号，勒盛德於重」泉。其詞曰」：

長源浩浩，遠胄攸攸。起自唐叔，發系隆周。伯喬分晉，是曰」楊侯。皎皎赤泉，千載承流。四公在漢，實唯佐命。大才巨器」，有覺德行。綱紀四方，朝之外鏡。帝載光明，緝熙在詠。迩及」於君，盛鄴弥昌。茂緒葳蕤，潔流滄浪。冠盖蟬聯，龜組相望」。鳴笳出塞，作牧朔方。自古皆死，仁亡何速。命非金石，脆均」草木。未秋彫華，當春墜緑。瑶臺絶響，高堂滅燭。即彼靈途」，去兹人道。逝軫不追，徂輪遂眇。妻子號兆（叫？），悲哭相繞。長夜」方昏，泉門詎曉」。

按

誌主楊泰，未見正史記載。其夫人元氏墓誌見041.551條。

021.518　張安世造像碑

説明

北魏神龜元年（518）八月刻。碑高162厘米，寬59厘米。造像上下兩龕，内均雕像一尊。下爲銘文隸書18行，滿行15至18字不等。1934年發現于銅川耀縣北寺原，1955年遷耀縣文化館，1971年遷立于藥王山。現存藥王山博物館。《陝西碑石精華》《藥王山碑刻》等著録。

釋文

神龜（下闕）乙未八月己亥（下闕）」癸巳，爲皇帝陛下、七世父母、所生父母、一切衆」生告訖。夫大聖幽微，以虚寂爲旨。生成」萬物，功不在己。纖□通微，咸無不周。大聖」如味（昧），而研之者明；至言若訥，得之者辨」。當今皇帝御世，万邦斯順。善化垂範」，群迷心返。伏聞一念之善，獲無盡」之功；一米投廚，致恒沙之果。是以張安」世體識虚空，識真正法，減割家珍，張」安世人身造石像一區，上願帝主康寧，祚延」無窮。若洛三徒，不逕八難。下願張安世人身家」眷，合無大小，無病少痛，延年益壽。宅含金」鏐，來財宜寶，用之無盡。所願從心」。

祖張豐洛，父周慶、叔父雙慶，兄文虯、兄文清、兄賢黄」

名安世，息還洛、息阿僧、息僧歡」

妻李男異、妾王阿引，息富洛、息雙富」

姪阿洛、姪阿歡、姪阿奴、姪天還、姪似仁」、姪德仁、姪咸歡」

按

碑首行漫漶不清，僅識“神龜”二字及下“乙未八月己亥、癸巳”等字樣。考北魏孝明帝神龜僅三年，其元年之八月爲己亥月，而神龜元年非乙未年，而是戊戌年，故暫置于神龜元年，待考。此碑書法頗具特色，樸拙中透章法，舒暢中顯刀力，另成風格，爲近現代人雕刻印章所借鑒。

022.519　楊胤季女墓誌

魏故華荆秦濟四州刺史楊胤季女墓誌
女十三世祖漢故太尉公震七
世祖晉尚書令瑤曾祖庫録二
曹給事京兆太守平南將軍洛
州刺史暉出曾孫祖寧遠將軍
長寧男祐出孫父持節都督華
州東荆州南秦州濟州諸軍事
四州刺史長寧男胤出季女塟
華山華陰潼鄉南原
維大魏神龜二年歲次己亥七月戊寅朔廿九日丙午起誌
父平東將軍諡曰穆公

說 明

北魏神龜二年（519）七月刻。誌、蓋均正方形，尺寸相同。邊長均35厘米。蓋素面無文。誌文隸楷11行，滿行12字。1981年華陰縣五方村出土。現存潼關縣文物管理委員會。《漢魏南北朝墓誌彙編》《潼關碑石》著録。

釋 文

魏故華荊秦濟四州刺史楊胤季女之墓誌」

女十三世祖漢故太尉公震。七」世祖晉尚書令瑤。曾祖庫録二」曹給事、京兆太守、平南將軍、洛」州刺史暉之曾孫。祖寧遠將軍」、長寧男祐之孫。父持節都督華」州東荊州南秦州濟州諸軍事」、四州刺史、長寧男胤之季女。葬」華山華陰潼鄉南原」。

維大魏神龜二年歲次已亥七月戊寅朔廿九日丙午起誌」

父平東將軍謚曰穆公」。

按

誌主爲北魏平東將軍楊胤第三女，未見史籍記載。

023.524　仇臣生造像碑

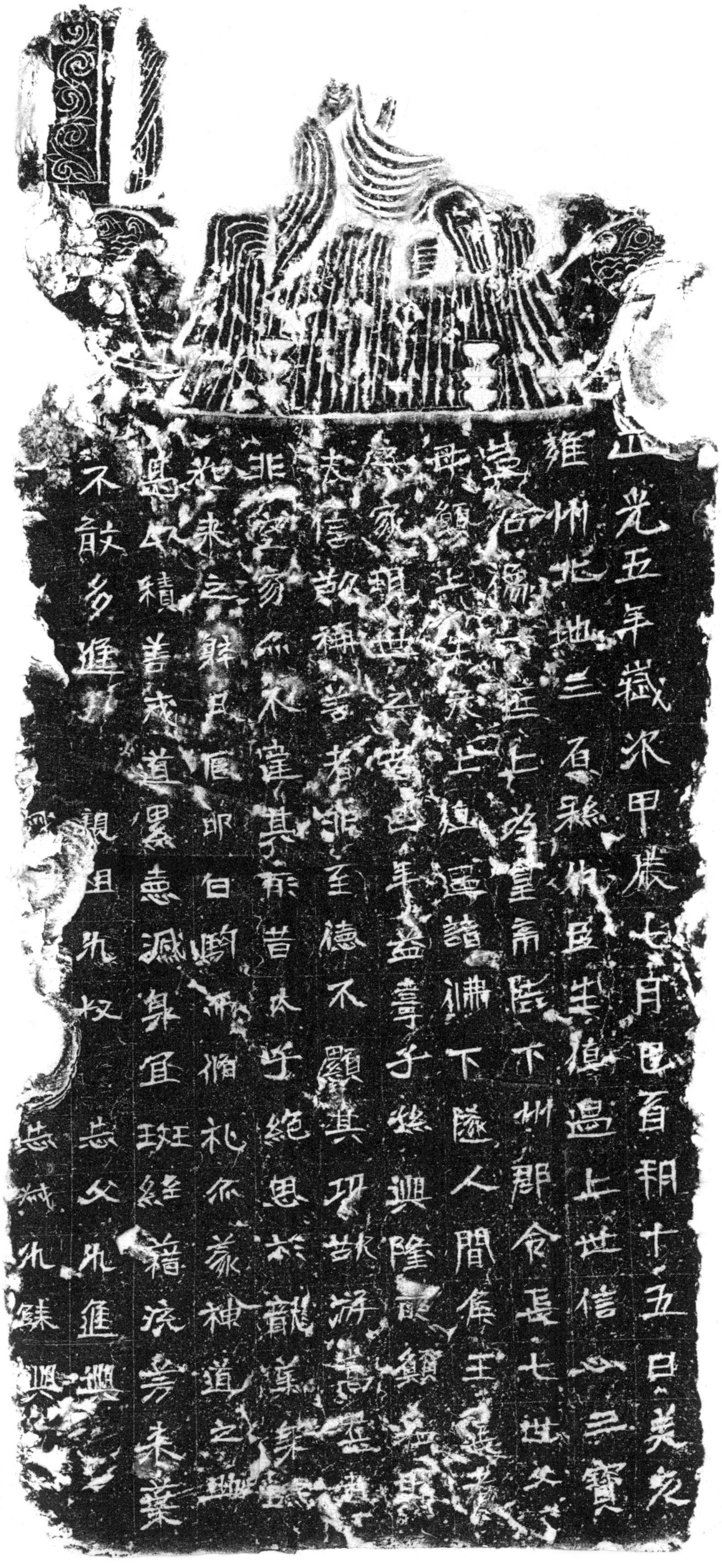

説 明

北魏正光五年（524）七月刻。碑上部佚。殘高100厘米，寬42厘米。銘文隸楷11行，滿行18字。原爲雷天一收藏，1938年捐耀縣碑林，1955年遷耀縣文化館，1971年遷立于藥王山。現存藥王山博物館。《藥王山碑刻》著録。

釋 文

正光五年歲次甲辰七月己酉朔十五日癸亥」，雍州北地三原縣仇臣生，值遇上世，信心三寶」，造石像一區。上爲皇帝陛下、州郡令長、七世父」母，願上生天上值遇諸佛，下隧（墜）人間侯王長者」之家。現世之報，延年益壽，子孫興隆。所願如斯」。夫信欲稱善者，非至德不顯其功；欲游嵩岳者」，非空寂亦不達其所。昔太子絶思於龍華，身□」如来之體。日辰叩白駒而脩礼，亦蒙神道之助」。是以積善成道，累惡滅身。宜斑經藉，流芳来葉」。不敢多進。

親祖仇收、忘父仇進興」、（上闕）忘叔仇歸興」

按

此碑雖上部殘，但下部之銘文清晰完整，是北魏時期造像銘文文字較多且清晰者。其書法看似隨意，卻筆力厚重，爲書法愛好者所好。

024.526　韋彧墓誌

魏故使持節散騎常侍太常卿尚書都督雍州諸軍事撫軍將軍雍州刺史文烈公韋使君墓誌銘

説明

北魏孝昌二年（526）十二月刻。誌高78厘米，寬62厘米。誌文隸楷35行，滿行44字。1998年西安市長安區韋曲北原出土。現存西安市長安博物館。《長安新出墓誌》《長安碑刻》等著録。

釋文

魏故使持節散騎常侍太常卿尚書都督雍州諸軍事撫軍將軍豫雍二州刺史文烈公韋使君墓誌銘」

公諱彧，字遵慶，京兆杜人也，今分山北縣洪固鄉疇貴里。肇基顓頊，命氏豕韋。翼商周爲世禄，歷漢魏而朱軒。大丞」相扶陽節侯賢，小丞相恭侯玄成，即公十六世祖也。七世祖晉太常卿、上禄貞侯諱敦，六世祖北平太守、關内靖侯」諱廣，高祖清河府君諱諶，曾祖秦姚郎中諱宣，並綴響儒林，德音清美。祖魏雍州刺史、杜縣簡侯諱尚。追體潛龍，利」見大人。會太祖武皇帝藻玉鳳池，衣錦鄉國。考郢荊青三州使君、霸城懿侯諱珍，字靈智。擁旄三岳，芳譽結路。驅」旌萬里，童稚餐良。聲溢魏齊，功書兩史，固以蔚彼北林，隆茲積石矣。公稟氣玄黄，天姿凝秀。神竅三才，情和六物。岐」嶷之辰，合黄中以達性；紈綺之歲，舒清襟於文思。孝敬仁恭，超顔閔之稱；温凊禮順，頡頏孔鄉之美。言窮五籍，文綜」百氏。經眸無再，一貫高賞。陶衍洪規，儒林慕其芳塵；雅翰清章，衣冠咏而在口。談天飾鳳，絶比遐蹤；雕龍金馬，於此」淪迹。邃德蔚彼千仞，清衿浩如萬頃。茲焉藉甚，望古無雙。七齡之日，發製洪藻。樂道丘林，不答州郡之命。會高祖」孝文皇帝定鼎嵩纏，親簡人門。太和十九年，欽公高辯，顧謂僕射李思沖曰：才明如響，可除奉朝請，令優遊道素，以」成高器。廣陽王嘉奏爲騎兵。事非所好，辞官去禄。歸養温凊，製賦述志。忘食終朝，追經達曙。瞻風慕道，千里結轍。負」書鑽術，如鱗之萃。任城王爲雍州，以地錦西周，天鄉一儁，屈爲治中。公清風扇物，緝政唯美。天使巡方，命爲别駕，督」京兆郡，行州府事，晝錦敷政。四慎之風，飛光萬里。三奇之惠，獨美令章。暨關隴揚塵，北地勢連原火，屈公督郡百姓」，昭明如見父母。曾未浹辰，還用清謐。信哉！公之德義，利於甲兵矣。自鄉端八載，舊蓋不易，乘車仍返，唯儲書數千以」自悞世。永平元年，翁疾，孝侍憂毁，興居罔倦。風樹不追，委曠告分。痛毁刑魂，泣消化骨。去粒絶鹽，幾於滅性。拜司空」中郎，俄司徒中郎領掾，又爲大將軍中郎。秋，拜散騎侍郎。優册雅言，謨明盛辰。典章符檄之文，蔚萬古以葳蕤；軍國」詔誥之翰，邈千祀而昭晰。熙平元年，宗官曠德，人神載抒，兼太常卿。司徒、廣平王召屈諮議。風蔚槐庭，道光雲水。尋」除假節督東豫州諸軍事、平遠將軍、東豫州刺史。導民以德，齊民以禮。賈楚不用，囹圄長虚。蔚若春雲，曖同秋露。兩」政乏袴之謡，非獨西京；惠君神父之咏，復刑東國。建太學，置崇文堂，立孔聖廟，生徒負帙，慕義如雲。俎豆之容，道齊」一變。政事之暇，親爲執經。高義既清，徽言載緒。僞民奔德，樂茲化道。夫妻負戴，闕術填噎。謳歌行頌，于今盈耳。朝廷」以聲名爲天下最，頻降優旨。賜騂騮上駟，彩縑百匹。及代當還，編户飲淚。臥轍思仁，越境未止。正光五年十月，詔大」將軍長史，又除散騎常侍、征虜將軍。緝如綸之旨，綜帷幄之謀。出内既諧，軍國斯美。詞誥絲〔綸〕，多出公焉。孝昌元年」，詔公本官持節都督征豳軍事、兼七兵尚書、西道行臺。太和高祖大駕廓清樊、鄧，公有力焉。封開國男，食邑二百」户。節盖州館，寢疾大漸。子曄及融侍還私第，奉足以泣。顧謂曰：啟予手，啟予足。嘗藥禱神，曾無感轍。樹風不靜，直粒」何申。號天叩地，煩冤愊抑。春秋五十一，孝昌元年八月廿六日，薨於長安城永貴里第。天子傷慟，朋寮涕塞。淚滿行」目，人思致□。贈使持節、都督雍州諸軍事、撫軍將軍、雍州刺史。喪禮所備，悉皆公給。長子彪与吏民謹上行狀。太常」博士朱惠興議：公慧性沖遠，才業清敏，幼敦詩書，長玩百氏。昔衣錦鄉，寮庶緝穆。往毗二台，義光槐庭。入司瑣闈，謨」明帝道。出藩東南，流聲二國。導德齊禮，僞服歸仁。廉素之風既著，納言之亮惟美。謹依謚法，博聞多見曰文，有功安」民曰烈。太常卿、尚書僕射元順奏可，禮也。二年歲次丙午十二月乙未朔十日丙午，謁者蕭軌持節奉册，即柩祭以」太牢，護雍州法駕詣墓，葬於舊兆杜陵。公義同削草，事等温樹。今髣髴遺塵，無申万一。其辞曰」：

明明聖后，赫赫我公。含和二氣，體道神聰。黄中萬頃，至德文蹤。清風素軌，實曰時綜。好爵日臻，軒旗結轍。半天墜照」，雲霞晝滅。六合同悲，九域酸咽。

第二子曄，其年十二月四日亡，即以十二日在使君玄宮之右掖」。

夫人河東柳氏，諱敬憐。生七子。父諱文明，州主簿、别駕。祖諱師子，州主簿、州都、膺（鷹）揚將軍、襄陽太守、西陵男」。長子彪，字道亮，州主簿、治中。第二子曄，字道夏，本郡功曹，州撫軍府記室參軍、州别駕。第三子融，字道昶。第」四子熙，字道昇。第五子奂，字道泰。第六子晫，字道颺。第七子龠，字道諧」。

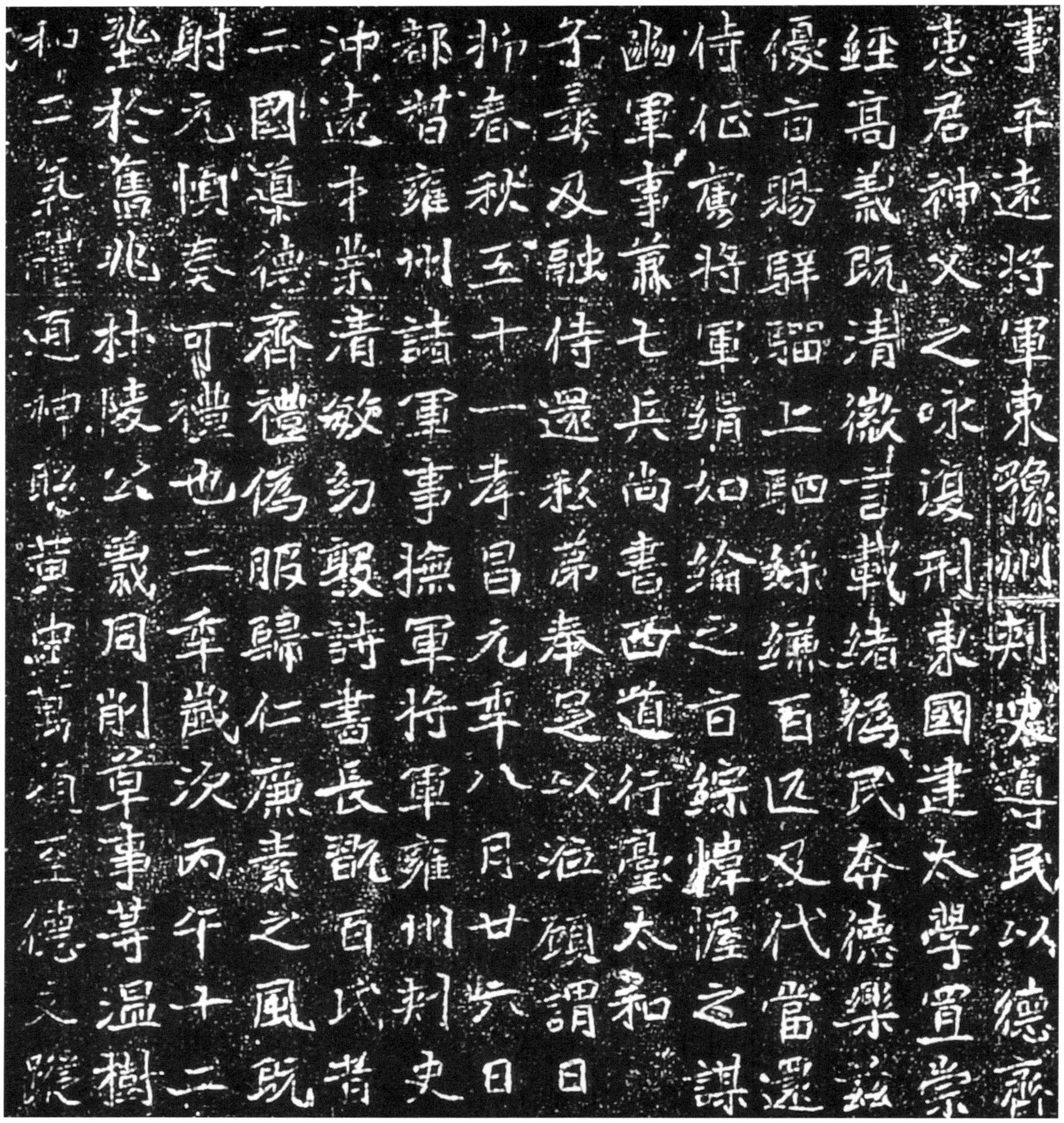
事平遠將軍東豫州刺史導民以德齊
惠君神父之咏復刑東國建太學置黌
經高義既清徽言載緒綏民奉德樂茲
優旨賜驊騮上駟錦繡百匹及代當還
侍征虜將軍綃如綸之旨綜緯幄之謀
函軍事寧七兵尚書西道行臺太和
子囊及融侍還私第奉是以治頌謂曰
抑春秋五十一孝昌元年八月廿六日
都督雍州諸軍事撫軍將軍雍州刺史
沖遠未崇清敏多聞詩書長識百氏昔
二國導德齊禮修服歸仁廉素之風既
射元慎奏可禮也二年歲次丙午十二
埏於舊兆杜陵公義同削章事等溫樹
和二氣禮通神聰黃中萬頃至德之蹤

局部

按

誌主韋彧，《魏書·韋閬傳》《北史·韋閬傳》附，二史記載雷同。以此墓誌對比《魏書》《北史》所記韋彧家族世系及任職情況，正史簡略，只對韋彧任職履歷擇要敘述。墓誌雖溢美之詞頗多，但零星文字間，仍可辨讀與韋彧歷次調任相關的南北朝對峙、六鎮起義等歷史背景。史傳與誌文相互補正，韋彧家族世系及生平履歷更顯清晰。特別是墓誌所記韋彧“言窮五籍，文綜百氏。經眸無再，一貫高賞”，故被重用爲朝廷草擬詔書，“優册雅言，謨明盛辰。典章符檄之文，蔚萬古以葳蕤；軍國詔誥之翰，邈千祀而昭晰”，其事不被正史所載，更顯墓誌資料之珍貴。其夫人柳敬憐墓誌見040.550條。

025.528　杜和容造像碑

左　　陽　　右　　陰

説 明

北魏武泰元年(528)四月刻。四面造像。碑高78厘米,上寬22厘米,下寬24厘米。陽面上龕内三尊,皆結跏趺坐;中龕内三尊,中坐左右立;下供養人立像三及供養人名;下部發願文隸楷12行,滿行9字。現存西安市長安博物館。《長安碑刻》《陝西碑石精華》等著録。

釋 文

夫統乾覆巢者,非如来」無以□□彙;陳騰虚寂」者,非靈容無以標其真」。是以邑主杜和容等,□」知身無常,財非己有」。各割捨家珍,爲國造」石像一區。上願國主延」祚隆七百,下爲所生父母」、因緣眷属、六道倉生」等成正覺」。

大魏武泰元年戊申歲四月」八日刊訖」

邑日仵阿□」、像主陳男王」、邑師比丘僧海」、邑師比丘法海」、沙彌僧衆」、邑主杜和容」、邑日彭伏英」(以上陽面)

尹伯龍」、水花主」□僧顯」、治律李歸姬」、治律劉無諍」、都唯那張迴」、唯那樊明姜」、唯那王法勝」、唯那席桃姬」、典録李阿女」、典録江女容」、典坐□□光」、典坐趙羅朱」、化主仵羅容」、化主尹男引」、香火宋妙容」、香火劉羅朱」、邑子李垂咨」、邑子王衆媚」、邑子王要姜」、邑子張羅朱」、□□趙保朱」(以上左側)

邑子尹」敬姜」、化主杜□□」、邑子趙勝貴」、邑子仵稚姜」、邑子趙王仁」、邑子趙女賜」、邑子王信太」、香火王雙好」、香火尹似姜」、典坐江妙光」、典坐王龍姜」、清信女垣阿瀿」、清信女張光□」、清信女張始姬」、清信女邢女香」、清信女尹敷喻」、邑子米阿勝」、孟魏疑」、邑子張□」、邑子□□□」、趙阿花」、清信女董□□」、清信女尹□□」、清信女江□□」、邑子楊□□」、邑子朱阿□」、邑子□□□」、(以上右側)

王小女」、妻胡」□女、息道吴、息女道姬」、息征吴、孫子北生」,清信士王郎弟」、門師洪□」、門師宣妙」、清信女胡男迴」、清信女秦阿堂」、清信女趙次男」、討寇將軍尹□龍、二息尹神□」,清信士尹萬、清信士江社、尹神□(下闕)」清信士朱道(下闕)」清信士朱□得」、清信士尹進受」、清信士尹顯達」(以上陰面)

按

杜和容造像,是北魏武泰年間在關中少有的帶有題記的造像碑,造像特色明顯,題記人物衆多,爲研究魏晉南北朝時期關中宗教信仰及造像特點提供了實物依據。

026.532　楊暐墓誌

魏故使持節都督雍州諸軍事衛將軍儀同三司雍州刺史楊公墓誌
君諱暐字延季弘農華陰人也漢太尉震之後四世五公之盛降集泣
鳥之祥故以布於傳記至茲可得而略祖河內掾尚流靖少播清塵父
洛州弘毅開朗早樹素論公世籍連聲夙挺英駿栝羽成於丱歲風猷
茂自弱年年廿有六太和中解褐奉朝請于時九流初判五教攸始槐
府精選妙盡英奇乃辟司徒西閤祭酒轉司空外兵參軍延昌中相國
胡公召后父之貴論道中台機訪珪璋召備僚采於是召君為從事中
郎公徘徊王事縱容談語命議盈前風流滿廳雖子玄之處宰朝未嫺
稱貴太倫之君相府豈是云美尋召紫閣禁畫青瑣高華朱襟王劒非
賢莫可除直閣將軍散騎侍郎加中堅將軍孝昌元年轉嘗食典御綺
有桂酒羽傳皇羅珠自見盛咸聆嘗覩二年除冠軍將軍通直散騎常
侍華船璫首文席晉禮綺山牆照耀粉壁後除安南將軍武衛將軍
南北二華州大中正譙道陰沉鈎陳隆華內官六軍外澄九品既簡帝
心遐免民瑾而運屬屯危時當否泰火焚玉石蘭艾俱燼建義元年四
月十三日薨於河陰嗚呼哀哉公風儀翔靖辭藻清潤文圖篆麗學成
斉藻閨門弟睦邑里以為美談出忠入孝朝野稱其盛則故謂承家
慶方茂國珍致茲繡裳倍被璿闈天道芒昧与善靡親有志未申遇
斯不幸春秋五十有五有詔追贈使持節都督雍州諸軍事衛將軍儀
同三司雍州刺史君夫青編易朽玄石難消泉言泉術式銘嶽樹其詞
日　慶緒攸長鴻祚載昌徽贊代襲德重光龜組昭映朱紱
斯煌槐蔭穆穆鼎實祥祥乃及太子剋紹嘉運似雲之高如山之峻汪
汪万頃昌昌千刃體含金質志同玉潤遊藝依仁居忠履信尋文闡理
受學淹中九流載敘六藝斯馳式揚幽軌聞耀玄風樂道不倦辭吐無
窮肇昇青瑣遂陟紫庭翻飛王陛或躍瑤衡職參心膂任是維城禍瑶
莫驗倚伏難明如何不弔奄忽潛靈嗚呼哀哉深憂罔極遂日在期鉉
從伊集台光以輝之神忽皓朝野傷悲泉宮晨闇燈影霄微寶琴徒設
桂酒不特式鐫遺烈永晰山基　太昌元年遷塟於華陰之舊塋

説 明

北魏太昌元年（532）刻。誌正方形。邊長47厘米。誌文隸楷27行，滿行27字。有界格。1989年華陰縣五方村楊氏墓塋出土。後爲華陰張江濤收藏。《華山碑石》《新出魏晉南北朝墓誌疏證》《陝西碑石精華》等著録。

釋 文

魏故使持節都督雍州諸軍事衛將軍儀同三司雍州刺史楊公墓誌」

君諱暐，字延季，弘農華陰人也。漢太尉震之後。四世五公之盛，降魚泣」鳥之祥，故以布於傳記，至茲可得而略。祖河内，操尚沉靖，少播清塵。父」洛州，弘毅開朗，早標素論。公世藉連聲，夙挺英駿。栝羽成於丱歲，風猋」茂自弱年。年廿有六，太和中解褐奉朝請。于時九流初判，五教攸始。槐」府精選，妙盡英奇。乃辟司徒、西閤祭酒，轉司空、外兵參軍。延昌中，相國」胡公以后父之貴，論道中台。搜訪珪璋，以備僚采。於是以君爲從事中」郎。公徘徊王事，縱容讌語。命議盈前，風流滿席。雖子玄之處宰朝，未獨」稱貴；太倫之居相府，豈足云美？尋以紫闥禁重，青瑣高華，朱襩玉劒，非」賢莫可。除直閤將軍、散騎侍郎，加中堅將軍。孝昌元年，轉嘗食典御。綺」肴桂酒，羽傳皇羅，珠目貝齒，咸所嘗睨。二年，除冠軍將軍、通直散騎常」侍。華貂珥首，文虎垂腰，徙倚山牆，照耀粉壁。後除安南將軍、武衛將軍」、南北二華州大中正。閣道陰沉，鈎陳隆萃。内以六軍，外澄九品。既簡帝」心，復允民望。而運屬屯危，時當否泰。火焚玉石，蘭艾俱燼。建義元年四」月十三日薨於河陰。嗚呼哀哉！公風儀翔峙，辞吐清潤。文圖篆麗，學成」斧藻。閨門弟睦，邑里以爲美談；出忠入孝，朝野稱其盛則。故謂永隆家」慶，方茂國珍。致茲繡裳，倍彼瑶闥。而天道芒昧，与善靡親。有志未申，遇」斯不幸。春秋五十有五。有詔追贈使持節、都督雍州諸軍事、衛將軍、儀」同三司、雍州刺史。若夫青編易朽，玄石難消。永言泉術，式銘巖椒。其詞」曰：

慶緒攸長，鴻祚載昌。徽聲代舉，懋德重光。龜虎昭映，朱紱」斯煌。槐蔭穆穆，鼎實祥祥。乃及夫子，克紹嘉運。似雲之高，如山之峻。汪」汪万頃，亭亭千刃。體合金貞，志同玉潤。遊藝依仁，居忠履信。尋文闕」理」，受學淹中。九流載敘，六義斯融。式揚幽軌，闡耀玄風。樂道不倦，辞吐無」窮。肇昇青瑣，遂陟紫庭。翻飛玉陛，或躍琁衡。職参心膂，任是維城。禍瑶」莫驗，倚伏難明。如何不弔，奄忽潛靈。嗚呼哀哉！深憂罔極，遠日在期。鉉」望伊集，台光以輝。人神怨酷，朝野傷悲。泉宫晨闇，燈影宵微。竇琴徒設」，桂酒不持。式鐫遺烈，永晰山基。

太昌元年遷葬於華陰之舊塋」。

按

誌主楊暐，係楊懿第八子，楊播之弟。據《魏書·楊播傳》載："津弟暐，字延季。性雅厚，頗有文學。起家奉朝請，稍遷散騎侍郎、直閤將軍、本州大中正、兼武衛將軍、尚食典御。孝昌初，正武衛將軍，加散騎常侍、安南將軍。莊帝初，遇害於河陰。贈衛將軍、儀同三司、雍州刺史。"墓誌記載則更詳細。墓誌末行所刻"太昌元年遷葬於華陰之舊塋"，其文字書風與墓誌正文書風明顯不同，當爲楊暐于建義元年卒後權厝于洛陽，後因楊氏家族普泰之難遷葬華陰，故于遷葬時補刻説明。

027.532　楊遁墓誌

魏故車騎大將軍儀同
三司幽州刺史楊君墓誌
銘
君諱道字山才弘
農華陰潼鄉習仁里人也十二世祖霞漢大
尉七世祖瑤普持山尚書令高祖琳普特山谷太守曾祖真清河太
守祖岳靈下㦗家慶無待學於
威曾煥於千古祠殞菅於百世為天下之鼎族頴日就成㦯宗之民子也太
月旦歸高苞卷道德栖息禮讓言誅泗不偽性海內之長子也
正稟岳靈下㦗家慶無待學於世為天下之
守祖岳靈下應家慶無待學於便有公卿之轉鎮西主薄尚書郎美高
聞門戢猷列方將軍郎國游命之禮俄而坐來輝褐鎮
步勒禮伏妻明光坮草慈獨宿此忠見重論功六品
步連美拔緝理目秉正蕭僚青石樂大夫掌萬摙之好加以謚恭自已進
安中拾天子蒙廬君志如金石像除伍東將軍金紫祿大夫英德
除尚書左丞平南將軍銀青光除伍天資花彩異才一世秀出當時遇害於
之臻清美振緝理若風局清之曠識度淹遠之好加以謚恭自已進
藏是非口絕疵痛遠々峻範固以書追贈徒持萬都督幽州諸
而臻時年卌時年有及先在忠負草運追贈太昌草其詞日十
虞權事事將軍僕之神從孔言盛業惟立玄石其詞日一日十
退司觀調胡里時年刑所有二太昌草運列公候
洛陽歸依仁里大好時年有刑所及先在忠負草運刊諸
軍事將軍僕之神從同三司幽州刺史玄石刊諸門羅將相家列公候
九日歸窆於太傅之神從西集盛業惟立從門羅將相家知十
薛山西鎮詞水南流之精靈俯觀諸詩地芥俯仰斯拾星宿榮懷金負天壽同歸
藍田有玉伊人事褱一令問舟蟄永謝朝市生民有命夭壽同歸
學儌為重自我非難褱一令問舟蟄永謝聰悲秀不及相視冥永
於泉曾泉忽沈㦳秋輝日楊遠落青蓬坐聰悲秀不及相視冥永
紛々文曾島㠊々秋輝日楊遠落青蓬坐聰悲秀不及相視冥永

説 明

北魏太昌元年（532）十一月刻。誌長方形。長57厘米，寬50厘米。誌文隸楷26行，滿行24字。有界格。1985年華陰縣五方村楊氏墓塋出土。後存華陰市公安局。現存華陰市西岳廟文物管理處。《華山碑石》著録。

釋 文

魏故車騎大將軍儀同三司幽州刺史楊君墓誌銘」

君諱遁，字山才，弘農華陰潼鄉習仙里人也。十二世祖震，漢太」尉。七世祖瑶，晉侍中、尚書令。高祖珍，上谷太守。曾祖真，清河太」守。祖懿，洛州刺史、弘農簡公。大將軍、太傅、司空公津之長子也」。氏胄焕於千古，冠冕鬱於百世。爲天下之鼎族，作海内之民宗」。上稟岳靈，下應家慶。無待學於洙泗，不假遊於汝潁。日就成寶」，月旦歸高。苞卷道德，栖息禮讓。言爲准的，動中規矩。内行茂於」閨門，外譽彰於邦國。旌命之禮，俄而坐来。釋褐鎮西主簿。雖跬」步初發，就列方將，已見廊廟之才，便有公卿之望。轉尚書郎。高」步建禮，伏奏明光。起草致勤，獨宿見善。自此相望，遠兼前美。永」安中稔，天子蒙塵，君志如金石，效力屯嶮。因忠見重，論功陟位」。除尚書左丞、平南將軍、銀青光禄大夫。掌万機之總會，居六品」之清美。振綱理目，秉正肅僚。除征東將軍、金紫光禄大夫。應德」而臻，時無二論。君風局清曠，識度淹遠。天資孝友，躬履仁義。心」藏是非，口絶瘡疷。塞貪競之情，杜聲色之好。加以謙恭自已，進」退可觀。藹藹芳猷，迢迢峻範。固以獨表一世，秀出當時。國難未」夷，權歸胡羯。淫刑所及，先在忠貞。普泰元年七月四日，遇害於」洛陽依仁里，時年卌有二。太昌革運，追贈使持節、都督幽州諸」軍事、車騎大將軍、儀同三司、幽州刺史。以太昌元年十一月十」九日，歸窆於太傅之神塋。永言盛美，刊諸玄石。其詞曰」：

華山西鎮，河水南流。精靈所集，世業惟休。門羅將相，家列公侯」。藍田有玉，伊人聿脩。觀詩以言，問礼而立。庶將得二，殆鄰知十」。學優来仕，玄衣載襲。方諸地芥，俯而斯拾。星宿之位，樞轄之官」。於衆爲重，自我非難。令問不已，陵飈鬱起。拖紫懷金，負天惟始」。初及曾泉，忽沉濛汜。一隨舟壑，永謝朝市。生民有命，夭壽同歸」。茫茫寒阜，慘慘秋輝。白楊遽落，青蓬坐飛。悲乎不反，相視霑衣」。

按

誌主楊遁爲楊津長子，其傳附《魏書·楊播傳》之後。誌文對楊遁先祖世系敘述清晰，所載官職與《魏書》記載吻合。對于太昌初年對楊遁追贈官職、歸葬時間等，則墓誌記載更爲詳細，可補正史記載之不足。

028.532　楊侃墓誌

魏故車騎大將軍開府儀同三司秦州刺史楊君墓誌銘
君諱侃字榮業弘農華陰潼鄉習仙里人也十二世祖震漢太尉七
世祖瑶晉侍中尚書令高祖琛上谷太守曾祖真清河太守祖懿洛
州刺史弘農簡公雍州使君播之第二子也襲爵華陰伯除太尉騎
兵參軍府錄事參軍後除車騎大將軍府錄事參軍帶長安縣令諫
議大夫行臺左丞除通直散騎常侍除使持節都督東雍州諸軍事
將軍東雍州刺史後除使持節都督岐州諸軍事右將軍岐州
刺史度支尚書鎮軍將軍給事黃門侍郎衛將軍金紫光祿大夫侍
中濟北郡開國公國難未夷權歸胡羯逕刑所及先在忠貞以普泰
元年六月廿八日遇害於長安時年卌有四太昌草運追贈使持節
都督秦夏二州諸軍事車騎大將軍開府儀同三司秦州刺史以太
昌元年十一月十九日歸於華陰雍州使君莊公之神塋永言盛美
刊諸玄石其詞曰
中葉聖緒賢胄杳藹曾樹嵬峩峻㠑慶雲攸注福祿斯湊高才
必歸大寶惟茂金白紫山珠生赤野無雙
置心文雅九流必綜五行俱下窮經極史溫故知新
宅仁溫溫和景疊疊芳塵聞家達國孝子忠臣好爵崇顯徽猷遠暎
躰備九能位降八命翼翼奉主行行從政誅暴康邦一人有慶天不
悔亂道消運傾虐先朝右酷始時
眇矣佳城蕭森松栢逶迤山邑霧慘松端風哀首浮生已促
可久嗟乎一去誰夭誰壽

説明

北魏太昌元年（532）十一月刻。誌長方形。長57厘米，寬50厘米。誌文隸楷21行，滿行26字。有界格。1986年華陰縣五方村楊氏墓塋出土。現存華陰市公安局。《華山碑石》著録。

釋文

魏故車騎大將軍開府儀同三司秦州刺史楊君墓誌銘」

君諱侃，字榮業，弘農華陰潼鄉習仙里人也。十二世祖震，漢太尉。七」世祖瑶，晉侍中、尚書令。高祖珍，上谷太守。曾祖真，清河太守。祖懿，洛」州刺史、弘農簡公。雍州使君播之第二子也。襲爵華陰伯。除太尉騎」兵撫軍府録事參軍，後除車騎大將軍府録事參軍，帶長安縣令、諫」議大夫、行臺左丞，除通直散騎常侍，除使持節、都督東雍州諸軍事」、冠軍將軍、東雍州刺史，後除使持節、都督岐州諸軍事、右將軍、岐州」刺史、度支尚書、鎮軍將軍、給事黄門侍郎、衛將軍、金紫光禄大夫、侍」中、濟北郡開國公。國難未夷，權歸胡羯。淫刑所及，先在忠貞。以普泰」元年六月廿八日遇害於長安，時年卌有四。太昌革運，追贈使持節」、都督秦夏二州諸軍事、車騎大將軍、開府儀同三司、秦州刺史。以太」昌元年十一月十九日，歸於華陰雍州使君莊公之神塋。永言盛美」，刊諸玄石。其詞曰」：

厥初中葉，聖緒賢胄。杳藹曾標，嵬巖峻構。慶雲攸往，福禄斯湊。高才」必歸，大寶惟茂。金自紫山，珠生赤野。無雙等荀，最良猶馬。栖情沖泊」，置心文雅。九流必綜，五行俱下。窮經極史，蘊故知新。耕道獵德，路義」宅仁。温温和景，亹亹芳塵。聞家達國，孝子忠臣。好爵崇顯，徽猷遠映」。體備九能，位鄰八命。翼翼奉主，斤斤從政。誅暴康邦，一人有慶。天不」悔亂，道消運傾。虐先朝右，酷始時英。民思遺愛，世染餘馨。闃哉華屋」，眇矣佳城。蕭森松栢，逶迤山阜。霧慘松端，風哀壟首。浮生已促，立言」可久。嗟乎一去，誰夭誰壽」。

按

誌主楊侃係楊播次子，《魏書》《北史》之《楊播傳》附，均稱其字爲“士業”，誌文則爲“榮業”。墓誌所記官職與正史記載基本吻合，僅卒贈官職略有差別。《魏書》載：“秋七月，爲天光所害。太昌初，贈車騎將軍、儀同三司、幽州刺史。”墓誌則稱：“以普泰元年六月廿八日遇害於長安，時年卌有四。太昌革運，追贈使持節、都督秦夏二州諸軍事、車騎大將軍、開府儀同三司、秦州刺史。”墓誌記載更爲詳實。

029.534　韋乾墓誌

説 明

北魏永熙三年（534）正月刻。誌高49厘米，寬42厘米。誌文隸楷22行，滿行25字。2001年西安市長安區出土。現存西安博物院。

釋 文

君諱乾，字德政，京兆杜人也。漢丞相玄成之十八世孫。六世祖楷」，燕侍中。雖身屈僞朝，而道濟氓俗。曾祖[illegible]，出秦王府，辟從事中郎」。三徑既開，一德爰被。豈直鵝鴈成群，故亦羑羑盈户。故司空咸陽」高公冠冕當朝，雅相欽挹。遂涵豪秉牘而爲之頌乎，時美之。祖馮」翊府君，器識淹通。考秦州使君，風標峻遠。君資神上善，稟氣中和」。恭孝之情，率由而至。仁信之行，因心自廣。縱容蕭散，不以塵務嬰」心。優遊吟諷，敖然自足。年十五，辟奉朝請。爰自中禁，識者歎貴之」。以軍勳超遷諫議大夫。君深恥囓臂之期，有懷噬指之戀。遂孺慕」膝下，竟不之職。年廿，以永熙二年歲次癸丑六月戊午朔四日己」酉，遇疾而終。嗚呼！君幼孤，有志業，二兄早亡，一身奉養。好學尚□」，負苦持立。慉愊不形於色，物我不掛其慮。雖内無嚴父，外寡親朋」。至於規範天成，經始人事，莫不師心獨得，率性自遠。而天不弔善」，小年遽没，行李知識咸用悲焉。以三年正月甲申朔廿六日己酉，遷附乎」秦州使君神塋之右，有詔贈持節前將軍、都督雍州諸軍事、雍州」刺史，礼也。蓋峻谷亟遷，迭微易往。式銘玄石，遺之黄壤。其祠曰」：

若水下注，虹星上輝。帝稱高頊，霸曰豕韋。兩相繼軌，雙珠並徽。於」照侍中，輔爲興微。中郭旼旼，風神特秀。有志丘壑，無情榮富。滿輪」亟動，辟書仍赴。穆矣頌聲，是曰堂構。惟祖惟考，桂馥蘭芳。篤生之」子，挺秀出群。據德遊藝，伏義好文。入歡慈母，出事明君。始奉春秋」，終朝夙夜。倚廬有憶，掛冠已謝。方事南翻，倏焉北駕。逝矣如流，忽」乎豈暇。罼墓永傳，石槨不朽。逶迤六霤，徘徊四柳。日慘西嵎，霜」繁北阜。千古百年，誰先誰後」。

按

誌主韋乾，未見史籍記載。據誌文所言，其爲京兆韋氏家族成員。京兆韋氏作爲中古時期關中望族，始于西漢韋賢、韋玄成父子相繼爲相。誌主即爲“漢丞相玄成之十八世孫”。魏晉南北朝時期，政權更迭、戰亂頻繁，經歷西晉八王之亂和永嘉之亂，關中士大夫或舉家南遷，或入仕北魏，本誌所言其“六世祖楷，燕侍中。雖身屈僞朝，而道濟氓俗”，即其證。

030.535　辛裒墓誌

説明

西魏大統元年（535）十二月刻。誌高50厘米，寬45厘米。誌文楷書28行，滿行32字。有界格。出土具體時、地不詳。2005年入藏西安碑林。現存西安碑林博物館。《西安碑林博物館新藏墓誌彙編》著録。

釋文

魏故儀同三司驃騎大將軍朔州刺史真定縣開國公辛公墓誌銘」

君諱萇，字永貴，隴西狄道人也。玄山比極，長源並注。綿葉秩蔬，世載冠冕。蓋傳之史」牒，其来尚矣。祖達，辟州主簿，行桑乾郡事。父胥倫，懷荒鎮征虜府長史。並茂績芳塵」，德音未歇。君稟和承慶，體靈川岳。風度彝雅，起自弱年。貞心劒跱，形於將立。才兼文」武，器能小大。恂于鄉黨，自家槩國。年廿八，解褐奉朝請。至永安中葉，勾吴問鼎，帝因」北巡，駕幸汾晉。君義感樊廬，匹馬隨後。及振旅還師，河内爲賊所據。君乃順應天命」，執鋭登陴，攻取戰勝。賞陰槃縣子，加討夷將軍，爲都督。稍遷寧遠將軍、奉車都尉。□」戎驟落，爲難日久。周原鞠爲茂草，三輔盡成窟穴。故大將軍、清水王賀拔岳受脤廟」堂，位當推轂。以君智周幃幄，才兼將用，乃補府録事參軍、帳内都督。及賊衆梟夷，論」功授位，拜君征西將軍、金紫光禄大夫，都督如故。于時渠帥雖平，餘燼尚梗。君控弦」數千，受任屯遏。暨普泰統曆，羯胡首亂。虔劉百姓，侮慢人主。君深覩匡救之機，勸興」義旗之術。乃授君前軍大都督。徑趣萇安，盡忠戮力，秋豪無犯，毗讚莫府，君有力焉」。蒙賞安平縣開國男，食邑三百户。除雍州司馬。永熙三年，高歡逆命，天子赫怒，討之」河湄。君宿簡帝心，徵書驟至，敕君率其部曲助討不庭。到闕未幾，拜使持節、衛大」將軍、右光禄大夫、中軍大都督、司農卿。既而成睾失據，帝幸萇安。以君有翼衛之」勳，增封真定縣開國公，食邑一千户。及六軍整駕，五牛東指，拓復關河，委君□事。乃」鎮守雍州，爲大都督。朝廷以南秦荒險，連帶巴賨。民同獷黠，或難撫槩。非君威德克」堪，無以允兹僉屬。乃拜使持節、都督南秦州諸軍事、本將軍、南秦州刺史。君夙駕出」郊，乘傳作牧。化未浹旬，而民知禮讓。魏尚稱頌於前，徽猷未遠；威明興嗣於後，景行」可追。方當磨霄上征，託定南海；而與善無徵，奄遭暴客。天子悼念，久之，追贈使持節」、儀同三司、都督朔州諸軍事、驃騎大將軍、朔州刺史，公如故。以大統元年歲次乙卯」十二月癸酉朔十二日甲申，葬於萇安城北原。惟君器量温雅，風神穎悟。履仁導義」，造次無違。孝友之心，發自天至。珪璋之美，無假雕磨。故以聲振關輔，譽滿京洛。而道」長世促，嗚呼悲夫！式鐫金石，貽之不朽。乃作頌曰」：

茫茫人素，不測其真。肇唯清濁，生此蒸民。顯允特達，稟氣降神。世業不墜，世禄唯新」。膺揚命世，龍虎兼威。戎昭果毅，立德靡違。縱容禁槩，佩服輕肥。功乎既濟，克廣音徽」。出車作牧，鎮彼遐疆。齊之以禮，導之以方。既敷冬日，亦厲秋霜。未窮歲暮，功最克揚」。摶風方聳，遽殞飛翼。童叟悲號，朝野悽惻。煙隱松光，飄颻卉色。攸攸泉路，魂兮何即」。

按

誌主辛萇，正史未見著録。據誌文“葬於萇安城北原”，此方墓誌當出土于西安城之北。墓誌以辛萇爲主綫，對北魏末年統治集團内部爭鬥不絶、戰亂頻仍、政權頻繁更迭、百姓苦難連連的紛亂之世描述詳實，爲研究中古歷史特别是北魏末年的歷史提供了重要的資料。

031.536　趙超宗命婦王夫人墓誌

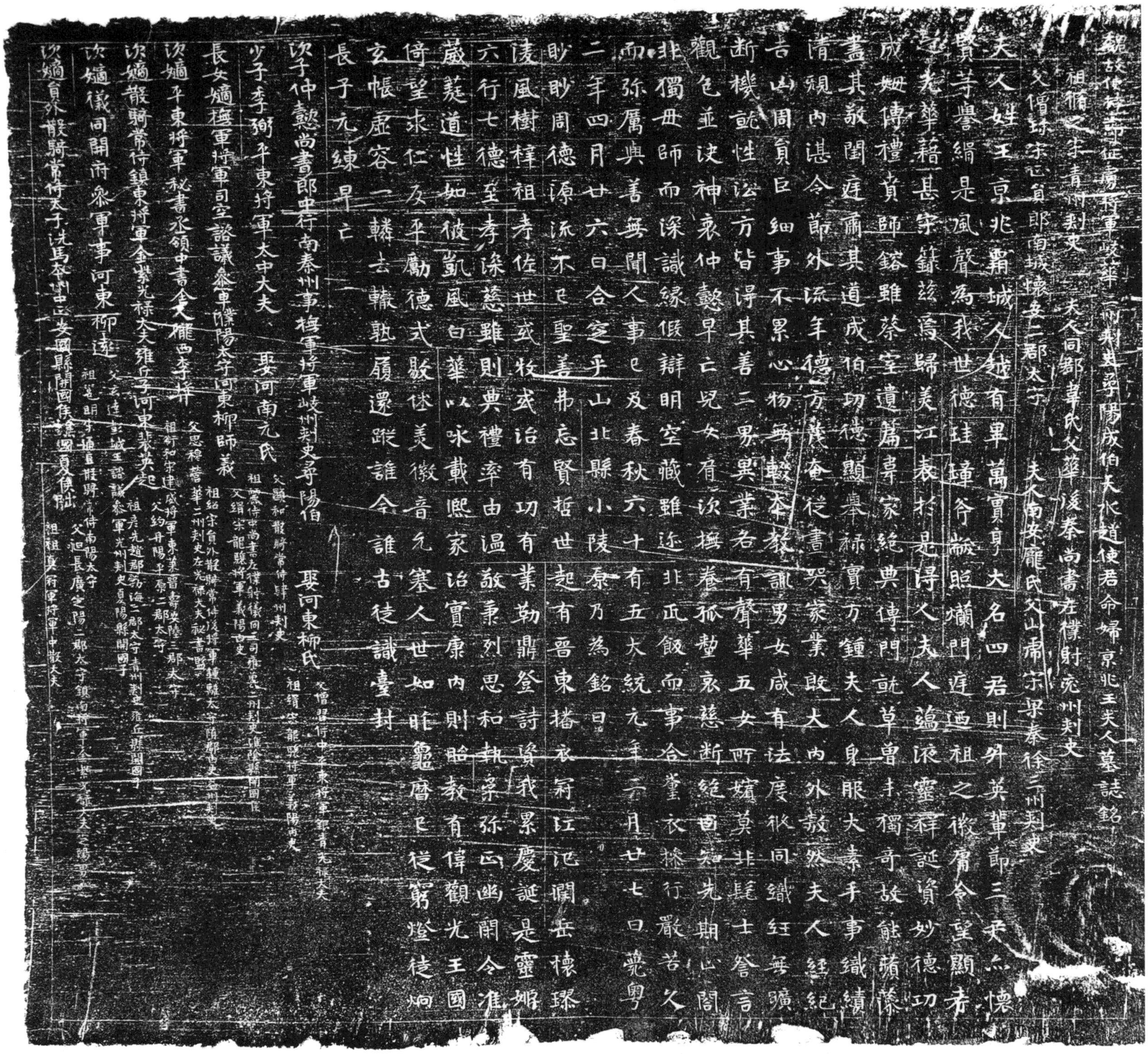

説 明

西魏大統二年（536）四月刻。誌長方形。長72厘米，寬67厘米。誌文楷書29行，滿行28字。四周單綫框。西安市長安區出土，時間不詳。2002年入藏西安碑林。現存西安碑林博物館。《西安碑林博物館新藏墓誌彙編》著録。

釋 文

魏故使持節征虜將軍岐華二州刺史尋陽成伯天水趙使君命婦京兆王夫人墓誌銘」

祖脩之，宋青州刺史。夫人同郡韋氏。父華，後秦尚書左僕射、兖州刺史」。父僧珍，宋正員郎、南城懷安二郡太守。夫人南安龐氏。父山虎，宋梁秦徐三州刺史」。

夫人姓王，京兆霸城人。越有畢萬，實亨大名。四君則升英葷節，三尹亦懷」賢等譽。緝是風聲，爲我世德。珪璋斧黻，照爛門庭。迺祖之徽庸令望，顯考」之光華藉甚。宋籙兹焉歸美，江表於是得人。夫人蘊液靈祥，誕資妙德。功」成姆傅，禮賁師鎔。雖蔡室遺篇，韋家絶典，傅門就草，曾未獨奇。故能蘋藻」盡其敬，閨庭肅其道。成伯功德顯舉，禄實万鍾。夫人身服大素，手事織績」，清規内湛，令節外流。年德方茂，奄從晝哭。家業既大，内外敖然。夫人經紀」吉凶，周員巨細，事不累心，物無輟本。教訓男女，咸有法度，攸同織紝，無曠」断機。就性沿方，皆得其善。二男異業，各有聲華。五女所嬪，莫非髦士。咎言」觀色，並決神衷。仲懿早亡，兒女肩次。撫養孤藐，哀慈断絶。因知先期止閤」，非獨母師；而深識緣假，辯明空藏。雖迹非丐飯，而事合糞衣。操行嚴苦，久」而弥厲。與善無聞，人事已及。春秋六十有五，大統元年二月廿七日薨。粤」二年四月廿六日，合窆乎山北縣小陵原。乃爲銘曰」：

眇眇周德，源流不已。聖善弗忘，賢哲世起。有晉東播，衣冠江汜。潤岳懷瑶」，淩風樹梓。祖考佐世，或牧或治。有功有業，勒鼎登詩。資我累慶，誕是靈姬」。六行七德，至孝深慈。雖則典禮，率由温敬。秉烈思和，執柔弥正。幽閑令准」，葳蕤道性。如彼凱風，白華以咏。載熙家治，實康内則。胎教有偉，觀光王國」。倚望求仁，反平勵德。式敭休美，徽音允塞。人世如昨，龜曆已從。窮燈徒炯」，玄帳虚容。一轔去轍，孰履還蹤。誰今誰古，徒識臺封」。

長子元練，早亡」。

次子仲懿，尚書郎中、行南秦州事、撫軍將軍、岐州刺史、尋陽伯。娶河東柳氏。父僧習，侍中、平東將軍、銀青光禄大夫。祖緡，宋龍驤將軍、義陽内史」。

少子季弼，平東將軍、太中大夫。娶河南元氏。父顯和，散騎常侍、肆州刺史。祖麗，侍中、尚書左僕射、儀同三司、雍冀二州刺史、淮陰縣開國侯」。

長女嫡撫軍將軍、司空、諮議參軍、濮陽太守河東柳師義。父緡，宋龍驤將軍、義陽内史。祖紹，宋員外散騎常侍、後將軍、鍾離太守、隋郡内史、益州刺史」。

次嫡平東將軍、秘書丞領中書舍人隴西李獎。父思穆，營華二州刺史、左光禄大夫、秘書監。祖衍和，宋建威將軍，東萊、晉壽、安陸三郡太守」。

次嫡散騎常侍、鎮東將軍、金紫光禄大夫、雍丘子河東裴英起。父約，丹陽、平原二郡太守。祖彦先，趙郡勃海二郡太守、青州刺史、雍丘縣開國子」。

次嫡儀同開府參軍事河東柳遠。父玄達，彭城王諮議參軍、光州刺史、夏陽縣開國子。祖邕明，宋通直散騎常侍、南陽太守」。

次嫡員外散騎常侍、太子洗馬、本州中正、安國縣開國侯譙國夏侯朏。父昶，長廣定陽二郡太守、鎮南將軍、金紫光禄大夫、定陽男。祖祖真，冠軍將軍、中散大夫」。

按

此誌與012.508《趙超宗墓志》爲合葬墓誌。此誌石曾被盜掘。趙超宗及王夫人合葬墓則于2015年9月由西安市文物保護考古所清理。誌文詳細記載王夫人先祖及子嗣家眷之籍貫、官爵等，對于王氏譜牒、中古時期大族通婚研究均有一定的參考價值。

032.538　仇法超等造像碑

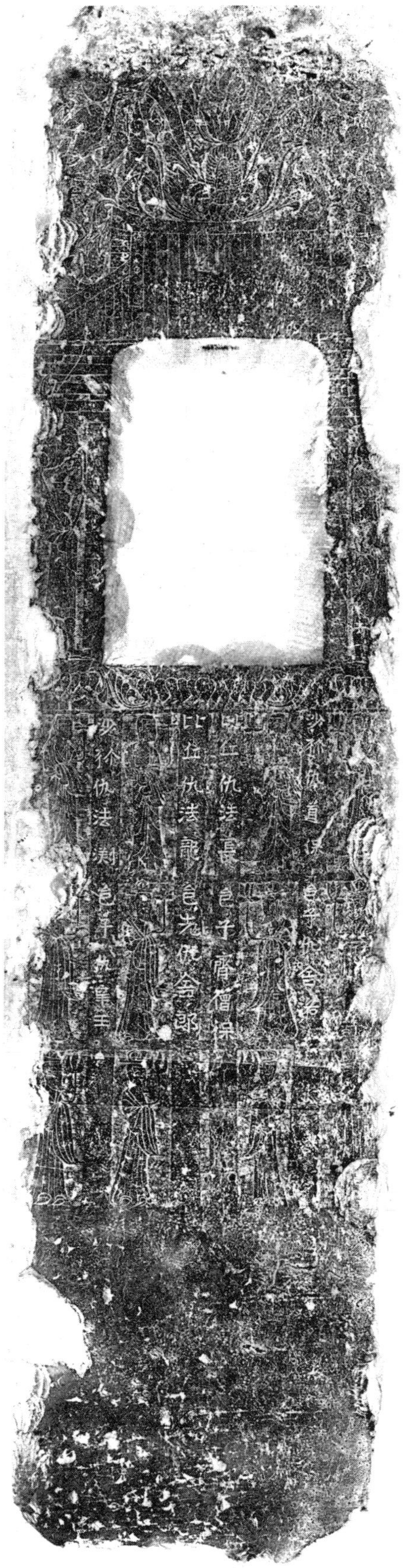

左側

碑陽

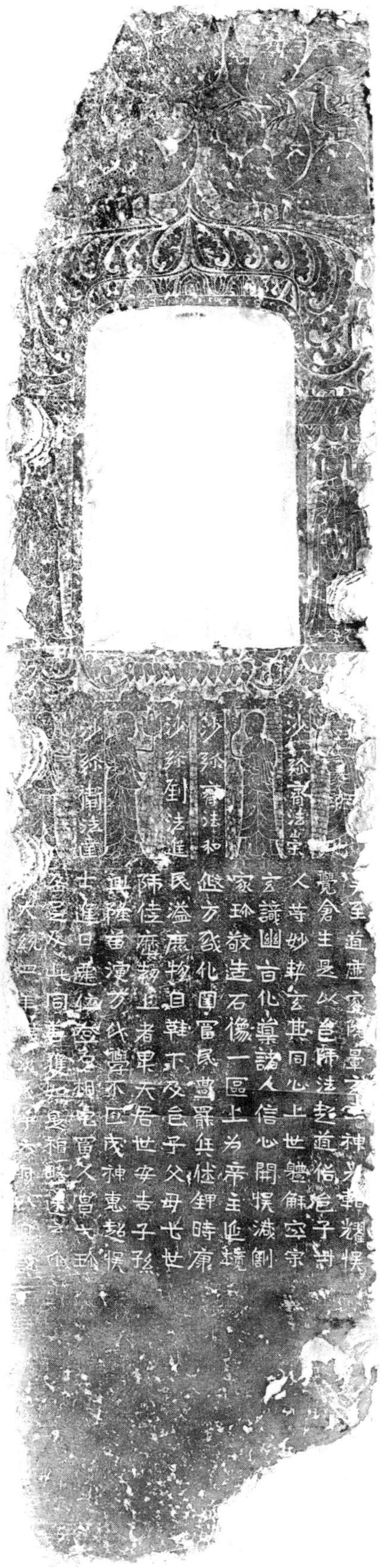

右側

説明

西魏大統四年（538）六月刻。碑爲四棱柱體，上窄下寬。通高192厘米，上寬60厘米，下寬75厘米。碑陽上部龕式雕釋迦牟尼像一尊，周飾鳥獸及飛天；下部分三層綫雕立石者像及功德主名。右側上部爲龕式浮雕佛像，周飾寶相花紋及侍者像；中部綫雕立石者像及功德主名；下部刻願文，隸楷12行，滿行14字。左側上部爲龕式浮雕佛像，周飾寶相花紋及侍者像；下部綫雕立石者像及功德主名。碑陰磨泐漫漶不清。1954年由富平縣華朱鄉移遷杜村鎮清涼寺，1999年移遷富平老城文廟。現存富平縣文物局。《陝西碑石精華》《富平碑刻》著録。

釋文

（上層）比丘李法濟」、鄉邑大都邑師仇法超」、像主齊阿蓋真」、邑老齊舍王」；（二層）比丘仇僧訓」、比丘仇法先」、香火仇嵩岳」、邑老仇文超」、邑老苻道引」、邑老齊萇歡」；（三層）比丘齊法暈」、比丘吕法總」、比丘齊法王」、邑子衛白柱」、邑子仇石虎」、邑子齊舍洛」；（下層）比丘法超開佛眼」、比丘法總開眉間白豪」。（以上碑陽）

（上層）沙弥齊法崇」、沙弥齊法和」、沙弥劉法進」、沙弥衛法達」；（下層）夫至道虚實，隱暈玄空；神光韜耀，悮」覺倉生。是以邑師法超道俗邑子卅」人等，妙契玄其，同心上世。體解空宗」，玄識幽旨。化導諸人，信心開悮。減割」家珍，敬造石像一區。上为帝主延境」，遐方敵化。國富民豐，罷兵休鉀。時康」民溢，庶物自鞋。下及邑子父母七世」，師徒歷劫，上者昇天，居世安吉。子孫」興隆，苗演万代。學不匠成，神惠超悮」。士進日遷，位登名相。宅富人昌，七珍」盈足。及此同善，獲如是福。略述云爾」。

魏大統四年歲次戊午六月八日訖」（以上右側）

（上層）沙弥仇道保」、比丘仇法萇」、比丘仇法龍」、沙弥仇法淵」；（二層）邑子仇舍洛」、邑子齊僧保」、邑老仇舍郎」、邑子仇辛王」。（以上左側）

按

仇法超等造像，碑陽圓拱龕，龕内一佛二菩薩，上飾飛天、蓮花及忍冬紋。左右兩側分開圓拱龕，龕内一菩薩立像，龕下蓮花座，兩側飾忍冬紋。碑陰圓拱龕，龕内一交腳菩薩二脇侍。發願文所揭示的是僧俗宗教信仰的一體性，與一心敬佛、共祝美好的共同祈願。此碑書體古樸拙實，特别是其中的碑别字，是中國書法由漢隸向唐楷過渡的過程實證，值得進一步研究。

033.542　和照墓誌

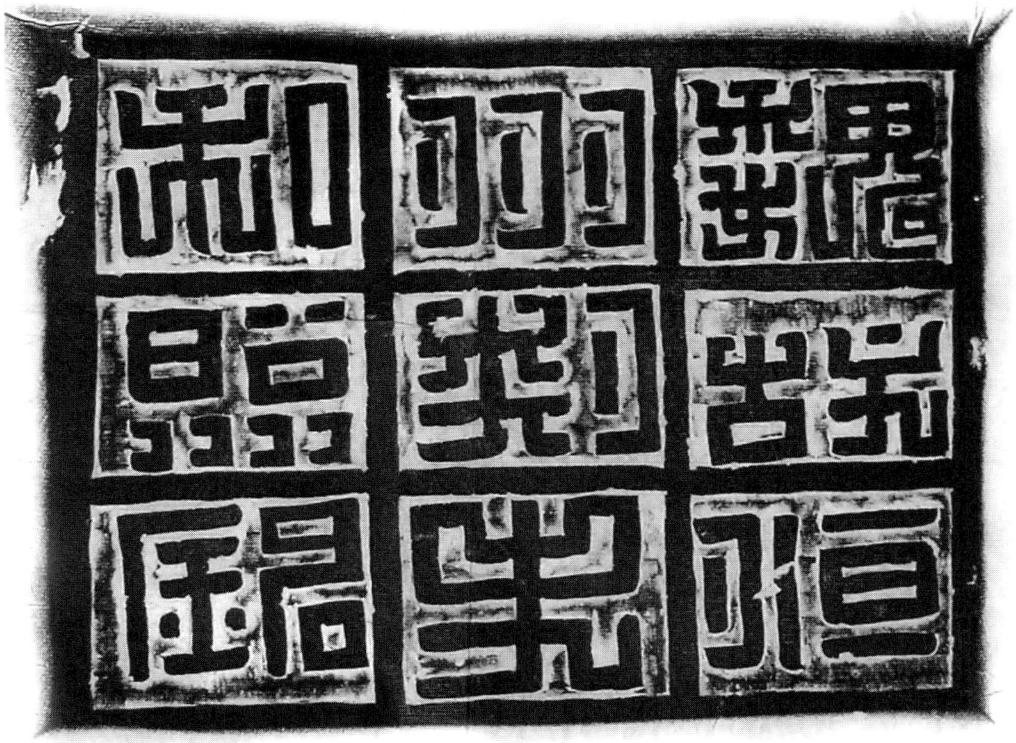

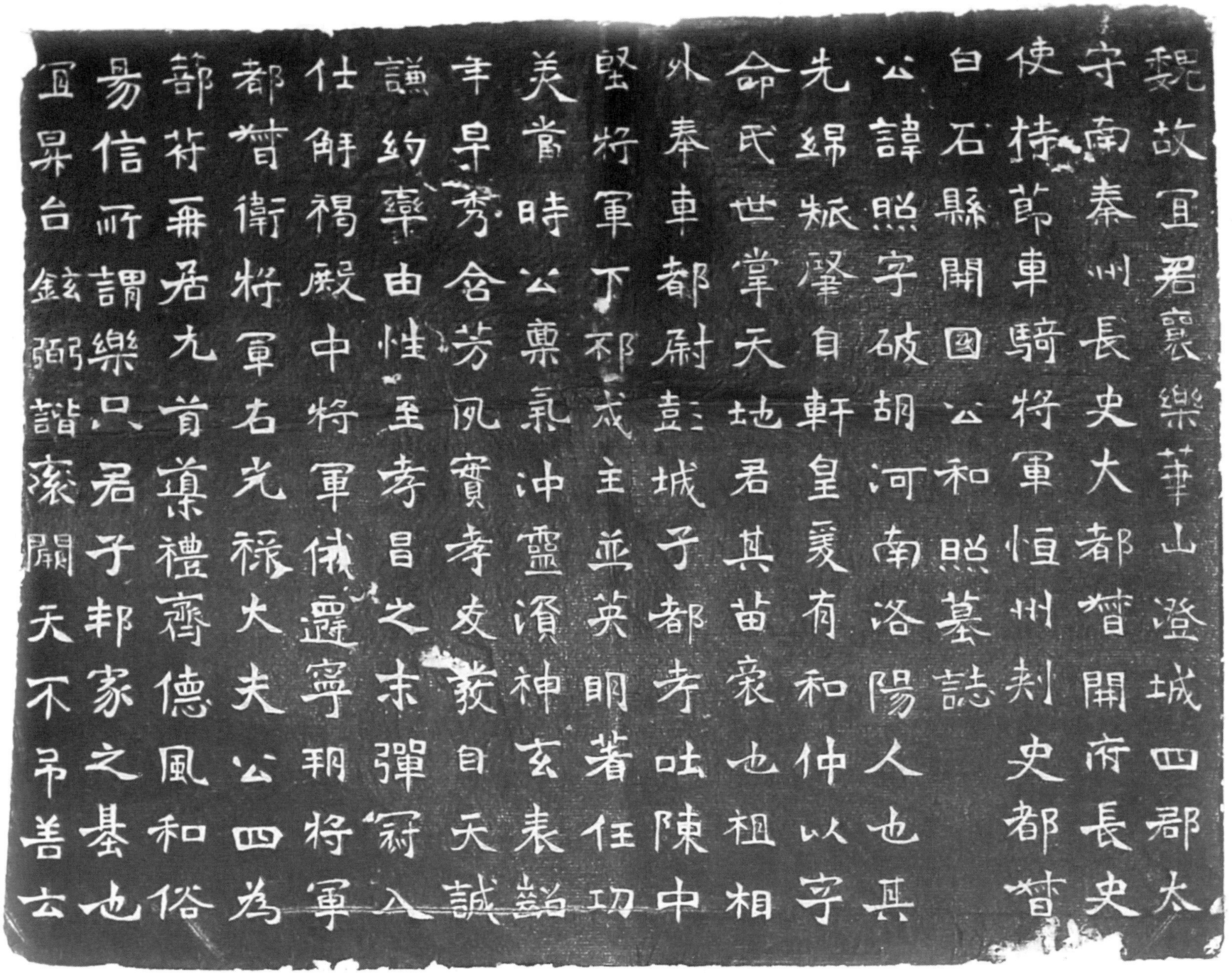
魏故宜君襄樂華山澄城四郡太
守南秦州長史大都督開府長史
使持節車騎將軍恒州刺史都督
白石縣開國公和照墓誌
公諱照字破胡河南洛陽人也其
先綿瓞肇自軒皇爰有和仲以字
命氏世掌天地君其苗裔也祖相
外奉車都尉彭城子都督吐陳中
堅將軍下邳戍主並英明著任功
美當時公稟氣沖靈資神玄表齠
年早秀含芳風實孝友敦自天誠
謙約稟由性至孝昌之末彈冠入
仕解褐殿中將軍俄遷寧朔將軍
都督衛將軍右光祿大夫公四為
部符再居九首導禮齊德風和俗
易信所謂樂只君子邦家之基也
宜昇台鉉弼諧袞闕天不弔善云

陽

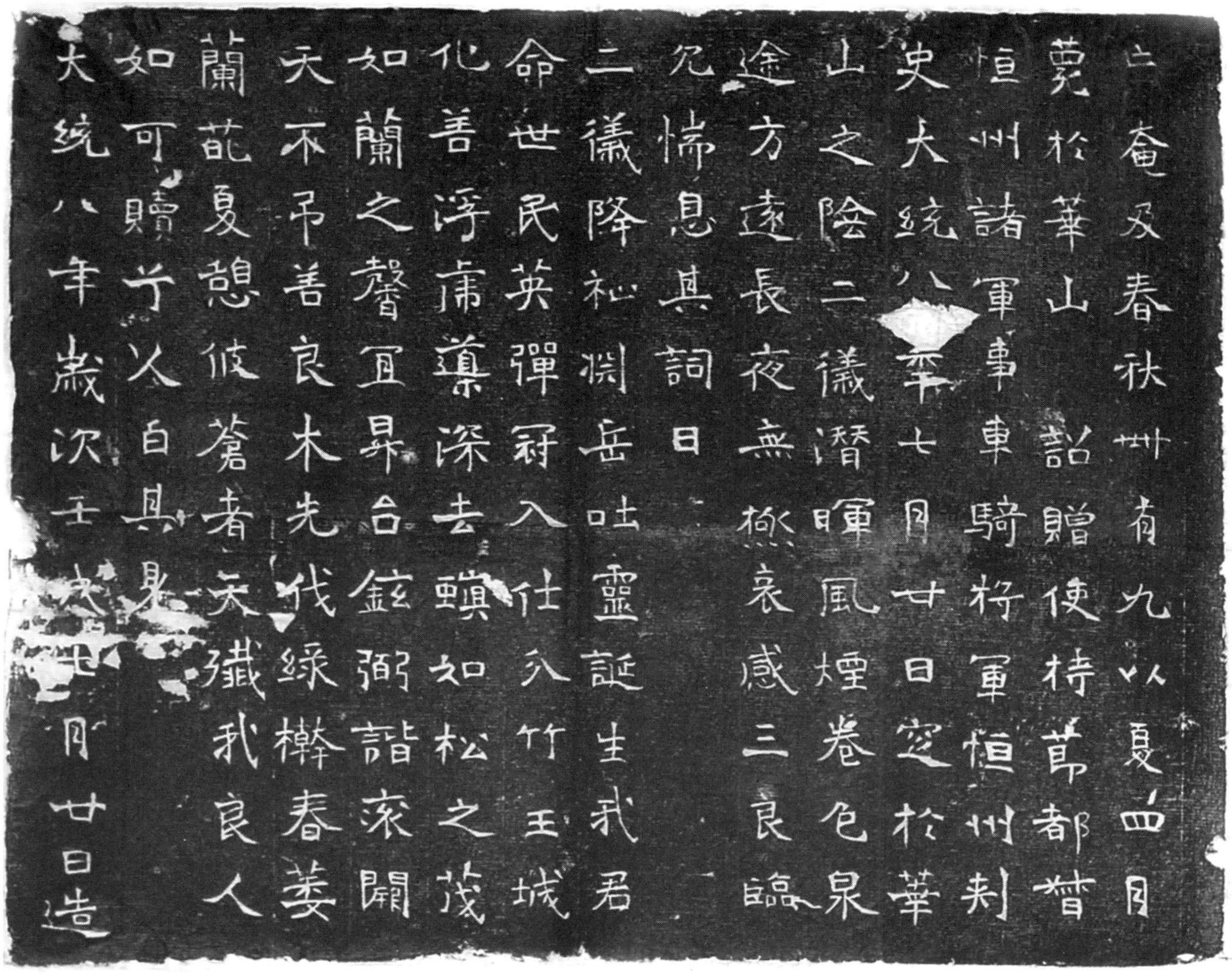
亡奄及春秋卌有九以夏四月
薨於華山詔贈使持節都督
恒州諸軍事車騎將軍恒州刺
史大統八年七月廿日窆於華
山之陰二儀潛暉風煙卷色泉
途方遠長夜無極哀感三良臨
穴惴息其詞曰
二儀降祉淵岳吐靈誕生我君
命世民英彈冠入仕分竹王城
化善浮虎導深去螟如松之茂
如蘭之馨宜昇台鉉弼諧袞闕
天不弔善良木先伐緑榦春萎
蘭葩夏憩彼蒼者天殲我良人
如可贖兮人百其身
大統八年歲次壬戌七月廿日造

陰

説 明

西魏大統八年（542）七月刻。誌、蓋尺寸相同，均長33厘米，寬27厘米。蓋文3行，滿行3字，篆書“魏故恒」州刺史」和照銘」”。誌雙面刻，誌陽隸楷17行，滿行13字；誌陰隸楷15行，滿行12字。1999年華陰市觀北村出土。現由華陰市私人收藏。《陝西碑石精華》著録。

釋 文

魏故宜君襄樂華山澄城四郡太」守南秦州長史大都督開府長史」使持節車騎將軍恒州刺史都督」白石縣開國公和照墓誌」

公諱照，字破胡，河南洛陽人也。其」先綿邈，肇自軒皇。爰有和仲，以字」命氏，世掌天地，君其苗裔也。祖相」外，奉車都尉、彭城子都。考吐，陳中」堅將軍、下邳戍主。並英明著任，功」美當時。公稟氣沖靈，資神玄表。齠」年早秀，含芳夙實。孝友發自天誠」，謙約率由性至。孝昌之末，彈冠入」仕。解褐殿中將軍，俄遷寧朔將軍」、都督衛將軍、右光禄大夫。公四爲」蒞苻，再居元首。導禮齊德，風和俗」易。信所謂樂只君子，邦家之基也」。宜昇台鉉，弼諧袞闕。天不弔善，云」（以上碑陽）亡奄及。春秋卌有九，以夏四月」薨於華山。詔贈使持節、都督」恒州諸軍事、車騎將軍、恒州刺」史。大統八年七月廿日，窆於華」山之陰。二儀潛暉，風煙卷色。泉」途方遠，長夜無極。哀感三良，臨」穴惴息。其詞曰」：

二儀降祉，淵岳吐靈。誕生我君」，命世民英。彈冠入仕，分竹王城」。化善浮虎，導深去螟。如松之茂」，如蘭之馨。宜昇台鉉，弼諧袞闕」。天不弔善，良木先伐。緑榦春萎」，蘭葩夏憩。彼蒼者天，殲我良人」。如可贖兮，人百其身」。

大統八年歲次壬戌七月廿日造」（以上碑陰）

034.544　馮景之墓誌

説明

西魏大統十年（544）四月十八日刻。蓋盝形，誌正方形。誌、蓋尺寸相同，邊長均47厘米。蓋文3行，滿行3字，篆書“魏故司」空公馮」君墓誌」”。誌文楷書35行，滿行38字。有界格。1995年西安市長安區鎬京村出土。現存陝西歷史博物館。《長安碑刻》著録。

釋文

魏故使持節侍中司空公都督瀛滄幽安平五州諸軍事驃騎大將軍瀛州刺史高陽縣開國公馮公」墓誌」

公諱景之，字長明，河間郡武垣縣崇仁鄉謹順里人也。先輩名爲侍中，奏事主上，欲後子孫易諱，敕」如之字。九世祖唐，本趙人，爲漢之楚相。中祖孟仲，封高陽侯，因國爲家，遂居高陽焉。七世祖固璋，别」封樂城侯，後爲河間太守，乃擇閑田作室，家于武垣。曾祖卓烈，祖時，爲魯郡太守。父桀，太和中光州」安東府司馬，遷陵江將軍、扶輿令。衣冠弈世，既著姓於鄉邦；門庭和睦，禮教聞於州里。兄弟四人，公」實居嫡。自開建大國，豈唯堂構而已。公少有倜儻之志，不以近趣經懷。所以行年過立，未應州郡之」命。挾策從師，章句稱美于時；昇平在運，才異無以自達。有故齊王蕭寳夤者，南國令蕃，以釁難歸于」我皇朝，禮遇望實並隆。嬪以王姬，秩均杞宋。作牧瀛部，德政有聞。凡厥佐吏，妙盡人物。雖末途失節」，勢處下流，而當日才華，足稱英俊。公以其有報復之志，故乃投刺而通謁焉。恩接既深，遂成委質。結」縭未久，尋出行高城縣事。曾不朞月，民用知方。齊王自瀛遷冀，仍以故義伏節。及出蕃入揆，或東討」西征，契闊始終，公必從事，委以耳目，寄以喉脣。正光中，釋褐强弩將軍。鴻漸龍昇，於兹爲始。尋遷奉」車都尉，轉中堅將軍步兵校尉。太宰上黨王天穆之伐邢杲藉甚，公有軍國才幹，召補鎧曹參軍。丁」艱在制，秦州刺史、汝陽王叔昭起爲防城别將，復中堅步兵，又轉録事參軍，兼行臺右外兵郎中。時」海内多難，關中尤甚。征討略陽，復爲監軍公平舉也。行臺僕射賀拔岳伐汝陽，爲秦州僕射。周公時」爲行郎，乃薦公於岳，同任行省。時大丞相宇文王爲行臺左丞，運籌決勝，必參帷幄。嶮岨艱難，義同」休否。及岳解行臺，以公爲開府從事中郎。孝武臨御，岳遣公詣京。既事謀謨，兼申誠節。頻煩往復」，匡濟實多。除撫軍將軍、光禄大夫，續遷鎮西將軍，加金章紫綬。公嘗奉使高歡，徵察時事，知歡終於」苞禍。歡帝入鄴，關西雖不即從，終於至此。尋除都督，又以本將軍爲略陽太守。剖竹一邦，專城千」里。朝申共治，民頼唯良。五袴成謡，兩岐興詠。丞相迎駕關口，兼行臺左丞，留守原州，委以後事。尋加」散騎常侍。今上啟聖，除使持節、都督衛將軍、瀛洲刺史。東途尚梗，又以本官行涇州刺史事。時率」土旱疫，飢（饑）蝗相仍，民物彫殘，十室而九。公褰帷問瘼，發廪開倉。公私振拯，所全者衆。齊禮導德，令行」禁止。六條尅舉，万里無塵。遷驃騎大將軍，又兼給事黄門侍郎。出使岷州。皇華之美，繡衣允集。積累」功業，光啟土宇。除高陽縣開國公，書社千室。六年，除侍中。十年，以本官兼度支尚書。外總納言，内司」常伯。優遊辯駁，縱容獻替。弘益自多，振拔斯廣。公自起家從宦年過卅，立政賓王，歲盈二紀。四郊多」壘，九服横流。出納經綸，備肩軍國。歷事宰相，每爲心膂。逢迎時主，恒處機密。常以志篤見知，治實蒙」賞。才侔管晏，器並張陳。陽源未足爲儔，茂先安得獨步。刀筆之美，冠冕前修。簿案之□，儀形後進。尤」味法令，妙善章程。孝武西巡，既符宿旨。皇上馭曆，豫識龍顔。大丞相道格穹旻，禮絶群后，文明」居德，水鏡當時。而徘徊接遇，綢繆眷賞。深閨閑□，有同布素。良以功預斷鰲，勳參練石故也。方襲」袞台路，樊道槐軒。降年不永，梁摧淹及。大統十年三月六日，薨于長安城内永貴里，春秋六十有七」。朝野痛惜，詔贈有加，礼也。即以其年龍集甲子四月乙卯朔十八日壬申，窀穸于南鄉。乃作銘曰」：

燕趙多士，溟碣流祉。隆靈若人，篤生夫子。志有□白，情無吝鄙。金貞玉潤，淵凝峰峙。壯年從騁，仕歲」賓王。力宣軍國，譽滿邦鄉。始自楨幹，終爲棟梁。義參九合，功贊一匡。在席稱珍，居朝曰寶。貴齒崇德」，實惟元老。鉅平之嗣，如何天道。藐藐煢婦，嗚呼不造。一鼠交食，六龍爭騖。舟壑潛引，刀圭靡鑄。百年」過隙，一生朝露。疾没無稱，徽風斯樹。

太常考行，謚曰昭順公」。

按

誌主馮景之，《周書·周惠達傳》附其傳，稱“馮景字長明”而非本誌所稱景之；誌文所載馮景之之家族世系，大多未見史籍記載；誌文所載馮景之曾祖馮卓烈、祖父馮時均爲魯郡太守，其父馮桀任光州安東府司馬，後遷陵江將軍扶輿等任職情況，均未見史籍記載，可補史載之闕。特别是馮景之本人生平事蹟，誌文遠比《周書》記載詳實，亦可補其闕載。

035.544　侯儀墓誌

魏故侍中司徒武陽公之孫燕州
刺史之子太師開府參軍事墓誌
君諱儀字[illegible][illegible]燕州上谷郡居庸
縣人也侍中司徒武陽公之孫燕
州使君淵之子孝友篤性明般自
天多而稟父事母盡養解褐太師
開府參軍事年十有五遘疾而歿
於大統十年歲次甲子五月甲申
朔廿六日己酉殯於石安縣孝義
鄉崇仁里有苗不秀未勞而息悲
夫礦石銘記
侯僧伽墓誌

説 明

西魏大統十年（544）五月刻。誌正方形。邊長67厘米。誌文隸楷12行，滿行13字。1984年咸陽市渭城區窑店鄉胡家溝村北侯儀墓出土。現存咸陽市博物館。《陝西碑石精華》《咸陽碑石》《新中國出土墓誌（陝西壹）》著録。

釋 文

魏故侍中司徒武陽公之孫燕州」刺史之子太師開府參軍事墓誌」

君諱儀，字僧伽，燕州上谷郡居牗」縣人也。侍中、司徒武陽公之孫，燕」州使君淵之子。孝友爲性，明敏自」天。幼而喪父，事母盡養。解褐太師」開府參軍事。年十有五，遘疾而夭」。以大統十年歲次甲子五月甲申」朔廿六日己酉，葬於石安縣孝義」鄉崇仁里。有苗不秀，未芳而息。悲」夫！鐫石銘記」。

侯僧伽墓誌」

按

誌主侯儀，字僧伽。誌文中，誌主名諱與字均作塗改，依稀可見“剛”與“儀”重疊，“乾之”與“僧伽”重疊。《魏書·侯剛傳》載：“侯剛，字乾之。”官歷奉車都尉、右中郎將、武衛將軍、通直散騎常侍、太子中庶子、侍中、撫軍將軍等，封武陽縣開國侯，進爵爲公。又載“剛長子詳，自奉朝請稍遷通直散騎侍郎、冠軍將軍、主衣都統”，又爲燕州刺史。則誌文所改“剛”爲“儀”、“乾之”爲“僧伽”，當此誌初爲侯剛所刻，後改爲其孫侯儀之誌，故改之。又誌末有“侯僧伽墓誌”，則再强調此誌爲侯剛之孫僧伽之誌。誌載侯儀之父侯淵，史未詳，待考。

036.544　韋隆妻梁君墓誌

説明

西魏大統十年（544）十一月刻。誌正方形。邊長53厘米。誌文隸楷21行，滿行26字。西安市長安區出土，出土時間不詳。現存西安市長安博物館。

釋文

魏故雍州京兆郡山北縣梁君墓誌銘」

夫韋隆，安西將軍、銀青光禄大夫」。

息嵩，安西將軍、扶風王儀同開府前從事中郎」。

息夏，征西將軍、金紫光禄大夫、都督」。

息遐，安西將軍、都督」。

縣君，秦州天水人。扶風太守梁定之之女也。貞明婉素，淑慎幽閑。四」德聿脩，六行俱備。蔞之之美，夙流於中谷；其姝之德，早播於城隅。□」若因心，孝友之誠。紘紞女工之事，鳲鳩均養之性，蚣蝑罔妬（嫉）之情，□」誕質於天然，無假之於木留者矣。是以聲流灌木，褧服来歸，宜室宜」家，如詠琴瑟。子嵩、中子夏、小子遐等，並幼稟享豚之訓，長承輟飯之」規。故總莅戎民，所在流譽。世稱雅士，皆猶勝君母儀之教也。謕當輔」佐君子，偕老脩年。何期福善空傳，輔仁斯缺。春秋六十有五，以去大」統十年五月十六日，遇疾薨於第。九宗躃摽，里巷銜悲。天子册贈山」北縣君，給轀車鼓劍，有司護喪事。以其年十一月廿九日，窆於大墓」洪固鄉疇貴里。天地終久，陵谷難常。式鐫玄石，以播餘芳，乃作銘」曰」：

山河挺淑，□川降礼。誕佐貞專，来儀君子。禮惟身幹，孝爲終始。委他」之清，陽瓠逮居。貞守別體，令王唯。始爲孝婦，終曰慈姑。臨囚淚飯，三」徙求居。豈伊剪髮，復此施魚。張湯之母，漢主之嗟。豈如今矣，禮命仍」加。紛綸釖組，嵬岌輬車。一分丘隴，長違狹耶」。

大統十年歲次甲子十一月辛巳朔廿九日己酉」

按

誌主梁氏及其家族成員均未見史籍記載。此誌書體雖爲隸楷，仍有一些碑別字無法準確釋讀。

037.546　鄧子詢墓誌

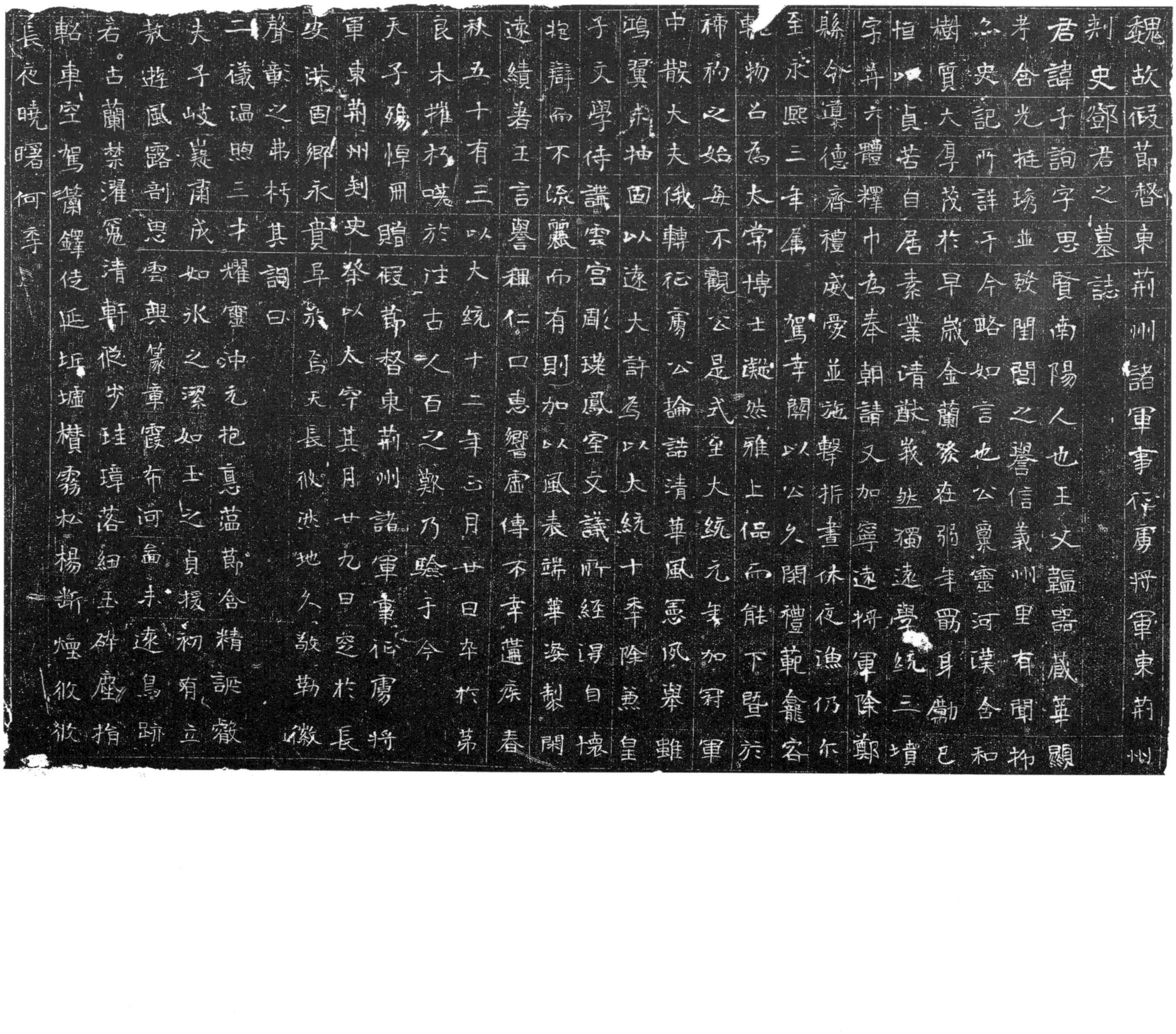

説 明

西魏大統十二年（546）正月刻。誌長方形。長55厘米，寬37厘米。誌文隸楷29行，滿行18字。有界格。1956年西安市東郊韓森寨出土。現存西安碑林博物館。《北朝墓誌英華》《西安碑林全集》《新中國出土墓誌（陝西貳）》著録。

釋 文

魏故假節督東荊州諸軍事征虜將軍東荊州」刺史鄧君之墓誌」

君諱子詢，字思賢，南陽人也。王父韞器藏華，顯」考含光挺琇，並發閭閻之譽，信義州里有聞。抑」亦史記所詳，于今略如言也。公稟靈河漢，含和」樹質。大厚茂於早歲，金蘭發在弱年。勗身勵己」，恒以貞苦自居。素業清猷，峨然獨遠。學統三墳」，字并六體。釋巾爲奉朝請，又加寧遠將軍，除鄭」縣令。導德齊禮，威愛並施。擊柝晝休，夜漁仍尔」。至永熙三年，屬駕幸關，以公久閑禮範，夤容」軌物，召爲太常博士。凝然雅上，偘而能下。暨於」禘礿之始，每不觀公是式。至大統元年，加冠軍」、中散大夫，俄轉征虜。公論諧清華，風憲夙擧。雖」鴻翼未抽，固以遠大許焉。以大統十年，除兼皇」子文學侍講。雲宮彫瑳，鳳室文議。所經得自懷」抱，辯而不流，麗而有則。加以風表端華，姿製閑」遠，績著王言，譽稱仁口。惠響虚傳，不幸遘疾。春」秋五十有三，以大統十二年正月廿日卒於第」。良木摧朽，嗟於往古。人百之歎，乃驗于今」。天子殤悼，册贈假節督東荊州諸軍事、征虜將」軍、東荊州刺史，祭以太牢。其月廿九日，窆於長」安洪固鄉永貴阜。於焉天長，攸然地久。敬勒徽」聲，彰之弗朽。其詞曰」：

二儀温煦，三才耀靈。沖元抱德，藴節含精。誕叡」夫子，岐嶷肅成。如冰之潔，如玉之貞。援初有立」，敖遊風露。剖思雲興，篆章霞布。河圖未遠，鳥迹」若古。蘭禁濯冕，清軒從步。珪璋落組，玉碎塵捐」。軺車空駕，簫鐸徒延。坵墟欑霧，松楊断煙。攸攸」長夜，曉曙何年」。

按

誌主鄧子詢，未見正史記載。墓誌所載鄧子詢生平及任職情況，可補史載之闕。參見《考古與文物》2015年第4期《西魏兩座紀年墓葬及相關問題探討》。

038.546　辛術墓誌

説 明

西魏大統十二年（546）正月刻。蓋盝形，誌正方形。誌、蓋尺寸相同，邊長均52厘米。蓋文3行，滿行3字，篆書“魏故東」雍州辛」使君誌」”。誌文隸楷正面25行，滿行25字；左側3行，滿行25字。西安市長安區出土。現存西安碑林博物館。《西安碑林博物館新藏墓誌續編》著録。

釋 文

魏故使持節都督東雍州諸軍事衛將軍東□□□□□□墓誌」

祖巨明，司州大中正、寧遠將軍、隴西太守」。

祖親京□韋氏。父宏，大將軍府從事中郎」。

父虬，使持節、散騎常侍、都督相州諸軍事、撫軍將軍、相州刺史」。

母安定胡氏。父始昌，鎮遠將軍、涇州刺史」。

君諱術，字延軌，隴西狄道人也。其先夏后氏之苗裔，姒姓。乘高遠」岫，藉潤長瀾。迹起有莘，因封命氏。暨神鈎呈瑞，配天之媛攸歸；糟」丘將始，獨見之明先逝。知伊川之爲戎，覩畢萬之將阜。世稱水鏡」，家踵人鑒。自嬴氏搏翼，擇宍九土。爰自中山，逼遷隴外。雖縱横徙」畝，而芬馥之性不移；間雜戎鄉，縉紳之風無改。暨于兩漢之世，魏」晉之朝，清素忠貞，德義可稱者，已播諸史牒，故可不言而詳也。君」即司州大中正、隴西太守之孫，散騎常侍、相州刺史之子。得性和」雅，孝友爲基。見異族親，稱仁鄉黨。年廿，刺史元萇辟爲中正。孝昌」初，釋褐奉朝請。俄爲雍州鎮軍府中兵參軍、大行臺郎中、鎮遠將」軍步兵校尉。凡所經歷，皆有能譽。忠信行之，出處兼善。屬關隴塵」驚，召署雍州大都督、撫軍府長史，行北地郡事。尋除安東將軍、銀」青光禄大夫。復轉征東金紫之号。太師長孫王□，朝廷棟梁，儀形」百辟，盛開府望，詮簡俊乂。以君風韻淹粹，引爲諮議參軍。從容諷」接，雅蒙器賞，遷衛將軍、右光禄大夫、馮翊王開府諮議參軍。府王」出臨涇牧，召督平涼郡事。恩結民黎，治平訟息。還朝爲留守大都」督府長史。方期仁壽，式贊鴻猷。報善或乖，摧良奄及。春秋六十有」四，以大統十年歲次甲子八月三日薨于家。朝人君子，莫不興殄」悴□歎。追贈使持節、都督東雍州諸軍事、衛將軍、東雍州刺史，謚」曰□□，礼也。同盟有期，先遠便及。以十二年正月甲辰朔卅日癸」酉，葬于樂遊厝南。原隰非恒，山淵反覆。略載景行，貽之泉里云尒」。（以上誌正面）

大兄璞，華州刺史。第三弟瑜，散騎侍郎。第四弟渙，本州主簿」。第五弟會，早亡。第六弟瑞，銀青光禄大夫。第七弟邕，金紫光禄大夫」。第八弟僧伽，奉朝請。長子伯儒，小子叔瑋」。（以上誌左側）

按

誌主辛術，正史無載。由墓誌記載辛氏姓氏之淵源、辛術家族成員之任官與通婚可知，辛術家族應爲魏晉南北朝時期之豪門貴族，這爲研究隴西辛氏家族歷史及魏晉南北朝史提供了一份珍貴的資料，值得深入研究。

039.549　朱龍妻任氏墓誌

魏故定安縣君任氏墓誌
君姓任西河人也年十九歸于樂陵朱龍
之妻而龍養志絶塵性尚閑素博綜經墳
從容自得惟君閨肆循仁四德雅稱及龍
背世上奉舅姑無失婦禮慈撫諸子母儀
顯彰方將福祉命也不從春秋五十有八
薨于長安世子亮雖三齡偏孤射已識
仁朝廷識其清能勳績劇務回授軍將
軍除東義州刺史長史□鎮從事依子之功
詔贈此州定安縣君□卒于産川西陵故
作誌為其頌曰
立身立行克志克躬前履□越其壽應陵
豈天不遂百齡靡終逝沈幽壤景行猶嵩
天長地久名微身空幽坰既奄乃古斯同
大統十五年十月癸未朔廿七日己酉

説明

西魏大統十五年（549）十月刻。誌正方形。邊長38厘米。誌文楷書15行，滿行16字。四周單欄。1955年西安市東郊韓森寨出土。現存西安碑林博物館。《北朝墓誌英華》《西安碑林全集》《新中國出土墓誌（陝西貳）》著録。

釋文

魏故定安縣君任氏墓誌」

君姓任，西河人也。年十九歸于樂陵朱龍」之妻。而龍養志絶塵，性尚閑素。博綜經墳」，邕容自得。惟君閨幃脩仁，四德雅稱。及龍」背世，上奉舅姑，無失婦禮。慈撫諸子，母儀」顯彰。方悕福祉，命也不從。春秋五十有八」，薨于長安。然長子亮，雖三齡偏孤，尅己譏」仁。朝廷識其清能，勘攢劇務，因冠軍將」軍，除東義州兼長史別駕從事。依子之功」，詔贈幽州定安縣君。葬于産川西陵，故」作誌焉。其頌曰」：

立身立行，克志克躬。所履□越，其壽應陵」。豈天不遂，百齡匪終。迹沉幄壤，景行猶嵩」。天長地久，石假身空。幽垌既奄，乃古斯同」。

大統十五年十月癸未朔廿七日己酉」

040.550　韋彧妻柳敬憐墓誌

説 明

西魏大統十六年（550）二月刻。誌正方形。邊長45厘米。誌文楷書23行，滿行23字。有界格。1998年西安市長安區韋曲北原出土。現存西安市長安博物館。《新出魏晉南北朝墓誌疏證》《長安碑刻》著録。

釋 文

魏故使持節撫軍將軍豫雍二州刺史陰槃縣開國文烈公」韋彧妻澄城郡君柳墓銘」

君諱敬憐，河東南解人也。祖諱師子，鷹揚將軍、襄陽男。父諱」文明，州主簿。玄流寔古，大寶今月。情鑒資愛，難与爲儔。心同」清敬，非遠如近。肅邕禮盡，鏘鏘之吉。不潔錡宫，悊焉之灑。言」容琬琰，響中垂則。楚韻珪璋，飆飆竦翰。負璧衣而臨玉，炫葛」蕈之要珠。不無先有，因心孝第。義然迺爲思姑後事。芳薰旦」滅，青蘋夕彫。白雲之淼漫，含天山之江川。及水積桐源，淮海」連淖。外政不入，憙愠無形。内工宣理，嘉幃清婉。垂琮璀粲，緑」綵綢繆。織紝組紃，習而能駭。膺擗雲墀，會同歸闕。訓出乾坤」，母儀範扆。方聯光于玉帛，齊簪蟬於萬國。大統十五年己巳」冬十二月十九日癸酉，春秋七十三，薨。庚午歲春正月，封澄」城郡君。二月四日甲申，合葬杜陵舊兆洪固鄉疇貴里」。

長子車騎將軍、廷尉卿、陰槃縣開國男、頻陽縣開國侯彪，字道亮」。

亡第二子郡功曹、撫軍府記室參軍兼別駕曄，字道夏」。

亡第三子安西將軍、通直散騎常侍、萇安伯融，字道昶」。

亡第四子持節車騎將軍，晉雍二州刺史、元壽縣開國男熙，字道昇」。

第五子持節征西將軍、帥都督、山北縣開國男奐，字道泰」。

亡第六子本州主簿、冠軍將軍、中散大夫暐，字道颺」。

第七子大丞相府參軍都督龠，字道諧」。

亡長女伯英，適隴西辛粲，州主簿、別駕，北地太守，秦州刺史」。

第二女仲英，適清河崔彦道，大鴻臚卿、行淅州刺史」。

亡第三女季英，適河東柳皓，鎮遠將軍、相府參軍」。

按

誌主柳敬憐係韋彧之妻，柳敬憐晚于韋彧二十四年卒，卒後合葬于杜陵舊兆洪固鄉先夫之墓，故兩誌同時出土。對比兩方墓誌，誌文關于韋彧、柳敬憐子女情況的記載，誌文之間及其與正史記載均較多差異。據羅新等《魏晉南北朝墓誌疏證》考察：“韋曄可能死在韋彧之前，故下葬也早于韋彧。韋彧墓誌中，第三子以下，都没有官位，説明韋彧死時，第三子以下，都還没有出仕。到柳敬憐墓誌中，除韋彪之外的五個兒子都已出仕，俱有官稱和爵位。韋彧墓誌不提女兒，可能都還年幼。柳敬憐墓誌中，三個女兒也已嫁人，故詳記其夫家情況。”其夫韋彧墓誌見024.526條。

041.551　楊泰妻元氏墓誌

魏故平西將軍汾州刺史華陰伯楊保元妻華
山郡主元氏誌銘
夫人姓元河南洛陽人高柳府君臨慮侯鳳皇
之長女也久踊蕚於瓊岫聯氣象於紫　故其
世載可得而略夫人幼明慧長孝順教自公宫
来儀君子嬪蒿帝俊卷奉組案而齋眉二族
咸佳邦家斯慶雖夭桃之賦其灼灼常棣之歎
具穆矣論惠比義緯有裕焉暨華陰伯薨徂夫
人以母儀訓世　朝廷乃拜縣君以万年爲夫
人湯沐邑後遷敷西縣主長子熙之位大鴻臚
卿次子叡貴風年零落方冀享萬石之祿扇大
家之風而樹靜難期奄從化往春秋七十一以
大統之十五年薨於長安冊贈華山郡主礼也
粤十七年三月廿八日同窆於華陰潼鄉合葬
非古始自周公式鐫玄石傳之不窮
長子名熙之驃騎大將軍北華州刺史大鴻
臚卿華陰縣開國男　次子叡齊　次子叡
景　次子叡和　次子叡衡　次子叡邕

説明

西魏大統十七年（551）三月刻。誌正方形。邊長55厘米。誌文楷書18行，滿行18字。1969年華陰縣司家村出土。現存華陰市西岳廟。《華山碑石》《漢魏南北朝墓誌彙編》等著録。

釋文

魏故平西將軍汾州刺史華陰伯楊保元妻華」山郡主元氏誌銘」

夫人姓元，河南洛陽人，高柳府君臨慮侯鳳皇」之長女也。分跗萼於瓊岫，聯氣象於紫□，故其」世載可得而略。夫人幼明慧，長矛（柔）順。教自公宫」，來儀君子。擁箕帚而致養，奉俎案而齊眉。二族」咸休，邦家斯慶。雖夭桃之賦其灼灼，常棣之歎」其穠矣。論德比義，綽有裕焉。暨華陰伯薨徂，夫」人以母儀訓世，朝廷乃拜縣君，以万年爲夫」人湯沐邑，後遷敷西縣主。長子熙之，位大鴻臚」卿。次子叡景，夙年零落。方冀享萬石之禄，扇大」家之風，而樹静難期，奄從化往。春秋七十一，以」大統之十五年薨於長安，册贈華山郡主，礼也」。粤十七年三月廿八日，同窆於華陰潼鄉。合葬」非古，始自周公。式鐫玄石，傳之不窮」。

長子名熙之，驃騎大將軍、北華州刺史、大鴻」臚卿、華陰縣開國男。次子叡秀、次子叡」景、次子叡和、次子叡弼、次子叡邕」。

按

誌主元氏爲楊泰之妻。《楊泰墓誌》對其子嗣情況並未記載，本誌所載楊泰及元氏六子之名諱、職務，可補《楊泰墓誌》及史籍之闕。其夫楊泰墓誌見020.518條。

042.554　趙悦墓誌

説 明

西魏廢帝三年（554）四月刻。誌正方形。邊長34厘米。誌文楷書16行，滿行16字。有界格。1994年初户縣大王鎮兆倫村出土。現存西安市鄠邑區文物管理委員會。《户縣碑刻》《新中國出土墓誌（陝西叁）》著録。

釋 文

□故雍州杜縣令趙君墓誌銘□□」

祖黄始，祖親馮氏。父雙奴，馮翊□」守，母馮氏」。君諱悦，字祖慶，京兆鄠縣人也。君志性□」爽，文武挺秀。恭惟脩仁尊義著稱，遜讓□」風，爲時所知。大統十四年，詔授雍州杜」縣令。威惠在民，流詠道路。春秋六十有八」，其年四月薨于第。遠近親識，素服臨哀；左」右耆宿，咸以失聲；鄰里長幼，無不灑淚。可」謂秀而不實，良木先摧。以三年歲次甲戌」四月己未朔三日辛酉，遷葬于長樂鄉中」原里。恐山谷貿移，故以銘焉」。

妻始平駱氏，扶風太守（下闕）」

長息僧顯兼中給（下闕）庭令」

次息景穆（下闕）」

（上闕）辛酉」

按

誌主趙悦，未見史籍記載。誌所稱“以三年歲次甲戌四月己未朔三日辛酉，遷葬于長樂鄉中原里”，西魏文帝建年號大統，共十七年。廢帝立，無年號，直稱某年。故三年甲戌即西魏廢帝三年。

043.558 拓拔寧墓誌

周故魏郡公拓拔寧墓誌
公諱寧字子堪河南洛陽
人魏文皇帝第五子魏
後三年正月封魏郡公元
年二月十八日薨謚曰定
二年九月廿二日窆于小
陵原陵谷不常爰立茲誌
令知公墓焉
周二年九月廿二日

説明

北周明帝二年（558）九月刻。誌正方形。邊長40厘米。誌文楷書9行，滿行10字。西安市長安區出土。現存西安碑林博物館。《西安碑林博物館新藏墓誌續編》著録。

釋文

周故魏郡公拓拔寧墓誌」

公諱寧，字子堪，河南洛陽」人。魏文皇帝第五子，魏」後三年正月封魏郡公。元」年二月十八日薨，謚曰定」。二年九月廿二日，窆于小」陵原。陵谷不常，爰立兹誌」，令知公墓焉」。

周二年九月廿二日」

按

誌主拓跋寧爲西魏文皇帝元寶炬第五子。元寶炬建立西魏，年號大統。大統十七年元寶炬薨，其長子元欽繼位，爲廢帝。兩年後元寶炬第四子元廓繼位，爲恭帝。誌所稱“魏後三年正月封魏郡公”，即元廓三年事。“元年二月十八日薨”，即恭帝元年事。“小陵原”，即少陵原，亦即今杜陵原。

044.558　拓拔育墓誌

説 明

北周明帝二年（558）十月刻。誌正方形。邊長45厘米。誌文楷書9行，滿行10字。1982年西安市長安縣小兆寨與西曹村之間土壕中出土。現存西安碑林博物館。《新出魏晋南北朝墓誌疏證》著録。

釋 文

周故淮安公拓拔育墓誌」

公諱育，字僧會，文成皇」帝之曾孫，獻文皇帝之」孫，高陽文穆王雍之第十」子。魏後二年改封淮安公」。二年二月十七日薨，謚曰」思。二年十月十二日葬於」小陵原」。

周二年十月十二日」。

按

誌主拓跋育，魏文成帝拓跋濬曾孫，獻文帝拓跋弘之孫，高陽王拓跋雍之子，史籍有載。《魏書》所載“頓丘伯拓跋僧育”即本誌主拓跋育，誌云育字僧會，當以誌文爲是。誌所稱“魏後二年、二年”，見043.558拓拔寧墓誌之解。

045.559　宇文端墓誌

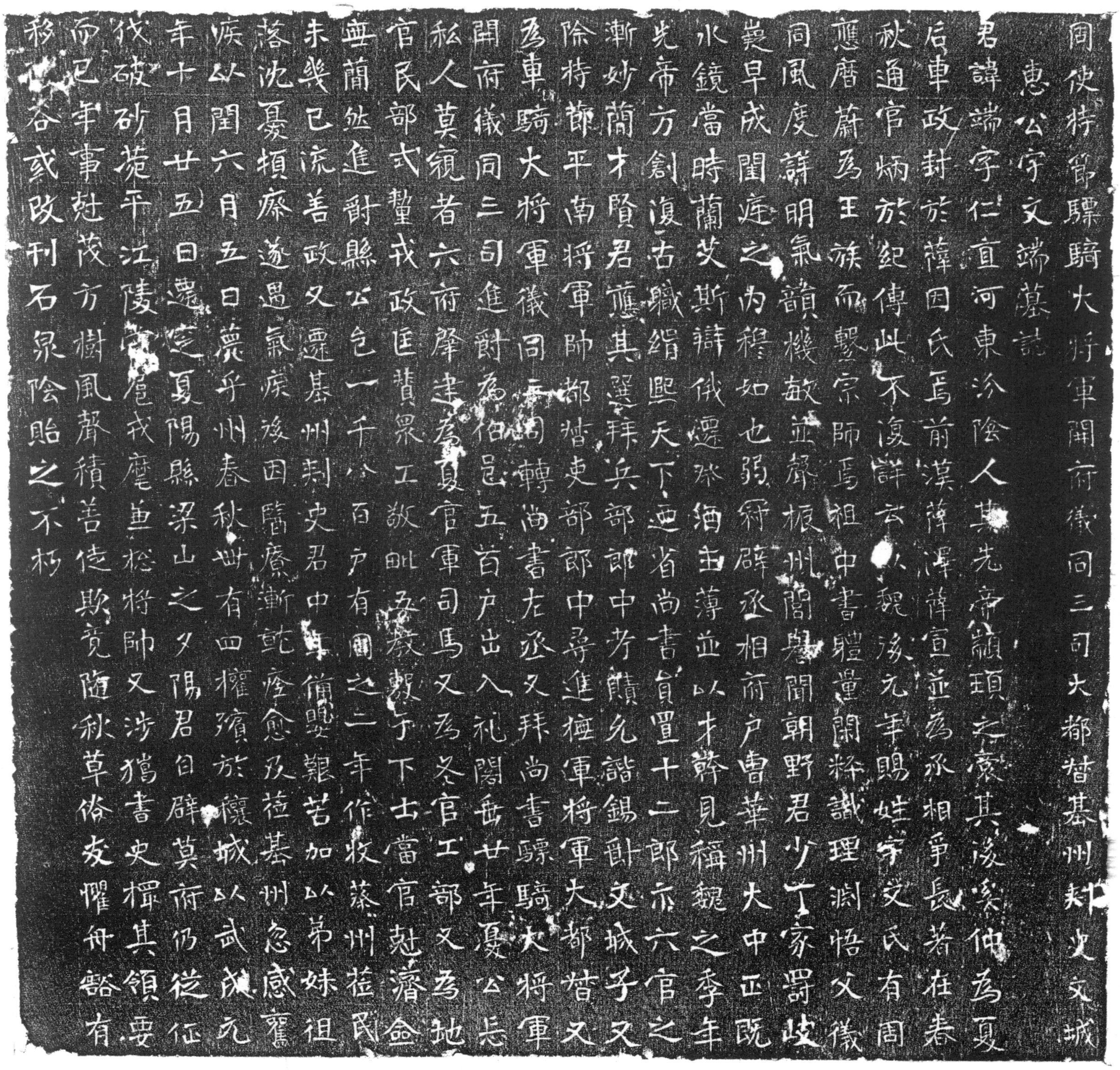

正

説 明

北周武成元年（559）十月刻。誌正方形。邊長48厘米。誌文正面楷書24行，滿行24字；左側3行，行3至18字不等。1990年秋韓城市蘇東鄉坡底村西北出土。現存韓城市博物館。《新中國出土墓誌（陝西叁）》著録。

釋 文

周使持節驃騎大將軍開府儀同三司大都督基州刺史文城」惠公宇文端墓誌」

君諱端，字仁直，河東汾陰人。其先帝顓頊之裔。其後奚仲爲夏」后車政，封於薛，因氏焉。前漢薛澤、薛宣並爲丞相。爭長著在春」秋，通官炳於紀傳，此不復詳云。以魏後元年賜姓宇文氏。有周」應曆，蔚爲王族，而繫宗師焉。祖中書，體量閑粹，識理淵悟。父儀」同，風度詳明，氣韻機敏。並聲振州閭，譽聞朝野。君少丁家罰，岐」嶷早成。閨庭之内穆如也。弱冠，辟丞相府户曹、華州大中正。既」水鏡當時，蘭艾斯辯，俄遷祭酒主簿。並以才幹見稱。魏之季年」，先帝方創復古職，緝熙天下。迺省尚書員，置十二郎。示六官之」漸，妙簡才賢。君應其選，拜兵部郎中。考績允諧，錫爵文城子。又」除持節平南將軍、帥都督、吏部郎中。尋進撫軍將軍、大都督。又」爲車騎大將軍、儀同三司，轉尚書左丞。又拜尚書驃騎大將軍」、開府儀同三司，進爵爲伯，邑五百户。出入礼閣垂廿年，憂公忘」私，人莫窺者。六府肇建，爲夏官軍司馬。又爲冬官工部。又爲地」官民部。式釐戎政，匡贊衆工。敬毗五教，敷于下士。當官尅濟，僉」無簡然。進爵縣公，邑一千八百户。有周之二年，作牧蔡州。莅民」未幾，已流善政。又遷基州刺史。君中年備嬰艱苦，加以弟妹徂」落，沈憂頓瘵，遂遇氣疾。後因醫療，漸就痊愈。及莅基州，忽感舊」疾。以閏六月五日薨于州，春秋卌有四，權殯於穰城。以武成元」年十月廿五日，還窆夏陽縣梁山之夕陽。君自辟莫府，仍從征」伐，破砂苑，平江陵，□扈戎麾，兼總將帥。又涉獵書史，撮其領要」而已。年事尅茂，方樹風聲。積善徒欺，竟隨秋草。僚友懼舟豁有」移，陵谷或改，刊石泉陰，貽之不朽」。（以上正面）

氏郡君父
河南拓拔氏新樂縣主父
世子

左

妻河東裴氏，郡君。父玉儁，河陰令，兗州刺史」。繼室河南拓拔氏，新樂縣主。父景舒，儀同三司」。世子胄」。（以上左側）

按

誌主宇文端，未見史籍記載。誌云“其先帝顓頊之裔。其後奚仲爲夏后車政，封於薛，因氏焉……以魏後元年賜姓宇文氏”，可知誌主本薛姓，因入仕北周有功而賜姓宇文。誌文對宇文端生平、職官及家族成員記載較爲詳細，可補正史之闕。誌側所載宇文端先後娶裴氏、拓跋氏爲妻，可略見其世家大族姻親之關係。

046.559　侯伏侯遠墓誌

[illegible]
尉侯伏侯君墓志
君諱遠字寄奴燕州人也君器量高[illegible]
風飄峻舉恤何漢於今抱樸處霧於[illegible]
縱義義興嵩岳邑倫藹藹與鄧林葬[illegible]
勗國隆家自然斯逵春秋五十回官在[illegible]
補州天不[illegible]善遂得斯疾粵以戊戌[illegible]
年歲在巳卯十一月甲寅朔七日[illegible]
於家妻南陽樂顯妃妻董小妃妻王[illegible]
貫窆于雍州城南山北縣樊川泣送[illegible]
曠永辞宵日怨山谷頹毀增陵彌滅[illegible]
刊石銘記知功墓焉

説 明

北周武成元年（559）十一月刻。誌正方形。邊長37厘米。誌文隸楷12行，滿行15字。有界格。四周泐蝕嚴重，首行及上下各有蝕字。出土時間、地點不詳。現存西安博物院。《陝西碑石精華》著録。

釋 文

□故明威將軍□□給事□國晉國□」□尉侯伏侯君墓志」

君諱遠，字寄奴，燕州人也。君器量高□」，風飄峻舉。藴河漢於今抱，被雲霧於□」懷。峨峨與嵩岳齊倫，藹藹與鄧林等□」。勗國隆家，自然斯達。春秋五十，因官□」蒲州。天不報善，遂得斯疾。粤以武成元」年歲在己卯十一月甲寅朔七日卒」於家。妻南陽樂顯妃、妻董小妃、妻王□」貴窆于雍州城南山北縣樊川。泣送□」曠，永辞霄日。恐山谷頹毀，墳陵殄滅，□」刊石銘記，知功（公）墓焉」。

按

誌主侯伏侯遠，未見史籍記載。侯伏侯氏家族成員，《魏書》《周書》《北史》等正史記載較多者有：侯伏侯龍恩、侯伏侯元進、侯伏侯壽、侯伏侯可悉陵等。鮮卑族推行漢化後，原本的侯伏侯、侯奴侯等均改作單姓“侯”。

047.560　獨孤渾貞墓誌

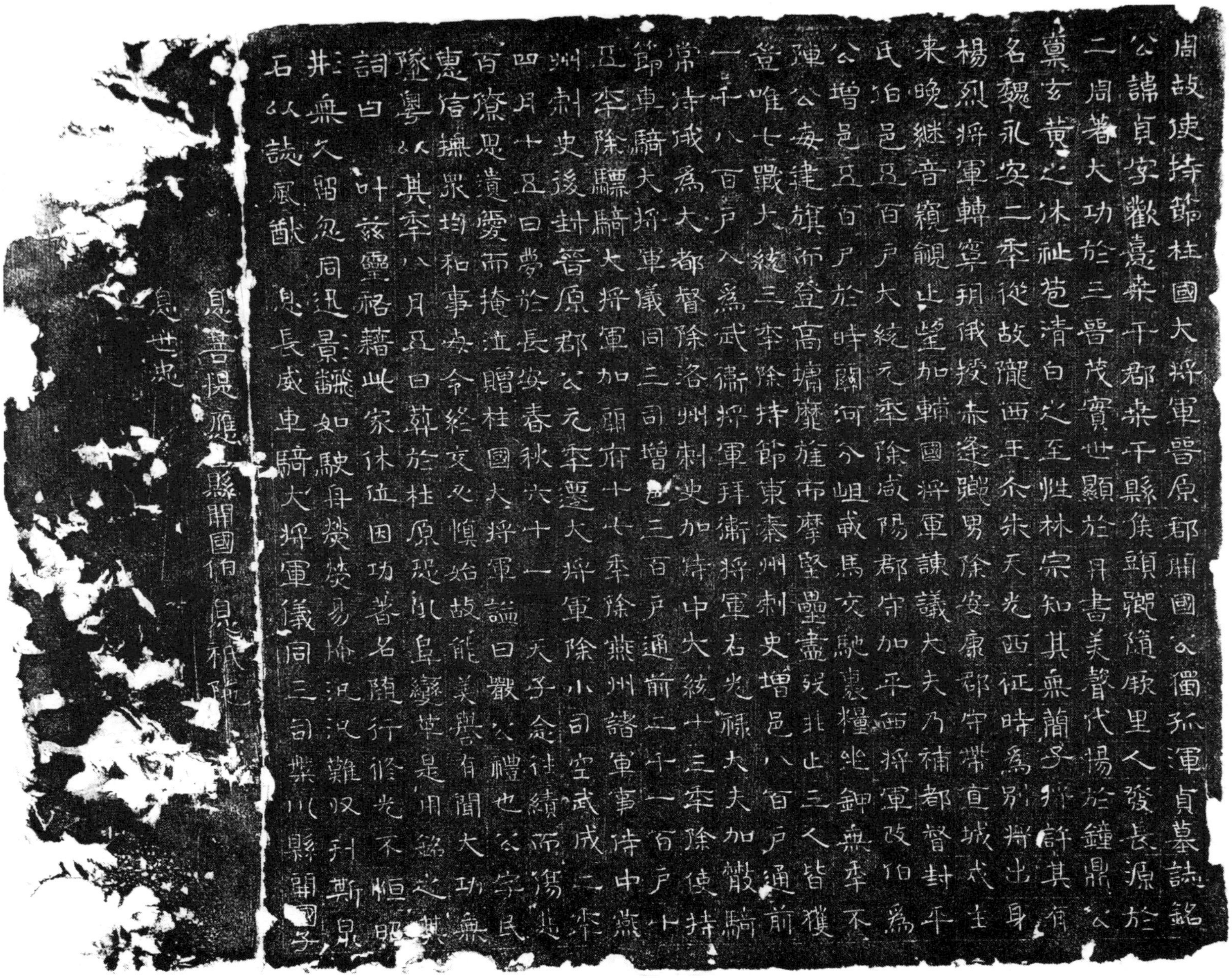

説明

北周武成二年（560）八月刻。誌正方形。邊長寬46厘米。誌文隸楷正面23行，滿行23字；左側2行，行字不等。1993年咸陽市渭城區北杜鎮成仁村出土。1998年入藏西安碑林。現存西安碑林博物館。《咸陽碑刻》《西安碑林博物館新藏墓誌彙編》《新出魏晉南北朝墓誌疏證》等著録。

釋文

周故使持節柱國大將軍晉原郡開國公獨孤渾貞墓誌銘」

公諱貞，字歡意。桑干郡桑干縣侯頭鄉隨厥里人。發長源於」二周，著大功於三晉。茂實世顯於丹書，美聲代揚於鐘鼎。公」稟玄黄之休祉，苞清白之至性。林宗知其無簡，子將許其有」名。魏永安二年，從故隴西王尔朱天光西征，時爲别將出身」揚烈將軍。轉寧朔，俄授赤逢鄉男，除安康郡守，帶直城戍主」。来晚繼音，窺覩止望。加輔國將軍、諫議大夫。乃補都督，封平」氏伯，邑五百户。大統元年，除咸陽郡守，加平西將軍，改伯爲」公，增邑五百户。於時關河分岨，戎馬交馳，裹糧坐鉀，無年不」陣。公每建旗而登高墉，靡旌而摩堅壘。盡殁非止三人，皆獲」豈唯七戰。大統三年，除持節東秦州刺史，增邑八百户，通前」一千八百户。入爲武衛將軍，拜衛將軍、右光禄大夫，加散騎」常侍。俄爲大都督，除洛州刺史，加侍中。大統十三年，除使持」節車騎大將軍、儀同三司，增邑三百户，通前二千一百户。十」五年，除驃騎大將軍，加開府。十七年，除燕州諸軍事、侍中、燕」州刺史。後封晉原郡公。元年，遷大將軍，除小司空。武成二年」四月十五日，薨於長安，春秋六十一。天子念往績而傷悲」，百僚思遺愛而掩泣。贈柱國大將軍，謚曰嚴公，禮也。公字民」惠信，撫衆均和，事每令終，交必慎始。故能美譽有聞，大功無」墜。粤以其年八月五日葬於杜原。恐川阜變革，是用銘之。其」詞曰：

叶兹靈祐，藉此家休。位因功著，名随行修。光不恒照」，形無久留。忽同迅影，翻如駛舟。熒熒易掩，汎汎難收。刊斯泉」石，以誌風猷。

息長威，車騎大將軍、儀同三司、槃川縣開國子」。（以上正面）

息菩提，應山縣開國伯。

息祇陁」。

息世忠」。（以上左側）

按

誌主獨孤渾貞，未見史籍記載。據誌文獨孤渾貞卒年及享壽而推，其出生當于北魏景明元年（500），則永安二年（529）以别將身份從故爾朱天光西征時年僅三十歲。此後，獨孤渾貞先後任安康、咸陽郡守，東秦州、洛州、燕州刺史，寧朔將軍、輔國將軍、平西將軍、武衛將軍、車騎大將軍、驃騎大將軍、右光禄大夫、侍中、小司空、開府儀同三司等職，封赤逢鄉男、平氏伯、平氏公，晉原郡公等爵，卒贈柱國大將軍。可見他爲北魏末年至西魏時期一位重臣，墓誌所記爲研究此一時期之歷史事件、當代職官及歷史地理等提供了重要的依據。

048.562　賀蘭祥墓誌

説明

北周保定二年(562)三月刻。蓋盝形，誌正方形。誌、蓋尺寸相同，邊長均86厘米。蓋文4行，滿行4字，篆書“周故太師」柱國大司」馬涼國景」公之墓誌」”。誌文楷書40行，滿行40字。1956年咸陽市周陵鄉賀家村出土。現存咸陽市博物館。《咸陽碑石》《新出魏晉南北朝墓誌疏證》《新中國出土墓誌(陝西壹)》著録。

釋文

□□□持節太師柱國大將軍大都督大司馬十二州諸軍事同州刺史涼國景公賀蘭祥墓誌」

祖諱烏多侯」。

夫人庫狄氏」。

考諱初真，使持節、太傅、柱國大將軍、常山郡開國公」。

涼國太夫人宇文氏，建安郡大長公主」。

公諱祥，字盛樂，河南洛陽人。魏氏南徙，有卅六國，賀蘭國第四焉。肺腑之功，備列□史。公即太祖之甥」，幼遭世亂，長于舅氏。太祖特加慈愛，篤訓倍常。東西王役，未曾暫離。故清水公賀拔岳，方伯關右，于時」太祖龍德在田，攜公以從。岳覩公奇異，引侍左右，即納甥女叱何羅氏爲公夫人。太祖自夏來赴岳難」，公時在平涼，中路奔逆，具述時事安危大機。太祖了然，曰:“吾意決矣。”因以都督從平侯莫陳悦。魏孝武」入關，以迎駕功，封撫夷縣開國伯，即侍孝武。魏文帝登位，進爵爲侯，除征虜將軍，主衣都統。尋遷領左右」，進爵爲公。大統三年，拜武衛將軍，仍遷右衛將軍。河橋之役，太祖率大軍前行，公翊衛魏帝繼進。戰日」，公力戰先登，大破賊軍。還拜大都督，加散騎常侍，拜使持節、車騎大將軍、儀同三司。從解玉壁圍，邙山之」役，實有力焉。衆軍淪湑，公亦分謗。侯景據潁川告款，公又率騎衆□圍。還拜驃騎大將軍、開府儀同三司」，改封博陵郡開國公，加侍中，除三荊襄雎平信江隋二郢淅十二州諸軍事、荊州刺史。拜大將軍，行華州」。又除同州諸軍事、同州刺史，入拜尚書左僕射。六官建，册小司馬。周有天下，元年，拜柱國大將軍、大司馬」。吐谷渾乘涼州不備，入寇，害涼州刺史洞城公是云寶，遂爲邊患。武成元年，公受命率大將軍侯吕陵杲」、大將軍宇文盛、大將軍越勤寬、大將軍宇文廣、大將軍庫狄昌、大將軍獨孤渾貞等討焉。路出左南，取其」洪和、洮陽二大鎮，户將十万，是渾之沃壤，穀畜所資，留兵據守而還。渾人併□□逃，不敢彎弓報復，因舉」國告降，請除前惡，乞尋舊好，使驛相屬，朝廷然後許焉。西境大寧，寔公之力。軍還，論功，封涼國公，邑万户」。公稟性温和，器度弘廣。自少及長，儼然方正。一生之内，未見以大聲勵色，造次加人。謙恭謹慎，小心翼翼」，不以寒暑變容，不以踈賤改意。周室之始，艱難荐及。公左提右契(挈)，盡力毗贊。發蹤指授，實居其首。是以内」外謀謨，軍國兩政，公之所發，每得厥衷。主相憑倚，百寮屬望。公常歎不能自勤，不能下物。日旰忘食，夜」分忘寢。專以公事爲任，不以家事經懷。詮授文品，量敘戎將，得者無言荷恩，退者亦無怨色。孳孳率下，官」属相化。恥有不及，人人自修。無問貴賤，爰及蠻貊，聞公言者，未嘗稱厭;覩公行者，未嘗見惡。信是万頃之」陂，千仞之宇，方稱茲九伐，翊平海内。而天道茫昧，与善無徵。以保定二年歲次壬午二月壬申朔廿七日」戊戌甲夜，忽遇暴風疾。越人無驗，秦醫駐手。翌日己亥，薨于長安里第，春秋卌有八。主相震慟，百司出」涕。當薨之日，閭巷庶士，爰及童僕，聞者莫不行哭失聲，咸稱殄悴。古之遺愛，孰曰能加。庚子，皇上大臨」東堂，文武畢集，禮也。公以懿親當佐命之任，窮榮極寵卅餘年。臨薨之日，家業踈迴。季文之節，於此方見」。上下同酸，久而不息。詔命有司監營喪事，凡所資給，加乎恒典。易名既請，降詔曰:故使持節、柱國大」將軍、大都督、大司馬、涼國公祥，雅量沖邃，風猷峻傑。載德如毛，從善猶水。弘仁仗義，非禮不行。故以道著」寰中，譽流海外。方賴親賢，光贊袞職。奄焉不永，朕用傷悼于厥心。即遠戒期，考終有典，宜崇□器，□旌徽」烈。可贈使持節、太師、柱國大將軍、大都督、同岐涇華宜敷寧隴夏靈恒朔十二州諸軍事、同州刺史。封依」舊，謚曰景公。以其年三月辛丑朔廿日辛酉，窆于洪突原。高岸爲谷，深谷爲陵。爰誌公績，幽顯斯恒」。

夫人叱何羅氏」。

世子敬，字掭折羅，使持節、驃騎大將軍、開府儀同三司、大都督、化隆縣開國侯」。次子讓，字庫莫奚，使持節、車騎大將軍、儀同三司、大都督、西華縣開國侯」。次子粲，字吴提，宣陽縣開國侯。次子師，字契單大，博陵郡開國公」。次子字吐蕃提，次子字厭帶提，次子字丘□提」。

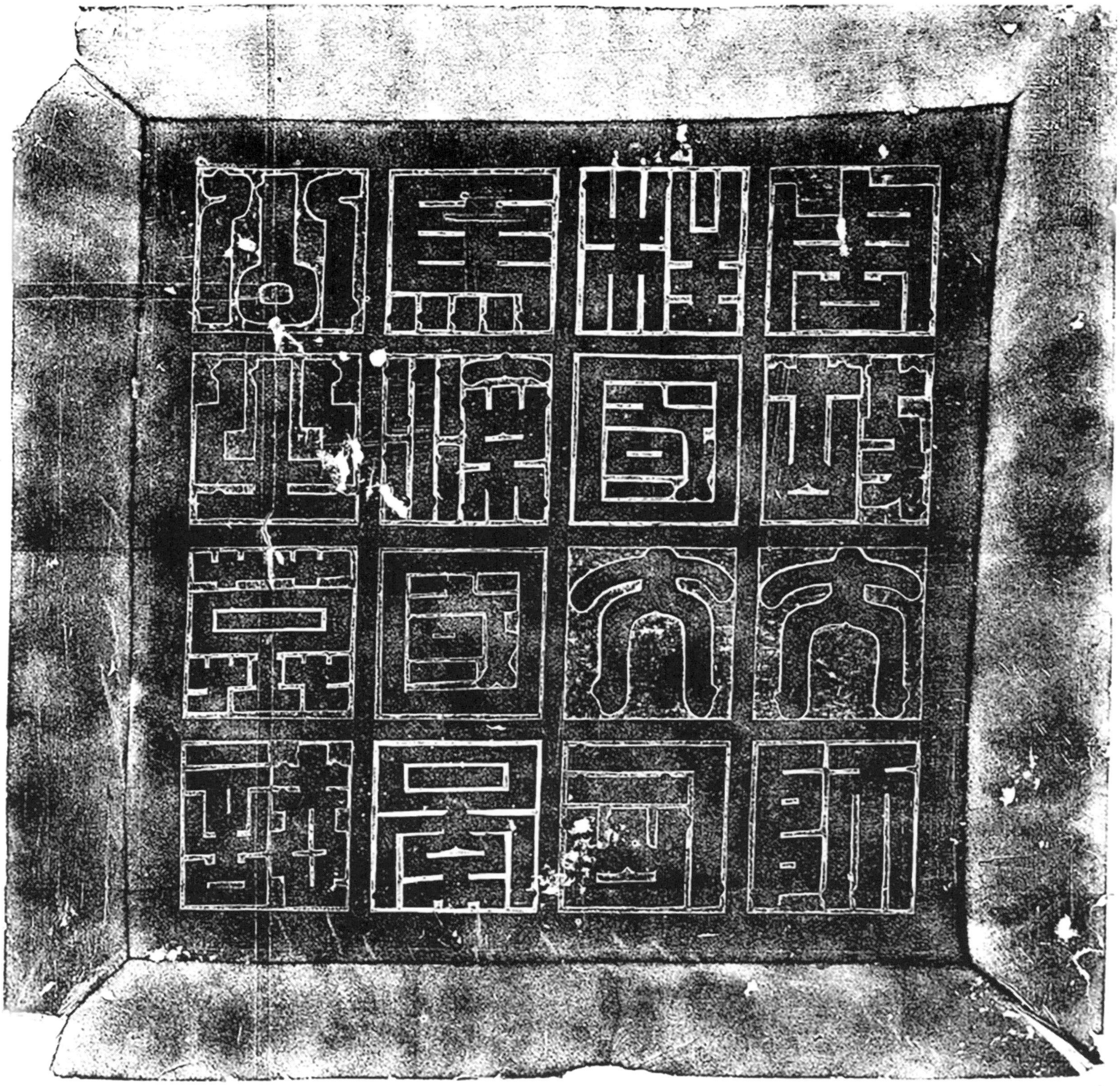

長女嫡拓拔氏，次女嫡達奚氏，次女嫡掩拔氏，次女嫡乙弗氏」，次女嫡拓拔氏，次女嫡豆盧氏，次女嫡大野氏」。

按

誌主賀蘭祥，《周書》卷二十二、《北史》卷六十一有傳。誌文與正史均稱賀蘭祥幼孤，由北周太祖宇文泰撫養成人，並爲其所愛。曾參與西魏與東魏的潼關、沙苑、邙山、洛陽等戰爭，是北周平定吐谷渾的主要戰將，以戰功加官晉爵。此外，曾作牧荊州，撫恤百姓，督修涇渭渠堰，均有惠政。賀蘭祥一生履歷，正史及誌文記載基本吻合，相較而言，正史記載更爲詳細。而關于賀蘭祥家族成員，則誌文記載較爲詳細，二者可互證。其夫人劉氏墓誌見067.583條。

049.562　邑子一百九十八人造像碑

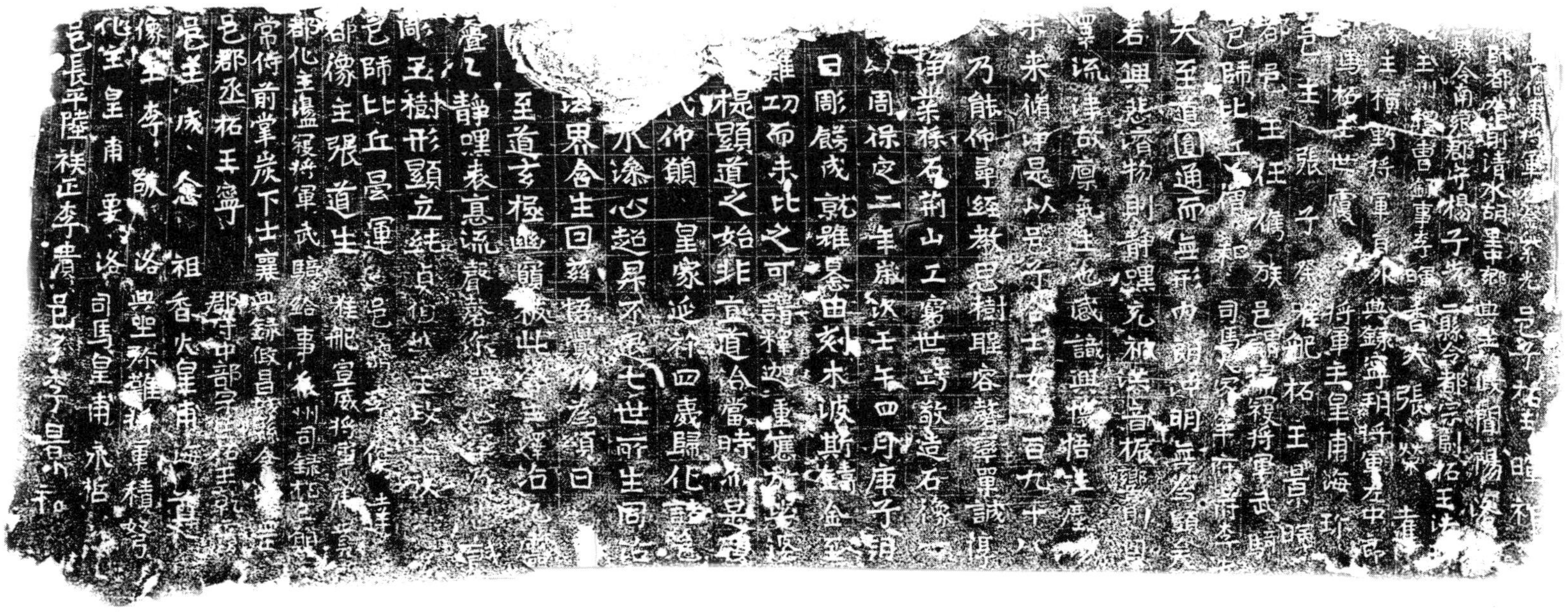

正面

説 明

北周保定二年（562）四月刻。像佚。碑座四方形，上小下大。高39厘米。上長77厘米，下長92厘米；上寬58厘米，下寬63厘米。四面刻，發願文隸楷16行，滿行16字。有界格。1991年高陵縣外貿公司基建工地出土。現存西安市高陵區文化館。《高陵碑石》著録。

釋 文

夫至道圓通而無形，内朗沖明，無爲顯矣」。若興悲濟物，則静嘿充被；洪音振響，則恩」澤流津。故稟氣生也，感識興懷，悟往塵沙」，未来脩淨。是以邑子合士女一百九十八」人，乃能仰尋經教，思樹聖容。磬率單誠，惇」□淨業。採石荊山，工窮世巧，敬造石像一」區，以周保定二年歲次壬午四月庚子朔」□日，彫飾成就。雖憂田刻木，波斯鑄金，至」□難功而未比之。可謂釋迦重應於娑婆」□□提顯道之始，非直道洽當時，亦是顧」□□代仰。願皇家延祚，四夷歸化。諸邑」□□□□澡心，超昇不退。七世所生，同沾」□□□法界含生。因玆悟覺，乃爲頌曰」：

□□至道玄極幽窮，被此蒼生，澤沾九靈」。亹亹静嘿，表德流聲。磬尔單心，率乃忠誠」。彫玉樹形，顯立純貞。□越主政，起族□□」。

□長征東將軍右金紫光」禄帥都督前清水胡里中鄉」三縣令南鄉郡守楊子先」，□主州禮曹録事李暉」，像主横野將軍員外」司馬柘王世覆」，邑主張子粲」，都邑主任儁族」，邑師比丘僧和」，邑子柘王暉祚」，典坐假簡陽洛□」二縣令都宗副柘王法□」，香火張榮進」，典録寧朔將軍左中郎」將軍主皇甫海珍」，唯那柘王景暉」，邑謂掃寇將軍武騎」司馬大冢宰府府李安」，邑師比丘曇運」，都像主張道生」，都化主蕩寇將軍武騎」常侍前掌炭下士襄」邑郡丞柘王寧」，邑主成念祖」，像主李敬洛」，化主皇甫要洛」，邑長平陸族正李貴」，邑謂率儁達」，唯那宣威將軍虎賁」給事瓜州司録柘王願」，典録假昌城縣令□罡」，郡守中部宗主柘王乾□」，香火皇甫海遵」，典坐殄難將軍積弩」司馬皇甫永哲」，邑子李景裕」。（以上正面）

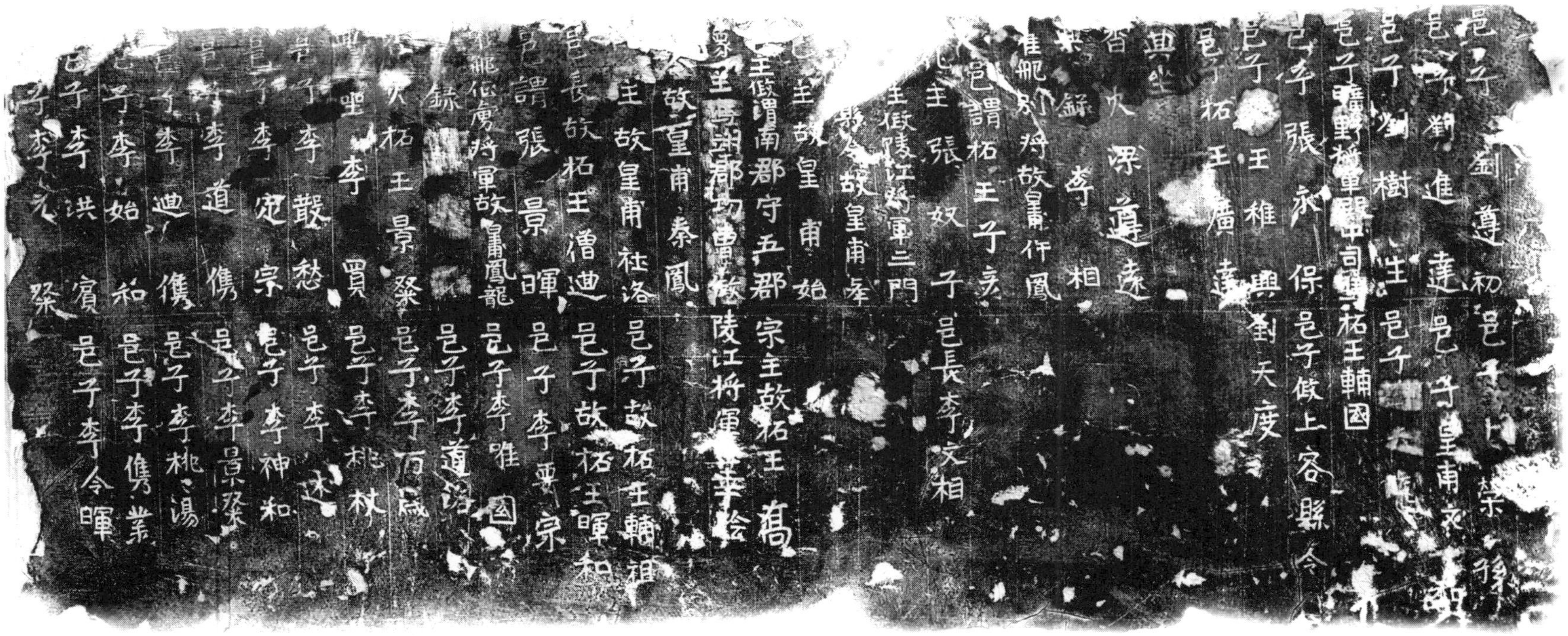

背面

邑子劉遵初」，邑子劉進達」，邑子劉樹生」，邑子曠野將軍殿中司馬柘王輔國」，邑子張永保」，邑子王稚興」，邑子柘王廣達」，典坐」，香火梁遵遠」，典録李相」，唯那别將故皇甫仵鳳」，邑謂柘王子彦」，化主張奴子」，□主假陵江將軍三門」□□縣令故皇甫舉」，邑主故皇甫始」，□主假渭南郡守五郡宗主故柘王喬」，像主馮翊郡功曹假陵江將軍□幸□」，□人故皇甫秦鳳」，化主故皇甫社洛」，邑長故柘王僧迴」，邑謂張景暉」，唯那征虜將軍故皇甫鳳龍」，典録□□□」，香火柘王景粲」，典坐李買」，邑子李散愁」，邑子李定宗」，邑子」李道儁，邑子李迴儁」，邑子李始和」，邑子李洪賓」，邑子李元粲」，邑子卜榮孫」，邑子皇甫文和」，邑子□□□」，邑子假上容縣令」劉天度」，邑長李文相」，邑子故柘王輔祖」，邑子故柘王暉和」，邑子李要宗」，邑子李唯國」，邑子李道洛」，邑子李□歲」，邑子李桃杖」，邑子李述」，邑子李神和」，邑子李景粲」，邑子李桃湯」，邑子李儁業」，邑子李令暉」。（以上背面）

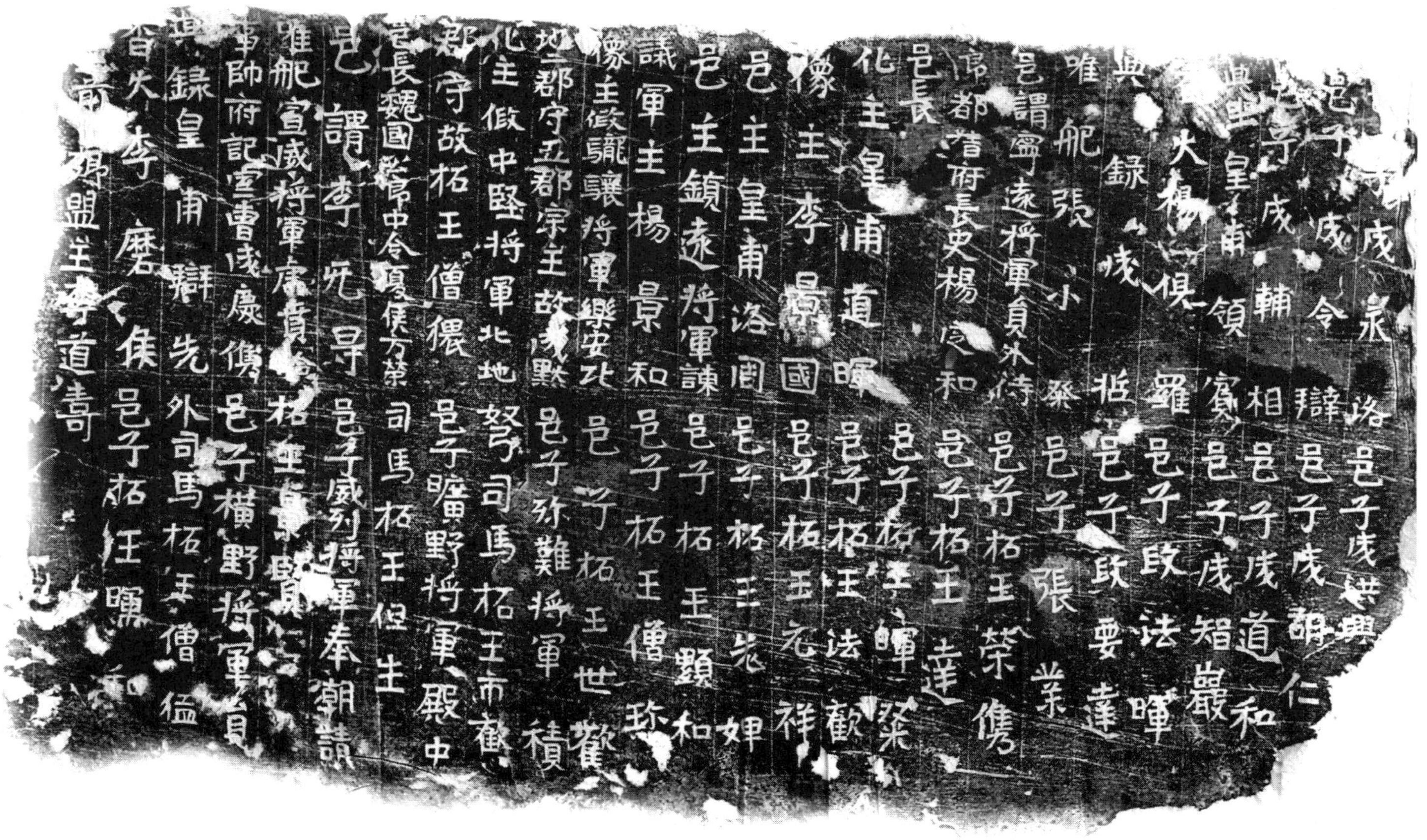

左側

邑子成永洛」，邑子成令辯」，邑子成輔相」，典坐皇甫領賓」，香火楊俱羅」，典録成哲」，唯那張小粲」，邑謂寧遠將軍員外侍」郎都督府長史楊定和」，邑長」，化主皇甫道暉」，像主李景國」，邑主皇甫洛國」，邑主鎮遠將軍諫」議軍主楊景和」，像主假龍驤將軍樂安北」地二郡守五郡宗主故成默」，化主假中堅將軍北地」郡守故柘王僧猥」，邑長魏國公郎中令夏侯方榮」，邑謂李無㝵」，唯那宣威將軍虎賁給」事帥府記室曹成慶儁」，典録皇甫辯先」，香火李磨侯」，□前鄉盟主李道壽」，邑子成洪興」，邑子成明仁」，邑子成道和」，邑子成智巖」，邑子段法暉」，邑子段要達」，邑子張業」，邑子柘王榮儁」，邑子柘王達」，邑子柘王暉粲」，邑子柘王法歡」，邑子柘王元祥」，邑子柘王先婢」，邑子柘王顯和」，邑子柘王僧珍」，邑子柘王世歡」，邑子殄難將軍積」弩司馬柘王市歡」，邑子曠野將軍殿中」司馬柘王但生」，邑子威列將軍奉朝請」柘王景賢」，邑子横野將軍員」外司馬柘王僧猛」，邑子柘王暉和」。（以上左側）

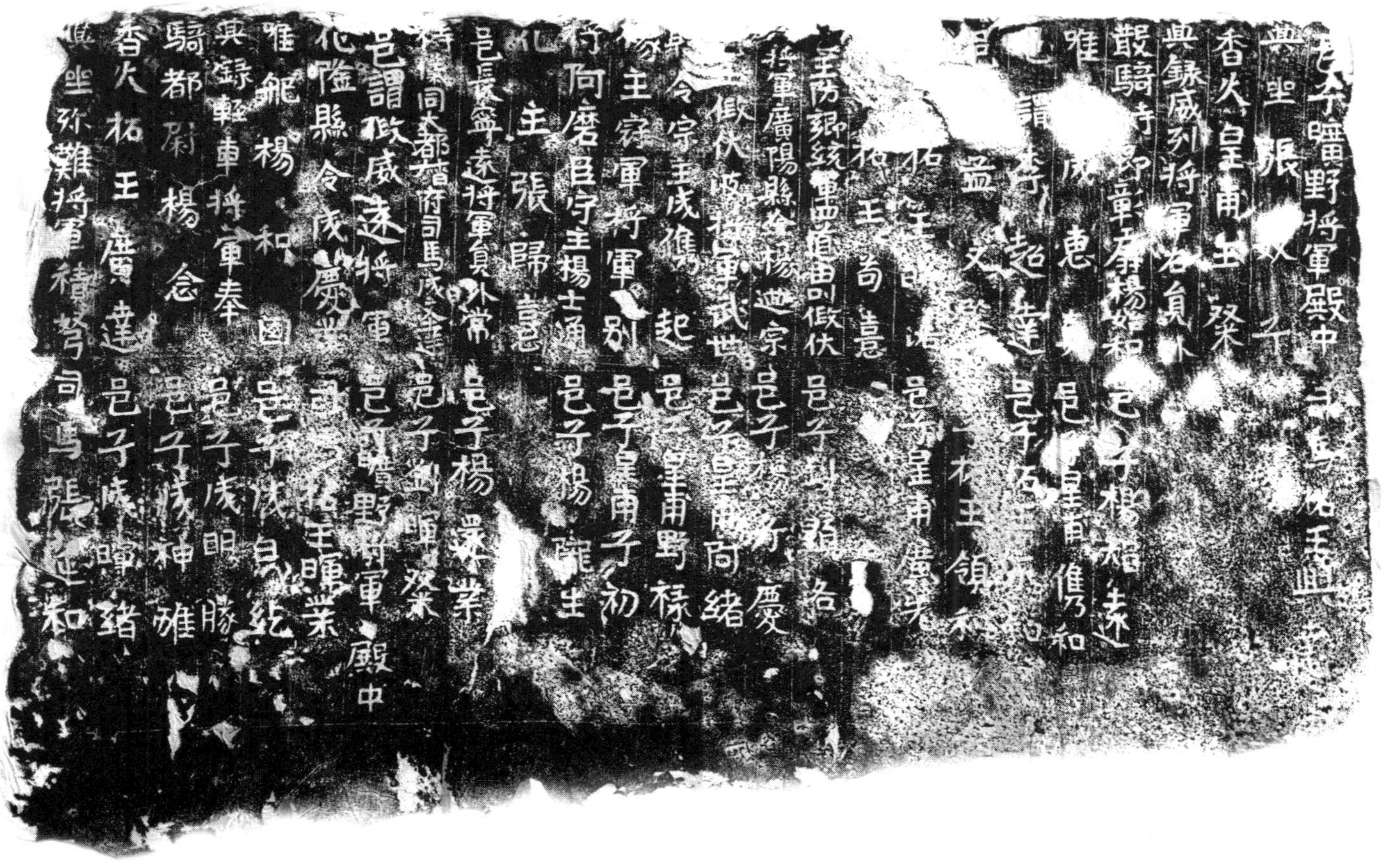

右側

邑子曠野將軍殿中司馬柘王興達」，典坐張奴子」，香火皇甫玉粲」，典録威列將軍右員外」散騎侍郎彰扇楊始和」，唯那成惠真」，邑謂李超達」，邑□孟文鑒」，□□柘王曉洛」，□□柘王苟憙」，主防鄉統軍四道□假伏」□將軍廣陽縣令楊迴宗」，□假伏波將軍武世」縣令宗主成儁起」，像主冠軍將軍別」將阿磨臣守主楊士通」，化主張歸憙」，邑長寧遠將軍員外常」侍儀同大都督府司馬成文達」，邑謂假威遠將軍」化隆縣令成慶業」，唯那楊和國」，典録輕車將軍奉」騎都尉楊念」，香火柘王廣達」，典坐殄難將軍積弩司馬張延和」，邑子楊智遠」，邑子皇甫儁和」，邑子柘王永和」，邑子柘王領和」，邑子皇甫廣先」，邑子劉顯洛」，邑子楊孝慶」，邑子皇甫阿緒」，邑子皇甫野禄」，邑子皇甫子初」，邑子楊隴生」，邑子楊還業」，邑子劉暉粲」，邑子曠野將軍殿中」司馬柘王暉業」，邑子成白紇」，邑子成明勝」，邑子成神帷」，邑子成暉緒」。（以上右側）

按

這是一方不可多得的字數較多、清晰度較高、助緣人衆多的造像題記碑，對研究南北朝時期民衆的宗教信仰及當時人物、官職、稱謂等，都具有重要的史料價值。特别是其書體，介于由隸轉楷之間，書法樸拙中見功力，率真中見章法，值得玩味。

050.564　成君碑

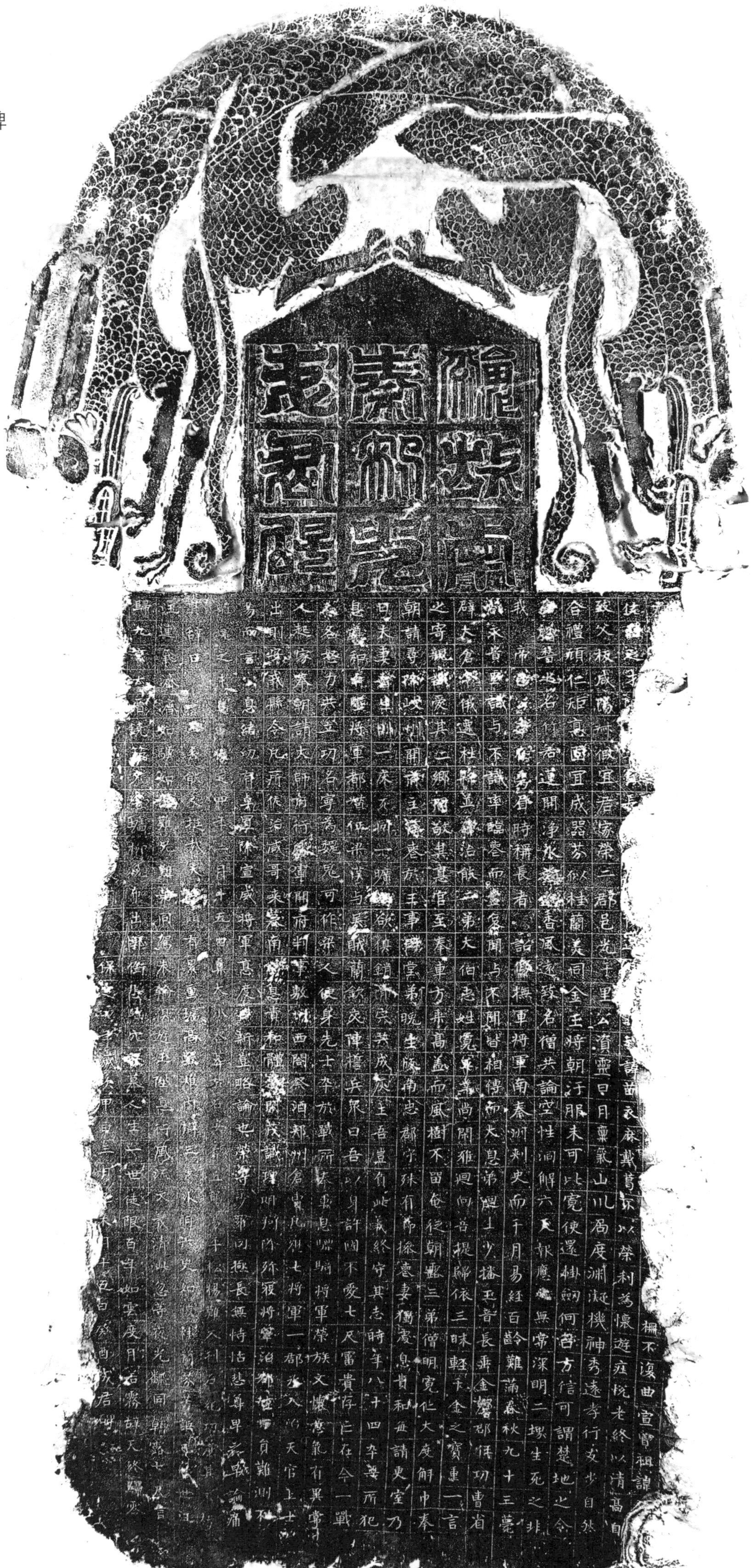

説明

北周保定四年（564）三月刻。碑螭首。通高209厘米，上寬67厘米，下寬79厘米。額文3行，滿行3字，篆書“魏故南」秦刺史」成君碑」”。正文楷書21行，滿行40字。有界格。額文周飾雙螭。1992年咸陽市渭城區渭城鎮治家村出土。現存咸陽市渭城區文物管理委員會。

釋文

君□□□□□□□□□□□□□□□□□□□□□□□□□□□□□栅不復曲宣。曾祖諱□□」佐□之才□□□□長□□□□□□□□□。祖諱苗，衣麻戴葛，不以榮利爲懷。遊莊悦老，終以清高自」致。父板咸陽，叔假宜君，家榮二郡，邑光千里。公資靈日月，稟氣山川。局度淵凝，機神秀遠。孝行友步，自然」合禮。規仁矩德，固宜成器。芬似桂蘭，美同金玉。將朝汚服，未可比寬；使還掛劍，何以方信。可謂楚地之令」□，□稽之名竹。若蓮開淨水，□□香風，遠致名僧，共論空性。洞解六天報應之無常，深明二界生死之非」我。帝以公年在秀眉，時稱長者，詔假撫軍將軍、南秦州刺史。而千月易經，百齡難滿，春秋九十三，薨」於永貴里。識与不識，率臨喪而盡哀；聞与不聞，皆相傳而太息。弟迴生，少播玉音，長垂金響。郡任功曹，省」辟大倉令，俄遷杜縣。並□治能。二弟大伯，志姓（性）寬平，業尚閑雅。迴向菩提，歸依三昧。輕千金之寶，重一言」之寄。親識愛其二（仁），鄉閭敬其德。官至奉車。方乘高盖，而風樹不留，奄從朝露。三弟僧明，寬仁大度。解巾奉」朝請，尋除岐州開府主簿，喪於王事。□堂弟晚生，版南忠郡守，殊有節操。喪妻獨處，息貴和每請更室，乃」曰：“夫妻者，生則一床，死同一曠（壙）。則欲俱銷骨肉，共成灰土。吾豈負此義？”終守其志。時年八十四，卒無所犯」。息遵和，中堅將軍、都督，征梁、漢，与吴賊蘭欽交陣，誓兵衆曰：“吾以身許國，不愛七尺，富貴存亡，在今一戰」。人各怒（努）力，共立功名，寧爲魏鬼，可作梁人？”便身先士卒於戰所。奉車息驃騎將軍榮族，文懷意氣，有異常」人。起家奉朝請、太師府行參軍、開府判事、敷州西閤祭酒、郏州倉曹，凡歷七將軍一郡丞，入治天官上士」，出則安戎縣令。凡所佐治，咸哥來暮。南忠息貴和，體□閑茂，識理明辯。除殄寇將軍，治都督，一員難測，不」易而言。公息緒，幼有卓置，除宣威將軍，德度□新，豈略論也。榮等少羅罔極，長無恃怙。悲尊卑之早論，痛」離魂之未□。以保定四年三月十五日，集大小喪葬於石安原。丘壟易平，松楊難久。刊石紀功，庶其不朽」。其辞曰：

□矣能人，挺哉夫子。門有累重，牆高數雉。内辯三乘，外明六史。如彼桂蘭，芬芳詎已。弈世汪」汪，連氣濟濟。如驥如□，難兄難弟。同駕朱輪，俱遊玉陛。德行風流，文義清泚。忽等夜光，翻同朝露。七尺言」歸，九□云厝。鐃笳夕響，牆柳曉布。出槨銜悲，臨穴孺慕。人生一世，徒限百年。如雲度月，若霧辞天。終歸零」□□□□□□□□□□□□□□□□□」。

保定四年歲次甲申三月己未朔十五日癸酉成君碑」

按

此碑係成君及其兄弟、姪子等共同下葬而建之家族墓碑。碑文記載南秦州刺史成君生平、職官狀況，惜碑殘缺不知碑主名諱與郡望。而碑所記其家族成員包括其祖成苗，其父其叔，其大弟成回生，二弟成大伯，三弟成僧明，堂弟成晚生，成君子成遵和、成緒，晚生子成貴和，大伯子成榮族，成緒、成榮等多人，均未見史籍記載。又碑文内容兼及南梁與西魏在漢中南鄭之戰的史實，可與正史所載互證。碑出土時兩側已殘損，有數十字泐蝕漫漶。

051.564　拓跋虎墓誌

説 明

北周保定四年(564)三月刻。誌、蓋均正方形。邊長均43厘米。蓋無斜殺,素面無字。誌文楷書28行,滿行28字。1990年咸陽市渭城區渭城鄉坡劉村拓跋虎墓出土。現存咸陽市渭城區文物管理委員會。《中國北周珍貴文物》《新出魏晉南北朝墓誌疏證》著録。

釋 文

周使持〔節〕驃騎大將軍開府儀同三司大都督雲寧縣開國公故拓跋氏墓」誌銘

君諱虎,字山虎,河南洛陽人也。魏太武以盖世天姿,雄圖」宏略,揚旌朔幕,奄有關河。禮樂憲章,備乎魏史。曾祖嘉,太保、司徒、都督九」州諸軍事、司州牧,廣陽懿烈王。太和之末,受遺輔政,弼諧五教,彝倫九牧」。玉芀未掩,預奉託言;銅雀不封,梟聞遺令。祖僧保,抽簪國嗣,脱屣王家。改」碣石爲香城,變睢陽爲奈苑。棄捐冠冕,来披鹿野之衣;寂絶哥鍾,獨響魚」山之梵。父仲顯,既承匡翊之功,兼席禪河之列。大業未嗣,年廿二,卒。君以」宗室,礼年即有大成之志。十一封琅琊郡王,邑五百户。十五除太子洗馬」、諫議大夫。眉目踈朗,雄姿旅力。腰帶兩鞬,左右馳射。大統八年,從太祖」征洛陽。九年,解圍玉壁。城雉向背,風雲逆從。李廣恒飛,臧宫常勝,支並中」,七札俱穿。除使持節、車騎大將軍、儀同三司,增邑一千户。十三年,從蜀國」公圍宜陽。後元年,從晉國公平江陵。荒谷東臨,實舉夷陵之陣;吹臺南望」,即下宜陽之兵。及乎三統樂推,二儀禪受。以君令望公族,無闕廢姓。改封」雲寧縣公,增邑合二千户。保定三年,除驃騎大將軍、開府,持節、都督如故」。四年二月搆疾,三月一日薨于長安平定鄉永貴里,年卅有八。身經一十」四陣。其月廿六日,歸葬於石安北原。惜陵谷之貿遷,懼風煙之歇滅。方爲」長樂之觀,無復祁連之山。佳城儻開,乃見銘曰」:

世變風移,煙沈露滅。日輪先頓,天關早折。昔實邢茅,今爲滕薛。秦餘支庶」,更仕中陽。漢故公族,還臣許昌。和鑾戾止,振鷺来翔。公子振振,生茲降神」。家爲孝友,國謂賢臣。子顔敵國,雲長絶倫。劒横七尺,弧彎六均。金匱論兵」,玉堂臨陣,九宫開閉,三辰逆順。班翟對壘,韓黥接刃。靈壁水驚,昆陽雷振」。飛狐北望,玄菟西臨。青羌内獵,白犬南侵。援桴送鼓,據轉横琴。彈弦鴈落」,調箭猨吟。居胥有疾,洒胃無徵。山傾細壤,月落長繩。嘶驂虚瞷,奠酒空澄」。雖晝長樂,終陪茂陵。郊甸寂漠,丘陵枕席。山似吹樓,松如飛盖。悽愴九泉」,方思隨會。

贈冀定嬴三州諸軍事、冀州刺史」。

夫人尉遲氏,年卅二,使持節、驃騎大將軍、儀同三司、大都督、原朔宜三州」刺史、房子縣開國公尉遲伐之女。世子庫多汗,年十一」。

唯保定四年歲次庚申三月己未朔廿六日銘記」

按

誌主拓跋虎,未見史籍記載。其曾祖元嘉,《魏書·廣陽王傳》載:廣陽王元建子元嘉,高祖初,拜徐州刺史,甚有威惠。後封廣陽王,以紹建後。及將大漸,遺詔以嘉爲尚書左僕射,與咸陽王禧等輔政。遷司州牧,拜衛大將軍、尚書令,除儀同三司,後遷司空,轉司徒。薨贈侍中、太保,謚曰懿烈。誌文記載略同。據誌,拓跋虎于十一歲封琅琊郡王,十五歲除太子洗馬、諫議大夫,當爲享其祖輩餘蔭。此後,拓跋虎先後參與了西魏與東魏之間大統八年洛陽之戰、大統十三年宜陽之戰,西魏與梁之間魏恭帝元年的江陵之戰,因功得封雲寧縣公。皆可補史之闕。

052.565　馬榮茂墓誌

説 明

北周保定五年(565)十月刻。蓋盝形,誌正方形。誌、蓋尺寸相同,邊長均47厘米。蓋文3行,滿行3字,篆書“周故濟」州刺史」馬君誌」”。誌文楷書23行,滿行23字。出土具體時、地不詳。現存西安交通大學博物館。《西安交通大學博物館藏品集錦》著録。

釋 文

周持節濟州刺史大陟岵寺儁望邑長馬君墓誌」

君諱□,字榮茂,扶風槐里人也。其先趙之公族,後趙奢封於」馬服,始爲馬氏焉。宮以行能,既啟扶德之邑;援稱智勇,乃有」伏波之号。高祖富,酒泉、武威二郡守,贈涼州刺史。父真,持節」、冠軍將軍、東雍州刺史。君謹身節用,無勑於晨昏;重義輕財」,有聞於邑里。孔懷致睦,事等推梨;洽比稱賓,將符讓巷。常以」富貴屈人,慕四皓之説;量腹節受,追三复之言。未及始衰之」歲,便蒙杖家之禮。擊壤而歌,示其少欲;抱甕而汲,譏其有心」。加以味道法門,引靈而明實諦;歸誠正教,辯色而悟真空。周」明皇帝武成元年建大陟岵寺,乃詔鄉居老人以充邑長,助」營福事。於是鮐背九眉,負杖爭趍者衆矣。然合於選舉,數止」八人。故知法流浚邁,見魚歸而點額;天衢寮廓,如鳥還而繩」盡。以君才德兼美,允當斯寄。即老人之号,且類瑞星;摽長者」之名,方均流水。保定三年十一月卅日遘疾,終於歸正里舍」,春秋六十三。贈濟州刺史,給吉凶儀仗,禮也。諸子切風樹之」不追,感霜露之靡及。以五年十月廿八日,反葬於龍首山。以」爲三絶之簡,汲冢之書久散;三千之期,滕公之室猶在。勒茲」玄石,乃作銘云」:

建國趙城,枝分得性(姓)。英賢疊迹,威儀孔盛。貂珥相輝,黼黻交」映。鼻祖裔孫,俱傳餘慶。篤生令望,是号淑人。無財全志,不匱」知勤。既超愛海,詎染客塵。方偹習杲,奄謝報因。先卜耆龜,仍」安宅兆。薤動營魂,松悲山鳥。落日雖照,幽泉詎□。匪寄儁勒」,清徽孰表」。

保定五年歲次乙酉十月庚戌朔廿八日丁丑」

按

誌主馬榮茂,未見史籍記載。據墓誌,馬榮茂名諱或泐蝕,或因避諱而缺,碑文空一字。榮茂其字也,且以字名墓主。馬榮茂之馬氏族系屬漢族馬氏,可推溯到春秋戰國時期河北邯鄲的趙氏,因趙國大將趙奢分封于馬服,後代便以馬服爲姓,後又改單姓馬。戰國末期,邯鄲之馬氏遷徙到右扶風,即今天的陝西興平,此後不斷繁衍壯大,使扶風茂陵成爲馬氏的發展中心。故墓誌稱馬榮茂爲“扶風槐里人也”。墓誌又稱“宮以行能,既啟扶德之邑”,即述其先祖馬宮以德行能力開啟扶德之封邑。馬宮,西漢至新莽時期官吏。《漢書·匡張孔馬傳》:“馬宮字游卿,東海戚人也……以射策甲科爲郎,遷楚長史,免官。後爲丞相史司直。師丹薦宮行能高絜,遷廷尉平,青州刺史,汝南、九江太守,所在見稱。徵爲詹事,光禄勳,右將軍,代孔光爲大司徒,封扶德侯。”墓誌“援稱智勇,乃有伏波之號”,也是述其先祖馬援以智能雙全顯名而封伏波將軍之號。馬援,西漢末年軍事家、東漢開國功臣之一。《後漢書·馬援列傳》:“其先趙奢爲趙將,號曰馬服君,子孫因爲氏。”西漢亡,王莽以馬援貴族出身,任命其爲新城大尹。後投奔割據涼州的軍閥隗囂。漢光武帝劉秀起兵,馬援又投奔劉秀,並助劉秀平定隴西、撫平羌亂、南平嶺南、北擊烏桓,拜伏波將軍,封新息侯。若依正史,馬榮茂係馬服、馬援一族之後。至于馬宮,顯然係墓誌作者追溯馬氏先世而附會名人所爲。馬榮茂之四代祖馬富,曾任酒泉、武威二郡守,贈涼州刺史,但史無記載。馬榮茂之父馬真曾拜持節、冠軍將軍、東雍州刺史。史亦無載。馬榮茂未襲其祖蔭,而是“味道法門”,“歸誠正教”,並擔任大陟岵寺邑長。大陟岵寺爲北周明帝宇文毓爲其岳父所建。北周武帝建德三年毀寺滅佛中被毀,周宣帝大象元年重建。隋文帝復興佛教,再建改名爲大興善寺,居全國寺刹之首。此墓誌對于研究北朝時期佛教寺院的建設與管理提供了資料。

053.566　豆盧恩碑

説明

北周天和元年（566）二月刻。碑首、座均佚。碑身上部殘損，殘高192厘米，上寬103厘米，下寬112厘米。正文隸書26行，滿行51字。庾信撰文。碑文泐蝕嚴重。前八行字尚清晰，九至十二行下半部字尚可識，上半部模糊不清，十三行以後，絶大部分字已不可辨識，頂部和底部只有二三字可識。唯二十四行下部可見五六字，二十五行上部尚有六字，下部尚有四字較清。碑原在豆盧恩墓前，後移至咸陽文王廟，清乾隆間佚。1919年北周文陵旁出土。現存咸陽市博物館。《文苑英華》《咸陽碑石》等著録。

釋文

君諱恩，字永恩，昌黎徒河人。本姓慕容，燕文明帝皝之後。朝鮮微子之封，孤竹伯夷之國。漢有四城，秦爲一侯。其保姓受氏，初存柳城」之功；開國承家，始静遼陽之亂。自天市星妖，連津兵覆，尚書府君改姓豆盧，筮仕于魏。祖什伐，左將軍，魏文成皇帝直寢。父萇，少以雄」略知名，不幸早世。周朝以公兄弟佐命，義存追遠，保定二年有詔贈柱國大將軍、涪陵郡公。是知春雨潤木，自葉流根；西伯行仁，唯存」不没。公以山岳精靈，星辰秀異，器侔鐘鼎，聲感風雲。猛虎震地，七歲不驚；羝羊觸藩，九齡能對。太祖文皇帝乘時撥亂，奄有霸業。潁」川從我，舊愛無忘；舂陵故人，相知唯厚。普太二年，關西建義，授殄寇將軍。奉迎大駕，賜封新興縣伯，邑五百户。開新安之陣，還移楊僕」之關；解弘農之圍，更入劉昆之郡。援桴并轡，並預前驅。大統三年，有沙苑之戰。四年，有河橋之役。介胄蟣虱，戎馬生郊。公應變逾長，風」飆更勇。隱若敵國，差强人意。授龍驤將軍、中散大夫。八年，授直寢右親信都督，尋轉大都督加通直常侍。十六年，授使持節、車騎大將」軍，儀同三司。魏前元年，授驃騎大將軍、開府儀同三司。鄧騭以漢朝親戚，始受中召；黄權以魏國功臣，初登上將。公頻煩寵授，朝野爲」榮。三年，都督成州諸軍事、成州刺史，尋加侍中。外總連帥，威振百城；内參常伯，榮高八舍。于時隴坻黠羌，時穿上谷；榆中群盜，或聚漁」陽。公卷甲星馳，長驅千騎。迴洛凶徒，望風草靡；瓜州豪傑，束手歸罪。後魏元年，改封龍支縣侯。三年，朝廷使大將軍安政公，隨突厥天」□□吐谷渾國河鄯二州，屬當路首。公領騎五千，以爲戎防。南通丹粟，西望白蘭。關塞無虞，公之勳也。周元年，授都督鄯州刺史。其年」改封沃野縣開國公，增邑一千户。二年，授隴右總管府長史。武成元年，都督利涉文三州諸軍事、利州刺史。文州楊□□者，氐夷酋長」□□之□年□□之□□□朝廷□□□□□□□□□□□□□□□□二年，兵破文州陽陣蠻仍平盧水。以保定元年，被遣將兵，破巴州恒獽獠」。渡瀘五月，葛亮有深入之兵；長阪九迴，王遵有忠臣之路。霜雹不驚，水草無乏。天幸將軍，斯之謂矣。其年，授司會，八法斯掌，九賦是均」。事總歲成，功參日要。三年，還授隴右總管府長史。公屢弼英蕃，頻相大府。北海入朝，仰以對問；東平謁帝，因而言禮。遂使馬首懷燕，不無樂毅；蕃臣擬漢，或多田叔」。兄楚國公，以參和挹讓，莊贊樂推，建國開都，奄荒南服，求以先封武陽郡三千户，益公沃野之封。朝廷以兄弟相讓，不無前史，推仁」分邑，有詔許焉。增邑並前合四千七百户。既而六氣相犯，五聲相觸。靈壽不終，游魂旦變。薨於官舍，春秋五十有八。詔贈少保、幽」冀定相等五州諸軍事、幽州刺史，謚曰敬公，禮也。天和元年二月六日，葬于咸陽之洪瀆原。大夫墓樹以柏，諸侯墳高於雉。嗚呼哀哉」！公資忠履孝，藴義懷仁。直幹百尋，澄波千頃。留心職事，愛玩圖籍。官曹案牘，未嘗煩委。戎馬交馳，不妨餘裕。兄弟公侯，國朝親戚。宜春」有湯沐之威，濯龍無流水之譏。渭南千畝之竹，尚懼盈滿；池陽二頃之田，常思止足。立身則十世可宥，遺子則一經而已。刺史賈逵之」碑，既生金粟；將軍衛青之墓，方留石麟。乃爲銘曰：

朝鮮建國，孤竹爲君。地稱高柳，山名密雲。遼陽趙裂，武遂秦分。寶珪世胄，雕戈舊勳」。名稱賓實，言謂身文。挺此含章，降兹岐嶷。有犯無隱，王道正直。惟愛惟敬，永成悦色。枕藉禮闈，留連學殖。策參帷幄，功披荊棘。韓陣揮」戈，齊城憑軾。豹策乃建，龍韜同啟。校戰岐陽，申威」隴坻。城壘畫地，山林聚米。上馬諭書，臨戎習禮。賈復開營，廉公屈體。從容附會，占對造請。用此廉平，終兹寬猛。緑林兵息，潢池盜靜。名」振赤山，威高青嶺。玄獸浮河，飛螟出境。災氛生隴，毒水浸涇。朝傾地鎮，夜落台星。石壇承祀，豐碑頌靈。渭城高柏，昌陵下亭。須知地市」，爲讀山銘」。

按

《豆盧恩碑》，又名《豆盧永恩墓碑》《慕容恩碑》《周隴右總管長史贈少保豆盧永恩神道碑》。此碑泐蝕殘損嚴重。明人趙崡在其所著《石墨鐫華》中就記“余搴一紙，多不堪讀”，則明時已泐。因原碑受損嚴重，此據拓本釋録，拓本無法辨識處，則據《文苑英華》卷九二五（中華書局1966年）、《庾開府集箋注》卷九（影印《文淵閣四庫全書》第一零六四册集部别集類）補充。

碑主豆盧恩，《周書》《北史》之《豆盧寧傳》附載。《周書》《北史》均以永恩名，今據碑“諱恩，字永恩”，可見其以字行于世。關于豆盧氏之起源、豆盧恩之族系、豆盧恩歷任職官時間及名稱等正史與碑載略同，而碑載更詳，兩者可互證。

撰者庾信，字子山，南陽新野（今河南新野）人。南北朝時期文學家。先仕梁爲右衛將軍，後仕西魏爲車騎大將軍、開府儀同三司，再仕北周爲驃騎大將軍、開府儀同三司，封臨清縣子。世稱“庾開府”。有《庾子山集》傳世。明人張溥輯有《庾開府集》。

054.567　西嶽華山廟碑

説 明

北周天和二年（567）十月刻。碑螭首龜趺。高409厘米，寬112厘米。額文2行，滿行4字，篆書“西嶽華山」神廟之碑」”。正文隸書20行，滿行55字。万紐于瑾撰文，趙文淵書丹。碑陰爲唐《華嶽精享昭應之碑》。現存華陰市華山西嶽廟。《金石萃編》《華山碑石》《陝西碑石精華》等著録。

釋 文

《易》不云乎：天險，不可陞。地險，山川丘陵。險之時義大矣哉！惟華山者，《虞書》《爾雅》謂之西嶽，《周官》則爲豫州之鎮。下枕周秦之郊，上應東井之宿。俯」臨汾射，咫尺荊梁。盤紆巀嶭，刻峭崢嶸。干雲漢而孤秀，属江河而峻跱。巨靈疏鑿，亢高掌於巖端；削成壁立，流黄河於峴曲。左分底柱，見朝夕之」揚波；右綴終南，眺連山之無極。顯仁藏用，藴智含靈；鼓以雲雷，潤以風雨。信群帝之所休憩，衆神之所肸響。芝駕自此不歸，霓裳於焉屢拂。豈止」績羽爲衣，茸荷成蓋。化同毛女，客類園公。每挹僊人之漿，時停酒母之騎，坐石□而穿陷，乘白鹿以遊嬉，寥寂忽恍，往而不反者也。至如芳年華」月，氛斂雲開，谷包得一，河經千里。聳翠嶎於紫微，挺高峰於天漢。暫駐羲和之□，能挂恒娥之驂。積醴成池，泓澄蟺岫，聚卉爲髮，藋葦生焉。庭鱣」夜萃，必歸伯起之學；苦霧晨興，非獨公超之市。若迺柴類方明之壇，望僊集靈之觀，休牛散馬之地，反璧祖龍之辭。有祈必感，無請不遂。保乂我」金方，裁成我四海。振素衹以統億兆，肅秋節以衛蒼生。國荷其慶，民賴其福。前代曾創祠宇，兼植栢樹。歷年茲多，榱棟崩褫，樹亦往往殘缺」。太祖文皇帝，固天攸縱，誕膺符命，道邁三分，功超九合，將欲寧一區寓，納之仁壽。而餘雰尚梗，燕趙未并，治戎河上，志圖廓掃。每以講閱之暇，巡」履陰晉，眷言舊所，良用依然。以大統七年歲在旃蒙，乃謁諸天子，命車騎大將軍、儀同三司、西兖州大中正、華山郡守、城陽縣開國公恒農楊子」昕，經始締構，别更列植青松二千餘根。堂廟顯敞，房廊肅穆。芬哉薜席，赫矣神居。桂酒徐斟，清哥緩節。無復霑濡之事，豈有顛沛之容。暨水德告」終，蒼精肇運，獄訟知歸，人神胥悦」。皇帝負扆，君臨宸居馭朽，執玉帛以朝萬國，叩金繩而享百靈。叡智之所牢籠，英威之所彈壓，日月之所昭晢，舟車之所被通。莫不乘毳駕風，梯」山航海。重譯屈膝，請吏勤王。太師、大冢宰、晉國公任属阿衡，親惟旦奭，弼諧六樂，緝熙五礼。廢典聿修，群望咸秩。光贊皇猷，式康帝載。俾七百」之祚，長扇於無疆。維天和二年歲次大淵獻月旅沽洗，爰詔史臣爲之頌曰」：

攸攸大極，巖巖削成。渾元既判，載濁浮清。含仁配厚，藴智爲靈。功遂勿處，日用無名。在秋戒肅，居金作鎮。嚴霜比威，膏液等潤。容而不有，施而匪」吝。窮地之險，極天之峻。川澤通氣，山藪藏疾。靈嶽峨峨，清干秩秩。隈積冬霰，峰留夏日。雷霆以之，風雲自出。殷憂啟聖，多難開基。大人利見，或躍」俟時。衮冕赤舄，四牡龍旗。鼓腹行樂，擊壤而熙。神教以道，民化惟德。沈漸以剛，高明柔克。文軌叶同，皇猷允塞。如山之壽，寧我邦國」。

大周天和二年歲在丁亥十月戊辰朔十日丁丑立」

使持節、驃騎大將軍、開府儀同三司、大都□□宗治内史、臨淄縣開國公万紐于瑾造此文」

西嶽華山
神廟之碑

車騎大將軍、儀同三司、縣伯大夫、趙興郡守、白石縣開國男、南陽趙文淵字德本奉敕書」

按

《西嶽華山廟碑》，亦名《華嶽頌》。西魏實際掌權者宇文泰曾修復華嶽廟，其子宇文覺建立北周，世稱孝閔帝，爲第一代。弟宇文邕號武帝，爲第三代。天和二年（567）宇文邕命史臣贊揚其父宇文泰修復華嶽廟之功，在陝西東境華山之北華陰建立豐碑，名《西嶽華山神廟之碑》。

該碑題記名跋共有四十餘處，密密麻麻夾擠、分布于碑文之間。作者中有官員，有名賢，有墨客以至百姓各色人等。書體也是楷、草、隸、篆、行等各體齊全。涉獵内容包括政治、經濟、文化、民情、世風、祈雨、修繕、祭謁等諸多方面。

撰者万紐于瑾，字附璘。本姓唐，北周宇文泰親信大臣，有文名，故賜姓万紐于。此碑爲其傑作。碑文末刻其歷官及封爵“使持節、驃騎大將軍、開府儀同三司、大都□□宗治内史、臨淄縣開國公”，爲歷來最早刻有撰者官爵姓名之碑刻。

書者趙文淵，《周書》及《北史》本傳均因避唐朝高祖（李淵）諱作趙文深。趙文淵，字德本，南陽（今河南南陽）人。少學楷隸，有鍾（繇）王（羲之）之風。此碑書法“小變隸書，時兼篆籀……亦褚河南《聖教》、歐陽蘭臺《道因》之所由出也”（《石墨鐫華·後周華嶽頌碑》），可見其書法對後世影響之巨。

此碑書法峻麗練整。雖屬隸書，但間有篆勢與楷法。用筆精熟，意態古雅，俯仰有儀，動靜平衡。屬魏碑體中的精品，爲歷代書家所寶。

055.569　賀拔文昞妻李氏哀誄文

説 明

北周天和四年（569）正月刻。誌正方形。邊長36厘米。誌文隸楷17行，滿行17字。1989年興平縣馬嵬鎮安家村出土。現存興平市博物館。

釋 文

開府儀同三司湘東公賀拔文晒妻廣平郡君李哀誄文」

維周天和四年歲在己丑正月辛卯朔廿九」日己未，薨於長安縣豊溢里。郡君之先，大魏」廣州刺史李仵醜女。自小及長，不出閨門，不」對父母，不見兄弟。年十四，汾州刺史清河傅」氏娉焉。三五夫亡，霜居六載。湘東公賀拔文」晒知而往問，媒簡屢通，誓不肯許。母兄逼之」，得爲家室。除廣平郡君。朝拜帝后，行等伯」姬，義同鄭婦。追述厚懷，以爲誄文」：

於呼我君，婦禮茲良。温矛（柔）敬厚，語不言殤。周」遊閤户，坐立華堂。流音薫馥，聲發蘭芳。上天」不弔，一旦如亡。嗚呼哀哉，悲動百王。嗚吁嗚」吁，失我良徒。甘泉晝象，夜見人模。生形乃促」，命也早徂。如何不淑，使我玄孤。哀哉哀哉，憶」尓徘徊。羅幃翠户，洞房誰開。金杵美膳，桂酒」銀杯。飛花落月，葉散薗梅。從兹一往，何時更」来」。

按

誌主李氏，未見史籍記載。據誌文，李氏先聘清河傅氏，再嫁賀拔文晒，與目前學界認爲北朝社會中女性改嫁、再嫁是相對自由的觀點基本吻合。但同時也應注意到，誌文稱“媒簡屢通，誓不肯許。母兄逼之，得爲家室”，是説改嫁、再嫁的行爲和現象爲社會輿論接受，但婚配對象並非由當事人自行決定。

056.571　韋舒墓誌

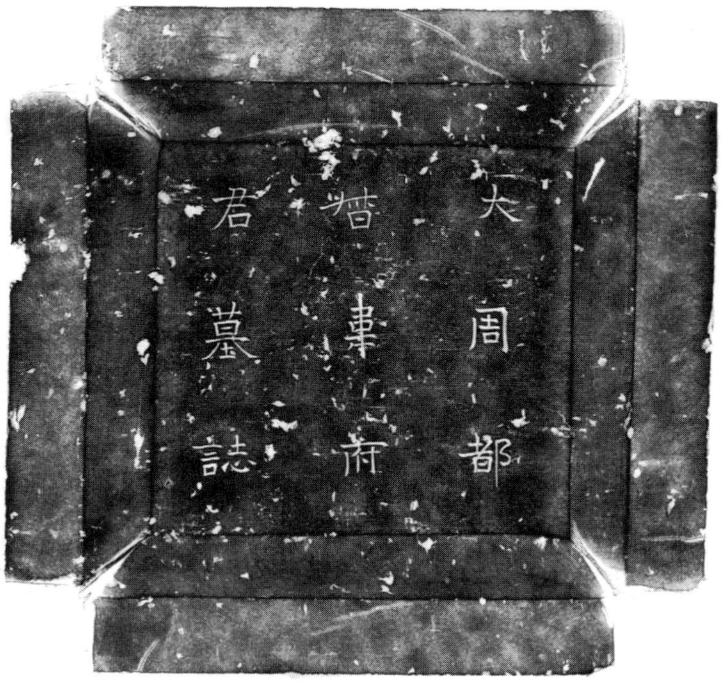
大周都
督車府
君墓誌

説明

北周天和六年（571）十一月刻。蓋盝形，誌方形。誌、蓋尺寸相同，均長41厘米，寬40厘米。蓋文3行，滿行3字，楷書“大周都」督韋府」君墓誌」”。誌文楷書17行，滿行16字。2008年西安市長安區西韋村出土。現存陝西省考古研究院。

釋文

周都督柱國豳文公禮曹韋府君墓誌并序」

君諱舒，京兆杜陵人也。楚傅作詩，陳肅肅」之美；漢相聞禮，傳濟濟之風。曾祖慶世，魏」尚書左丞、關西大中正。祖敬元，散騎常侍」，歷守北地、馮翊，贈儀同三司、涼州刺史。父」徽遠，大丞相府參軍事、帥都督，贈光州刺」史。君幼而恭孝，長擅令名。武成二年，任杞」國公侍讀、豳文公。皇室令望，又引爲記」室。俄授都督，仍除禮曹。離朱之視既明，早」白之期奄及。以天和六年歲次辛卯六月」十八日，遘疾終於家，春秋卅七。其年十一」月廿八日，葬於舊塋。無子之歎，空傷伯道」；寡兄之恨，還悲仲由。懼陵谷之將遷，憑堅」貞而紀德。乃作銘云」：

崑崙峻嶺，積石長源。于何比德，扶陽之門」。挺生俊彦，風飛飆豎。未臻千月，便嗟万古」。野烟霾隧，空月臨墳。孰傳不朽，式寄斯文」。

按

誌主韋舒事蹟未見史籍記載。韋舒係京兆韋氏家族成員，其曾祖父韋慶世，任尚書左丞、關西大中正；祖父韋敬元，爲散騎常侍，雍州主簿，歷守北地、馮翊，贈儀同三司、涼州刺史；父韋徽遠，任大丞相府參軍事、帥都督。三人亦未見史籍記載。

大周譙
國夫人
墓誌銘

057.572　步六孤須蜜多墓誌

説明

北周建德元年（572）十一月刻。蓋盝形，誌正方形。誌、蓋尺寸相同，邊長均58厘米。蓋文3行，滿行3字，篆書“大周譙」國夫人」墓誌銘」”。誌文隸楷28行，滿行28字。1953年咸陽市底張灣出土。現存西安碑林博物館。《北朝墓誌英華》《漢魏南北朝墓誌彙編》《新中國出土墓誌（陝西貳）》著録。

釋文

大周柱國譙國公夫人故步六孤氏墓誌銘」

夫人諱須蜜多，本姓陸，吴郡吴人也。大夫出境，百越来庭；丞相勒兵，三江」席卷。高祖載，爲劉義真長史，留鎮關中。既没赫連，因即仕魏。臨終，誡其子」孫曰：樂操土風，不忘本也。言念爾祖，無違此心。祖政，驃騎大將軍、儀同三」司、恒州刺史。父通，柱國大將軍、大司馬、文安郡公。匡贊經綸，參謀揖讓，名」高廣武，功重長平。夫人七德含章，四星連曜。敬愛天情，言容禮則。九日登」高，乍銘秋菊；三元告始，或頌春書。年十有四，聘于譙國。友其琴瑟，逾恭節」義之心；伐其條枚，實秉憂勤之德。鄴地登高之錦，自濯江波；平陽採桑之」津，躬勞蠶月。天和元年，册拜譙國夫人。東武亭之妻，既稱有秩；南城侯之」婦，還聞受封。柱國殿下以若華分照，增城峻上，揚旌僰道，問政邛都。白狼」之溪，途艱黄馬之坂；荔支之山，地險蒲陶之國。夫人别離親戚，關河重阻」。夷哥一曲，未足消憂；猨鳴三聲，沾衣無已。是以天厲之疾，遂成沉痼。玉瀝」難開，金膏實遠。建德元年歲次壬辰七月辛丑朔九日己酉，薨于成都，春」秋廿有一。即以其年十一月十一日，歸葬長安之北原。詔贈譙國夫人」，礼也。夫人奉上盡忠，事親竭孝。進賢有序，逮下有恩。及乎將掩玄泉，言從」深夜。内外姻族，俱深節女之悲；三五小星，實有中閨之戀。殿下傷神秋月」，掩淚長松。周季直之留書，更深冥漠；潘安仁之詞藻，徒增哀怨。豈言西河」女子，獨見銀臺；東海婦人，先逢金竈。太夫人早亡，夫人咸盥之禮，不及如」事。至於追葬之日，步從輀途，泥行卌餘里，哭泣哀毁，感動親賓。桂陽之賢」妻，空驚里火；成都之孝婦，猶掩江泉。嗚呼孝哉！銘曰」：

艾陵反旆，椒山止戈。金精據嶺，昌閣凌波。西遊卿相，東裂山河。華亭冠盖」，穀水弦哥。震維徙族，燕垂從宦。塞入飛狐，關連鳴鴈。策預登阜，功參臨澗」。寶鼎留銘，雕戈餘贊。膺圖淑令，秉禮言歸。魚軒憑軾，澤雉文衣。珠爲桂鏡」，石有支機。行雲細起，迴雪輕飛。北降帝子，南麾蜀守。若水既開，靈山已」鏤。月狹猨啼，江神牛鬬。星機北轉，日轡西迴。陽泉伏氣，陰律沉灰。鶴辞吴」市，鳳佚（去？）秦臺。神光離合，燈影徘徊。雙流反葬，百兩迴旌。少女離位，夫人去」城。帷堂野設，帳奠郊行。山川奇事，風月無情。摇落丘隴，荒涼封域。樹樹秋」聲，山山寒色。草矩逾平，松長轉直。節墳方固，貞陵永植」。

按

誌主步六孤須蜜多，未見史籍記載。“大周柱國譙國公”即北周宗室宇文泰之子宇文儉，初封譙國公，天和中拜大將軍、柱國，進爵爲譙王，謚曰忠孝。誌述須蜜多年十四嫁宇文儉，年廿一薨于成都，歸葬于長安之北原，詔贈譙國夫人，即以夫受封。

步六孤爲早期鮮卑部族一支，其人以部族爲姓。據《魏書·官氏志》記載：“魏氏本居朔壤，地遠俗殊，賜姓命氏，其事不一……步六孤氏，後改爲陸氏。”該誌稱“本姓陸，吴郡吴人也……高祖載，爲劉義真長史，留鎮關中。既没赫連，因即仕魏”。劉義真爲南朝宋武帝劉裕次子，誌主祖父陸載爲南朝官員，本爲漢族，後因戰敗歸降仕魏。其改姓步六孤，則與宇文泰主持下的大規模恢復鮮卑複姓以及漢姓胡化運動有關。參見任瑋《南北朝時胡姓漢化與漢姓胡化的政治目的溯源》（《湖南工業大學學報》社會科學版2010年第10期）。

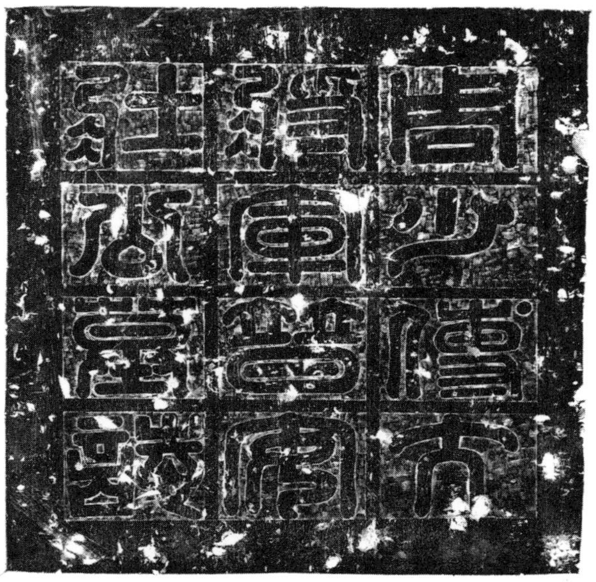

058.572　匹婁歡墓誌

説 明

北周建德元年（572）十一月刻。蓋盝形，誌正方形。誌、蓋尺寸相同，邊長均71厘米。蓋文3行，滿行4字，篆書“周少傅大」將軍普安」壯公墓誌」”。誌文隸楷30行，滿行31字。1953年咸陽市底張灣出土。現存西安碑林博物館。《北朝墓誌英華》《漢魏南北朝墓誌彙編》《新中國出土墓誌（陝西貳）》著録。

釋 文

大周使持節少傅大將軍大都督恒夏靈銀長五州諸軍事恒州刺史普安壯公墓誌銘」

公諱歡，字夷（婁？）歡，雲州盛樂人也。宗緒之興，備諸方册。若乃晉國宣公，□嘉樹而留」□；漢世尚書，賜龍淵而表德。風猷弈葉，莫之与京。祖駒，含光抱質，官爲軍將。父買」，握瑜懷瑾，名播當塗。並立功立事，不殞其業。公資靈峻岳，稟氣中和。體識詳明，志」尚雄果。子南超乘，未得比蹤；申屠蹶張，曾何足喻。屬魏道云季，中原幅裂，人懷問」鼎，世若綴旒。公情存殉國，委身行陣。疾風知勁，寔著勳庸。解褐授統軍襄威將軍」，奉朝請，加别將，封上谷縣開國男。永安三年，轉都督。及晉陽甲起，魏主西遷。公時」陪奉輿輪，備嘗艱險，進爵爲侯，加安東將軍。時鴻溝尚隔，官渡未夷，負海猶强，開」關屢出。公結髮戎旅，妙善孫吴。如雲如鳥之形，因山背水之勢，莫不深明權變，躬」先士卒。雙鞬並帶，二戟兼提。滕灌之驍雄，關張之勇扞，復見於兹矣。大統三年中」，征沙苑有功，加封八百，進爵爲公，授衛大將軍帥都督，除恒農郡守。弦韋並設，恩」化大行。俄轉大都督，尋加車騎大將軍、儀同三司，賜姓匹婁氏。魏世郭淮，軍麾既」等；漢朝鄧騭，榮望斯同。暨鍾石變音，謳哥改運。皇周應曆，大弘褒賞。授使持節」、驃騎大將軍、開府儀同三司，改封普安縣開國公，食邑通前合三千六百户，除鄧」州諸軍事、鄧州刺史。還朝，補民部。天和五年，授大將軍。屬東齊背約，競我汾方。公」受委臨戎，志在清復。於姚襄交戰，爲流矢所中。還京增疾，翻成大漸。春秋六十有」三，以天和七年正月廿五日，薨於京師之第。公少懷節概，夙擅英略。居盈念損，處」險如夷。遇士有恩，臨敵能勇。屬車書未一，元戎啟行，攻城野戰，大凡五十，策勳行」賞，功恒居多。雖遇泣痍之恩，奄失輔仁之效。故以悲纏宸極，痛結親賓。詔贈」本官，加少傅、恒夏靈銀長五州諸軍事、恒州刺史，謚曰壯，礼也。夫人文城縣君」尉遲氏，武威人。世傳令德，家擅清徽。性識柔明，音儀昭著。年甫十七，歸於壯公。以」魏前二年八月廿五日，薨于華州鄭縣界，時年卅六。詔贈普安國夫人。以建德」元年歲次壬辰十一月廿二日，合葬於雍州石安縣界。公孫羅刹，公第三息達之」子，年十二，不幸夭没。即与公同窆。竊以天迴地遊，寒暑於斯遷變；山飛谷徙，金石」所以不彫。乃爲銘曰」：

巖巖基構，舃弈宗枝。龍軒豹飾，翠珉金羈。幽并好俠，燕趙多奇。高門誕慶，英風載」馳。時惟草昧，契闊兵戎。捐家事國，殉義忘躬。運籌帳裏，擐甲軍中。投醪感惠，賈勇」稱雄。大□標名，高旗載舉。功刊彝器，績宣玉府。威讋三邊，聲飛六輔。奄隨風燭，長」辭室宇。蕭悲五里，車尋九京。賓朋灑泣，服馬悲鳴。幽幽壟路，鬱鬱佳城。丘陵若徙」，冀識遺聲」。

按

誌主匹婁歡，未見史籍記載。誌文所云“賜姓匹婁氏”事在西魏末年，當在宇文泰推行胡化政策背景下，恢復其鮮卑複姓。匹婁歡仕北魏，授統軍襄威將軍，封上谷縣開國男。北魏分裂，隨孝武帝西遷，進爵爲侯，加安東將軍，並參與沙苑之役。北周建立，匹婁歡由魏仕周，改封普安縣開國公。死後贈少傅、恒夏靈銀長五州諸軍事、恒州刺史，謚曰“壯”。這些均可補史載之闕。

匹婁歡所葬之雍州石安縣，爲北魏時雍州咸陽郡所領五縣之一，其地即今咸陽市底張灣，爲北朝墓葬集中區域。

059.574　僧妙法師碑

説 明

北周建德三年（574）刻。碑螭首圭額。通高205厘米，寬75厘米。碑文隸楷24行，滿行46字。有界格。首尾兩行有殘損，餘清晰可辨。1905年耀縣文家堡之崇慶寺遺迹出土，後移置耀縣高等小學堂，1936年遷耀縣碑林，1971年遷藥王山。現存銅川藥王山博物館。《陝西金石志》《陝西碑石精華》《藥王山碑刻》等著録。

釋 文

法師姓張，字僧妙，雍州咸陽人也。徙居宜州□□□□□□□□精之兵略。佐赤帝於初漢，功濟生民。事周世用爵冠□」侯，倍（位）居上相。見寵辱而轉驚，臨高深而增懼。望鵠駕而高蹈，念無爲以保身。其後也，胤上德之餘休，若洪源而流潤。本□」因兹蔭映，花萼自此芬芳。五世祖雅，秦苻氏司徒公。道應懸像，德調陰陽。上均三階，下宣五教。曾祖亮，郡功曹。高足未申」，小年已盡。祖漢，魏寧遠將軍、白水郡守。有廉平之譽，振清簡之風。父他，魏冠軍將軍、淅州刺史。宣柔嘉以撫民，推城（誠）信以」接物。化從風靡，澤隨雨散。大周膺曆，握符納籙。敘魏朝舊德，追贈驃騎大將軍、開府儀同三司。母龐，初授陽城縣君，後轉」宜君本郡君。日給食錢百文。法師往脩勝業，今招上果。受氣精靈，稟姓（性）明慧。始於編髪，爰及奇聞。志度端雅，舉止閑詳。童」伍之中，皎然秀異。閭巷長者，期之遠大。行路君子，留目觀屬。年在志學，聞見稍遠。雖復道受膠庠之舘，時遊伽藍之寺。值」遇勝相之友，得聞大覺之名。依稀至寂，髣髴玄宗。遂乃却尋儒教，知非出世之因，亦鄙一指之喻，又淺二篇之經。深信三」寶，洞曉四帝（諦）。既識是非，又辯真僞。觀身世如夢幻，視榮利若胞零。棄捐飾好，割去親愛。歸身法門，寄情累表。喻迫迮之獄□」住寬廓之地。或孤坐而獨誓，或對偶而願言。夫沙門者，履戒足而高步，浴定水以洗心。膺智慧之劒，截煩總之鎖。安處無」爲，遊止空寂。弘願廣行，堅固不傾。在僧徒也和如水乳，遊俗里焉塵染不染。善不獨己，行兼内外。出入皇宫，往来公第。規」贊益物之方，謀謨濟時之術。言簡帝王之心，説合宰輔之意。特爲大祖文皇之所賞愛。明帝嗣位，禮御弥重。今上」及大冢宰雅相顧念，皇弟曁諸公靡不招接。在朝君子，爰及貴遊，咸共敬仰。才任綱維，德堪綏導。詔除宜州三藏，并」敕給兵匠。及調度於宜州，治□之勝地，求諸爽愷，造寺一區，旨名“崇慶”，擬法師住焉。僧業及身資，並是公給。施賚優厚」，無闕歲時。既不可記其多少，亦無能辯其色類。所以彰厥有德，旌異善人。弟環，孔懷連氣，亦有兄之風骨。孝乎事親，順以」敬長。性好文雅，便習干戈。年在弱冠，發休問於閭里之中，逸芳聲於鄉黨之内。一任郡正，再舉賢良，三辟郡功曹，又召州」主簿，釋褐本州倉曹。在任未朞，除本縣宜君令。稍遷中堅將軍。歷宦州郡，立毗贊之功；君於百里，著愷悌之德。始自立身，」终乎能士。非不稟之天性，亦由兄之奬訓。法師善於謀身，巧於利物。當享之以福，祚之以年。昊天不弔，殃禍暴集。春秋卌」有八，以天和五年三月十五日，薨于宜州崇慶寺。奄共梁木俱摧，遂与丘壤同化。悲結道俗，哀感行路。豈直輟歌罷相而」已哉。同學等相与議曰：纖微小善，尚或鐫勒，況法師立言不朽，積德無窮，豈使歲月空流，聲塵無紀。乃作銘曰」：

峨峨貴門，蔚蔚華族。累葉重光，易世厚禄。焕爛冠冕，鏗鏘金玉。深如江海，高比山岳。物重珍琦，人貴道尊。爰有明哲，宿殖」善根。繫珠曩劫，衣衰（衮？）仍存。由是實資，恒居法門。神儀外嘆，慧思内□。言談未萌，其由指掌。帝王所敬，公侯所仰。福報隆赫」，夫人尚相。嗚呼命也，脩促無期。苗秀興歎，前哲有之。伊吾同友，没有餘思。勒美於斯，德音方貽」。

□□建德□□歲次甲□□□□□□六□□□」

按

張僧妙法師碑，清宣統年間于耀縣文家堡之崇慶寺中出土，前人尚無著録。民國武樹善修《陝西金石志》時始釋文著録，但其釋文或誤、或脱、或衍，錯誤不少。此次整理根據原碑拓片釋文，糾正了原釋文之錯誤。又該碑末行署刻石之年月日，惜泐蝕嚴重，僅見“建德、歲次甲”幾字。因僧妙法師卒于北周天和五年，後推之紀年歲次甲某者，當屬建德三年甲午，故暫序此碑于建德三年。該碑書法屬隸楷，端莊厚重，大方疏整，開隋唐楷體之先河，歷來爲書界所珍視。

060.578　宇文瓘墓誌

大周儀同建安子之銘

大周使持節儀同大將軍安州摠管府長史治隋州刺史建安子宇文瓘墓誌

説明

北周宣政元年（578）四月刻。蓋盝形，誌正方形。蓋、誌尺寸相同，邊長均57厘米。蓋文3行，滿行3字，篆書“大周儀」同建安」子之銘」”。誌文楷書30行，滿行31字。有界格。1987年西安市長安縣郭杜鎮岔道口村北漁池出土。現存西安市長安博物館。《陝西碑石精華》《長安新出墓誌》《長安碑刻》《新出魏晉南北朝墓誌疏證》《新中國出土墓誌（陝西叁）》著録。

釋文

大周使持節儀同大將軍安州總管府長史治隋州刺史建安子宇文瓘墓誌」

公諱瓘，字世恭，京兆萬年人也。本姓韋氏，後魏末改焉。若乃電影含星，軒轅所以」誕聖；蜺光繞月，顓頊於是降靈。霸迹隆基，則詩歌朱黻；儒宗繼相，則德貴黄金。九」世卿族，必復其始；七葉珥貂，抑鍾餘慶。亡祖旭，司空、文惠公。德茂天爵，位崇公」器。亡考處士府君，高蹈絶俗，幽貞無悶，巢許不遠，禽尚何人。公即處士之第三」子也。季父孝固，吏部郎中，贈雍州刺史，安平恭子。同奉孝之早殁，類伯道之無兒」。以公傍繼小宗，義昭猶子。公幼而秀異，風神閑綽。資忠履孝，遊藝依仁。學窮書府」，則百遍留目；詞逸翰林，則千賦在手。比之曽子、張霸，亟其高蹤；譬以顔生、黄憲，慙」其實録。釋褐大將軍中山公府賓曹參軍，俄轉中外府記室曹。雖石苞位重，而孫」楚氣高；託意南山，遂紆東海。襲爵安平縣開國子。俄授帥都督御伯下大夫，又轉」小御正。職是絲綸，明其糾察，非藉俊異，疇能兩之。除大都督，又遷車騎大將軍、儀」同三司。韓增麾号，鄧騭台衮，輝映兩京，莫此爲盛。改封建安縣開國子，仍除安州」總管府長史。此州控隋、郢之沃壤，揚沔、漢之清波。民半左夏，地鄰疆埸。僚端所寄」，才望是資。公断決如流，提翊有序。鎮南聲績，盖有助云。俄治隋州刺史。方秉德勵」精，該十部之使；褰帷承寵，佇三公之服。而天流十日，悲谷之影無迴；地紀百川，焦」壑之波長瀉。建德六年歲次丁酉十月十七日，遘疾薨于隋州，春秋卌三。宣政元」年歲次戊戌四月戊戌朔廿四日辛酉，反葬於萬年縣洪固鄉壽貴里。公言行兼」脩，榮辱罕累。好善無倦，奉九言而弗失；談何容易，酬三語而見知。嘉以儀表藴藉」，志情夷簡，素氣与風雲共遠，雅趣与丘壑俱深。雖復才爲世出，學殊爲己，見維纓」紱，非其好焉。前妻萬春縣君范陽盧氏，開府容城伯柔之女。靖恭閑令，翫閲詩史」。當春早落，厚夜方同。將恐地毁成湖，桑沉作海，式憑鐫勒，永播芳猷。乃爲銘曰」：

源導峿崍，基崇崐閬。商資兩伯，漢尊二相。胤緒斯分，風流可尚。守衛作台，登其有」讓。顯允君子，含章挺生。麗川含璗，藍岫開瓊。率由孝敬，藉甚聲名。徐榻屢下，蔡屣」頻迎。賤璧悋陰，師逸功倍。談窮理窟，情摛筆海。訪獸辯牙，夢禽驚采。持滿慎逸，知」足誡殆。爰初覲國，名超擇宫。記曹舊藻，糾正聞風。招攜江表，刺舉漢東。博宣風化」，載緝民戎。天道芒昧，人途飄忽。一息長謝，百齡何卒。徒馭如歸，生靈已没。繐帳虚」綱，書帷空月。焚荊命兆，樹檟開阡。哀鐸緩節，悲驂不前。風鳴隧草，雲没山田。紀兹」令德，寄此貞堅」。

長子萬頃，世子勇力，次子惠尚」。

長女適滎陽毛氏，宜君侯。次女適安定梁氏，次女適隴西辛氏」。

按

誌主宇文瓘，本姓韋氏，係京兆韋氏家族成員。其爲韋敻之子，韋孝寬之侄，韋洸之弟，《周書》《北史》均有簡略記載。據近年出土之《韋孝寬墓誌》記載，韋孝寬仕周有功，賜姓宇文氏，則韋氏改宇文氏當在此時。

關於宇文瓘生平事蹟、歷官情況，可參宋英、趙小寧《北周〈宇文瓘墓誌〉考釋》。

大周同州薩保安君之墓誌記

061.579　安伽墓誌

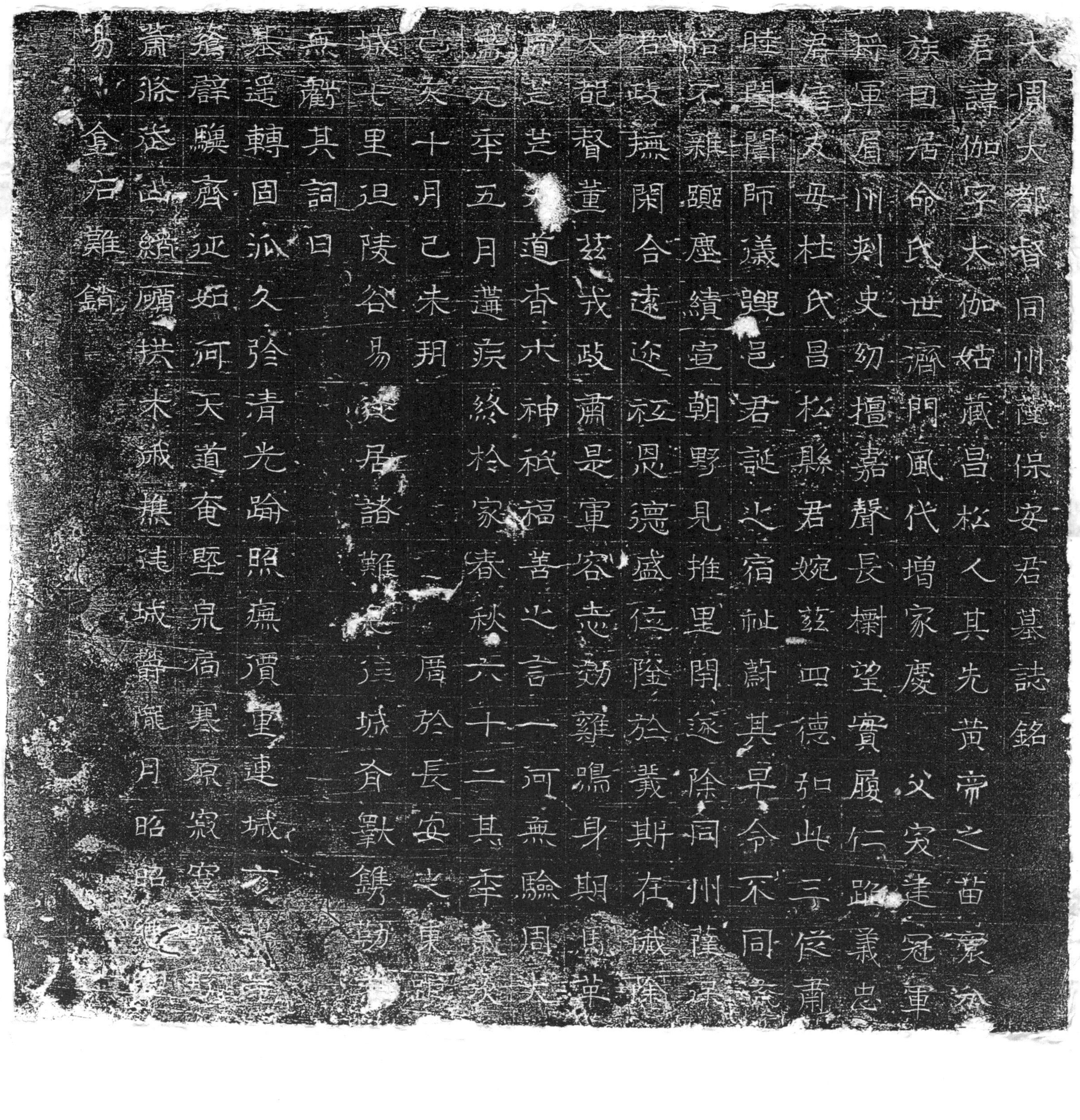
大周大都督同州薩保安君墓誌銘
君諱伽字大伽姑臧昌松人其先黃帝之苗裔分
族因居命氏世濟門風代增家慶父突建冠軍
將軍眉州刺史幼擅嘉聲長標望實履仁蹈義忠
君信友母杜氏昌松縣君婉茲四德弘此三從肅
睦閨闈師儀鄉邑君誕之宿祉蔚其早令不同流
俗不雜飄塵績宣朝野見推里閈遂除同州薩保
君政撫閑合遠迩祗恩德盛位隆於義斯在遂除
大都督董茲戎政肅是軍容志効雞鳴身期馬革
道杳大神祇福善之言一何無驗周大
象元年五月遘疾終於家春秋六十二其年歲次
己亥十月己未朔　厝於長安之東距城
七里但陵谷易徙居諸難遷佳城有數鐫勒
無虧其詞曰
基遙轉固派久弥清光踰照爍價重連城方
鶩辭驥齊延如河天道奄墜泉扃寒原寂寞
金石難銷

説明

北周大象元年（579）十月刻。蓋盝形，誌正方形。誌、蓋尺寸相同，邊長均47厘米。蓋文3行，滿行4字，篆書“大周同州」薩保安君」之墓誌記」”。誌文隸楷18行，滿行19字。2000年西安市未央區大明宫鄉炕底寨村出土。現存陝西省考古研究院。《西安北周安伽墓》《新出魏晉南北朝墓誌疏證》著録。

釋文

大周大都督同州薩保安君墓誌銘」

君諱伽，字大伽，姑藏昌松人。其先黄帝之苗裔，分」族因居命氏。世濟門風，代增家慶。父突建，冠軍」將軍，眉州刺史。幼擅嘉聲，長標望實。履仁蹈義，忠」君信友。母杜氏，昌松縣君。婉兹四德，弘此三從。肅」睦閨闈，師儀鄉邑。君誕之宿祉，蔚其早令。不同流」俗，不雜囂塵。績宣朝野，見推里閈。遂除同州薩保」。君政撫閑合，遠迩祗恩。德盛位隆，於義斯在。俄除」大都督。董兹戎政，肅是軍容。志效雞鳴，身期馬革」。而芒芒天道，杳杳神祇。福善之言，一何無驗。周大」象元年五月，遘疾終於家，春秋六十二。其年歲次」己亥十月己未朔，厝於長安之東，距」城七里。但陵谷易徙，居諸難息。佳城有斁，鐫勒□」無虧。其詞曰」：

基遥轉固，派久弥清。光逾照廡，價重連城。方鴻等」鶱，譬驥齊征。如何天道，奄墜泉扃。寒原寂寞，曠野」蕭條。岱山終礪，拱木俄樵。佳城鬱，隴月昭昭。縑緗」易□，金石難銷」。

按

誌主安伽，未見史籍記載。據墓誌，爲昭武九姓中的安國人。誌文中的“薩保”，亦作“薩甫、薩寶”，爲北朝、隋、唐官職，《隋書·百官志》：“雍州薩保，爲視從七品……諸州胡二百户已上薩保，爲視正九品。”其司職旅居胡商管理及祆教祭祀之事。安伽墓是第一次發現的薩保墓，與祆教關係密切，對于研究祆教及昭武九姓具有重要的價值。參見陝西省考古研究所《西安北郊北周安伽墓發掘簡報》。

062.580 傅老德合家造像記

正面

左側

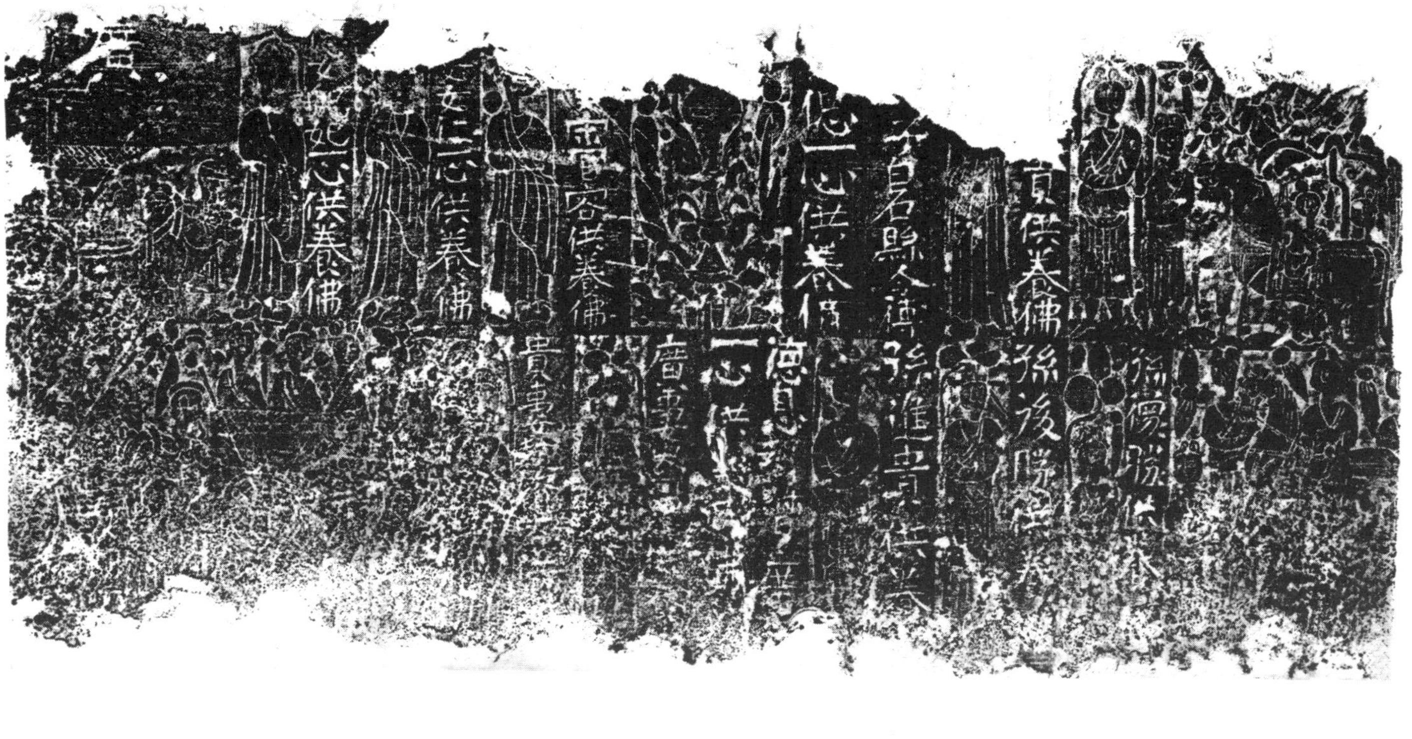

右側

説 明

北周大象二年（580）十月刻。碑灰石質。通高65厘米，四面各長73厘米，寬34厘米。造像上部爲圓形蓮花座，下部爲方形。底座兩面綫刻佛像與侍者以及供養人姓名，一面鎸刻發願文。楷書15行，滿行10字。原置户縣甘河鎮甘河村橋頭。現存西安市鄠邑區文物管理委員會。《户縣碑刻》《陝西碑石精華》著録。

釋 文

我宗本□□，理不可易。是」□窮妙於□□之□，万行」起於深信之宅。傅老德合」家大小，玄心大法，造觀世」音菩薩一區。及有累劫之」津，願發菩提心。四信不壞」，忍心成就。常識宿命，具被」八万四千法藏；勤行六度」，於身命財捨而不悋。於有」爲法，了了見過。断除三毒」，常在生死。教化衆生，莫生」惓退。願法界衆生，所求如」意，常行婆若婆羅蜜。同修」是業，一時成佛。

大象二年」十月八日造訖」（以上正面）

德息華達供養佛」、□□□阿華供養佛」

佛弟子孟通」、佛弟子王智」（以上左側）

孫像勝供養佛」

□□□貢供養佛、孫後勝供養佛」

□□子白石縣令傅孫進貴供養佛」

□德一心供養佛」

德息□□廣」一心供養佛」

廣妻史□□供養佛」

□□宋富容供養佛」

貴妻（下闕）

□□女仁一心供養佛」

德女□妃一心供養佛」（以上右側）

按

關中地區的造像經歷了北魏、西魏、北周長時期的發展和演變，至北周後期基本定型。關中各市、縣均有數量不等的北朝造像傳世，總數多達數十通。此北周大象二年造像大部分文字清晰可辨，文獻價值頗高。願文及綫刻像風格，大致反映了北周時期鄠邑區的宗教信仰狀況。

063.582　梁暄墓誌

説 明

隋開皇二年（582）正月刻。誌正方形。邊長42厘米。誌文楷書18行，滿行18字。2004年西安市長安區灃河南岸出土。先爲鍾明善先生收藏。現存西安交通大學博物館。《隋代墓誌銘彙考》著録。

釋 文

大隋使持節儀同大將軍邵州刺史梁君墓誌」

公諱暄，字季明，洛陽人也，僕射暢之世孫。父敬」，魏朝光禄卿、南秦州刺史、京兆尹。公幼而岐嶷」，令範早聞。弱冠知名，皇朝所重。志性□静，不貪」世物。文武俱備，又好經書，善能談論。雖居俗表」，志每歸山。以魏永熙二年舉賢良，任益州司馬」、龍驤將軍、義陽郡守。大統六年任儀同、大丞相」府功曹、安西將軍、銀青光禄。以魏□元年任□」州清水郡守。周二年入朝爲武藏□夫、征南將」軍、右金紫光禄。建德五年，復出爲邵州王屋守」。以大隋開皇元年八月，公既歷事三朝，勤誠宿」著，遂授使持節、儀同大將軍、鮦陽縣開國男。以」開皇二年歲次壬寅正月丙午朔薨於家，春秋」七十有七。即以其月廿八日，窆於長安縣界族」正李端下高官灃水之南。恐海桑不定，深谷潛」移，故勒玄石，乃爲銘曰」：

高陵會徙，深谷終移。乾坤尚朽，人死何」辞」！

按

誌主梁暄，未見史籍記載。誌文所載卒、葬時間在隋開皇二年（582），故周曉薇認爲其爲目前刊布的時間最早的隋代墓誌銘。

周武德
皇后誌
銘

064.582　周武德皇后阿史那氏誌銘

大隋開皇二年歲
次壬寅四月甲戌
朔廿三日丙申周
武帝皇后阿史那
氏殂謚曰武德皇
后其月廿九日壬
寅合葬於孝陵

説明

隋開皇二年（582）四月刻。蓋盝形，誌正方形。誌、蓋尺寸相同，邊長均42厘米。蓋文3行，滿行3字，篆書“周武德」皇后誌」銘」”。誌文隸楷7行，滿行7字。1993年咸陽市底張鎮孝陵出土。現存咸陽市文物保護中心。《咸陽碑刻》《隋代墓誌銘彙考》《新出魏晉南北朝墓誌疏證》著録。

釋文

大隋開皇二年歲」次壬寅四月甲戌」朔廿三日乙未，周」武帝皇后阿史那」氏徂，謚曰武德皇」后。其月廿九日壬」寅，合葬於孝陵」。

按

誌主阿史那氏，爲北周武帝宇文邕之皇后，亦爲中國歷史上唯一一位突厥族皇后，正史有傳。

本誌雖僅簡述其姓氏、卒年、葬地、謚號等基本信息，但據《周書·皇后傳》《北史·皇后傳》記載，阿史那皇后爲“突厥木扞可汗俟斤之女”。宇文邕于天和三年（568）三月親迎阿史那氏爲后。宣帝宇文贇即位後，尊阿史那氏爲皇太后，繼而又改尊爲“天元上皇太后”。靜帝宇文闡尊阿史那氏爲“太皇太后”。但《北史·皇后傳》記阿史那皇后之謚號爲“武成”，通過墓誌的出土，顯係誤載。又史載阿史那氏“隋開皇二年殂，年三十二。隋文詔有司備禮，祔葬后於孝陵”。本誌記載之時間則更爲詳切，史誌可互證。另誌記“廿三日乙未”之“乙”，似先刻爲“甲”，後改爲“乙”，但依干支紀年法，此廿三日，應爲“丙申”，此正。

065.582　茹洪墓誌

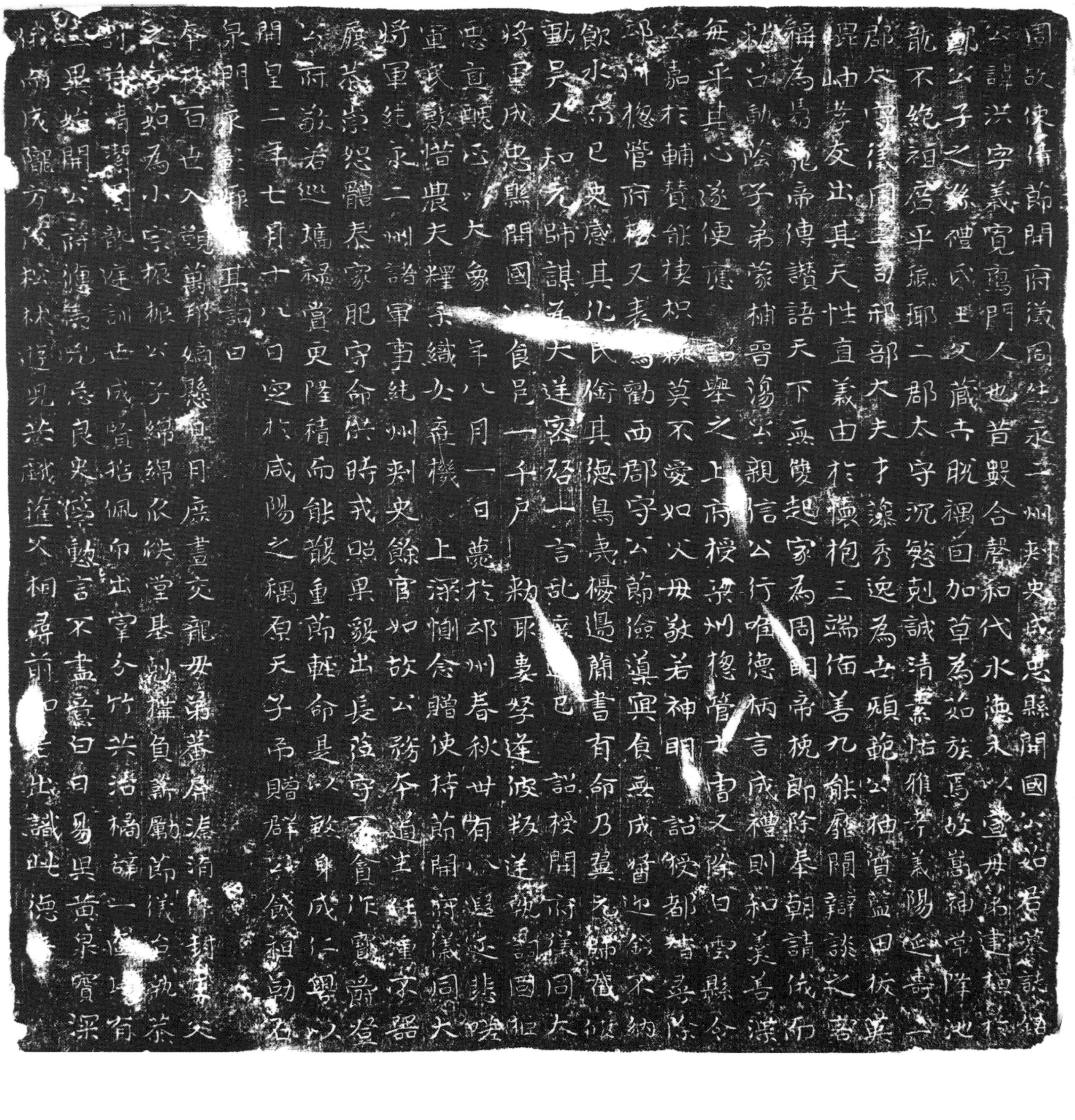

説 明

隋開皇二年（582）七月刻。蓋盝形。誌、蓋尺寸相同，均長43厘米，寬42厘米。蓋文3行，滿行3字，篆書“大隋成」忠公故」茹君誌」”。誌文楷書26行，滿行26字。2001年咸陽市出土。現存西安碑林博物館。《隋代墓誌銘彙考》《西安碑林博物館新藏墓誌彙編》著録。

釋 文

周故使持節開府儀同純永二州刺史成忠縣開國公茹君墓誌銘」

公諱洪，字義寬，鴈門人也。昔數合聲和，代水德木，以宣母弟建桓於」鄭公子之孫，禮氏王父，藏志脱禍，因加草爲茹族焉。故嵩神常降，池」龍不絶。祖，廣平瑯琊二郡太守。沉慜剋誠，清素恬雅。考，義陽延壽二」郡太守、儀同三司、邢（刑）部大夫。才藻秀逸，爲世規範。公抽質藍田，拔英」崐岫。孝友出其天性，直義由於懷抱。三端備善，九能靡闕。辯談之客」，稱爲嫐嫐。帝傳讚語，天下無雙。起家爲周明帝挽郎，除奉朝請。俄而」敕召勳蔭子弟，蒙補晉蕩公親信。公行唯德柄，言成禮則，和羹善渫」，每平其心。遂便應詔，舉之上府。授梁州總管士曹，又除白雲縣令」。公嘉於輔贊，能棲枳棘。莫不愛如父母，敬若神明。詔授都督，尋除」邳州總管府掾，又表爲勸西郡守。公節儉導寡（冥？），食無成醬。迎錢不納」，飲水而已。吏感其化，民銜其德。鳥夷擾邊，簡書有命。乃翼元帥，截彼」勳吳。又知元帥謀爲大逆，密啟一言，亂庶遄已。詔授開府儀同大」將軍、成忠縣開國公，食邑一千户，敕取妻孥。逢彼叛逆，執詞固拒」，惡直醜正。以大象二年八月一日薨於邳州，春秋卅有八。遐迩悲嗟」，軍民歎惜。農夫釋耒，織女棄機。上深惻念，贈使持節、開府儀同大」將軍、純永二州諸軍事、純州刺史，餘官如故。公務本道生，任重不器」。履恭崇恕，體泰家肥。守命供時，戎照果毅。出長莅守，不貪作寶。爵登」公府，敬若巡牆。禄賞更隆，積而能散。重節輕命，是以煞身成仁。粵以」開皇二年七月十八日，窆於咸陽之耦原。天子弔贈，群公餞祖。勒石」泉門，永彰厥德。其詞曰」：

本枝百世，入覲萬邦。嫡懸日月，庶書交龍。母弟蕃屏，溱洧作封。王父」之字，茹爲小宗。振振公子，綿綿瓜瓞。堂基剋構，負薪勵節。儀台執恭」，割符清潔。累襲庭訓，世成賢哲。佩印出宰，分竹共治。橘辞一區，境有」三異。始開公府，傖夷兇忌。良史策勳，言不盡意。白日易冥，黄泉實深」。俄而成隴，方茂松林。遊兒共戲，樵父相尋。前□若出，識此德音」。

按

誌主茹洪，史籍未有記載，誌文或可補史之闕。

066.582　李和墓誌

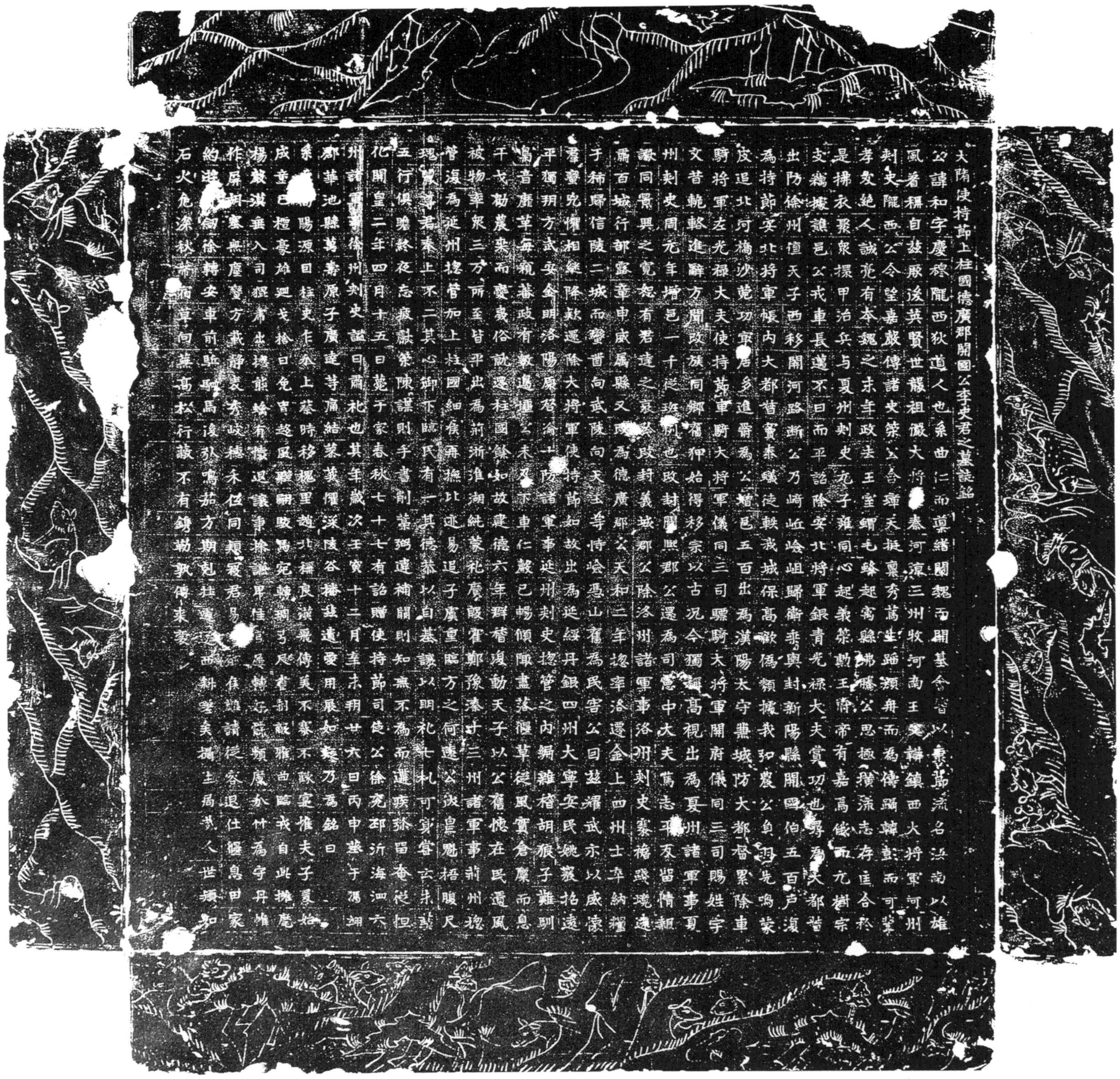
大隋使持節上柱國德廣郡開國公李史君之墓誌銘

説明

隋開皇二年（582）十二月刻。蓋盝形，誌正方形。誌、蓋尺寸相同，邊長均86厘米。蓋文4行，滿行4字，篆書“大隋上柱」國德廣肅」公李史君」之墓誌銘」”。誌文楷書30行，滿行34字。蓋四殺飾蔓草及雲龍紋，誌四側飾山木及動物圖案。1964年咸陽市三原縣雙盛村出土。現存西安碑林博物館。《隋唐五代墓誌滙編》《西安碑林全集》《新中國出土墓誌（陝西貳）》《新出魏晉南北朝墓誌疏證》《隋代墓誌銘彙考》等著録。

釋文

大隋使持節上柱國德廣郡開國公李史君之墓誌銘」

公諱和，字慶穆，隴西狄道人也。系曲仁而導緒，闡魏而開基。會稽以秉節流名，汝南以雄」風著稱。自兹厥後，英賢世襲。祖儼，大將軍、秦河涼三州牧、河南王。父辯，鎮西大將軍、河州」刺史、隴西公。令望嘉聲，傳諸史策。公含璋天挺，稟秀篤生。蹈顔冉而爲儔，躡韓彭而可輩」。孝友絶人，誠亮有本。魏之末年，政去王室，蝟毛蜂起，寓縣沸騰。公思極横流，志存匡合，於」是拂衣聚衆，擐甲治兵，与夏州刺史元子雍同心起義，策勳王府，帝有嘉焉。俄而元樹宗」支竊據譙邑，公戎車長邁，不日而平。詔除安北將軍、銀青光禄大夫，賞功也。尋爲大都督」，出防徐州。值天子西移，關河路斷，公乃崎嶇嶮岨，歸衛乘輿。封新陽縣開國伯、五百户。復」爲持節、安北將軍帳内大都督。竇泰蟻徒，軼我城保；高歡僞類，據我弘農。公負羽先鳴，蒙」皮追北，河橋沙苑，功最居多。進爵爲公，增邑五百，出爲漢陽太守，兼城防大都督。累除車」騎將軍、左光禄大夫、使持節、車騎大將軍、儀同三司、驃騎大將軍、開府儀同三司，賜姓宇」文。昔軛輅進辭，方聞改族；同鄉舊狎，始得移宗。以古況今，獨稱高視。出爲夏州諸軍事、夏」州刺史。周元年，增邑一千，從班例也。改封闡熙郡公，還爲司憲中大夫。篤志平反，留情報」讞。同景興之寬恕，有君達之哀矜。改封義城郡公，除洛州諸軍事、洛州刺史。褰襜踐境，遠」肅百城；行部露章，申威属縣。又改爲德廣郡公。天和二年，總率洛還金上四州士卒，納糧」于秭歸、信陵二城，而蠻酋向武陵、向天玉等恃險憑山，舊爲民害。公因兹耀武，示以威懷」。群蠻兇懼，相繼降款。還除大將軍，使持節如故。出爲延綏丹銀四州、大寧安民姚襄招遠」平獨朔方武安金明洛陽原敵淪十防諸軍事、延州刺史。總管之内，編雜稽胡，狼子難馴」，梟音靡革，每窺蕃政，有斁邊疆。公未及下車，仁聲已暢，傾陬盡落，偃草從風。實倉廩而息」干戈，勸農桑而變夷俗。就遷柱國，餘如故。建德六年，群稽復動，天子以公舊憓在民，遺風」被物，率衆三万，所至皆平。出爲荊淅淮湖純蒙礼廣殷霍鄭豫溱十三州諸軍事、荊州總」管。復爲延州總管，加上柱國。細侯再撫，比迹易追；子虞重臨，方之何遠。公狀貌魁梧，腹尺」瑰麗。尊君奉上，不二其心；御下臨民，有一其德。恭以自基，讓以明禮。七札可穿，嘗云未藝」；五行俱瞻，終夜忘疲。獻策陳謀，則手書削藁；弼違補闕，則知無不爲。而遘疾弥留，奄從怛」化。開皇二年四月十五日薨于家，春秋七十七。有詔贈使持節、司徒公、徐兖邳沂海泗六」州諸軍事、徐州刺史，謚曰肅，禮也。其年歲次壬寅十二月辛未朔廿六日丙申，葬于馮翊」郡華池縣萬壽原。子廣達等痛結蓼莪，懼深陵谷，播兹遺愛，用展如疑。乃爲銘曰」：

系出高陽，源因柱史。乍分上蔡，時移槐里。趙北稱良，漢飛傳美。不褰不墜，寔惟夫子。爰始」成童，已擅豪雄。迴戈捨日，免胄趍風。聯翩駮馬，宛轉琱弓。尺書制敵，雅曲臨戎。自此擁麾」，揚聲漠垂。入司貔虎，出總熊螭。有懷退讓，秉操謙卑。佳官屢轉，好爵頻縻。分竹爲守，丹帷」作屏。胡塞無塵，蠻方載靜。麥秀岐穗，禾低同穎。寇君易□，鄧侯難請。從容退仕，偃息田家」。約游寶劍，徐轉安車。前驅駟馬，後引鳴笳。方期剋壯，遽逐西斜。嗟矣攝生，扃哉人世。頮如」石火，危深秋蔕。宿草向蕪，高松行蔽。不有鐫勒，孰傳來裔」。

按

誌主李和，《周書》《北史》之《李和傳》均有記載。誌文與正史記載基本吻合，但《周書》本傳言其本名“慶和”，曾賜爵“思陽公”，進爵“義城郡公”，拜“延綏丹三州武安伏夷安民三防諸軍事”等，與誌記載有出入，墓誌關于李和封官進爵記載更詳，誌、史可互證。

大隋太師涼國景公夫人劉氏之墓誌銘

067.583 賀蘭祥夫人劉氏墓誌

大隋太師上柱國涼國景公夫人劉氏墓誌銘
夫人姓劉氏恒農郡華陰縣人考虔儀同三司朔州刺史莫
秀玄黃承基將相峻格無前清飆獨上夫人質挺琳球致
蘭蕭性與琴瑟偕和言共丹青並契昔者賀拔行臺攙督戎
周文皇帝管轄車麾夫人乃元帥之甥景公即左丞之出故
以婚姻結其情好鸞華之義既深逆以之才見重標梅興賦
盛當時妙得縫裳雅工織帶大祖身章凡諸要襟非夫人所
未嘗御體孝以奉上仁以接物儉足康禮勤則不遺既而夫
及室子貴以親貴魚同次綬帶齋喜祖賦之資每歡姻戚承
之惠必洽與臺大統六年榮為陽平郡君周元年拜博陵國
人對象大明正位小寢鏘環助祭耀明觀藝明皇御宇春秋
富式仰知觀尊為保母保定二年詔從涼國夫人天不慭遺
公無祿嗣君即位拜大夫人堂上五男何止萬石室中四婦
匪王姬雖漢文氏之子孫蕭然邢門之箕帚林會接其榮寵
焉大隋開皇二年冬十二月十二日薨于長安第年六十
六知與不知聞之索涕三年歲次癸卯春正月庚午朔十五
甲申葬于咸陽洪瀆原不夜之城或去琅耶之島時飛衛樗
以翟文爲棺於是遺寄銘曰
赤龍授唐白虵亦漢靈河瑞葉金柚玉散萬生有美贊惟英
婉若春陽皎疑秋瀾含章可正沉晉以克陸愧女宗斑輕婦
闈介中饋裁我內則衣巧齊都繇工鄭國龍簪登廟魚軒光
主養仁姑帝尊慈孫三呪多勞五福終老已達具命物傷其
歸魂既上營魄斯沉空掩拱扉誰借分陰古松春少
世跡情隋料收方假

説明

隋開皇三年（583）二月刻。蓋盝形，誌正方形。誌、蓋尺寸相同，邊長均56厘米。蓋文4行，滿行4字，篆書"大隋太師」涼國景公」夫人劉氏」之墓誌銘」"。誌文楷書24行，滿行24字。1965年咸陽市周陵鄉賀家村出土。現存咸陽市博物館。《隋唐五代墓誌滙編》《咸陽碑石》《新中國出土墓誌（陝西壹）》《新出魏晉南北朝墓誌疏證》《隋代墓誌銘彙考》等著録。

釋文

大隋太師上柱國涼國景公夫人劉氏墓誌銘」

夫人姓劉氏，恒農郡華陰縣人。考慶，儀同三司、朔州刺史。莫不」稟秀玄黄，承基將相。峻格無前，清飆獨上。夫人質挺琳球，聲飛」蘭菊。性與琴瑟偕和，言共丹青並契。昔者賀拔行臺總督戎旅」，周文皇帝管轄軍麾，夫人乃元帥之甥，景公即左丞之出，故申」以婚姻，結其情好。麗華之羨既深，逸少之才見重。摽梅興賦，禮」盛當時。妙得縫裳，雅工織帶。大祖身彰，凡諸要襋，非夫人所製」，未嘗御體。孝以奉上，仁以接物。儉足衷禮，勤則不匱。既而夫榮」及室，子貴以親。貫魚同次，綬帶齊喜。租賦之資，每散姻戚。衣食」之惠，必洽輿臺。大統六年，策爲陽平郡君。周元年，拜博陵國夫」人。對象大明，正位小寢。鏘環助祭，耀珥觀蠶。明皇御宇，春秋鼎」富，式仰弘規，尊爲保母。保定二年，詔徙涼國夫人。天不慭遺，景」公無禄。嗣君即位，拜太夫人。堂上五男，何止萬石；室中四婦，莫」匪王姬。雖復文氏之子孫肅然，邢門之箕帚林會，校其榮寵，蓋」瑣瑣焉。大隋開皇二年冬十二月十二日，薨于長安第，年六十」六。知與不知，聞之索涕。三年歲次癸卯春二月庚午朔十五日」甲申，葬于咸陽洪渡原。不夜之城或去，琅耶之島時飛。衛槨所」以留文，齊棺於是遺字。銘曰」：

赤龍授唐，白蛇分漢。靈柯瑞葉，金抽玉散。篤生有美，實惟英姿」。婉若春陽，皎疑秋瀾。含章可止，沉潛以克。陸愧女宗，班慙婦德」。潔爾中饋，虔我内則。衣巧齊都，緜工鄭國。龍簪登廟，魚軒光道」。主養仁姑，帝尊慈保。三呪多男，五福終老。已達其命，物傷其早」。歸魂既上，營魄斯沉。空捐拱璧，誰借分陰。古松春少，危石雲深」。世疏情惰，耕牧方侵」。

按

誌主劉氏爲涼國景公賀蘭祥之夫人，《賀蘭祥墓誌》見048.562條。《賀蘭祥墓誌》載賀蘭祥夫人爲"叱何羅氏"，本誌中則有"昔者賀拔行臺總督戎旅，周文皇帝管轄軍麾。夫人乃元帥之甥，景公即左丞之出，故申以婚姻，結其情好"之句。叱何羅氏與劉氏是否一人，待考。劉氏葬地"洪渡原"，即"洪瀆原"，北朝隋唐時期出土墓誌多通用，且有洪瀆川、洪瀆原、洪瀆鄉等名稱。

068.583　王士良墓誌

説明

隋開皇三年（583）十一月刻。蓋盝形。誌、蓋尺寸相同，均長65厘米，寬68厘米。蓋文4行，滿行3字，篆書“大隋上」大將軍」廣昌肅」公墓誌”。誌文楷書40行，滿行37字。有界格。1988年咸陽市底張灣機場基建工地出土。現存陝西省考古研究院。《新出魏晉南北朝墓誌疏證》《隋代墓誌銘彙考》等著録。

釋文

大隋使持節上大將軍本州并州曹滄許鄭五州刺史行臺三總管廣昌肅公王使君墓誌」

夫應物産靈，皆由勝地；降神誕德，必在名區。彼汾舊基，實因唐故。哲人雖萎，雄圖在目。安于練銅」之柱，尚表晉陽；無恤求寳之山，猶臨代郡。是知天下之士，多在太原；諸侯之風，唯高康叔。公諱士」良，字君明，并州晉陽人也。受姓姬年，開元周曆。瑞鳥流火，仙鶴乘雲。秦將去殺之慈，漢宰垂仁之」憓，遺慶遂繁，後苗茲廣。子師梟卓，勳高海内；孺仲慕黨，名振京師。遠祖昶，魏司空。七世祖忳，鴈門」太守。英聲茂績，可略而言。洎於近葉，並爲邊將。骨鯁不虧，銀艾相襲。考名，蘭陵太守、兖州刺史。公」稟茂氣於先風，體淳和於近胄。嶷然稚齒，卓爾成童。弱不好弄，長無塵雜。先意承顔，等張寬之慕」曾子；執箕擁篲，匹賈復之事李生。請益不休，好學無倦。下書擊劍，罷講開弓。故能文武迭通，儒吏」兼善。釋褐柱國大將軍、潁川爾朱公參軍事。子荊之佐石包，安期之陪馬越，有益戎麾，見旌幕府」。尋除諫議大夫、石門縣男，邑二百户。官同劉向之職，封等吴隱之泉。尺木初登，千里方驟。尋封琅」耶侯，餘如故。永熙之際，火德分崩，魏武西遷，齊君東徙，鄴城新建，方欲重威。世子澄爲京畿都督」，專開一府，以統戎政。乃以公爲司馬，領外兵事。昔楚莊侵宋，寄深子反；晉景伐齊，謀在韓厥。公聯」此職，任等昔人。封通前户一千五百。初高氏好戰，窮於用武，黄鉞一麾，玄甲万衆，朝發夕具，不遑」支度。公據案屈指，執鞭心計，馬餘莝秣，士厭傳飧，挾纊俱暖，投醪並醉。公之贍才，皆此例也。自此」見知，遂參幃幄。尋遷大行臺左丞、鎮西將軍，進爵爲公，加邑千户。及魏曆歸齊，頻典樞要，清途近」職，罔有不階。累遷給事黄門侍郎，領内書舍人，轉封新豐，加户三百。續除尚書左丞、御史内丞、七」兵尚書。入爲侍内、吏部尚書、使持節、都督滄州諸軍事、滄州刺史。俄徵還闕，詔授開府儀同三司」，又除太子詹事、少師、侍内。又除太常卿，餘如故。公夕拜青瑣，與楊董連曹；朝奉丹墀，共嚴朱待詔」。管轄雲臺，連鑣叔虎；銓衡建禮，方駕巨源。至如調護震坊，尋序宗伯，明春卿之故實，體稷嗣之舊」儀。久之，授豫州刺史、南道大行臺。齊運將傾，猜貳競起。任公拒防，不委嚴兵。彊國承釁，思啟封略」。秦師十万，席卷由威。遂乃去夏歸殷，背楚從漢。及届京師，詔授使持節、大將軍、大都督、廣昌郡開」國公、少司徒。公參貳孝治，有弘軌物。前後累授荊州、敷州、金州三總管。俗歌在宥，吏仰推誠。風土」雖殊，懷德弗爽。戎難有革，從善無違。周大象之初，又爲并州刺史。爰發如絲，備褒衣錦。公單車入」境，私服臨壇。掃拜舊墳，極爲後之慟；殷勤故老，盡生平之歡。不言而治，獄訟屏息。吉徵就道，將儼」傳車。泣送攀轅，半旬乃發。公積疾弥留，湯砭無損。乃以大隋開皇三年六月廿六日薨于私第，春」秋七十七。遺令薄葬從儉。皇情追悼，賵賻累加。喪禮所須，並蒙資護。公歷事東朝，起於階闥，結」髪内侍卅餘年。天憲王言，出之予口；煞生與奪，非假傍人。未嘗以信宿見踈，私豪累己。及遭母憂」，年將五十，非苦腹腸，毁瘠過度。骨立扶起，見者傷心。告老懸車，禮賜優洽，啟手啟足，全身而終。史」協龜從，人謀允吉。粤其年歲次癸卯十一月丙申朔十四日己酉，還葬涇陽縣洪瀆川。詔贈使持」節、曹滄許鄭四州刺史，餘官封如舊，謚肅公，禮也。世孫師利，息德褒等，煢然在疚，思播鴻烈。平原」明讓，公之賢夫。擅洗馬之清文，有河陽之麗藻。足褒樂令，堪紀戴侯。有慮貿遷，乃爲銘曰」：

汾陽境寂，新田地美。山有神人，俗多君子。孺仲五徵，子師千里。芳猷不絶，英靈未已。建威靜塞，車」騎治民。合鄉饒雨，交河少塵。功宣異域，憓洽殊鄰。顯允肅公，嗣徽前烈。行爲規矩，言成表綴。承親」盡孝，奉君全節。慎若履冰，介猶懷雪。運符鵲起，數偶龍飛。頻煩軍幕，蜜勿戎機。交拜青瑣，獻納丹」墀。握蘭待漏，含香侍帷。涇渭各流，擁豪斂色。朝之水鏡，邦之司直。榮傳春宫，通鳌夏職。蕃旆兩麾」，甘棠再植。西王得一，東鄰失旦。民如鹿走，政同魚爛。微子去殷，陳平歸漢。上將登壇，司徒還館。六」條亟秉，五教仍章。乘軒軾里，衣錦臨鄉。迎童控竹，候耋攜漿。庶膺難老，永錫無疆。告滿懸車，是遵」時制。逍遥申杖，哲人斯逝。峻嶽虧琨，芳林霣桂。隱隱懷牆，哀哀灑袂。氣移禮變，筮吉龜從。飛裓拂」蜃，垂轜摇龍。途迴舊陌，纛引新蹤。曉雲昏隧，夜月明松。瞻言百行，空餘一封。仰銘國士，俯愴嘉姻」。含豪承睫，操翰濡巾。千秋交辟，万古傳薪。式鐫金礎，長於玉人」。

按

誌主王士良，《周書》卷三六、《北史》卷六七均有傳，但史、誌所載相異甚多。誌追溯有“遠祖昶，魏司空。七世祖忳，鴈門太守”，《周書》無載；誌稱“考名”，《周書》載“父延”；誌稱“遷大行臺左丞”，《周書》載“授士良大行臺右丞”；誌稱“南道大行臺”，《周書》載“豫州道行臺”；誌稱“少司徒”，《周書》載“小司徒”；誌稱“敷州”，《周書》載“鄜州”；誌稱“周大象之初，又爲并州刺史”，《周書》載“建德六年授并州刺史”；誌稱“以大隋開皇三年六月廿六日薨于私第，春秋七十七”，《周書》載“隋開皇元年卒，時年八十二”。等等，皆有不同，當以墓誌所載爲確。

另，誌中有“領内書舍人”句，内書舍人，即中書舍人。唐人杜佑所撰《通典·職官三》載，中書舍人自魏始置，至隋爲“内史舍人八員，專掌詔誥。煬帝減四員，後改爲内書舍人”。可見“内書舍人”之稱始自隋煬帝。而此誌刻于隋文帝開皇三年（583），早于煬帝時代二十餘年，則内書舍人之稱究起于何時，俟考。

與該誌同地出土者，尚有其妻《董榮暉墓誌》（見員安志《中國北周珍貴文物》，陝西人民美術出版社1993年），王士良子《王德衡墓誌》（《咸陽碑刻》），均藏陝西省考古研究院。

069.583　陰雲墓誌

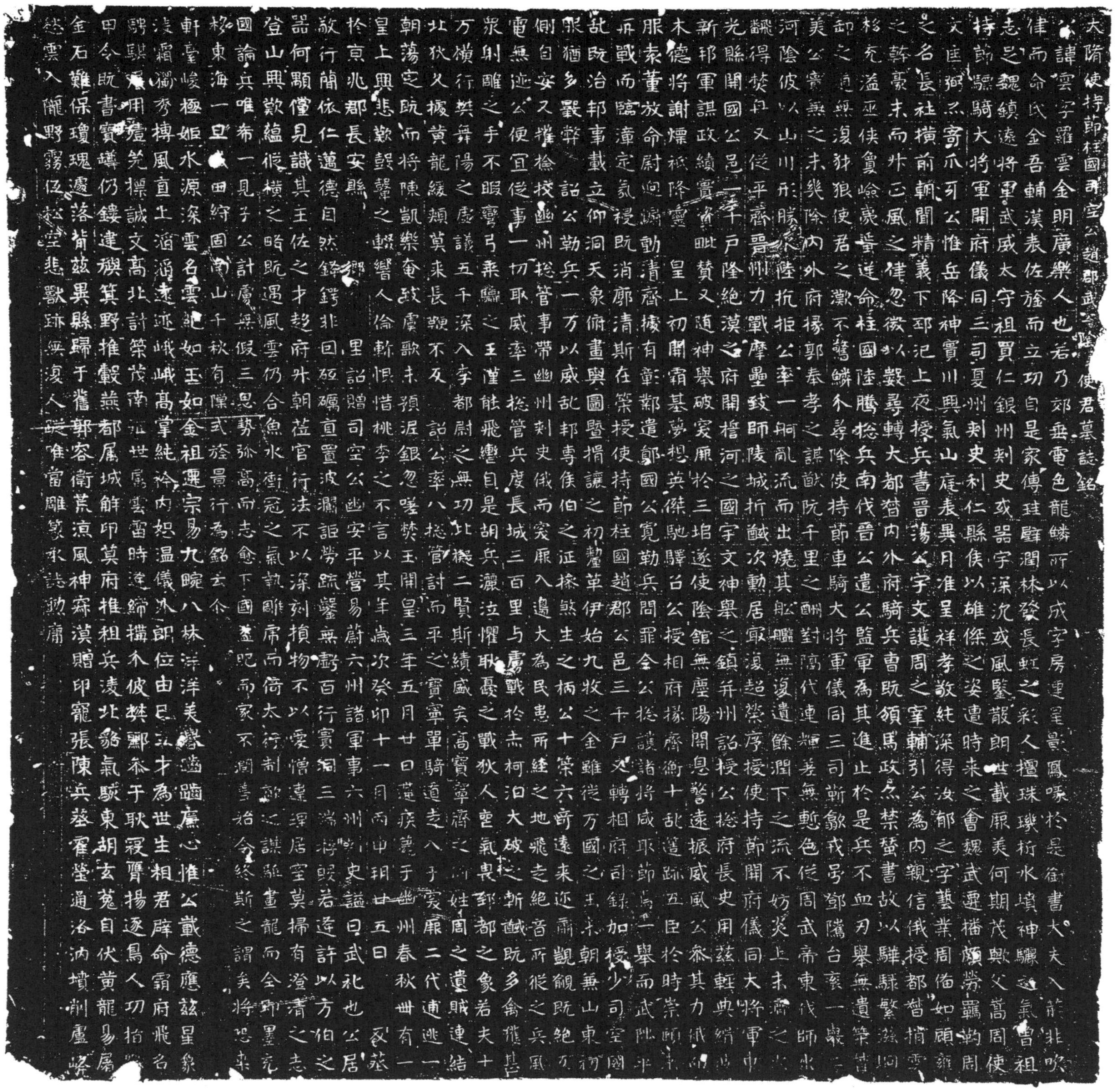

説明

隋開皇三年（583）十一月刻。蓋盝形，誌正方形。誌、蓋尺寸相同，邊長均75厘米。蓋文4行，滿行4字，篆書“大隋柱國」司空公趙」武公陰使」君墓誌銘」”。誌文楷書39行，滿行40字。蓋四殺及誌四周均飾四神及花草紋。2003年西安市長安區郭杜鎮出土。現存西安博物院。《隋代墓誌銘彙考》著録。

釋文

大隋使持節柱國司空公趙郡武公陰使君墓誌銘」

公諱雲，字羅雲，金明廣樂人也。若乃郊垂電色，龍鱗所以成字；房連星影，鳳喙於是銜書。大夫入荊，非吹」律而命氏；金吾輔漢，表佐旌而立功。自是家傳珪璧，潤林發長虹之彩；人擅珠璣，析水墳神驪之氣。曾祖」志足，魏鎮遠將軍、武威太守。祖買仁，銀州刺史。或器宇深沉，或風鑒散朗。世載厥美，何期茂歟。父嵩，周使」持節、驃騎大將軍、開府儀同三司、夏州刺史、利仁縣侯。以雄傑之姿，遭時来之會。魏武遷播，頗勞羈靮；周」文匡弼，亦寄爪牙。公惟岳降神，實川興氣。山庭表異，月准呈祥。孝敬純深，得汝郁之字；藝業周備，如顧雍」之名。長社横前，朝聞精義；下邳汜上，夜授兵書。晉蕩公宇文護，周之宰輔，引公爲内親信，俄授都督。捎雲」之幹，豪末而升；正風之律，忽微以數。尋轉大都督、内外府騎兵曹。既領馬政，亦禁蠶書。故以騂騄繁滋，坰」移充溢。巫佽夐崄，夷蜑逆命。柱國陸騰總兵南伐，晉公遣公監軍，爲其進止。於是兵不血刃，舉無遺策。督」郵之道，無復豺狼；使君之瀲，不驚鱗介。尋除使持節、車騎大將軍、儀同三司。靳歙戎号，鄧騭台袞，一舉二」美，公實兼之。未幾，除内外府掾。郭奉孝之謀猷，阮千里之酬對，隔代連輝，差無慙色。從周武帝東伐，師出」河陰。彼以山川形勝，水陸抗拒。公率一舸，亂流而出，燒其船艦，無復遺餘。潤下之流，不妨炎上；未濟之火」，翻得焚舟。又從平齊，晉州力戰，摩壘致師，陵城折馘，次勳居最，復超榮序，授使持節、開府儀同大將軍、東」光縣開國公，邑一千户。隆絶漠之府，開誓河之國。宇文神舉之鎮并州，詔授公總府長史。用茲輕典，緝彼」新邦。軍謀政績，實資毗贊。又隨神舉破突厥於三堆，遂使陰館無塵，陽關息警。遠振威風，公參其力。俄而」木德將謝，熛祇降靈。皇上初開霸基，夢想英傑，馳驛召公，授相府掾。齊衡十乱，籚迹五臣。於時祟顧未」服，袁董放命，尉迥煽動清齊，據有彰鄴，遣郧國公寬勒兵問罪，令公總護，諸將咸取節焉。一舉而武陟平」，再戰而臨漳定。氛祲既消，廓清斯在。策授使持節、柱國、趙郡公，邑三千户。又轉相府司録，加授少司空。國」乱既治，邦事載立。仰洞天象，俯畫輿圖。暨揖讓之初，鼇革伊始，九牧之金雖徙，万國之玉未朝。兼山東初」服，猶多斁弊。詔公勒兵一万，以威乱邦。專侯伯之征，操煞生之柄。公十策六奇，遠来迩肅。覬覦既絶，反」側自安。又權檢校幽州總管事，帶幽州刺史。俄而突厥入邊，大爲民患。所經之地，飛走絶音，所縱之兵，風」電無迹。公便宜從事，一切取威，率三總管兵，度長城三百里，与虜戰於赤柯泊，大破之。斬馘既多，禽獲甚」衆。射雕之手，不暇彎弓；乘驪之王，僅能飛轡。自是胡兵灑泣，懼耿夔之戰；狄人喪氣，畏郅都之象。若夫十」万横行，樊舞陽之虚議；五千深入，李都尉之無功。比擬二賢，斯績盛矣。高寶寧，齊之裔姓，周之遺賊，連結」北狄，久據黄龍，緩頰莫来，長鞭不及。詔公率八總管討而平之。寶寧單騎遁走，入于突厥。二代逋逃，一」朝蕩定。既而將陳凱樂，奄致虞歌。未預泥銀，忽嗟焚玉。開皇三年五月廿日，遘疾薨于幽州，春秋卌有一」。皇上興悲，歎鼓鼙之輟響；人倫軫恨，惜桃李之不言。以其年歲次癸卯十一月丙申朔廿五日，反葬」於京兆郡長安縣□□鄉□□里，詔贈司空公、幽安平營易蔚六州諸軍事、六州刺史，謚曰武，禮也。公居」敬行簡，依仁邁德。自然鋒鍔，非因砥礪；直置波瀾，詎勞疏鑿。無虧百行，實洞三端。游殷若逢，許以方伯之」器；何顒儻見，識其王佐之才。趍府升朝，莅官行法，不以深刻損物，不以愛憎違理。居室莫掃，有澄清之志」；登山興歎，蘊縱横之略。既遇風雲，仍合魚水。衝冠之氣，執雕虎而倚太行；制敵之謀，驅畫龍而全即墨。充」國論兵，唯希一見；子公計虜，無假三思。勢彌高而志愈下，國益肥而家不潤。善始令終，斯之謂矣。將恐桑」移東海，一旦成田；紵固南山，千秋有隙。式旌景行，爲銘云爾」：

軒臺峻極，姬水源深。雲銘雲紀，如玉如金。祖遷宗易，九畹八林。洋洋美譽，齪齪廉心。惟公載德，應茲星象」。淩霜獨秀，搏風直上。滔滔遠迹，峨峨高掌。純衿内恕，温儀外朗。位由己立，才爲世生。相君辟命，霸府飛名」。騁騏展用，殪兕標誠。文高北討，策茂南征。世属雲雷，時逢締構。介彼樊酈，参于耿寇。膺揚逐鳥，人功指獸」。甲令既書，寶鐏仍鏤。建旟箕野，推轂燕都。属城解印，莫府推租。兵淩北貉，氣駭東胡。玄菟自伏，黄龍易居」。金石難保，瓊瑰遽落。背茲異縣，歸于舊郭。容衛荒涼，風神寂漠。贈印寵張，陳兵葬霍。塋通洛汭，墳削盧峰」。愁雲入隴，野霧低松。空悲獸迹，無復人蹤。唯當雕

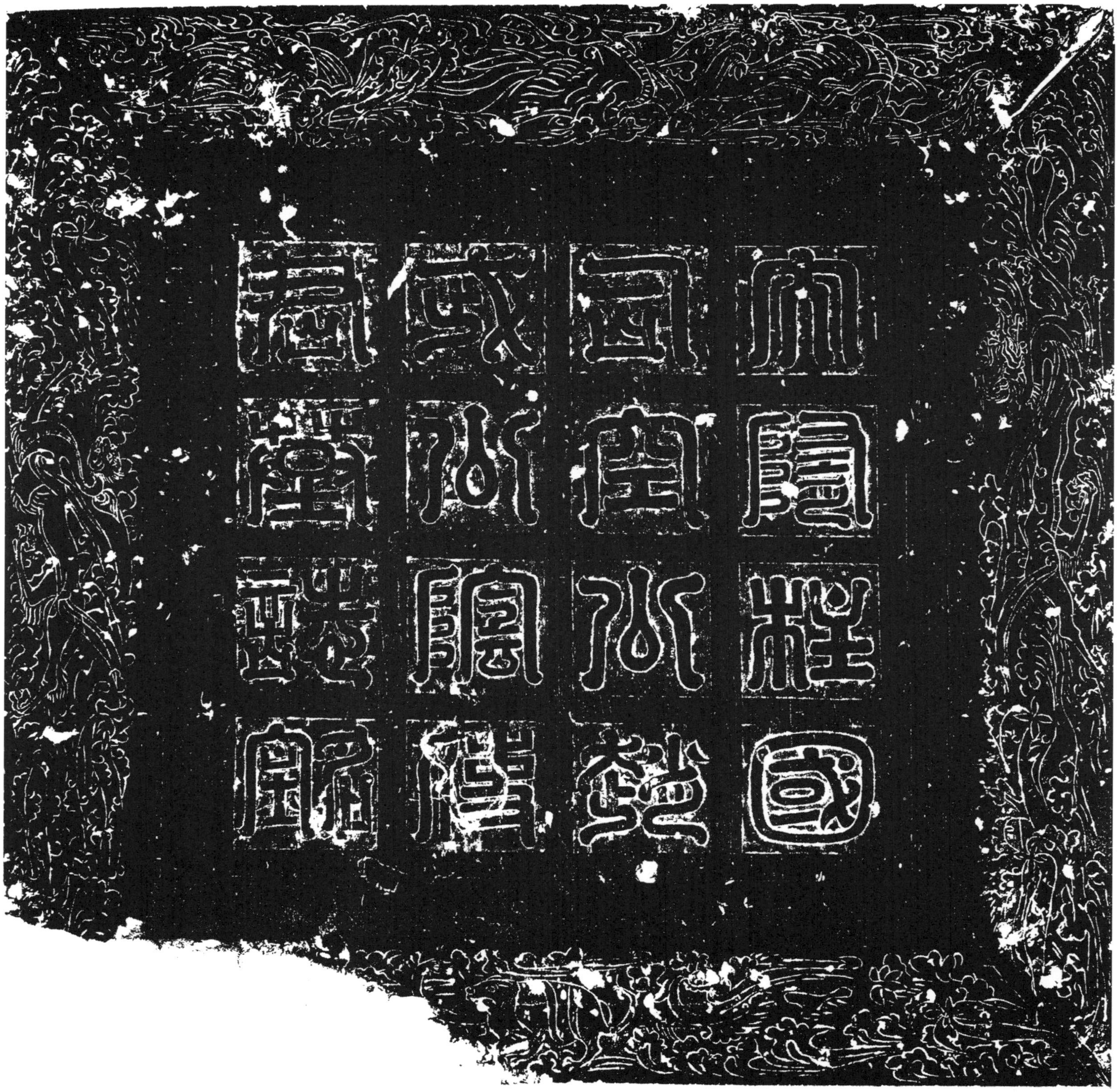

篆，承誌勳庸」。

按

誌主陰雲，字羅雲。誌又載“父嵩，周使持節、驃騎大將軍、開府儀同三司、夏州刺史、利仁縣侯”。《隋書·陰壽傳》載“陰壽，字羅雲，武威人也。父嵩，周夏州刺史”，且所載陰壽之事蹟、封官、受爵等與本誌所載基本吻合。史、誌結合，可知誌主陰雲或即史載之陰壽。至于史、誌所載名諱不同，待考。誌文述及陰雲曾祖陰志足爲魏鎮遠將軍、武威太守；祖陰買仁爲銀州刺史；父陰嵩爲周使持節、驃騎大將軍、開府儀同三司、利仁縣侯等，正史均未載，可補史之闕。誌載陰雲之生平和封官受爵等情況更詳實，亦可補充史載之略。

誌云陰雲爲“金明廣樂人”，金明郡，《魏書·地形志》載：“金明郡，真君十二年置，領縣三：永豐、啟寧、廣洛。”治所廣洛縣，即今延安安塞縣南。誌所載之“廣樂”當爲“廣洛”。而《隋書》所載之“武威人”，則不知所由，待考。

070.585　柳晉墓志

説明

隋開皇五年（585）正月刻。誌長方形。長47厘米，寬40厘米。誌文楷書20行，滿行19字。誌石上部磨泐，個别字迹模糊。2003年商洛師專基建工地出土。現存商洛市商州區博物館。《商洛文史（第二輯）》著録。

釋文

輔國將軍柳晉墓志銘」

君名晉，字珍章，河東河東人也。曾祖相，因宦遂居」上洛焉。祖父景，清高□義。父業，秉德崇仁。世有英」才，門恒守業。君乃少擅鄉譽，動合規繩。遨遊自□」，以文會友。□明□品，藻望流特。拔儁桀，召君爲□」初主簿。辞不獲免，俯而就焉。于時国步未康，戎車」屢駕。有志廉李，厝意孫吴。榮名委贄，遂任儀同李」延府長史。明目張膽，身當矢石。蒙授别將，尋加輔」国將軍，俄除金城縣令。若夫杞梓方茂，瓊瑰之夢」先来；松柏未凋，負杖之歌爰及。春秋六十，以開皇」四年十二月三日卒于家。其五年正月廿七日窆」于□川。天地雖長，人物非久。式鐫金石，播此鴻名」。乃作銘曰」：

明珠惟朗，薑桂自辛。踵兹家慶，世誕伊人。懷文抱」質，有義則親。往来昇降，准的斯民。有心殉国，每致」折衝。先蒙王爵，茅土未封。奉主唯敬，循牆是恭。未」展嘉猷，恩下高眷。陳兹舊物，親戚空悲。素旐徒設」，薤露臨逵。松風蕭瑟，雜木將虧。人生至此，復欲何」爲」。

開皇五年正月廿七日」

按

誌主柳晉及其曾祖、祖父、父親，均未見史籍記載。此墓誌爲商洛境内目前出土的唯一一方隋代墓誌。

071.585　宋胡墓誌

説明

隋開皇五年（585）八月刻。蓋盝形，誌正方形。誌、蓋尺寸相同，邊長均47厘米。蓋文4行，滿行4字，篆書“大隋儀同」新太縣開」國伯宋虎」之墓誌記」”。誌文楷書26行，滿行26字。蓋四殺綫刻四神圖案及花草紋，誌四側飾蔓草紋。2004年西安市長安區郭杜鎮西北大學長安校區基建工地出土。現存陝西省考古研究院。《隋代墓誌銘彙考》《長安高陽原新出土隋唐墓誌》著録。

釋文

大隋開皇五年歲次乙巳八月乙酉朔十二日丙申葬於城南高陽」源（原）使持節儀同三司内常侍故宋虎墓誌」

君諱胡，字虎，襄州當陽郡武陵縣人，楚大夫宋玉之後也。自玄鳥降」祥，白狼裎瑞，猗歟那歟，寔基宋氏。穆以讓嗣義成，景則脩己灾滅。湯」孫之緒，申錫無彊。灌瓜睦鄰，就稱陰德。登高作賦，玉受賜田。昌廷断」安文弘，推誠諫武。積善餘慶，其在斯乎。粗（祖）寶，州主簿。父璡，郡功曹。安」兹下澤，見譽州里。君幼懷膚敏，操履専一。梁湘東王作牧荊陜，聞而」召焉，以其温仁，参侍帷幄。及龍飛踐祚，授應敕左右。江陵内款，入」補寺人，事周武皇帝，尋加曠野將軍，遷巷伯二命士。天和五年，策爲」都督。建德之初，改任掌寢。君職参闈闥，務周宫掖，翼翼居心，温温爲」度，無疑貝錦，不慮南箕。俄轉伏波將軍、帥都督。建德五年，詔授使」持節、儀同大將軍、新泰縣開國子。大象二年，出典鄭山郡守，進爵爲」伯。善政有聞，咸稱来晚。開皇二年，又除南安太守。四千連秩，五袴成」歌。其年，詔追授内常侍。鄭衆誠謹，匹此未優；曹騰進賢，方兹爲劣」。達人之德，成人之美，開國承家，寔允僉議。四年，從駕幸洛陽。五年」四月，卒於杜化，春秋五十有一。粤八月十二日，窆于高陽原。君立身」立行，始終如一。精專紫闥，趨奉黄扉。潤玉鳴腰，剛金耀首。不漏絲綸」，克張諸藝。趙談史遷，顧有慙色。既而龜山徙地，北谷成門，陵海亟移」，哲人須紀。含豪譔德，乃製銘云」：

濬哲惟永，長發其祥。虹生白帝，鷰誕玄王。有秩斯祜，啟宋承商。玉擅」清文，義兼威武。公言拒相，貧交辭主。春蘭秋菊，無絶終古。夫君才央」擢秀，恭慎爲基。便煩紫掖，密勿丹墀。有榮貝帶，無愁錦詩。伏波曠野」，爰飾戎衣。爵通五等，儀比三司。剖符外守，飛纓内闈。華實兼美，蟬珮」交輝。閲水不停，崦山遽掩。桂嶺落芳，琨崖碎琰。去此高堂，陟兹修巘」。畫柳低昂，丹旍舒卷。野晦煙濃，松深日淺。泉扃已閉，夜室方昏。蕭歸」薄曲，魂逝修門。和風拂草，淨月臨原。千齡永矣，四序何言」。

按

誌主宋胡，未見史籍記載。其生平經歷及相關問題研究可參劉呆運、李明《西安南郊新出土的三方隋代墓誌》（《碑林集刊（十一）》，陝西人民美術出版社2005年）。

072.586　侯明墓誌

説明

隋開皇六年（586）四月刻。蓋盝形，誌長方形。誌、蓋尺寸相同，均長49厘米，寬48厘米。蓋文3行，滿行3字，篆書“東平公」侯君之」墓誌銘」”。誌文隸楷21行，滿行21字。有界格。1991年西安市長安縣南里王村出土。現存陝西省考古研究院。《新出魏晋南北朝墓誌疏證》《隋代墓誌銘彙考》著録。

釋文

君諱明，字子欽，燕州上谷人也。稟性慈仁，志力雄毅。魏」永熙，徵授左箱直閤將軍。齊業始基，敕授前軍將軍，累」遷太常卿、使持節、都督荊州諸軍事、荊州刺史、儀同三」司、晋州道行臺左丞。矚齊運將終，主昏政乱，公深睹未」萌，即於晋州率衆歸附周武帝，拜上開府，封平陽縣公」，邑一千户。武皇帝深相敬納，遂定東夏，海内一統。尋除」工部，又進爵東平郡公。後遷使持節、都督成州諸軍事」、成州刺史。公在家孝友，臨戎果決，勳猷盛業，昭映當時」。方應股肱帝室，高步台鼎。儵爾山崩，奄從川逝。春秋七」十有五，大隋開皇四年十一月庚申朔九日戊辰，薨於」大興都邑。六年丙午四月辛巳廿九日己酉，葬於韋曲」東北。公嫡太原郭氏，早卒，有詔追贈零丘郡君。繼室平」陽鄧氏，詔授河東郡君，自公薨後亦卒。並合葬焉。陵谷」代易，金石難朽，勒銘玄壤，永播芳猷。其詞曰」：

崇基自遠，高趾蔚然。伊君秉德，繼世惟賢。尅隆堂構，駿」足騰遷。才如貔虎，智若淵泉。入董鉤陳，實宣心膂。出鎮」蕃岳，惠民威楚。受屋專征，莫余敢禦。傦傦强衆，桓桓振」旅。温温明敏，糾糾雄断。去殷就周，背楚歸漢。功苞三傑」，德踰十乱。鴻溝息警，皇猷炳焕。昔服龍章，鏗鏘象闕。今」次窮野，泉門阻絶。幽室不開，玄房永閉。勒石流美，千秋」万歲」。

按

誌主侯明，事蹟散見于《北齊書》《周書》《北史》《隋書》等，但無專傳。墓誌較爲系統地記述了侯明生平及家族情況，可補史闕。

073.586　劉俠墓誌

説 明

隋開皇六年（586）十一月葬。蓋盝形，誌正方形。誌、蓋尺寸相同，邊長均38厘米。蓋文3行，滿行3字，楷書“襄州别」駕平舒」公墓誌」”。誌文隸楷25行，滿行25字。2004年西安市長安區郭杜鎮西北大學長安校區基建工地出土。現存陝西省考古研究院。《隋代墓誌銘彙考》著録。

釋 文

大隋驃騎將軍右光禄襄州别駕治長史平舒子劉公墓誌」

公諱俠，字方仁，定州蘆奴人也。其先帝堯之後。若乃宗興兩漢，□」王三吴，前帝後皇，備書圖史。祖恩，負才傲世，不事王侯。琴拂一弦」，官終三廷。父珍，才長壽短，召入周行，封北平縣侯，除興城郡守。公」少而孝友，早備礼儀，比鄭而号神童，方張而稱曾子。雅好奇策，博」該墳典。聚螢披籍，映雪尋文。既有孔章之才，終秉元瑜之筆。大統」六年入仕，除荊州記室参軍。河隨思涌，需遂書垂。文驚燕將之悲」，檄愈曹王之疾。十六年，又授寧遠將軍、右員外常侍。蜀人非好之」職，未央夜拜之官，位總二賢，公之謂矣。屢申公幹，朝有册勳。天和」四年，詔授驃騎將軍、右光禄、大都督。光禄之号二雅，驃騎之上三」公。以古儔今，其貴一也。建德二年，授左八軍總管府司録。七年，又」除襄州贊治。經文緯武，實著恪勤。帝美其功，封瀛州平舒縣開國」子，邑八百户。翼斯襄郡，聲績有聞。詔降鳳池，官遷驥足。大象二年」，敕遷爲别駕兼長史。公明四見之榮，士元千里之任。歎隙駒易往」，目鳥難留，奄隨風燭，時年五十二矣。開皇元年二月廿四日遘疾」，卒於官所。吏民墮淚，如□羊祜之碑；妻子窮歸，若返梁鴻之柩。粤」以六年歲次丙午十一月戊寅朔十九日甲申，卜葬於長安縣高」陽原司臺里。墳封鸗土，松種鶴林。因子安之登仙，冀延州之挂劒」。恐天長地久，樹古墳殘，無以記焉，刻銘云尔」：

麟遊肇姓，蛇断興宗。前皇兩漢，後帝三江。一人有□，□國□□。餘」靈未已，須産英童。弱冠奇章，任掌文房。書悲燕將，疾愈曹王。將軍」秉節，開國居方。職當潘濬，官處王祥。日月運流，暑寒来去。千歲松」新，百年人故。世若浮雲，魂先垂露。不葬金蠶，長埋玉樹。從今幾齡」，孤荒縱横。墳松盖德，碑字金生。雲無閏色，風足寒聲。後人□□，應」有傷情」。

按

誌主劉俠，未見史籍記載。誌云其爲定州蘆奴人，“蘆奴”即“盧奴”之異寫。誌所載劉俠之生平，均可補史載之闕。

074.586　田悅墓誌

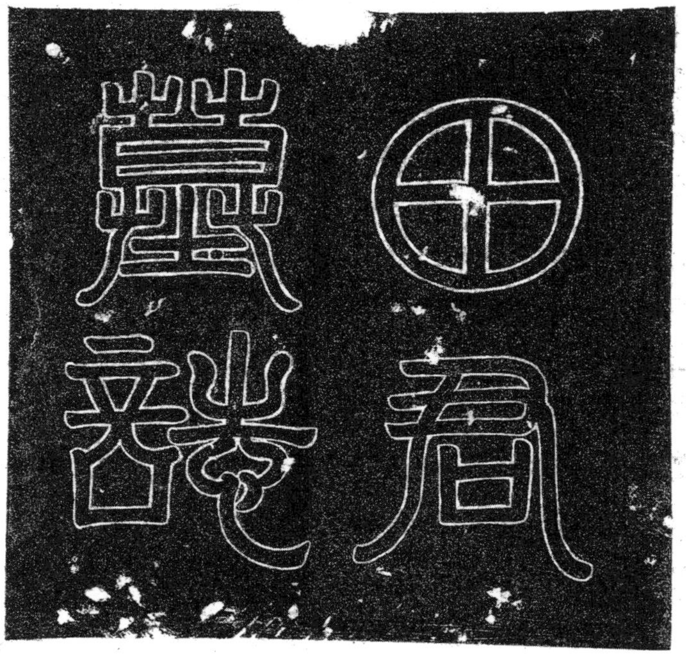
田君
墓誌

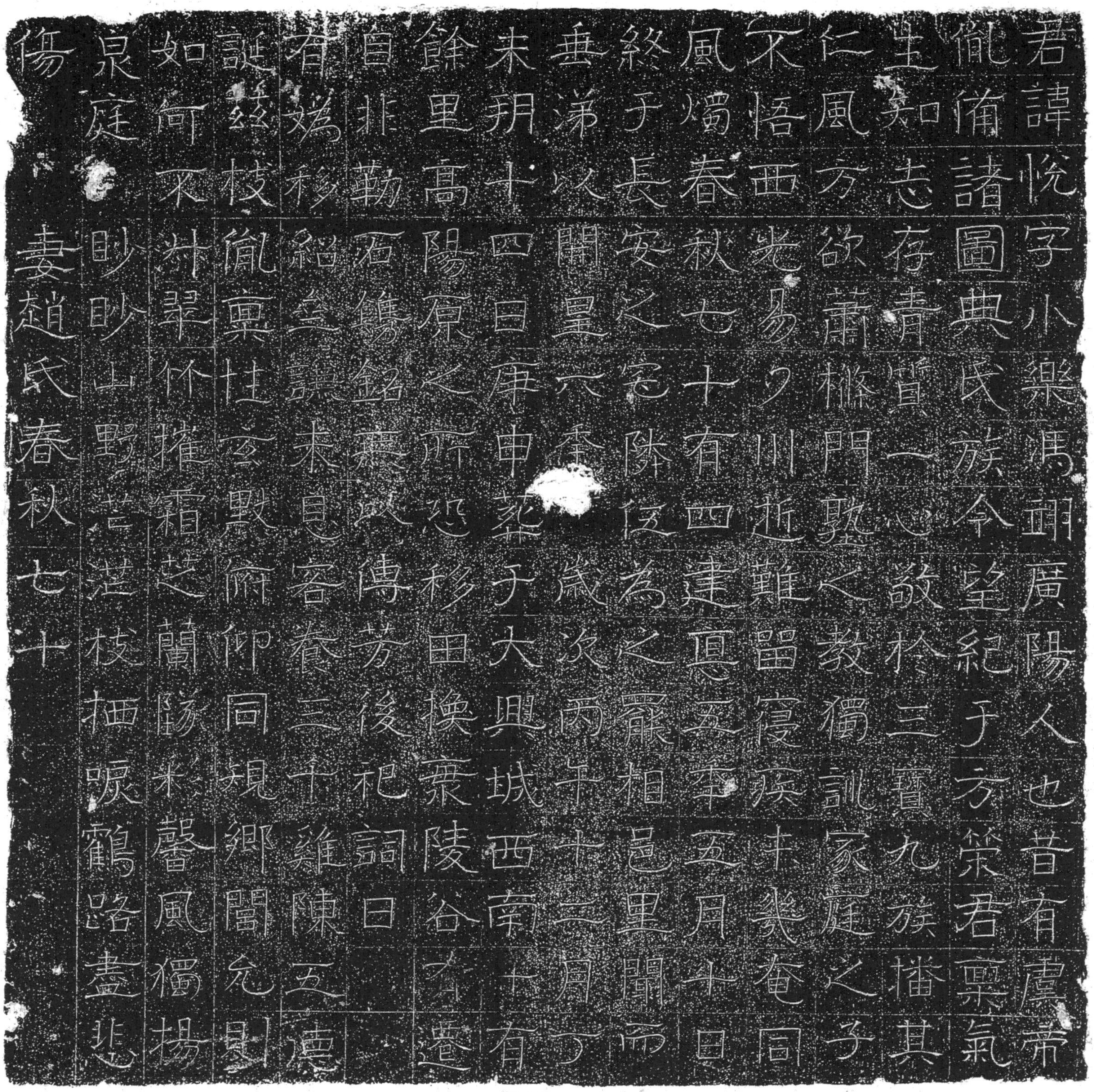

説明

隋開皇六年（586）十二月刻。蓋盝形，誌正方形。誌、蓋尺寸相同，邊長均41厘米。蓋文2行，滿行2字，篆書“田君」墓誌」”。誌文隸書16行，滿行16字。有界格。2002年西安市長安區郭杜鎮陝西師範大學長安校區基建工地出土。現存陝西省考古研究院。《隋代墓誌銘彙考》著録。

釋文

君諱悦，字小樂，馮翊廣陽人也。昔有虞帝」胤，備諸圖典。氏族令望，紀于方策。君稟氣」生知，志存青質。一心敬於三寶，九族播其」仁風。方欲蕭條門塾之教，獨訓家庭之子」，不悟西光易夕，川逝難留。寢疾未幾，奄同」風燭。春秋七十有四，建德五年五月十日」，終于長安之宅。鄰伍爲之罷相，邑里聞而」垂涕。以開皇六年歲次丙午十二月丁」未朔十四日庚申，葬于大興城西南十有」餘里高陽原之所。恐移田換海，陵谷有遷」，自非勒石鐫銘，無以傳芳後祀。詞曰」：

有嬀移紹，齊謙未息。客養三千，雞陳五德」。誕兹枝胤，稟性玄默。俯仰同規，鄉閭允則」。如何不淑，翠竹摧霜。芝蘭墜彩，馨風獨揚」。泉庭眇眇，山野茫茫。枝栖唳鶴，路盡悲」傷。

妻趙氏，春秋七十」。

按

誌主田悦，未見史籍記載。誌文簡短，除述及田悦籍貫、妻子姓氏、卒葬時間地點外，信息較少。此誌以隸書書寫，對于研究中國古代書法隸書向楷書的演變有一定的參考價值。

075.587　王懋夫人賀拔二孃墓誌

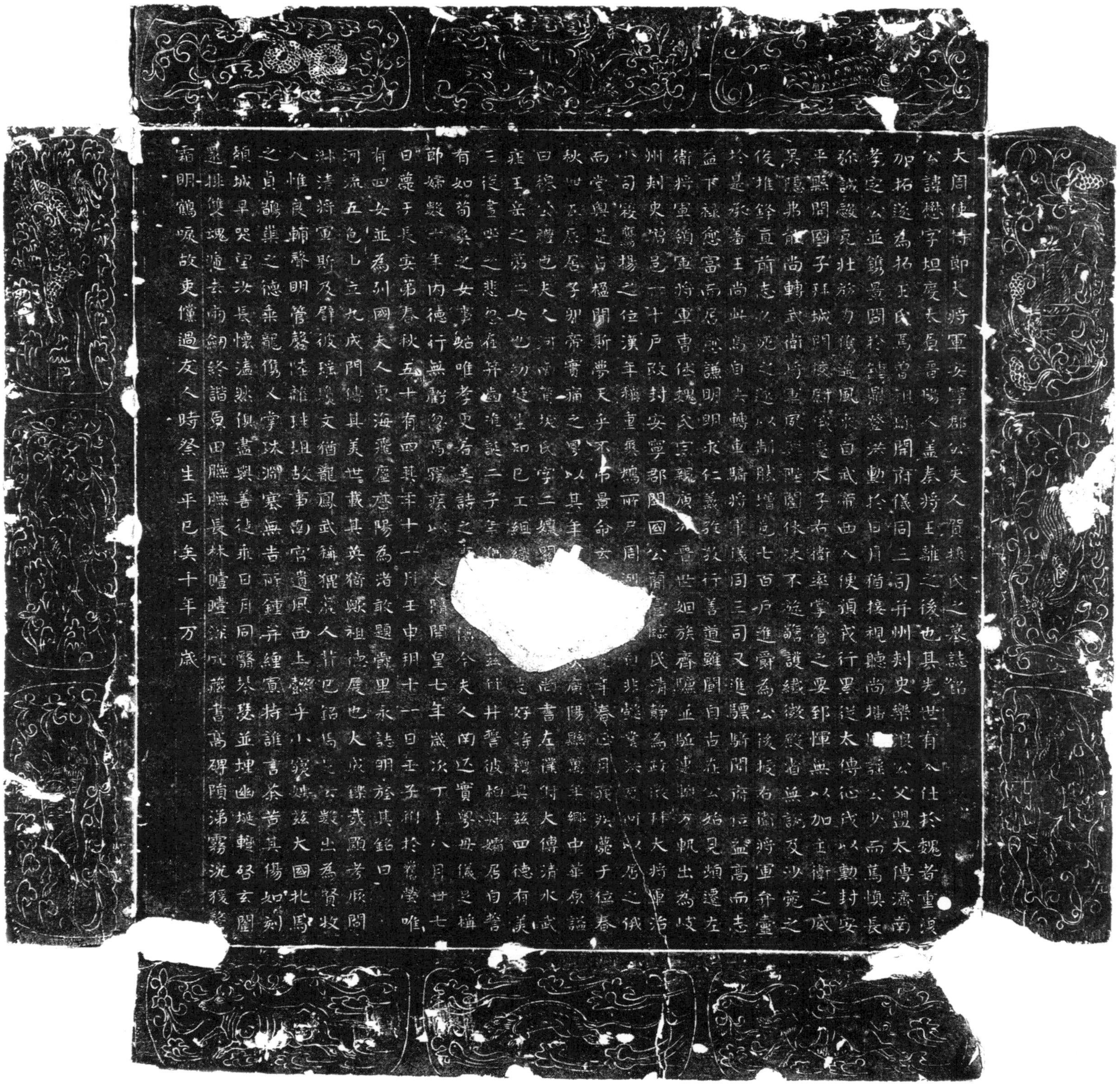

説 明

隋開皇七年（587）十一月刻。誌正方形。邊長60厘米。誌文楷書29行，滿行30字。誌石中部剥泐，部分文字受損，四周刻壼門内十二生肖圖飾。2002年徵集。現存西安博物院。《隋代墓誌銘彙考》著録。

釋 文

大周使持節大將軍安寧郡公夫人賀拔氏之墓誌銘」

公諱懋，字坦度，太原晉陽人。蓋秦將王離之後也。其先世有入仕於魏者，重復」加拓，遂爲拓王氏焉。曾祖珍，開府儀同三司、并州刺史、樂浪公。父盟，太傅、濟南」孝定公。並鐫景問於鐘鼎，登洪勳於日月。猶接視聽，尚播風謡。公少而篤慎，長」弥誠慤。克壯旅力，儁邁風采。自武帝西入，便預戎行。累從太傅征伐，以勳封安」平縣開國子，拜城門校尉，俄遷太子右衛率。掌管之要，郅惲無以加；主衛之威」，吴隱弗能尚。轉武衛將軍。夙興陛闥，休沐不旋，警護纖微，殿省無説。及沙菀之」役，推鋒直前，志必死之，遂以制勝。增邑七百户，進爵爲公。後授右衛將軍。弁壺」於是承羞，王尚此焉自失。轉車騎將軍、儀同三司，又進驃騎開府。位益高而志」益下，禄愈富而居愈謙。明明求仁義，孜孜行善道。雖聞自古，在公始見。頻遷左」衛將軍、領軍將軍。曹休魏氏宗親，庾□晉世姻族。齊驤並驅，連軥方軌。出爲岐」州刺史，增邑一千户，改封安寧郡開國公。簡壹臨民，清静爲政。徵拜大將軍，治」小司寇。鷹揚之位，漢年稱重；爽鳩所尸，周□□□。自非懿業洪度，何以居之。俄」而堂奥是占，楹閑斯夢。天乎不弔，景命云□。□□元年春正月寢疾，薨于位，春」秋卌五。辰居子卯，帝實痛之。粤以其年□□□□于廣陽縣萬年鄉中華原，謚」曰穆公，禮也。夫人河南賀拔氏，字二孃，闕□□□□尚書左僕射、太傅、清水武」莊王岳之第二女也。幼挺生知，已工組織。□□□□，志好詩禮。具兹四德，有美」三從。晝哭之悲，忽在笄齒。唯誕二子，年猶□□。□兹竹井，誓彼柏舟。孀居自誓」，有如荀爽之女；事姑唯孝，更若姜詩之妻。□□儔今，夫人罔匹。實粤母儀，足稱」節婦。數十年内，德行無虧。忽焉寢疾，以大隋開皇七年歲次丁未八月廿七」日，薨于長安第，春秋五十有四。其年十一月壬申朔十一日壬子，祔於舊塋。唯」有四女，並爲列國夫人。東海飛塵，歷陽爲渚。敢題爵里，永誌明旌。其銘曰」：

河流五色，山立九成。門傳其美，世載其英。猗歟祖德，展也大成。鑠哉顯考，厥問」淑清。將軍斯及，譬彼瑶瓊。文猶龍鳳，武稱貔虎。人背已銘，馬足云數。出爲賢牧」，入惟良輔。聲明管磬，陸離珪珇。故事南宫，遺風西土。懿乎小寢，娉兹大國。北馬」之貞，鵲巢之德。乘龍儁乂，掌珠淵塞。無告所鍾，并纏寡特。誰言荼苦，其傷如刻」。頽城早哭，望汝長懷。溘然俱盡，與善徒乖。日月同翳，琴瑟並埋。幽埏暫啟，玄闥」還排。雙魂遯去，兩劍終諧。原田膴膴，長林曀曀。深穴藏書，高碑隕涕。霧沉猨警」，霜明鶴唳。故吏儻過，友人時祭。生平已矣，千年万歲」。

按

此誌爲王懋、賀拔二孃夫婦合葬墓誌。王懋，正史有傳，《周書·王盟傳》附。傳載“懋字小興”，誌云王懋“字坦度”，待考。又誌“拓王氏”之記載，史不載。誌文可與正史互相補證。

076.588　王女賜造像碑

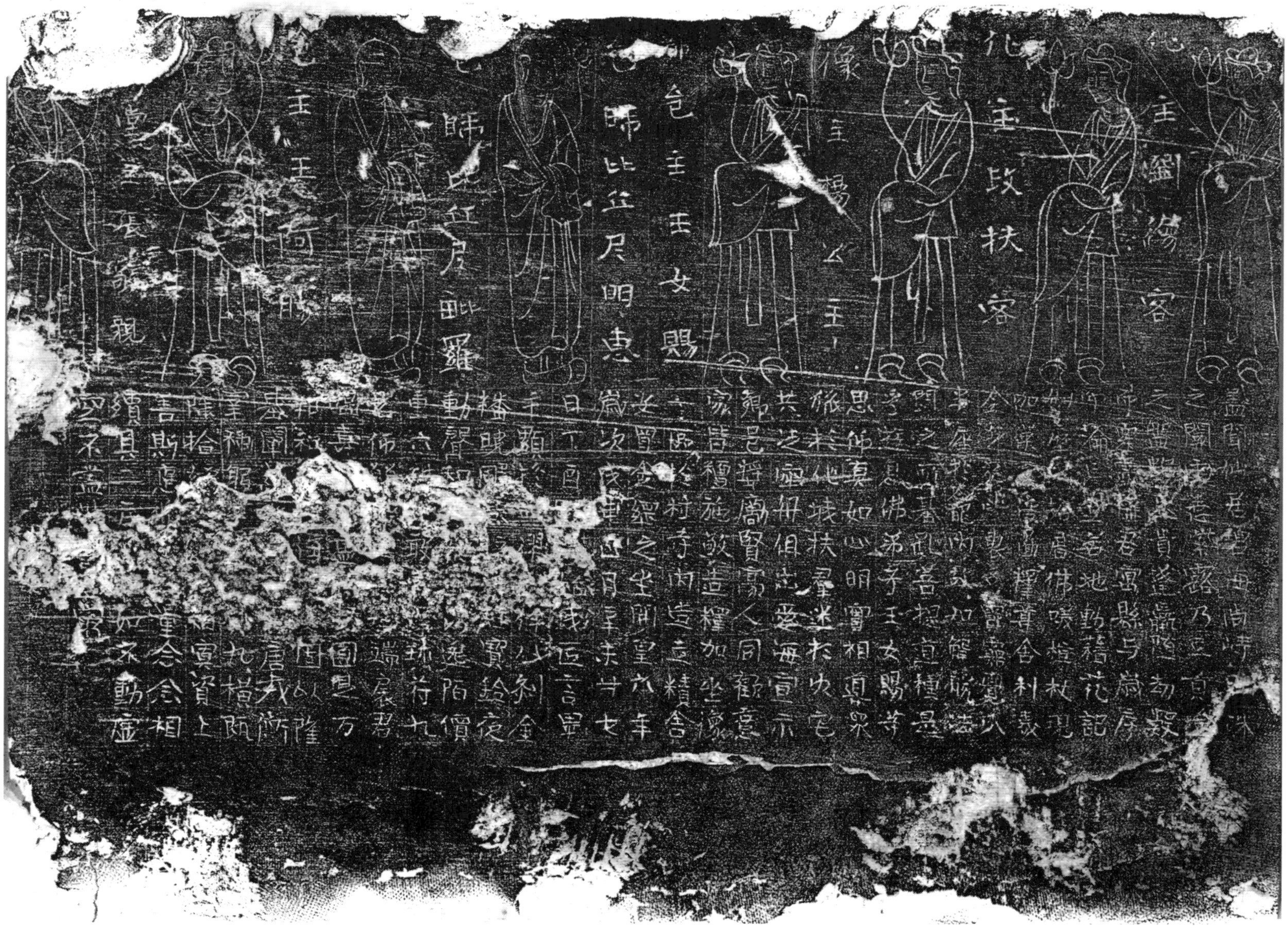

説 明

隋開皇八年（588）正月刻。造像碑身殘損，僅存造像基座。座高43厘米，寬54厘米。造像四面均有持蓮供養人綫刻立像，並題供養人姓名。其中一側綫刻像下部刻發願文。正文楷書33行，滿行10字。2005年高陵縣外貿公司基建工地出土。現存西安市高陵區文化館。

釋 文

盖聞仙居碧海，尚峙□珠」之闕；雲卷紫露，乃立真金」之盤。數之貴逢贏，隨劫數」而遷壽；□君寓縣，与歲序」而淪亡。□若地動藉花，記」□摩之塔層；佛笑植杖，現」迦葉之浮圖。釋尊舍利，表」全身於函裏；多寶靈覺，成」半座於龕内。故知解脱法」門之所基趾，菩提道種是」乎遊息。佛弟子王女賜等」，思仰真如，心明實相。導衆」旅於化城，扶群迷於火宅」。共泛靈舟，俱出愛海。宣示」鄉邑，獎勵賢豪。人同歡喜」，家皆檀施。敬造釋加坐像」一區，於村寺内造立精舍」，安置金綱之坐。開皇八年」歲次戊申正月辛未廿七」日丁酉，□□始成匠言畢」主顯於□□□侔八剎金」播曉□□□□□寶拾夜」動聲和□□□以逸陌價」重六□□敢□□珍符九」

左側

□仰願□□□□端扆君」臨壽□□□□□圛是万」邦祖□□□□□固以隆」基闡□□□□□唐□□」宰神躬□□□□九横既」除拾□□□□□寘資上」善斯應□□□量念念相」續具二□□□如不動虚」空不盡□□□窮」。

［以下爲四面供養人題名］

正面：化主劉像客」、化主段扶客」、像主楊公主」、都邑主王女賜」、邑師比丘尼明惠」、邑師比丘尼毗羅」、邑主王阿勝」、□堂主張敬親」

左側上部：澄明主安白孃」、化主趙市妃」、邑主陰胡女」、像主張令妃」、□□龐醜女」、邑主吴女賜」、化主劉妙勝」、澄明主戴那妃」

左側下部：邑子□枕女」、邑子李�女」、邑子張阿客」、邑子馮清醜」、邑子郭貳孃」、邑子任雙妃」、邑子段粲資」、邑子郭賜女」

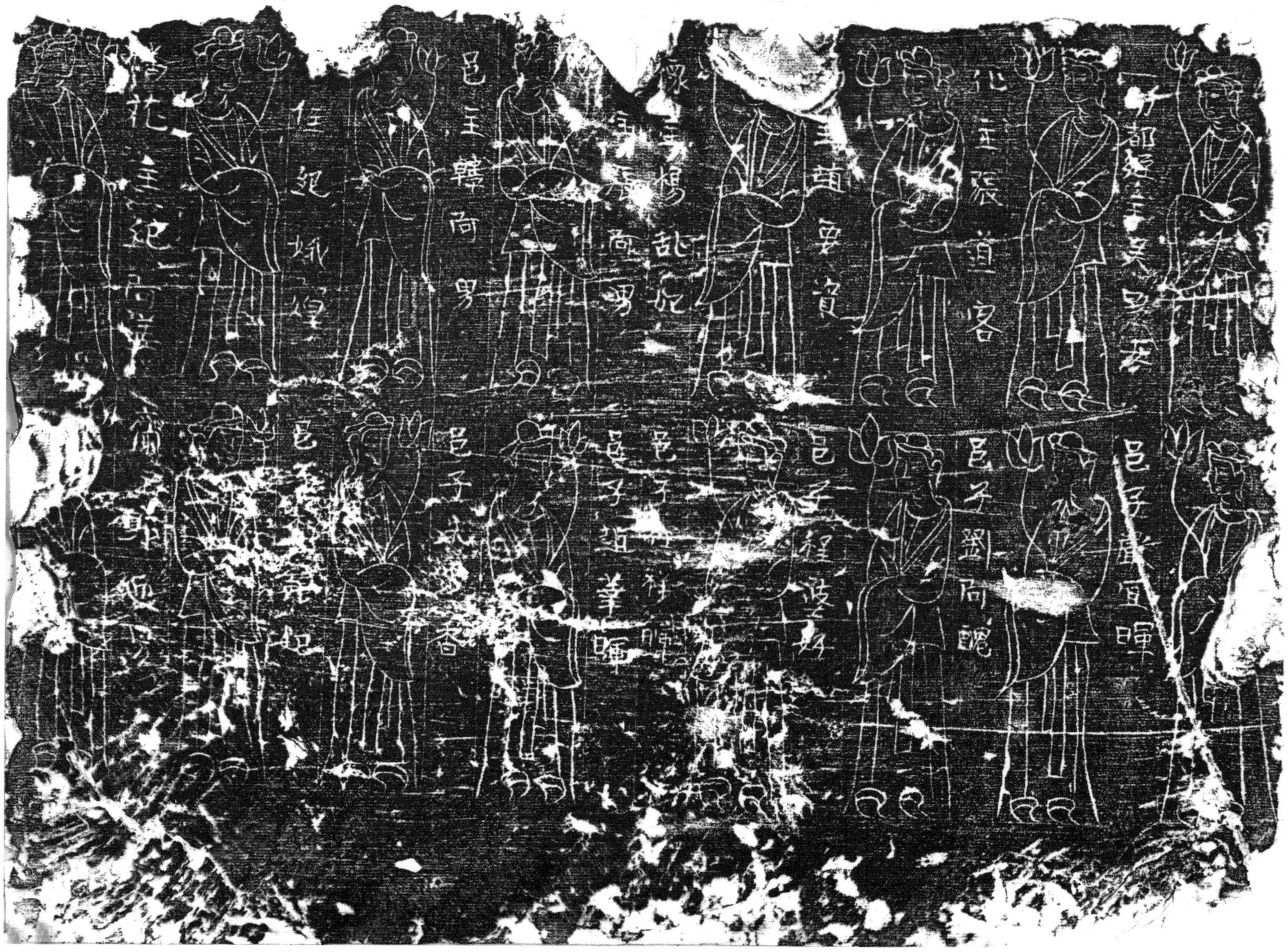

右側

右側上部：□都經主吴□女」、化主張道客」、□主趙要資」、像主楊乱妃」、□主張阿男」、邑主韓阿男」、□任紀娥媓」、播花主紀阿姜」

右側下部：邑子嚴宜暉」、邑子劉阿醜」、邑子程岐好」、邑子任祥暉」、邑子趙華暉」、邑子朱□香」、邑子李□妃」、齋主郭迎芳」

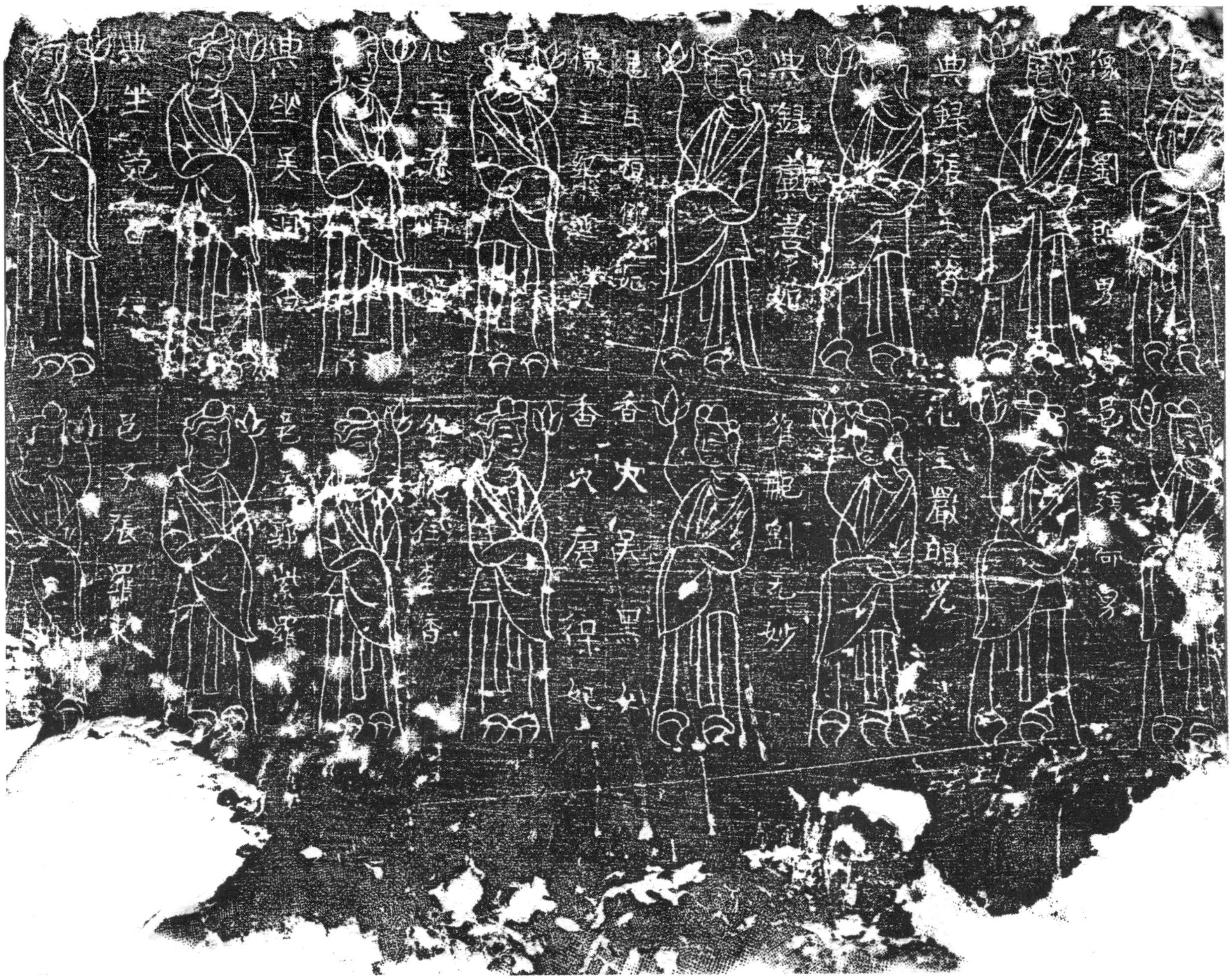

背面

背面上部：像主劉照男」、典録張玉資」、典録戴憙茹」、邑主柏雙妃」、像主紀延資」、化主孫浦隆」、典坐吴道香」、典坐菀白孃」

背面下部：邑子張阿男」、化主嚴明光」、唯那劉元妙」、香火吴黑女」、香火唐保妃」、唯那任李香」、邑主郭紫羅」、邑子張羅來」

按

20世紀80年代以來，高陵縣境内已有兩通北周時期造像出土：其一爲北周保定二年（562）的《邑子一百九十八人造像碑》，另一通爲北周建德元年（572）的《劉歡慶造像碑》。《王女賜造像碑》是近年來高陵縣境内發現的唯一隋代造像碑，對于研究隋代佛教信仰有一定的價值。

077.589　宋忻墓誌

説 明

隋開皇九年（589）正月刻。蓋盝形，誌正方形。誌、蓋尺寸相同，邊長均61厘米。蓋文4行，滿行4字，篆書“大隋使持」節上開府」潞州刺史」宜遷公銘」”。誌文楷書38行，滿行37字。蓋四殺陰刻四神襯以雲紋，四側陰刻折枝忍冬花紋；誌四側飾壼門内十二生肖圖案。1990年西安市長安縣韋曲鎮東街磚廠基建工地出土。現存陝西省考古研究院。《新出魏晉南北朝墓誌疏證》《隋代墓誌銘彙考》等著録。

釋 文

大隋使持節上開府幽州總管潞州諸軍事潞州刺史宜遷縣開國公宋史君之墓誌銘」

公諱忻，字智和，西河人也。宋微子之後。若乃沖天擇木，孔父所以稱仁；高步西河，懷王於焉祚土」。司徒鳴玉於漢朝，侍中珥貂於晉室，莫不振彼清風，垂茲令範，備乎史册，不復詳焉。祖漢，識度凝」明，雄姿穎拔，孝成至行，義盡弼諧。爲冠軍將軍、中散大夫、桑干郡太守，贈浙州刺史。九江猛獸，感」惠政而歸山；合浦明珠，驗清平而返水。父菓，公子公孫，英風自遠，允文允武，器業已深。任平東將」軍、左銀青光禄、河州刺史。登玉門而建節，威行千里；捧銅符而莅政，化洽百民。公資星精以感氣」，蘊玉質而含英。虎變稱奇，鳳毛著異。瑶林映而秀立，瓊樹鬱以標華。万頃莫惻（測）其深。千仞不知其」際。敦孝悌而成名，振仁風而被物。至乃六奇三略之謀，鴈落猨啼之術，無不智苞時彦，德冠往賢」。解褐任大將軍王思政府參軍事，尋授威例將軍、奉朝請。魏前元年，平蜀有勳，又轉明威將軍、冘」從給事。周太祖啟業三分，經綸草昧，委以爪牙，召爲直寢，授平東將軍、左銀青光禄、帥都督，即領」本鄉兵。公以昆季情重，求推讓兄。太祖體彼睦親，依請聽授。周元年，還任都督。二年，加前將軍，左」銀青光禄。有周創建六官，求才庶職。保定二年，授冬官府司木弓工上士。七幹斯調，六材必備。妙」體角筋之固，弥綀膠漆之和。其年，加驃騎將軍、右光禄、帥都督。四年，又轉大都督，遷白超城主。五」年，任伏流城主。公乃衿帶邊垂，鷹揚作捍。遂慰勞惡羅城主李賓等一百人翻城歸化。單車入趙」，連雞而自降；伏軾下齊，拔茅而送款。縱横辯説，公之力焉。其年治陝州總管府司馬。天和二年，授」使持節、車騎大將軍、儀同三司。西晉冠冕，羊祜爲車騎；東京懿戚，鄧騭爲儀同。以茲二美，公實兼」矣。其年，授營軍器監，治小司金。揚州三品，隨時而納貢；豐城兩劍，望氣而私知。六年，轉工部大夫」。建德元年，又加驃騎將軍、開府儀同三司。龍庭刻石，等竇憲之榮；馬邑治兵，同衛青之任。以今方」古，異代一時。尋改使持節、開府儀同大將軍。五年，授大寧防主。宣政元年，遷幽州副鎮將，還檢校」總管長史事。毗贊大蕃，助成製錦；既馳驥足，復罄龍駒。其年，授宜遷縣開國侯，食邑八百户。大象」二年，轉上開府儀同大將軍。開皇元年，除幽州諸軍事、幽州刺史，仍知總管府長史事。下車則貪」城解印，褰帷則奸迴盗靜。三惑去懷，四知成誡。其年，進爵爲公，封邑依舊。既除易州刺史，尋授幽」州總管。三年，奉敕令任元帥上柱國趙郡公行軍長史。四年，又臨蔚州刺史。五年，還復幽州總」管。頻煩寵任，車丞相之淹留；荏苒鎮蕃，馬伏波之戎旅。其年，上柱國、晉王，今上之第二子也，緝」熙帝載，翼亮王猷。任重二南，光照千里。以公善於撫御，委以腹心。即領佐長上兼卅府兵，又檢校」行臺省度支尚書事。六年，又除潞州諸軍事、潞州刺史。其年，奉敕令任行軍元帥彭城公府長」史。謀猷應變之策，囊括而弗申；晝旗夜火之權，密鑒而未展。壯志不遂，遘疾漸增，以開皇七年四」月一日薨于私第，春秋五十有五。粤以九年歲次己酉正月乙丑朔廿日甲申，葬於小陵原。夫人」韋氏，大都督、車騎大將軍、左銀青光禄、崇業郡太守、贈晉州刺史粲之女，諱胡磨，京兆杜陵人也」，册拜萬榮郡君。敬愛肅恭，言容婉順，母儀令範，婦德幽閑。既而庭蘭夏折，芳桂春摧，爰在盛年，掩」從深夜。春秋卅有九，瘞於大城西，今還合葬。嗚呼哀哉！世子右親衛帥都督敬等，著孝於家，竭誠」于國。悲風樹之以往，歎扇席之無期。將恐大海成田，丹青復滅。故勒茲翠石，飾播芳猷。銘曰」：

淵澄岳峻，枝茂根磐。有殷肇胤，世禄當官。西河祚土，東晉鳴鑾。銀龜不墜，玉潤增蘭。乃祖弘仁，瑚」璉在政。分竹唯良，君臨水鏡。唯考岐嶷，禮高德盛。虎度民安，蝗飛境淨。於穆我公，剋嗣重光。雅操」鸞步，雄志鷹揚。閨門肅穆，帝閣琳琅。弓穿七札，文參五行。氣盖廉藺，智邁蕭張。擁旄作牧，至德」潛通。聲馳朔野，獵狁收蹤。仁留澤雉，信結竕童。三槐恪敬，九棘維恭。河陽論戰，蜀道陳謀。陣迴飛」鳥，氣避牽牛。司勳受册，幕府運籌。將軍一代，緗素千秋。闗帳幽房，重扃地户。雲月徒暉，松風漫鼓」。音儀永謝，荒墳獨楚」。

按

誌主宋忻，未見史籍記載。其家族世系、生平與所及職官、地名等，均可補史之闕。

078.589　王昌墓誌

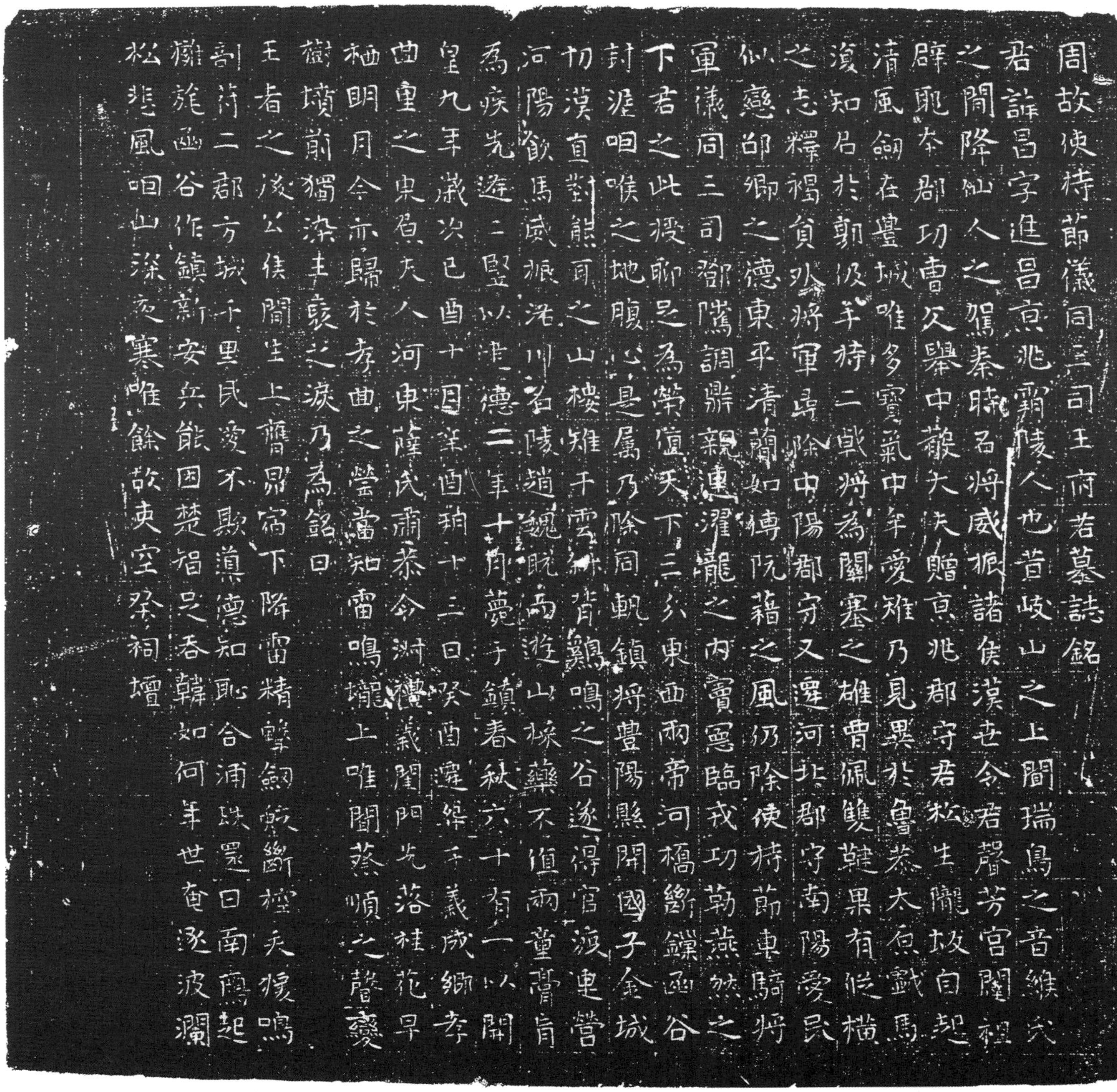
周故使持節儀同三司王府君墓誌銘
君諱昌字進昌京兆霸陵人也昔岐山之上聞瑞鳥之音維穴
之間降仙人之駕秦晞名將威振諸侯漢世令君聲芳宮闈祖
辟恥本郡功曹父舉中散大夫贈京兆郡守君松生隴坂自起
清風劍在豐城唯多寶氣中年愛雉乃見異於魯恭太魚戲馬
復知名於郭伋羊持二戟將為關塞之雄曹佩雙鞬果有從横
之志釋褐員外將軍尋除中陽郡守又遷河北郡守南陽愛民
似戀邵卿之德東平清蘭如傳阮籍之風仍除使持節車騎將
軍儀同三司鄧騭調鼎親連濯龍之内寶憲臨戎功勒燕然之
下君之此授卿是為榮冠天下三分東西兩帝河橋斷鏁函谷
封涯咽喉之地腹心是屬乃除同軌鎮將豐陽縣開國子金城
切漢直對熊耳之山樓雉干雲緣背雞鳴之谷遂得宮渡連營
河陽飲馬威振洛川名陵趙魏既而遊山採藥不值雨童膏肓
為疾先遊二豎以建德二年十月薨于鎮春秋六十有一以開
皇九年歲次己酉十月癸酉朔十三日癸酉遷窆于義成鄉孝
曲里之東原夫人河東薛氏肅恭令淑禮義閑明光落桂花早
栖明月今亦歸於孝曲之塋當知雷鳴壠上唯聞蔡順之聲變
樹墳前獨染王裒之淚乃為銘曰
王者之後公侯間生上膺昴宿下降雷精擊劍蛟斷控矢猨鳴
剖符二郡方城千里民愛不欺導德知恥合浦珠還日南鷹起
樹旆函谷作鎮新安兵能因楚謀足吞韓知何年世奄逐波瀾
松悲風咽山深夜寒唯餘故吏空祭祠壇

説明

隋開皇九年（589）十月刻。誌正方形。邊長41厘米。誌文楷書22行，滿行24字。1997年西安市洪慶街道辦事處教委住宅樓工地出土。現存陝西省考古研究院。《隋代墓誌銘彙考》著録。

釋文

周故使持節儀同三司王府君墓誌銘」

君諱昌，字進昌，京兆霸陵人也。昔岐山之上，聞瑞鳥之音；緱氏」之間，降仙人之駕。秦時名將，威振諸侯；漢世令君，聲芳宫闥。祖」辟耶，本郡功曹。父舉，中散大夫，贈京兆郡守。君松生隴坂，自起」清風；劍在豐城，唯多寶氣。中牟愛雉，乃見異於魯恭；太原戲馬」，復知召於郭伋。手持二戟，將爲關塞之雄；腰佩雙鞬，果有縱横」之志。釋褐員外將軍，尋除中陽郡守，又遷河北郡守。南陽愛民」，似戀邵卿之德；東平清簡，如傳阮籍之風。仍除使持節、車騎將」軍、儀同三司。鄧騭調鼎，親連濯龍之内；竇憲臨戎，功勒燕然之」下。君之此授，聊足爲榮。值天下三分，東西兩帝。河橋斷鏁，函谷」封泥。咽喉之地，腹心是属。乃除同軌鎮將、豐陽縣開國子。金城」切漢，直對熊耳之山；樓雉干雲，斜背雞鳴之谷。遂得官渡連營」，河陽飲馬，威振洛川，名陵趙魏。既而遊山採藥，不值兩童；膏肓」爲疾，先逢二豎。以建德二年十月薨于鎮，春秋六十有一。以開」皇九年歲次己酉十月辛酉朔十三日癸酉，遷葬于義成鄉孝」曲里之東原。夫人河東薛氏，肅恭令淑，禮義閨門，先落桂花，早」栖明月。今亦歸於孝曲之塋。當知雷鳴壟上，唯聞蔡順之聲；變」樹墳前，獨染王褒之淚。乃爲銘曰」：

王者之後，公侯間生。上膺昴宿，下降雷精。擊劍蛟斷，控矢猨鳴」。剖符二郡，方城千里。民愛不欺，導德知恥。合浦珠還，日南鴈起」。擁旄函谷，作鎮新安。兵能困楚，智足吞韓。如何年世，奄逐波瀾」。松悲風咽，山深夜寒。唯餘故吏，空祭祠壇」。

按

誌主王昌，未見史籍記載。其家族世系、生平與所及職官、地名等，均可補史之闕。其子王瑱墓銘見079.589條。

079.589　王瑱墓銘

儀同三司豊陽縣開國公王君世子之銘
君諱瑱字孝璋京兆霸城人也長源穿地分浩漢以澄天峻峙排雲齊崐崙高
而槩日秦爲上將三世相華漢曰功臣五侯遞暎豈直高陽之里畝扇才子之名
緱氏之山芳着仙人之号而已祖麟奉朝請京兆郡守父昌儀同三司開府防主君藏
靈圓瀉挹有明珠蘊抱方流琬琰生玉渾澄方傾崖岸千尋不亂自成亭磨已瑩
青衿之歲風流自然竹馬之年光華藉甚既而天無長祐風燭先飄桂猶芳而中摧
水言廿而早竭青無四兩忽胡國之方逢芝之九莖嗟蓬萊之已遠以天和五年四月六日卒
於私第春秋年廿有九以今開皇九年歲次己酉十月辛酉朔廿三日癸酉改葬霸城之
東塋君生年未幾時值欽明實有沖天之心方時驚人之志何期蕣花承春昫早逢霜落之
秋露泫晨光忽有風飄之際生平已矣天道何言誠勒芳猷乃爲銘曰
洋洋帶地巖巖撩天其源實遠其峯實懸高門弈世茂結相傳乘
纓戴筆拜後光前家承積善誕斯英儁對日聲高論天響振聞詩
習禮懷仁抱信草露乘書松風起韻方期逸翮拂羽陵霄如何身
世奄逐風飈癒呂親識怨結雜交魂乎不反窀穸徒貽方歸宅兆謀
龜得吉泉挽晨移長旌曉出草萎霜厚松寒風疾七尺長淪千齡
永畢
墓志之

説 明

隋開皇九年（589）十月刻。誌正方形。邊長41厘米。誌文楷書16行，滿行31字。1997年西安市洪慶街道辦事處教委住宅樓工地出土。現存陝西省考古研究院。《隋代墓誌銘彙考》著録。

釋 文

儀同三司豐陽縣開國公王君世子之銘」

君諱瑱，字孝璋，京兆霸城人也。長源穿地，分淄漢以澄天；峻峙排雲，齊崐嵩」而概日。秦爲上將，三世相華；漢曰功臣，五侯遞映。豈直高陽之里，猷扇才子之名」；緱氏之山，芳着仙人之号而已。祖麟，奉朝請、京兆郡守。父昌，儀同三司、同蓒防主。君藏」靈圓浪，恒有明珠；藴抱方流，琬能生玉。渾澄万頃，崖岸千槅；不刮自成，寧磨已瑩」。青衿之歲，風流自然；竹馬之年，光華藉甚。既而天無長祐，風燭先飄。桂猶芳而中摧」，水言甘而早竭。□無四兩，怨胡國之方遥；芝乏九莖，嗟蓬萊之已遠。以天和五年四月六日卒」於私第，春秋年廿有九。以今開皇九年歲次己酉十月辛酉朔十三日癸酉，改葬霸城之」東塋。君生年未幾，時值欽明。實有沖天之心，方呀驚人之志。何期花承春煦，早逢霜落之」秋；露泫晨光，忽有風飄之際。生平已矣，天道何言！誠勒芳猷，乃爲銘曰」：

洋洋帶地，巖巖極天。其源實遠，其峰實懸。高門奕世，茂緒相傳。乘」纓戴筆，拜後光前。家承積善，誕斯英儁。對日聲高，論天響振。聞詩」習禮，懷仁抱信。草露乘書，松風起韻。方期逸翮，拂羽陵霄。如何身」世，奄逐風飈。痛留親識，怨結雜交。魂兮不反，靈（虚？）座徒招。方歸宅兆，謀」龜得吉。哀挽晨移，長旌曉出。草萎霜厚，松寒風疾。七尺長淪，千齡」永畢」。

墓志之」

按

此墓誌與078.589《王昌墓誌》同時、同地出土。墓主係王昌之子。兩方墓誌記載内容大部相符，唯《王昌墓誌》記載其父王舉爲中散大夫、京兆郡守，《王瑱墓銘》則稱“祖麟，奉朝請、京兆郡守”。

080.589　王仕恭墓誌

周蒙縣開國男王墓誌

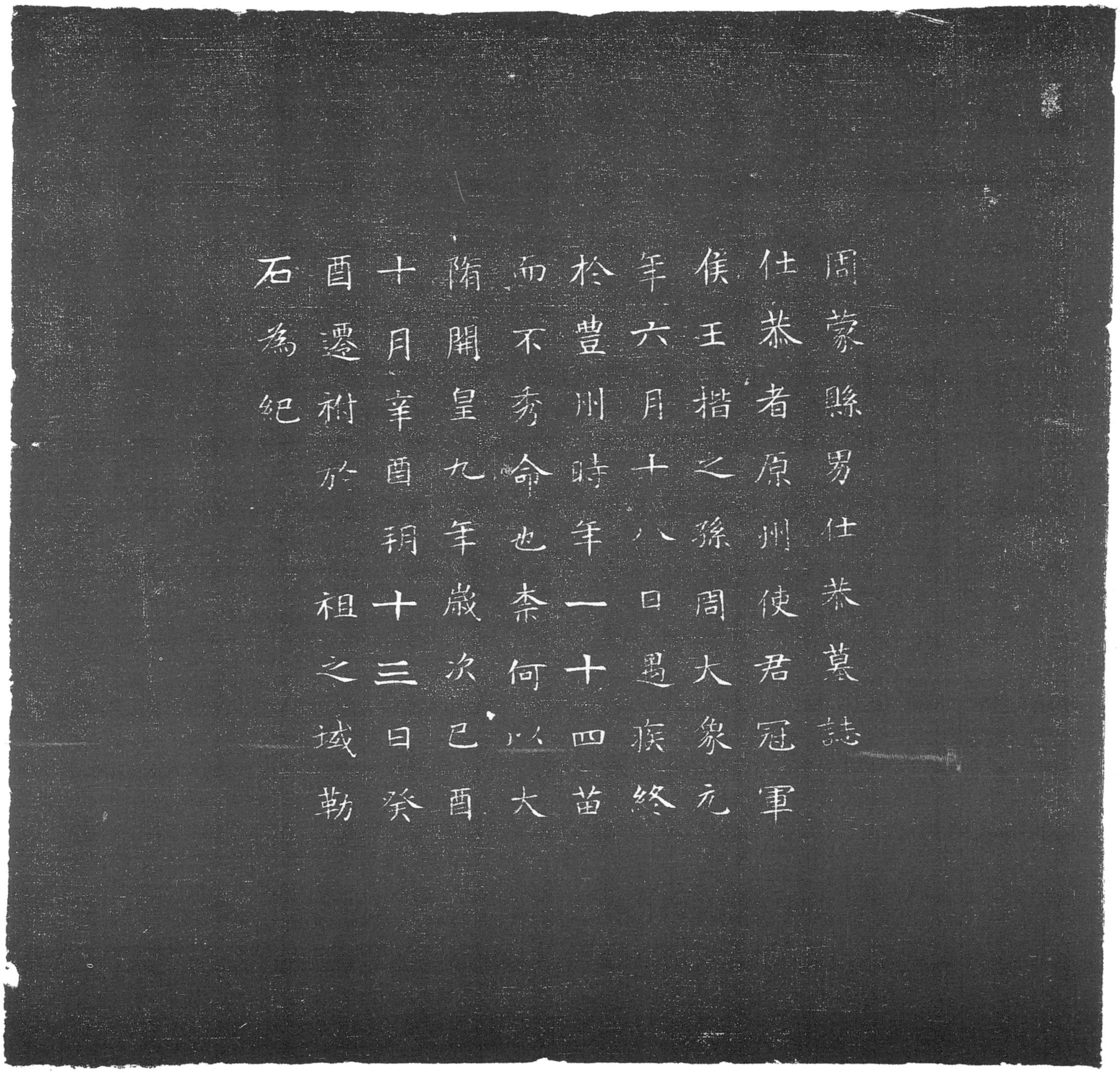
周蒙縣男仕恭墓誌
仕恭者原州使君冠軍
侯王楷之孫周大象元
年六月十八日遇疾終
於豐州時年一十四苗
而不秀命也柰何以大
隋開皇九年歲次己酉
十月辛酉朔十三日癸
酉遷祔於　祖之域勒
石為紀

説 明

隋開皇九年（589）十月刻。蓋盝形，誌正方形。誌、蓋尺寸相同，邊長均27厘米。蓋文3行，滿行3字，篆書“周蒙縣」開國男」之墓誌」”。誌文楷書10行，滿行9字。2005年涇陽縣永樂鎮出土。現存西安碑林博物館。《隋代墓誌銘彙考》《西安碑林博物館新藏墓誌彙編》著録。

釋 文

周蒙縣男仕恭墓誌」

仕恭者，原州使君、冠軍」侯王揩之孫。周大象元」年六月十八日遇疾，終」於豐州，時年一十四。苗」而不秀，命也柰何。以大」隋開皇九年歲次己酉」十月辛酉朔十三日癸」酉，遷祔於祖之域，勒」石爲紀」。

081.589　楊景墓誌

大隋楊
府君之
墓誌銘

大隋故五華太守楊府君之墓誌
君諱景字景栖華山郡華陰縣習仙人也漢太尉震之十四世孫
高堂遠躋化為丹陵之地長河一曲變成白水之鄉若其同源派
流裔枝累幹蓋以詳諸惇史無煩駕說曾祖公次京兆太守洛州
刺史雄姿俶儻轂冠陝西祖眾歸州主簿郡功曹雅道裒逸義析
豪右考永寧白水敷城華山齊康四郡太守襄州刺史仁風被物
惠政遺民樹蘭之美久而未滅君志尚淹敏器量弘通立身樹行
尤好文學載酒遊子雲之堂授刺登元禮之門先達嘉其鑽仰後
進欽其領袖由是光照四隣價高五府大統十年射策除奉朝請
威儀作範顧孫所以入侍才韓侯能吾丘所以內直故文帝之世
久為直後焉晚遷冠軍將軍郢州竟陵縣令禮刑既洽絃歌晏如
匪唯霄犬不驚故以夜魚無犯歲終考第屢在甲科共治寄切尋
轉五華郡守民知興讓吏不違飯信化鷄之在德嘆浮虎之偶然
方期尚賢之舉日隆車服豈謂閱水之悲遽傷朝暮以保定五年
十二月十三日終于家春秋卌有八夫人天水梁氏雍州主簿梁
文達之女也稟性柔和資以恭順爰初奉幕逮乎移宅婦則母儀
始終具美神道湛昧福善莫徵年六十六以開皇九年歲次己酉
五月廿日遘疾彌留奄同晞露即以其年十月辛酉朔廿四日甲
申合窆于華陰東原鄉通靈里神岳鎮其前龍津潤其後實得川
陸之宜庶無市朝之慮以宅穸式期姻寮畢萃式旌徽範乃為銘
曰
七縣遙緒五公餘慶崇峯上干清瀾可泳京兆後傑風翥雲驤主
簿淵裕晦質含章襄州翼翼有襲其芳五華鶮鶮乃構于堂猗歟
淑媛詢美且咸正志如郝勤節猶梁忽掎華宇永閟玄房山烟接
霧壟月浮霜有子幹事鳴玉周行甚哉孝也所貴名揚

説 明

隋開皇九年（589）十月刻。蓋盝形，誌正方形。誌、蓋尺寸相同，邊長均56厘米。蓋文3行，滿行3字，篆書“大隋楊」府君之」墓誌銘」”。誌文楷書25行，滿行25字。早年華陰縣出土。現爲私人收藏。《隋代墓誌銘彙考》著録。

釋 文

大隋故五華太守楊府君之墓誌」

君諱景，字景栖，華山郡華陰縣習仙人也。漢太尉震之十四世孫」。高掌遠蹠，化爲丹陵之地；長河一曲，變成白水之鄉。若其同源派」流，喬枝累幹，盖以詳諸惇史，無煩駕説。曾祖公次，京兆太守、洛州」州刺史。雄姿俶儻，聲冠陝西。祖衆，歸州主簿、郡功曹。雅道夷逸，義折」豪右。考永寧，白水、敷城、華山、齊康四郡太守，襄州刺史。仁風被物」，惠政遺民。椒蘭之美，久而未滅。君志尚淹敏，器量弘通。立身樹行」，尤好文學。載酒游子雲之室，投刺登元禮之門。先達嘉其鑽仰，後」進欽其領袖。由是光照四鄰，價高五府。大統十年射策，除奉朝請」。威儀作範，顓孫所以入侍；才幹傒能，吾丘所以内直。故文帝之世」，久爲直後焉。晚還冠軍將軍、郢州竟陵縣令。禮刑既洽，絃歌晏如」。匪唯霄犬不驚，故以夜魚無犯。歲終考第，屢在甲科。共治寄切，尋」轉五華郡守。民知興讓，吏不遑飯。信化鵄之在德，笑浮虎之偶然」。方期尚賢之舉，日隆車服；豈謂閲水之悲，遽傷朝暮。以保定五年」十二月十三日終于家，春秋卌有八。夫人天水梁氏，雍州主簿梁」文達之女也。稟性柔和，資心恭順。爰初奉箒，逮乎移宅，婦則母儀」，始終具美。神道茫昧，福善莫徵。年六十六，以開皇九年歲次己酉」五月廿日遘疾弥留，奄同晞露。即以其年十月辛酉朔廿四日甲」申，合葬于華陰東原鄉通靈里。神岳鎮其前，龍津潤其後，實得川」陸之宜，庶無市朝之慮。以窀穸戒期，姻寮畢萃，式旌徽範，乃爲銘」曰」：

七縣遥緒，五公餘慶。崇峰上干，清瀾可泳。京兆俊傑，風凄雲驤。主」簿淵裕，晦質含章。襄州翼翼，有襲其芳。五華矯矯，乃構于堂。猗歟」淑媛，詢美且臧。正志如郝，勵節猶梁。忽捐華宇，永閟玄房。山煙接」霧，壟月浮霜。有子幹事，鳴玉周行。甚哉孝也，所貴名揚」。

按

誌主楊景，未見史籍記載。相較其他出土之弘農楊氏核心成員墓誌，《楊景墓誌》僅云“華山郡華陰縣習仙人也。漢太尉震之十四世孫”，但亓載其曾祖、祖父、父親之名諱、職官以及楊景之生平，對研究弘農楊氏家族史亦有一定的價值。

082.589　皇甫忍墓誌

大隋開皇九年歲次己酉十一月庚寅朔十九日戊申熊州長
史皇甫公墓誌銘
公諱忍朝那人也西周卿士權兮百辟之門東巢賢侯嚴茂兩
河之地盤根既植楔棟遂生易葉傳芳遠於今矣祖興隆京兆
郡功曹父脩逸懷安廣城利陽三郡太守公稟質崐山孕靈岐
嶽直置鏗鏘自然高遠幼懷大略先表鴻鵠之奇長蘊雄圖寶
廷風雲之異弱冠入仕委贄昇朝檡木而歸翔而後集起家為
大將軍安政公府禮曹尋除万春鎮長史蜀中膏壤吞吳奧塸
命宰庶民時惟茂德遂除益州萬壽隆山二縣令矚東夏未平
洪溝尚隔三河要會百雉蕭城實稱脣齒之都曾名闕鍵之地
周越王以懿德茂親爰求利器授以佐僚遂除蒲州總管兵曹
參軍兼營城監晉部襟帶山河處之固塞風牛交錯邊警遏烽
又以公為行軍總管長史仍從越王拓定壃場公志懷百勝略
地攻城無往不剋周有平陽公之力也軍還王又舉公為肆州
贊治尋轉別駕又除長史俄而世運推移祿去周室
皇隋馭物唯在任賢復遷熊州長史宣風布政導德齊禮光贊
六條王君之居青部詎可論功而鍾漏相催居諸不息奄隨風
燭忽遂摧蘭以開皇八年十月薨於任春秋五十乃以九年十
一月窆於長安縣布政鄉延倈里昔子輿臨壙秦人懷百死之
悲大叔云亡晉卿致九言之痛嗚呼哀哉乃為銘曰
西崐孕寶南海潛瑠是唯明月寔乃珪璋令德君子為世龍光
儀形家國軌物皇王政兼水火志摠韋弦芳音未息茂實仍傳
夜月對營朝雲偶陣九河流注夢玉言歸刈蘭俄去廓寞泉門
颼颼風霧空見高臺含悲瓏樹

説 明

隋開皇九年（589）十一月刻。蓋盝形，誌正方形。蓋邊長40厘米，誌邊長38厘米。蓋文3行，滿行3字，篆書“隋降州」使君皇」甫公誌」”。誌文楷書24行，滿行24字。有界格。2005年西安市長安區郭杜鎮出土。現存西安市長安博物館。《隋代墓誌銘彙考》《長安新出墓誌》《長安碑刻》著録。

釋 文

大隨開皇九年歲次己酉十一月庚寅朔十九日戊申熊州長」史皇甫公墓誌銘」

公諱忍，朝那人也。西周卿士，權冠百辟之門；東冀賢侯，聲茂兩」河之地。盤根既植，梁棟遞生。易葉傳芳，逮於今矣。祖興隆，京兆」郡功曹。父脩逸，懷安、廣城、利陽三郡太守。公稟質崐山，孕靈岐」嶽。直置鏗鏘，自然高遠。幼懷大略，先表鴻鵠之奇；長藴雄圖，實」挺風雲之異。弱冠入仕，委贊昇朝。擇木而歸，翔而後集。起家爲」大將軍安政公府禮曹，尋除万春鎮長史。蜀中膏壤，本号奥逼」。命宰庇民，時唯茂德。遂除益州萬壽、隆山二縣令。矚東夏未平」，洪溝尚隔。三河要會，百雉蒲城。實稱脣齒之都，曾名關鍵之地」。周越王以懿德茂親，爰求利器，授以佐僚，遂除蒲州總管兵曹」參軍，兼營城監。晉部襟帶山河，齊之固寒，風牛交錯，屢警邊烽」。又以公爲行軍總管長史，仍從越王拓定疆埸。公志懷百勝，略」地攻城，無往不剋。周有平陽，公之力也。軍還，王又舉公爲肆州」贊治，尋轉别駕，又除長史。俄而世運推移，禄去周室」。皇隋馭物，唯在任賢。復還熊州長史。宣風布政，導德齊禮，光贊」六條。王君之居青部，詎可論功。而鍾漏相催，居諸不息。奄隨風」燭，忽逐摧蘭。以開皇八年十月薨於任，春秋五十。乃以九年十」一月窆於長安縣布政鄉延侏里。昔子輿臨壙，秦人懷百死之」悲；大叔云亡，晉卿致九言之痛。嗚呼哀哉！乃爲銘曰」：

西崐孕寶，南海潛瑠。是唯明月，寔乃珪璋。令德君子，爲世龍光」。儀形家國，軌物皇王。政兼水火，志總韋弦。芳音未息，茂實仍傳」。夜月對營，朝雲偶陣。九河流注，夢玉言歸。刈蘭俄去，廓寞泉門」。飄摇風霧，空見高臺，含悲壟樹」。

按

誌主皇甫忍，未見史籍記載。誌所載其祖、父及皇甫忍之職官事蹟等，均可補史之闕。

083.590　隋馬僧寶等四面造像題記

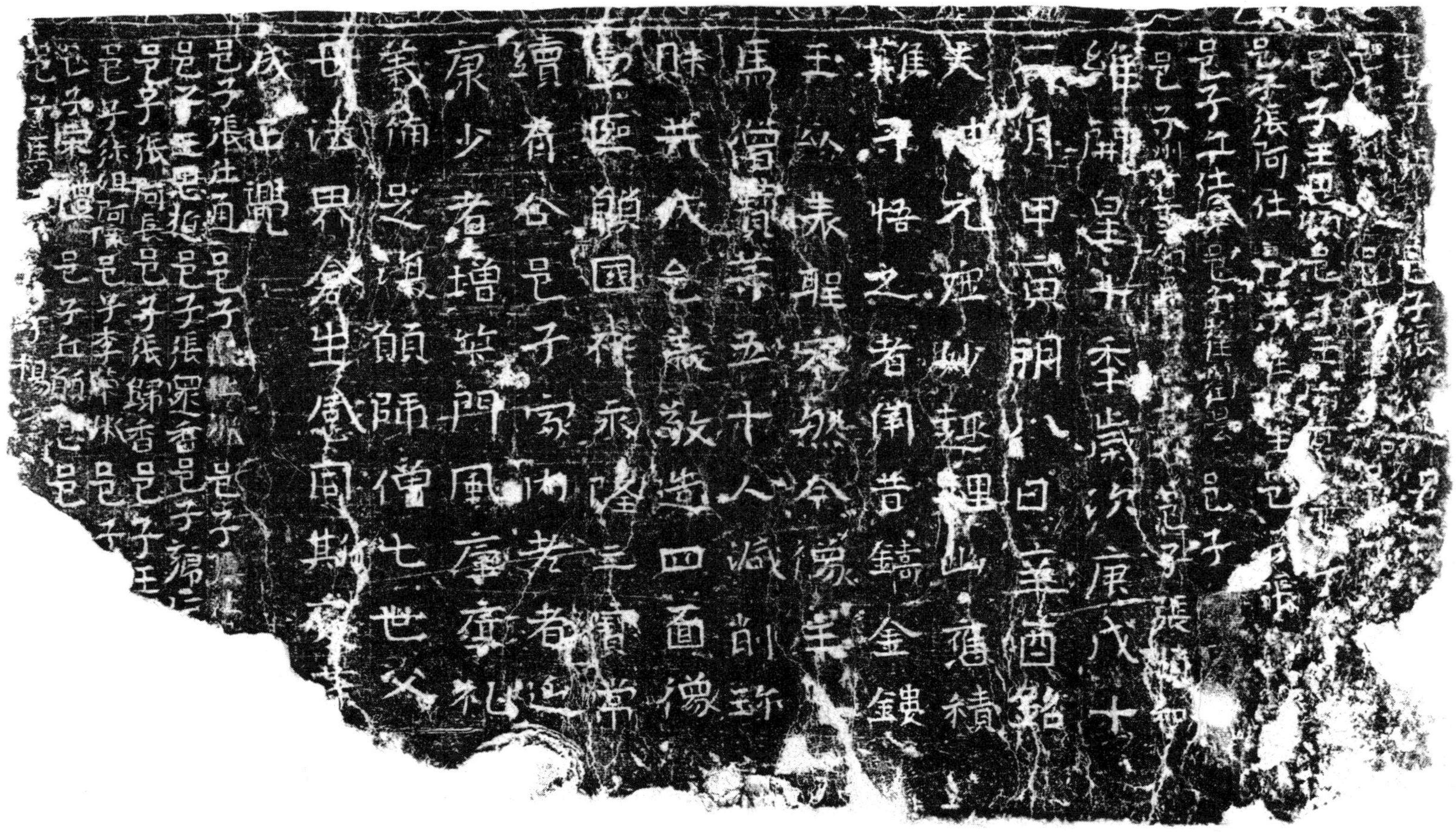

説 明

隋開皇十年（590）十二月刻。碑長方形。長56厘米，寬33厘米。正文楷書13行，滿行10字。碑左右兩側各有楷書題名6行，行殘存字數不等。現存銅川市。

釋 文

維開皇十年歲次庚戌十」二月甲寅朔八日辛酉銘」

天地元虚，妙趣理幽。應積」難□，悟之者用。昔鑄金鏤」玉，以表聖容然。今像主」馬僧寶等五十人，減削珍」財，共成邑義。敬造四面像」壹區。願國祚永隆，三寶常」續。有合邑子家内老者延」康，少者增算。門風□□，礼」義備足。復願師僧七世父」母，法界倉生，感同斯慶，等」成正覺」。

【右側題名】

邑子張□、邑子張□□、邑（下闕）

邑子□□□、邑子□□□、邑子□（下闕）

邑子王思頌、邑子王□□、邑子（下闕）

邑子張阿仕、邑子崔□生、邑子張（下闕）

邑子丘仕□、邑子崔衢曇、邑子□□□」

邑子州署等領□□□□□、邑子張□和」

【左側題名】

邑子張仕通、邑子張仕□、邑子張仕（下闕）

邑子王思哲、邑子張還香、邑子□（下闕）

邑子張阿長、邑子張歸香、邑子王（下闕）

邑子弥姐阿□、邑子李榮渊、邑子（下闕）

邑子宋禮、邑子丘願恩、邑（下闕）

邑子馬□□、□子楊（下闕）

按

此造像題記未見著録。據題記，當爲今銅川某邑馬僧寶等五十人爲國爲家爲蒼生祈求平安延壽，敬造四面像一區。

084.591　趙惠墓誌

隋故上開府樂安縣開國伯趙君墓誌
公諱恵字世模金城郡人也源流積而成遠枝葉蘊而弥芳門襲
軒冕之榮家傳鍾鼎之食並詳於汗冊備在緗圖考敬營州長史
昌黎建德二郡太守奇姿秀挺雅志淵沖加以仁澤被於氓黎拖
留所以興訴至德懷於民吏来慕所以為歌公體秀山川稟靈嶽
瀆儀範當世師表人倫懷橘之年風標令望佩觿之歲早播英聲
齊天統五年時年十四合鄉舉為建德郡功曹至
大隋開皇三年為刺史高寶寧擾動氓黎阻兵稱亂公遂被衆貴
闉撫入北狄抱誠臣之節豈松竹而方其志推奉國之操非金石
而方其心至四年将領兵衆一千餘人俱来歸國蒙授大都督乃
屬僞陳放命肆彼姦回虐用其民指聚亡叛作僞不義綱紀無緒
民思禍乱兵革恒聞　皇帝愍彼蒼生離之塗炭分命問罪龔行
天罰公遂摠鷹揚之衆帥貔虎之師大石輕交已瞻乱散威略兼
布早見授儀曾不崇朝一時清蕩蒙授上開府樂安縣開國伯封
邑七百戶方欲長城飲馬勒石燕山詎謂与善徒言奄從朝露以
開皇十年七月廿九日薨於陽州所悲纏行路痛結鄉邦粵以開
皇十一年十一月廿四日葬於雍州大興縣堺洪固鄉所　詔贈
模祀但恐田易改山谷遷移德音鐫其玄石冀千載而恒燕乃為
銘曰　山川稟秀辰象降靈家傳軒冕門襲簪纓誕惟君子
夙播令名交遊致信奉國推誠浩浩波瀾滔滔江漢宮牆深邃莫
測涯岸万頃同懷千尋擢幹春秋翰運乾象迴旋悠悠蒼昊冥冥
上玄寧云与善不祚才賢一掩棺舍永隧厚夜遂曰有期親徒俱
集悲斯贈馬賓僚灑泣胸胸松野蕭蕭寒隰蘭菊恒芳徽猷永泣

説明

隋開皇十一年（591）十一月葬。蓋盝形，誌正方形。誌、蓋尺寸相同，邊長均43厘米。蓋文4行，滿行4字，楷書“大隋上開」府樂安縣」開國伯趙」廿摸墓誌」”。誌文楷書23行，滿行25字。有界格。2004年西安市長安區韋曲鎮出土。現存西安市長安博物館。《隋代墓誌銘彙考》《長安新出墓誌》《長安碑刻》著録。

釋文

隋故上開府樂安縣開國伯趙君墓誌」

公諱惠，字世摸，金城郡人也。源流積而成遠，枝葉蘊而弥芳。門襲」軒冕之榮，家傳鍾鼎之食。並詳於汗册，備在緐圖。考敬，營州長史」，昌黎、建德二郡太守。奇姿秀挺，雅志淵沖。加以仁澤被於氓黎，拖」留所以興詠。至德懷於民吏，来慕所以爲歌。公體秀山川，稟零（靈）嶽」瀆。儀範當世，師表人倫。懷橘之年，夙標令望；佩觿之歲，早播英聲」。齊天統五年，時年十四，合鄉舉爲建德郡功曹。至」大隋開皇三年，爲剌史高寶寧擾動氓黎，阻兵稱乱，公遂被衆潰」圍，擁入北狄。抱誠臣之節，豈松竹而喻其志；推奉國之操，非金石」而方其心。至四年，將領兵衆一千餘人俱来歸國，蒙授大都督。乃」屬僞陳放命，肆彼姦回。虐用其民，招聚亡叛。作僞不義，綱紀無緒」。民思禍乱，兵革恒聞。皇帝愍彼蒼生，離之塗炭。分命問罪，龔行」天罰。公遂總鷹揚之衆，帥貔虎之師。矢石暫交，已瞻乱轍；威略纔」布，早見投衡。曾不密朝，一時清蕩。蒙授上開府、樂安縣開國伯，封」邑七百户。方欲長城飲馬，勒石燕山。誰謂与善徒言，奄從朝露。以」開皇十年十月廿九日薨於陽州所。悲纏行路，痛結鄉邦。粤以開」皇十一年十一月廿四日葬於雍州大興縣堺洪固鄉所，詔贈」摸，禮。但桑田易改，山谷遷移。德音鐫其玄石，冀千載而恒垂。乃爲」銘曰：

山川稟秀，辰象降零（靈）。家傳軒冕，門襲簪纓。誕惟君子」，夙播令名。交遊致信，奉國推誠。浩浩波瀾，滔滔江漢。宫牆深遠，莫」測涯岸。万頃同懷，千尋擢幹。春秋斡運，乾象遞旋。攸攸蒼旻，冥冥」上玄。寧云与善，不辨才賢。一捐館舍，永墜虞淵。遠日有期，親徒俱」集。悲斯聕馬，賓僚灑泣。膴膴松野，蕭蕭寒隰。蘭菊恒芳，徽猷永立」。

按

誌主趙惠，《隋書·趙元淑傳》附載，字世模。墓誌可與正史互證。

085.591　王猛墓誌

説 明

隋開皇十一年（591）十一月刻。蓋盝形，誌正方形。誌、蓋尺寸相同，邊長均43厘米。蓋文3行，滿行3字，篆書“大隋開」府安定」公墓誌」”。誌文楷書25行，滿行25字。2005年西安市長安區郭杜鎮出土。現存西安市長安博物館。《隋代墓誌銘彙考》《長安新出墓誌》《長安碑刻》著録。

釋 文

大隋開府儀同三司安定公王君之墓誌」

公諱猛，字子猛，太原晉陽人也。履迹導其鴻緒，卜鼎彰其芳烈。故」能陳其雅漢，則權重西秦；遊俠伊何，則豪華於東雒。何必長淮不」絶，方聞郭璞之占；將育於姜，始知辛廖之卦。祖鸞，魏侍中、使持節」大將軍、玉城郡開國公。父操，范陽郡開國公。並德懋群英，位參槐」棘。無慙古實，有詠前賢。公少稟蘭馨，憑資玉閏。淵明敏悟，博愛寬」仁。非直庭珠寶家，故亦利用觀國。大象元年，解巾東宮右宮伯都」下士。二年，破武陟陣之勳，尋加帥都督。開皇二年，除右監門校尉」。九年，從上柱國、宋國公渡江，蔣山野戰，蒙授開府儀同三司，加安」定縣開國公，食邑四佰户。十年，任行軍總管，靜彼烏程，蹔得張鱗」。淹留搆疾，以春秋卅，其年十一月七日薨於鎮所。維公建雄武之」資，逢休明之會。濟濱超乘，何（河）内終爲腹心；漳滸抽戈，邯鄲無其」使者。入居典職，陛戟之任方降；出贊鞞軍，曜武之威逾赫。岸上爲」虎，已驗孫皓轅門；水内爲龍，詎啟王渾之表。然江湖蕩薄，志在澆」離。魚鳥心，易爲鹿鯁。公乃總其軍略，壓彼猖夷。取乱侮亡，威懷字」小。昔荀羨董其戎幕，差是𥃩侔；謝晦牧於荊方，郏公爲老。然蜀臣」斫石，志不懷生；晉士踈行，唯宜取死。先軫没於北狄，報德知尤；馬」援卒於西陵，從来願矣。以開皇十一年十一月廿八日葬於大興縣」高陽原。既而鎮南之誠，峴漢分碑；滕公之靈，佳城遇槨。銘曰」：

澧鎬間起，瀍洛崇基。七百啟祚，千里王畿。四方是則，万國咸歸。鄧」林方茂，鵾鵬等飛。磐石之固，子孫千億。積善慶餘，憑仁累德。王卿」不替，公侯唯植。挺我生知，表於岐嶷。三江虎視，百越强梁。王赫斯」怒，元戎啟行。唯公磨壘，角不能當。千人之敵，何謝關張。原野蒼茫」，隴雲昏咽。墳帶古塋，松無新節。魂兮惻愴，人心断絶。空有嘉聲，千」年不滅」。

按

誌主王猛，其祖王鸞、父王操，均未見史籍記載。王猛生平事蹟、職官情況，可參考王其禕、穆小軍《長安縣郭杜鎮新出土隋代墓誌銘四種》（《碑林集刊》十一，陝西人民美術出版社2005年）。

086.592　吕思禮墓誌

魏故七兵尚書汝陽呂侯墓誌
公諱思禮東平壽張人也若乃九州既載岳牧啓其首封三分肇基霸輔傳其命
氏匡周之業道楙齊邦絶秦之辞名高晋國□蕭歇後世踵英賢奕葉冠冕嬋聯
不絶十一世祖曠魏司徒器局詳遠容儀閑綽鹽梅鼎飪焜燿台階父達平原太
守矜神朗晤風格峻舉常以鳴謙自處不以仕進經懷公山岳降靈星精散彩恭
孝作範仁義為師雅量淵深泄尾閭而不竭逸氣孤遠搏扶搖而不追加以敦悅
詩書漁獵子史儒高歆向文靈機雲銀鉤轉其筆端則鸞鷟翾起王楊其舌杪
則河注冰消小道備該能事畢矣弱冠舉秀才射策甲科擢為相州南䜌縣令德
静灌壇之風威寵重泉之虎尋遷相州長史成而妖氛葛榮攻鄴州邑公縈慈墨
帶驅彼苗牛衛翻既權鎣董自殄仍除二千石郎賞平陸縣開國伯来居帟帳入
侍丹扉地斥殷田功斑夏爵尋遷國子博士董仲舒之儒雅已媿垂帷馬相如之
辭賦遂慙入室屬以西京榛梗創置行臺不有清通孰能銓管出為行臺吏部郎
雅操邁時廉平率下周太祖龍飛自北虎據而東載佇異人將弘霸業一面而款
有若神交仍遷右丞待以殊礼期會之典釐綜不差章表之文敷陳無怠于斯時
也魏德云衰五岳壓飛三方蝟起天王居外晉鄭焉依又遷吏東將軍給事黄門
侍郎進伯為侯邑八百戶使至潼關奉迎車駕手從輦遇仍為漢帝之師職擬張
遼無勞魏兩之戒及文帝践祚兼領著作蘭臺推其序事蓬山謝其記言遷都官
尚書尋轉七兵尚書任屬斗杓位掌喉舌允宣七德敬恤五刑杭孔詡之直言挺
和遵之勁士臨官正色朝野稱為方勵攀龍之姿陪射牛之礼而梁權川鶩曾不
少留以大統四年正月薨于蒲州蒲坂里春秋卌有八邦國興殄悴之悲衢路隕
忘言之泣詔贈本官加使持節車騎大將軍定州諸軍事定州刺史改封汝陽縣
開國侯礼也夫人辛氏即魏太子詹事遐之第三女馨光圖史德備閨闈蘊柔慧
之質秉幽閑之操降年不永春秋卅有四大統五年九月薨於長安清德里第粤
以開皇十二年正月十五日合葬於高陽原將恐海運山飛金銷石泐式旌令範
永播無窮銘曰　發源東海啓邑南陽盛德潛被其苗必昌功參十亂道濟一
匡嬰承楙緒安播餘芳司徒岳峙太守淵塞篤生君子世載其德遠洞八儒傍該
三墨言為令範行稱楷則游雲布政列宿居郎聲聞京輦績著明光黄門晝地博
士推羊說經亹亹特蓋洋洋直戟南史優游東觀八流方變百揆彼贊其彙已征
其羣乃渙寒松未改春冰早泮人之云亡我之懷矣家隊琳瑯宮凋杞梓摧茲勝
氣蘊斯盛齒空恨百夫未申千里忝有幽貞獨章婉娩潔如秋水馨猶春桂信美
黄裳良兼婦德實鏡方椿頌琴長塵郎泉晦晦松柏阡阡豐狐向穴高隴行田漢
碑成岸楚劍淪淵一為野土幾万千年

説明

隋開皇十二年(592)正月刻。誌正方形。邊長52厘米。誌文楷書32行,滿行31字。有界格。2003年西安市長安區郭杜鎮吕思禮墓出土。現存陝西省考古研究院。《隋代墓誌銘彙考》著録。

釋文

魏故七兵尚書汶陽吕侯墓誌」

公諱思禮,東平壽張人也。若乃九州既載,岳牧啟其首封;三分肇基,霸輔傳其命」氏。匡周之業,道楙齊邦;絶秦之辭,名高晉國。自茲厥後,世踵英賢。奕業冠冕,嬋聯」不絶。十一世祖曠,魏司徒。器局詳遠,容儀閑綽;鹽梅鼎飪,焜燿台階。父逵,平原太」守。衿神朗晤,風格峻舉。常以鳴謙自處,不以仕進經懷。公山岳降靈,皇(星?)精散彩。恭」孝作範,仁義爲師。雅量淵深,泄尾閭而不竭;逸氣孤遠,摶扶摇而不追。加以敦悦」詩書,漁獵子史。儒高歆向,文麗機雲。銀鉤轉其筆端,則鸞驚鵲起;玉柄揚其舌杪」,則河注冰消。小道備該,能事畢矣。弱冠舉秀才,射策甲科,擢爲相州南欒縣令。德」静灌壇之風,威譬重泉之虎。尋遷相州長史。俄而妖寇葛榮攻剽州邑,公縈茲墨」帶,驅彼田牛,銜轡既摧,蜂蠆自殄。仍除二千石郎,賞平陸縣開國伯。来居皂帳,入」侍丹屏。地斥殷田,功班夏爵。尋遷國子博士。董仲舒之儒雅,已媿垂帷;馬相如之」辭賦,還慙入室。属以西京榛梗,創置行臺。不有清通,孰能銓管。出爲行臺吏部郎」。雅操邁時,廉平率下。周太祖龍飛自北,虎據而東,載佇異人,將弘霸業。一面而款」,有若神交。仍遷右丞,待以殊礼。期會之典,鳌綜不差;章表之文,敷陳無怠。于斯時」也,魏德云衰,五岳塵飛,三方蝟起。天王居外,晉鄭烏依。又遷安東將軍、給事黄門」侍郎,進伯爲侯,邑八百户。使至潼關,奉迎車駕。才侔董遇,仍爲漢帝之師;職擬張」遼,無勞魏兩之戒。及文帝踐祚,兼領著作。蘭臺推其序事,蓬山謝其記言。遷都官」尚書,尋轉七兵尚書。任属斗杓,位掌喉舌。克宣七德,敬恤五刑。抗孔詡之直言,挺」和遵之勁士。臨官正色,朝野稱焉。方勵攀龍之姿,陪射牛之礼。而梁摧川鶩,曽不」少留。以大統四年正月薨于蒲州蒲坂里,春秋卅有八。邦國興殄悴之悲,衢路隕」忘言之泣。詔贈本官,加使持節、車騎大將軍、定州諸軍事、定州刺史,改封汶陽縣」開國侯,礼也。夫人辛氏,即魏太子詹事遐之第三女。譽光圖史,德備閨闈。藴柔慧」之質,秉幽閑之操。降年不永,春秋廿有四,大統五年九月,薨於長安清德里第。粤」以開皇十二年正月十五日合葬於高陽原。將恐海運山飛,金銷石泐,式旌令範」,永播無窮。銘曰:

發源東海,啟邑南陽。盛德潛被,其苗必昌。功參十亂,道濟一」匡。虔承楙緒,安播餘芳。司徒岳峙,太守淵塞。篤生君子,世載其德。遠洞八儒,傍該」三墨。言爲令範,行稱楷則。游雲布政,列宿居郎。聲聞京輦,績著明光。黄門晝地,博」士推羊,説經亹亹,特蓋洋洋。直哉南史,優游東觀。八流方燮,百揆攸贊。其彙已征」,其群乃涣。寒松未改,春冰早泮。人之云喪,我之懷矣。家隊琳琅,國凋杞梓。摧茲勝」氣,蘊斯盛齒。空恨百夫,未申千里。亦有幽貞,獨章婉嫕。潔如秋水,馨猶春桂。信美」黄裳,良兼娣袂。冥鏡方撿,頌琴長瘞。郊原膴膴,松栢阡阡。豐狐句穴,高隴行田。漢」碑成岸,楚劒淪淵。一爲野土,幾万千年」。

按

誌主吕思禮,《周書》卷三八、《北史》卷七〇有傳,記載略同,誌、史可互相補證。

087.592 郁久閭可婆頭墓誌

説明

隋開皇十二年（592）正月刻。蓋盝形，誌正方形。誌、蓋尺寸相同，邊長均52厘米。蓋文3行，滿行3字，篆書“隋大將」軍郁久」閭公銘」”。誌文楷書25行，滿行25字。蓋四周飾青龍、白虎、玄武、朱雀及纏枝花紋；誌四側飾壼門内十二生肖圖案。2005年西安市長安區出土。現存陝西省考古研究院。《隋代墓誌銘彙考》著録。

釋文

隋故大將軍九隴公郁久閭公墓誌銘」

公諱可婆頭，京兆長安人。其先出自衛國，楚公子閭之後。導若水」而開源，跱軒臺而啟構。麗天形於星月，鎮地象於山河。皆備盡縑」緗，可略而言乜。自秦失其鹿，漢道未昌。中源榛梗，九州幅裂。顯考」避亂，漸跨北垂。明德重光，世君沙漠茹茹主莫容可汗，則公之曽」祖烏稽可汗，祖賀根吐豆弗俟利弗，父巨明吐豆弗，並三子王孫」，世官世禄。信義行於殊域，威恩被其區宇。公挺鸞鳳之姿，挟金虎」之氣。遠同韓白，暗合孫吴。年十七，襲爵爲吐豆弗。歸齊，蒙授使持」節、沙州諸軍事、沙州刺史、大賢真備身、正都督，食平寇縣幹。尋加」伏波將軍，假儀同三司。突厥寇擾，公手梟元惡，勳授儀同三司，安」德縣開國公，邑五百户，賜物一千假（段）。三齊妖孽，四履横流。公六奇」暫陳，一鼓而滅。還拜左衛大將軍。入周，例授上開府、九隴郡開國」公，尋加大將軍。大隋肇曆，除北道行軍總管。開皇五年，授長州」諸軍事、長州刺史。十年，拜北道行軍元帥。方欲刻石燕然，勒兵姑」衍。斬温禺而釁鼓，尸日逐以染鍔。而與善無徵，報施多爽。以二月」廿二日遘疾，薨於豳州邸舍，春秋六十有二。魏喪郭嘉，晉亡羊祜」，方之宸悼，未足相踰。粤以開皇十二年正月廿六日遷葬於京」兆之高陽原，禮也。靈輀戒路，旌旆啟塗。百辟對而傷嗟，三軍聞而」掩淚。貽諸不朽，須勒泉陰。銘曰」：

赫赫宗源，於穆不已。滔滔江漢，南國之紀。爰暨龍庭，尚朂餘祉。引」弓百万，歲歷千祀。齊德遠昌，寔始賓王。衣冠是襲，福禄攸長。體資」智勇，性會誠良。腰明玉具，身曜銀章。爵冠通侯，家開莫府。具瞻王」佐，儀形公輔。城彼朔方，窮兹壯武。百身不贖，三軍失撫。玄宫眇眇」，長夜漫漫。山墳冥寞，松檟深寒。不聞刀斗，長絶兵欄。如何大樹，獨」有銘刊」。

按

誌主郁久閭可婆頭，未見史籍記載。《魏書·蠕蠕傳》：“蠕蠕，東胡之苗裔也，姓郁久閭氏。”而誌稱郁久閭可婆頭“其先出自衛國，楚公子閭之後”。則誌所稱此郁久閭氏之支脈，及誌主本人之生平事蹟等，均可補史之闕。

088.592　呂武墓誌

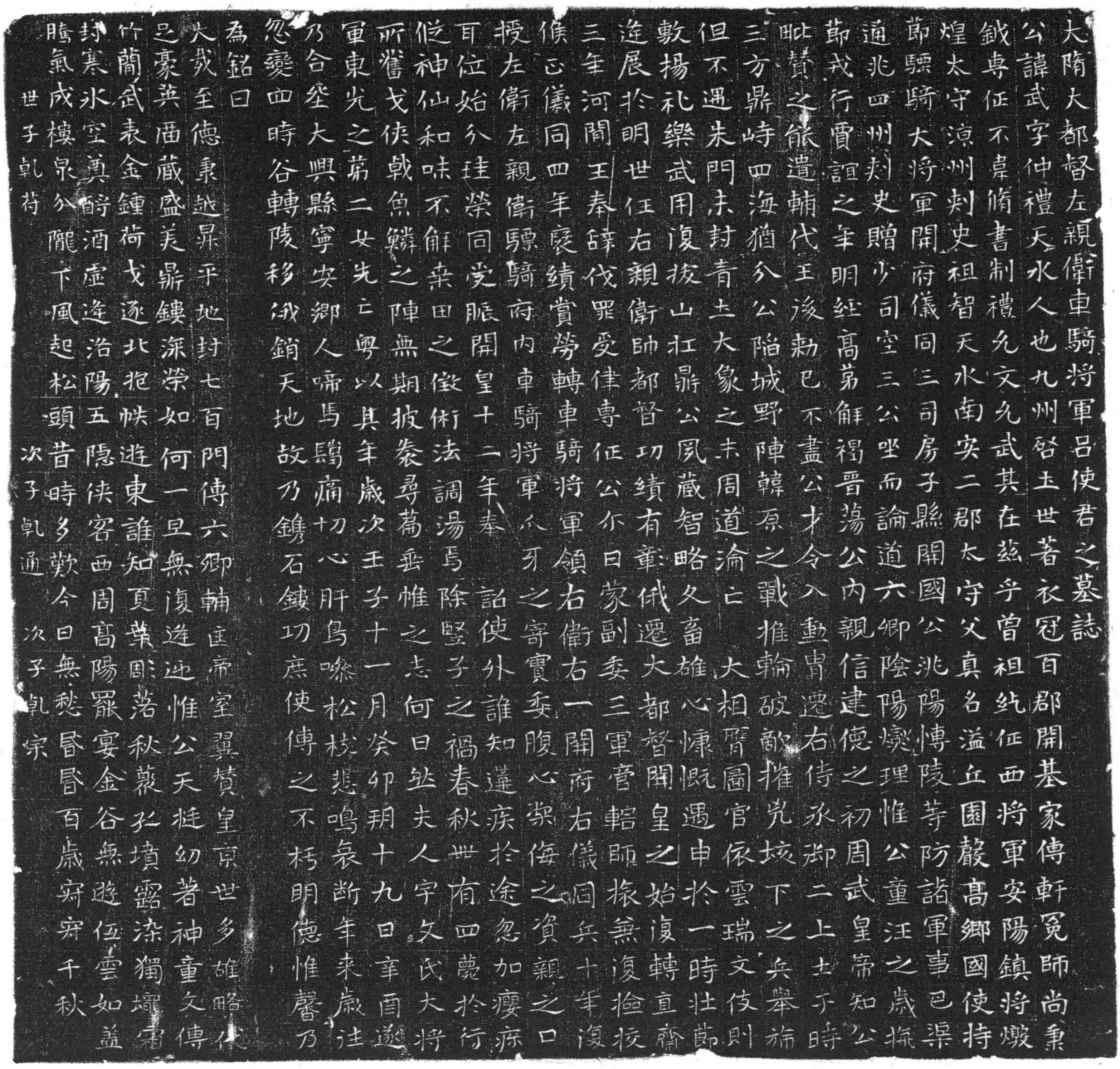
大隋大都督左親衛車騎將軍呂使君之墓誌
公諱武字仲禮天水人也九州啓土世著衣冠百郡開基家傳軒冕師尚秉
鉞專征不韋脩書制禮允文允武其在茲乎曾祖紇征西將軍安陽鎮將燉
煌太守涼州刺史祖智天水南安二郡太守父真名溢丘園聲高鄉國使持
節驃騎大將軍開府儀同三司房子縣開國公兆陽博陵等防諸軍事已渠
通兆四州刺史贈少司空三公坐而論道六卿陰陽爕理惟公童汪之歲撫
節戎行賈誼之年明經高第解褐晉蕩公內親信建德之初周武皇帝知公
此賛之能遣輔代王後勅已不盡公才令入勳貴遷右侍御二上士于時
三方鼎峙四海猶分公陷城野陣韓原之戰推輪破敵推兇垓下之兵舉旃
但不遇朱門未封青土大象之末周道淪亡　大相胥圖官依雲瑞文伎則
敷揚礼樂武用復拔山扛鼎公鳳藏智略久畜雄心慷慨遇申於一時壯節
逢展於明世任右親衛帥都督功績有章俄遷大都督開皇之始復轉直齋
三年河間王奉辭伐罪受律專征公介曰蒙副委三軍會轄師振無復撿校
倏已儀同四年褒績賞勞轉車騎將軍領右衛右一開府右儀同兵十年復
授左衛左親衛驃騎府內車騎將軍爪牙之寄實委腹心禦侮之資親之口
百位始分珪榮同受脤開皇十二年奉　詔使外誰知邁疾於途忽加瘻瘀
從神仙和味不解桑田之徵術法調湯焉除豎子之禍春秋卌有四薨於行
所營戈伏戟魚鱗之陣無期披蓑尋蔦垂帷之志何日然夫人宇文氏大將
軍東光之第二女先亡粵以其年歲次壬子十一月癸卯朔十九日辛酉遂
乃合窆大興縣寧安鄉人啼馬鷓痛切心肝鳥喙松枝悲鳴衰斷年來歲往
忽變四時谷轉陵移滅銷天地故乃鎸石鏤功庶使傳之不朽明德惟馨乃
為銘曰
大哉至德秉越昇平地封七百門傳六卿輔匡帝室翼贊皇京世多雄略伏
邑豪英函藏盛美鼎鏤深榮如何一旦無復遊迹惟公天挺幼著神童文傳
竹簡武表金鍾荷戈逐北抱帙遊東誰知夏葉彫落秋蒙孤墳露涂獨壙霜
封寒氷空奠醑酒虛遊洛陽五陵俠客西周高陽罷宴金谷無遊伍雲如蓋
騰氣成樓泉分隴下風起松頭昔時多歎今日無愁昏昏百歲寂寂千秋
世子乹苻　次子乹通　次子乹宗

説 明

隋開皇十二年（592）十一月刻。蓋盝形，誌正方形。誌、蓋尺寸相同，邊長均45厘米。蓋文4行，滿行4字，篆書“大隋大都」督左親衛」車騎將軍」吕君墓誌」”。誌文楷書28行，滿行29字。1957年西安市東郊韓森寨出土。現存中國社會科學院考古研究所西安研究室。《隋唐五代墓誌滙編》《陝西碑石精華》《隋代墓誌銘彙考》《新出魏晉南北朝墓誌疏證》著録。

釋 文

大隋大都督左親衛車騎將軍吕使君之墓誌」

公諱武，字仲禮，天水人也。九州啟土，世著衣冠；百郡開基，家傳軒冕。師尚秉」鉞專征，不韋脩書制禮。允文允武，其在茲乎。曾祖紇，征西將軍、安陽鎮將、燉」煌太守、涼州刺史。祖智，天水、南安二郡太守。父真，名溢丘園，聲高鄉國。使持」節、驃騎大將軍、開府儀同三司、房子縣開國公、洮陽博陵等防諸軍事、巴渠」通兆四州刺史，贈少司空。三公坐而論道，六卿陰陽燮理。惟公童汪之歲，抗」節戎行；賈誼之年，明經高第。解褐晉蕩公内親信。建德之初，周武皇帝知公」毗贊之能，遣輔代王。後敕已不盡公才，令入勳冑，遷右侍、承御二上士。于時」三方鼎峙，四海猶分。公陷城野陣，韓原之戰推輪；破敵摧兇，垓下之兵舉旆」。但不遇朱門，未封青土。大象之末，周道淪亡。大相膺圖，官依雲瑞。文伎則」敷揚礼樂，武用復拔山扛鼎。公夙藏智略，久畜雄心。慷慨遇申於一時，壯節」逢展於明世。任右親衛、帥都督。功績有彰，俄遷大都督。開皇之始，復轉直齋」。三年，河間王奉辞伐罪，受律專征。公亦（尔？）日蒙副委三軍，管轄師旅，兼復檢校」候正、儀同。四年，褒績賞勞，轉車騎將軍，領右衛右一開府右儀同兵。十年，復」授左衛左親衛驃騎府内車騎將軍。爪牙之寄，實委腹心；禦侮之資，親之口」耳。位始分珪，榮同受脤。開皇十二年，奉詔使外。誰知遘疾於途，忽加瘦疹」。縱神仙和味，不解桑田之徵；術法調湯，焉除豎子之禍。春秋卌有四，薨於行_所。奮戈俠戟，魚鱗之陣無期；披衺尋篇，垂帷之志何日。然夫人宇文氏，大將」軍東光之第二女，先亡。粤以其年歲次壬子十一月癸卯朔十九日辛酉，遂」乃合葬大興縣寧安鄉。人啼馬鬣，痛切心肝；鳥噪松枝，悲鳴哀断。年来歲往」，忽變四時；谷轉陵移，俄銷天地。故乃鐫石鏤玏，庶使傳之不朽。明德惟馨，乃」爲銘曰」：

大哉至德，秉越昇平。地封七百，門傳六卿。輔匡帝室，翼贊皇京。世多雄略，代」足豪英。廟藏盛美，鼎鏤深榮。如何一旦，無復逢迎。惟公天挺，幼著袓童。文傳」竹簡，武表金鍾。荷戈逐北，抱帙遊東。誰知夏葉，彫落秋蘽。孤墳露染，獨壠霜」封。寒冰空奠，酹酒虛逢。洛陽五隱，俠客西周。高陽罷宴，金谷無遊。低雲如盖」，騰氣成樓。泉分隴下，風起松頭。昔時多歎，今日無愁。昏昏百歲，寂寂千秋」。

世子乾苻，次子乾通，次子乾宗」。

按

誌主吕武及其家族成員均未見載于史籍，或可補史之闕。此誌書體雖爲楷書，但仍具隸書之韻味，外樸内秀，隨意疏朗，頗顯天真爛漫稚拙之氣，表現出率意自然之情趣。

089.593 叱奴輝墓誌

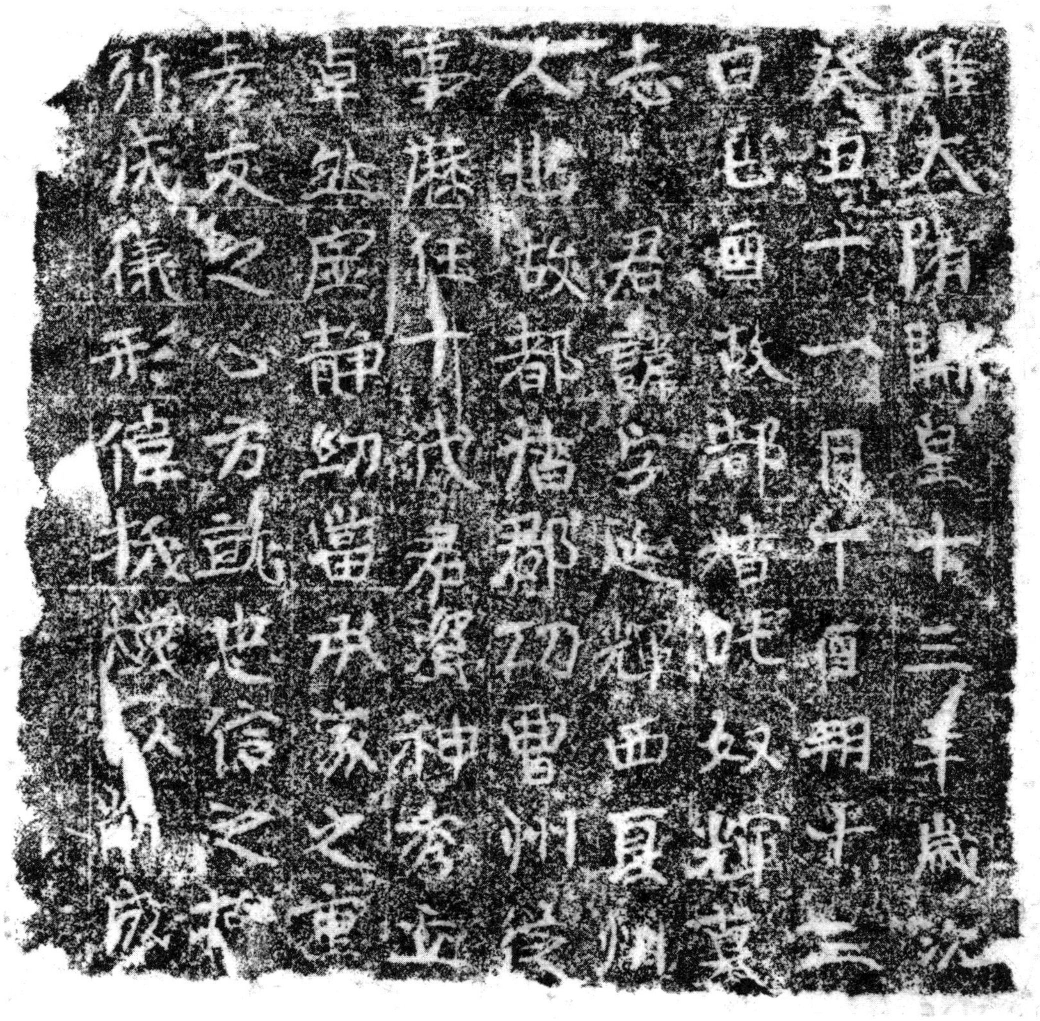

一

二

説明

隋開皇十三年（593）十一月刻。砂石質。共二石，均爲正方形，尺寸相同，邊長均32厘米。誌文楷書，第一石9行，第二石10行，滿行均10字。20世紀90年代後榆林靖邊縣紅墩界鄉圪坨河大隊華家窪林場耳德井村出土。現存榆林市文物保護研究所。《榆林碑石》《隋代墓誌銘彙考》《魏晉南北朝墓誌疏證》著録。

釋文

維大隋開皇十三年歲次」癸丑十一月丁酉朔十三」日己酉，故都督叱奴輝墓」志

君諱字延輝，西夏州」人也。故都督、郡功曹、州從」事，歷任十代。君資神秀立」，卓然虚静。幼當承家之重」，孝友之心方就，忠信之操」弥成。儀形偉拔，焕以削成」。（以上第一石）。

春秋七七薨背。還葬於砂」地南山之陽，西北去夏州」統万城十里墳穴。可憐玉」體，可嗟紅姿，何言夭枉，与」世路而長辞。寂寂地門，幽」幽夜衾。泉路難窮，何言娍」媚盡一春中。妻賀遂氏，其」形也翩若驚鴻，婉若遊龍」。周天和之年夭逝，權斂水」□南原。今移就合葬同墳」。（以上第二石）。

按

誌主叱奴輝，其妻子賀遂氏，均爲古代北方游牧民族姓氏，其事蹟未見史籍記載。本誌記載雖文字不多，卻是關于叱奴、賀遂兩姓的重要實物資料。

090.593　李椿墓誌

説 明

隋開皇十三年（593）十二月刻。蓋盝形，誌正方形。誌、蓋尺寸相同，邊長均71厘米。蓋文3行，滿行3字，篆書“大隋開」府河東」公墓誌」”。誌文楷書41行，滿行40字。有界格。1984年西安市東郊慶華廠招待所出土。現存陝西省考古研究院。《陝西碑石精華》《隋唐五代墓誌滙編》《隋代墓誌銘彙考》《新出魏晉南北朝墓誌疏證》著録。

釋 文

大隋驃騎將軍開府儀同三司河東郡開國公故李公墓誌銘」

公諱椿，字牽屯，隴西燉煌人也。昔刑書始創，臯陶作大理之官；道教初開，伯陽居柱下之職。或秦晉著績」，或趙魏立功。猨臂之胤克隆，龍門之風不墜。曾祖貴，魏開府、平州刺史、衛尉卿。祖永，柱國、太傅、河陽公。並」歿而不朽，穆叔有嗟；卒而遺愛，孔丘下泣。魏道云喪，周命惟新。推轂綰璽之誠，爪牙心膂之託，則有太師」、太傅、太保、柱國、大將軍、太尉、司徒、司空、趙武公弼，五反之榮，三顧之重。宗承降魏文之禮，常林感晉宣之」拜。公即武公之第七子也，别繼叔父大將軍汝南公檦之後。公精靈早著，風氣夙成。七歲推觀李之明，九」齡擅對梅之慧。光彩照國，未尚魏后之珍；德儀生庭，不遠荊山之璞。慎言敏行，雅合古人；齊物養生，闇同」玄理。池魚園竹，孝性之所至；原鳥庭荊，友懷之所篤。至若紫囊青帙之典，玉韜金匱之文，莫不究其奧情」，窮其深旨。周元年，玉衡初轉，金鏡肇開，乃眷緒餘，爰錫土宇。公起家以勳冑子，封魏平縣開國子，邑四百」户。保定二年，判司邑下大夫。管轄胥徒，簿領繁湊，一官既效，万事皆理。俄除大都督，出鎮延州。彊虜畏威」，緣邊仰化。奸豪於是屏迹，民史（吏）於是来蘇。周武帝特嘉其能，追入宿衛，授左侍上士，餘官封如故。公言無」可擇，行必可師，以義感人，以誠簡帝。保定六年，帝深異之，除使持節、車騎大將軍、儀同三司，餘封如舊。鄧」騭之家門閥閲，初作儀同；謝玄之人才明朗，始沾車騎。公之媲此，綽有餘榮。属蒲坂舊城，襟帶之處，子来」不日，非公莫可。仍以其年詔使脩築，朱樓翠觀，浮彩大河。危堞崇墉，作固勝部。還，又詔築羌城，民無勞怨」。建德四年，以大寧艱險，表裏戎居，帝思安静，推公作鎮。尔其板屋之地，俄見華風；窮髮之鄉，翻爲盛俗。久」之，又追同州監領。暨吐谷渾放命蕃虞，肆兇方面。王赫斯怒，出車關右。廼從儲君，星言薄伐。公雄圖廟算」，拔萃絶倫，氣冠行伍，身先士卒。摧獻麋之士，破射雕之人。醜類滌除，公有力矣。凱旋，以功賞奴婢一十三」口，絹布一百匹，粟麦一百石。五年，周武帝平齊，仍居偏將。詘指而陳成敗，借箸而畫是非。所向無前，咸推」第一。曩者，秦龍吞國，元藉起翦之功；晉馬浮江，終申祜預之策。論公效績，与彼儔焉。仍留鎮相州，進爵爲」伯。宣政元年，序勳，特封河東郡開國公，邑貳遷（千）户。大象元年，入爲左少武伯下大夫。二年，累遷上儀同大」將軍、左司武中大夫。十月，又轉右宫伯中大夫。公志性鳴謙，劬勞闈壼。聞車而知遽瑗，聽履而識鄭崇。奉」璋峨峨，執珪濟濟。得人之美，不其然乎。俄以木德既衰，邦家殄瘁。皇上龍潛納麓，豹變登庸。九州父老」，咸憘三章之令；四海文才，皆就八紘之網。於是彝倫有序，榮命宜昇。其年十二月，除使持節、開府儀同大」將軍，餘封如故。大隋建極，海内清謐。以漳滏經離，風塵始滅，眷言撫壓，是属勳賢。開皇二年，敕領東」土相州十二州兵。公不事不爲，有文有武，恩以接下，清以奉上，揚善唱惡，昭德塞違。既奬射御之能，兼敦」禮教之事。閭閻仰爲慈父，行路号曰多奇。十年，授驃騎將軍，餘官封領如舊。十二年，公以久居蕃部，思謁」帝閽，詔許入朝，高車旋軫。賈誼之見漢后，語德未熏；吴質之對魏皇，論交莫尚。以開皇十三年正月廿」七日遘疾，薨於京師之永吉里第，春秋五十。越以大隋開皇十〔三〕年歲次癸丑十二月丙寅六日辛未，厝」於孝義里地。惟公世挺國華，家傳朝棟。連衡許史，簉迹袁楊。志識雄明，神情閑曠。以名爲貌，用仁爲里。威」儀恬惔，万頃之波瀾；道行芬芳，九畹之蘭蕙。平叔之面，与粉不殊；夷甫之手，与玉無别。從殷入周，自楚歸」漢，軒軺交映，青紫垂陰。可謂克荷貽孫，始終賓實者也。既而瓊瑰入夢，辰巳居年。傅兑有靈，管輅無壽。西」園風月，徒自淒清；東閤賓僚，俄成蕭索。嗚呼！嗣子匡世、匡民、匡道、匡德、匡義等，並立身以仁，終身以孝。廬」墳永歎，陟岵長哀。既感許孜之松，還變王褒之栢。故吏姬素等，恐丁公無傳，卒如陳壽之言；郭生有道，須」屈蔡邕之筆。乃託舊賓，爲銘云尔」：

真人舒氣，仙士浮舟。英靈弈葉，軒冕聿脩。十卿万石，七貴五侯。賈室虎聚，三門鳳遊。惟公挺秀，實貽良冶」。玉潤金聲，河流漢寫。器苞武略，才兼文雄。贖士脱驂，迎賓置馬。承家繼世，出内勳績。紫閣屢陪，丹墀頻歷」。折衝邊鄙，調和戎狄。黄閤遂開，朱門乃闢。齊秦各帝，楚漢爭衡。塵飛城濮，瓦落長平。將軍坐樹，主簿披荊」。拜爵建土，書功立銘。日月重光，乾坤合德。逢雲遇雨，攀鱗附翼。上將昇壇，高驤述職。蓮垂劒影，桃開綬色。擁」旌虎澗，秉節龍山。威恩被矣，民俗肅

然。開城靜柝，權候無烟。一方咸戴，天子稱賢。藏舟易徙，流晷難駐。薛」臺已傾，徐墳無遇。杏壇寂寞，竹林煙霧。麾下罕存，故人時賻。榮華如昨，身世俄已。丹旐路窮，白楊風起。遄」遄岸谷，驟變朝市。千載佳城，万年君子」。

按

誌主李椿，《周書·李弼傳》《北史·李弼傳》均有載。但記載均極簡，僅稱李弼之弟李檦無子，以侄李椿嗣。李椿先因檦之功得封魏平縣子，大象末年位至開府儀同大將軍、右宫伯，改封河東郡公。本誌所載較正史更爲詳細，可補證《周書》《北史》之記載。其妻劉琬華墓誌見116.610條。

091.594　王臺墓誌

隋故車騎將軍儀同三司左領軍府長史王君墓誌銘
君諱臺字龍臺京兆新豐人也自靈烏降日五色華於西周神雀巢門九華
見於東海故能締基天柱疎幹鄧林祖興通直散騎常侍涵州刺史父陶仁
雍州主簿臨河郡太守員外散騎常侍始平縣開國伯並命世家才風神秀
遠緝熙勳績儀表人倫君含章樂出蘭潤相輝少以胄子選任太學生天和
五年擢良家異材乃授都督領下士建德六年周武皇帝親總六軍掃清汾
晉君時被以三革晝夜攻圍苦戰歷旬身當矢石有同破竹無異摧枯勠力
盡心功庸以著乃詔授帥都督大象元年周宣帝以君剖割有稱勑授左司
武中錄　聖上時領左司武大將軍特垂識任及作相之初　皇運之始君
受寄心腹參職兵機負重飲冰監檢內外于時新置直盪府摠周朝六衛并
廿四軍以君股肱鄉幹授左直盪府司錄開皇元年以君戎衛勞久轉大都
督其年又授左武衛府司馬尋遷左直寢開皇八年進為車騎將軍開皇十
二年爰降　詔書　朕肅膺天命寶業初基並資文武克寧機務車騎將軍
王臺久預驅馳任居心膂同盡勤識實唯勳舊宜昇榮秩用表勋勞可儀同
三司車騎將軍左武衛府司馬如故開皇十三年　詔以君宿衛多年備諳
朝式委以毗佐檢挍軍振遷左領軍府長史君年始志學便丁父憂酳水停
於七日泣血盡於三歲事親孝愛弟兄友穆禮賢待士邦閭揖敬傳涉經史
兼善屬文甚有吏能尤便弓劒苞瓌琰而立行蘊鐵石以為心有王景略王
佐之才許子將知人之鑒遇病浹旬　皇上動慮　勑遣上醫賜以上藥每
日降使問其增損天道茫忽福善無徵年卌三薨於京邑　聖主傷惜久不
能已卜遠有期乃加贈備禮以開皇十四年歲次甲寅三月乙未朔十五日
己酉窆於義成鄉北原但朝市山河遷改不一庶以銘刻傳之不朽其詞曰
粢靈攜緒兆自宗周簪纓繼襲弈葉君侯長瀾自遠導彼源流令問令望永
播芳馥一其惟君傑出風調恢雄張稱曾子馮号神童行為士則言乃時宗英
聲美迺貽致無窮二其學以成德林為杞梓三荷辟命五歲入仕讖識清高體
家名理輸誠獻策功書良史三其文武兼資頻繁雯職早朝假寐日晏退食未
享長年休于大息聖主悲涼朝野悽惻四其一從逝水卜厝九京愁雲曉合
悲風夜生松霧唯聚隴月空明千秋万歲寄此鐫名

説明

隋開皇十四年（594）三月刻。誌正方形。邊長51厘米。誌文楷書28行，滿行29字。2004年西安市長安區出土。現存陝西歷史博物館。《隋代墓誌銘彙考》《長安碑刻》著録。

釋文

隋故車騎將軍儀同三司左領軍府長史王君墓誌銘」

君諱臺，字龍臺，京兆新豐人也。自靈烏降日，五色萃於西周；神雀巢門，九華」見於東海。故能締基天柱，竦幹鄧林。祖興，通直散騎常侍、豳州刺史。父陶仁」，雍州主簿、臨河郡太守、員外散騎常侍、始平縣開國伯。並命世宏才，風神秀」遠；緝熙勳績，儀表人倫。君含章傑出，朗潤相輝。少以冑子選任大學生。天和」五年，擢良家異材，乃授都督領下士。建德六年，周武皇帝親總六軍，掃清汾」晉。君時被以三革，晝夜攻圍。苦戰歷旬，身當矢石。有同破竹，無異褰瓴。戮力」盡心，功庸以著。乃詔授帥都督。大象元年，周宣帝以君剖割有稱，敕授左司」武中録。聖上時領左司武大將軍，特垂識任。及作相之初，皇運之始，君」受寄心腹，參職兵機。負重飲冰，監檢内外。于時新置直盪府，總周朝六衛并」廿四軍。以君股肱弼幹，授左直盪府司録。開皇元年，以君戎衛勞久，轉大都」督。其年，又授左武衛府司馬。尋遷左直寢。開皇八年，進爲車騎將軍。開皇十」二年，爰降詔書：朕肅膺天命，寶業初基，並資文武，克寧機務。車騎將軍」王臺久預驅馳，任居心膂。同盡勤誠，實唯勳舊。宜昇榮祑，用表劬勞。可儀同」三司，車騎將軍、左武衛府司馬如故。開皇十三年，詔以君宿衛多年，備諳」朝式，委以毗佐，檢校軍旅，遷左領軍府長史。君年始志學，便丁父憂。酳水停」於七日，泣血盡於三歲。事親孝愛，弟兄友穆。禮賢待士，邦閭揖敬。博涉經史」，兼善属文。甚有吏能，尤便弓劒。苞琬琰而立行，藴鐵石以爲心。有王景略王」佐之才，許子將知人之鑒。遇病浹旬，皇上動慮，敕遣上醫，賜以上藥，每」日降使，問其增損。天道茫忽，福善無徵，年卌三，薨於京邑。聖主傷惜，久不」能已。卜遠有期，乃加賵備。粤以開皇十四年歲次甲寅三月乙未朔十五日」己酉，窆於義成鄉北原。但朝市山河，遷改不一，庶以銘刻，傳之不朽。其詞曰」：

資靈構緒，兆自宗周。簪纓繼襲，弈葉君侯。長瀾自遠，導彼源流。令問令望，永」播芳猷。其一。惟君傑出，風調恢雄。張稱曾子，馬号神童。行爲士則，言乃時宗。英」聲美迹，貽致無窮。其二。學以成德，材爲杞梓。三府辟命，五徵入仕。譏識清高，體」竅名理。輸誠獻策，功書良史。其三。文武兼資，頻繁處職。早朝假寐，日晏退食。未」享長年，休于大息。聖主悲涼，朝野悽惻。其四。一從逝水，卜厝九京。愁雲曉合」，悲風夜生。松霧唯聚，隴月空明。千秋万歲，寄此鐫名」。

按

誌主王臺，未見史籍記載。其墓誌所載，可補史之闕。可參王京陽、楊之昉《隋車騎將軍〈王臺墓誌銘〉略考》（《碑林集刊》第十一輯，2005年）。

092.594　梁龕銘記

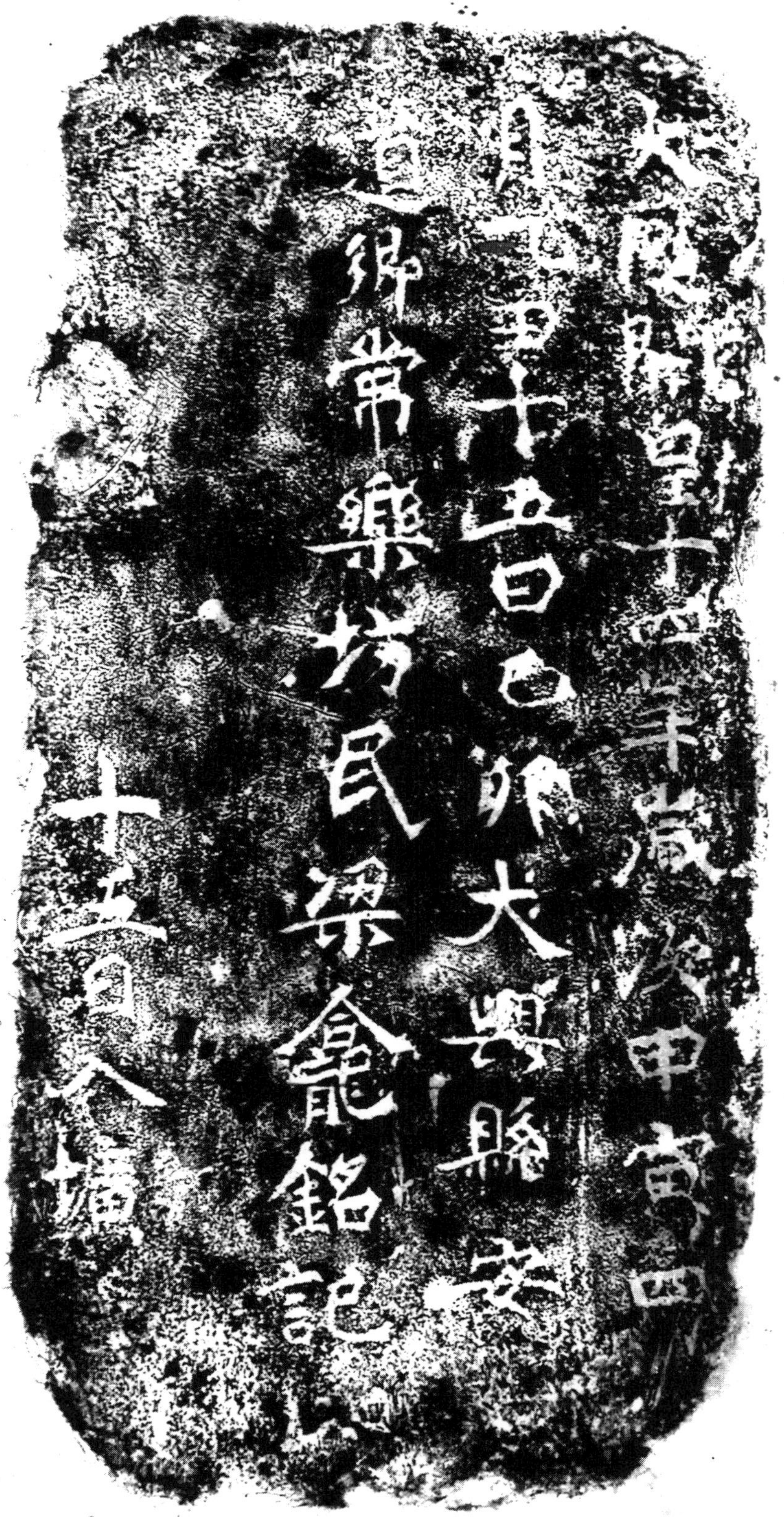
大隋開皇十四年歲次甲寅四
十五日己卯大興縣安
道鄉常樂坊民梁龕銘記
十五日入壙

說明

隋開皇十四年（594）四月刻。誌高34厘米，寬18厘米。誌文楷書4行，滿行12字。早年西安市長安縣出土。1962年謝氏捐贈西安碑林。現存西安碑林博物館。《西安碑林全集》《隋代墓誌銘彙考》等著録。

釋文

大隋開皇十四年歲次甲寅四」月乙丑十五日己卯，大興縣安」道鄉常樂坊民梁龕銘記」。

十五日入壙」。

按

此誌係磚誌，僅記誌主安葬時間、地點，文字十分簡略，似屬平民墓誌。陝西境内已發現多塊北朝及隋唐時期同類型銘文墓磚，這對瞭解隋唐時期一般百姓墓葬習俗有一定的價值。

093.595　段威墓誌

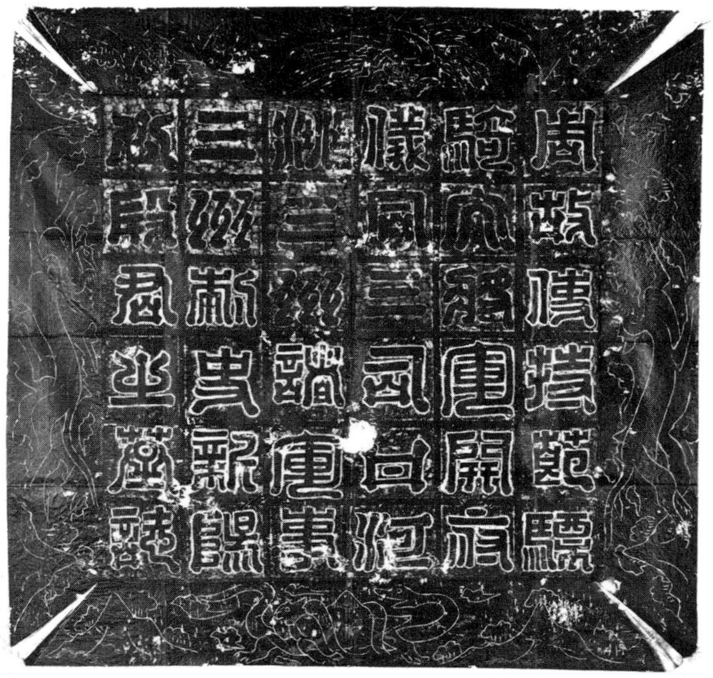

説明

隋開皇十五年（595）十月刻。蓋盝形，誌正方形。誌、蓋尺寸相同，邊長均69厘米。蓋文6行，滿行6字，篆書"周故使持節驃」騎大將軍開府」儀同三司甘河」洮三州諸軍事」三州刺史新陽」公段君之墓誌」"。誌文楷書29行，滿行29字。蓋四殺綫刻四神圖案。1953年咸陽市底張村出土。現存西安碑林博物館。《隋唐五代墓誌滙編》《西安碑林全集》《新中國出土墓誌（陝西貳）》《隋代墓誌銘彙考》《新出魏晉南北朝墓誌疏證》等著録。

釋文

周故開府儀同三司洮甘二州刺史新陽段公墓誌銘」

公諱威，字敍鬼，北海期原人也。其先自武威徙焉。昔西域都護建效於昆山」，破羌將軍立功於鮮水，本枝傍緒，英豪接迹，載德象賢，軒冕不墜。大父爰自」海隅，聿来朔野。瀆上之地，更爲武川；北方之强，矯焉傑立。考壽，滄州刺史。並」宇量宏遠，氣節高邁。展志業於當年，樹風聲於没後。而玉山珠澤，孕寶含珍」；丹穴蘭池，奇毛駿骨。公襟神早異，體皀（貌）不恒。倜儻出俗士之規，恢廓有丈夫」之操。控連錢而横宛轉，湊狡獸而落輕禽。固亦似畫若飛，超前絶後；至如兵」稱三略，陣有八圖。藏天隱地之形，左奎右角之勢，洞曉機變，潛運懷抱。爾朱」天柱奮武建旗，取威定霸，虚襟側席，延納奇士。乃引居麾下，委以折衝。每涉」戎行，亟展殊效。自奉朝請，遷征虜將軍、内散大夫。齊神武匡朝作宰，復加禮」命，除朔州長史。沙菀失律，預在軍俘。周大祖昔經接閈，釋縛相禮，以爲帳内」都督，轉征虜將軍、太中大夫。又授撫軍將軍、通直散騎常侍、旅賁大夫。周受」禪，轉虎賁大夫，除使持節、洮州諸軍事、洮州刺史。地迩邊裔，俗雜戎羌，服叛」不恒，獷黠難馭。公懷遠以德，制强用武。曾未朞稔，部内肅然。就拜驃騎大將」軍、開府儀同三司，進爵爲公，定封一千五百户。沙塞之外，自古不羈。班朔和」戎，朝寄爲重。乃以公爲突厥使。燕山瀚海之地，宣以華風；龍庭蹛林之長，展」其蕃敬。還除甘州諸軍事、甘州刺史。絳節既轉，方赴竹馬之期；朱軒且駕，忽」共日車同没。春秋六十有七，以建德四年七月十七日寢疾，薨於長安城之」私第。贈使持節、河兆二州諸軍事、兆州刺史。夫人劉氏，諱妙容，弘農人。祖康」，魏恒州刺史。父遵，儀同三司、荊州刺史。世傳冠冕，門垂禮訓。夫人夙神凝粹」，性質端謹。始弘婦德，終擅母儀。以大隋開皇十年四月十三日遇患薨，時年」六十三。胤子上開府儀同三司、大鴻臚、河蘭雲石四州刺史、雲蘭二總管、太」僕卿、龍崗公文振等，夙承教義，克荷析薪，永惟岵屺，哀纏霜露。以十五年歲」次乙卯十月丙戌朔廿四日己酉，合厝於洪瀆川奉賢鄉大和里。乃爲銘曰」：

洪宗盛緒，固柢深根。炳靈前葉，鍾慶後昆。乘軒之里，納駟之門。挺兹髦傑，玉」璞金渾。志氣抑揚，風飈散逸。獵略書圃，縱横劒術。霸后歷三，誠心唯一。屢錫」茅社，頻升戎袟。巷滿幡旗，門施桂柢。高車右轉，長河西渡。鼓疊玄雲，笳吟朱」鷺。民吏咸靜，威恩並布。世同閲水，生類栖塵。塞亡光禄，城絶夫人。泉扃積土」，隴樹行銀。垂芳騰實，万古千春」。

按

誌主段威，《隋書》《北史》之《段文振傳》僅載其"周洮、河、甘、渭四州刺史"一句，簡略至極，墓誌的出土可補史載之闕。

094.596　何雄墓誌

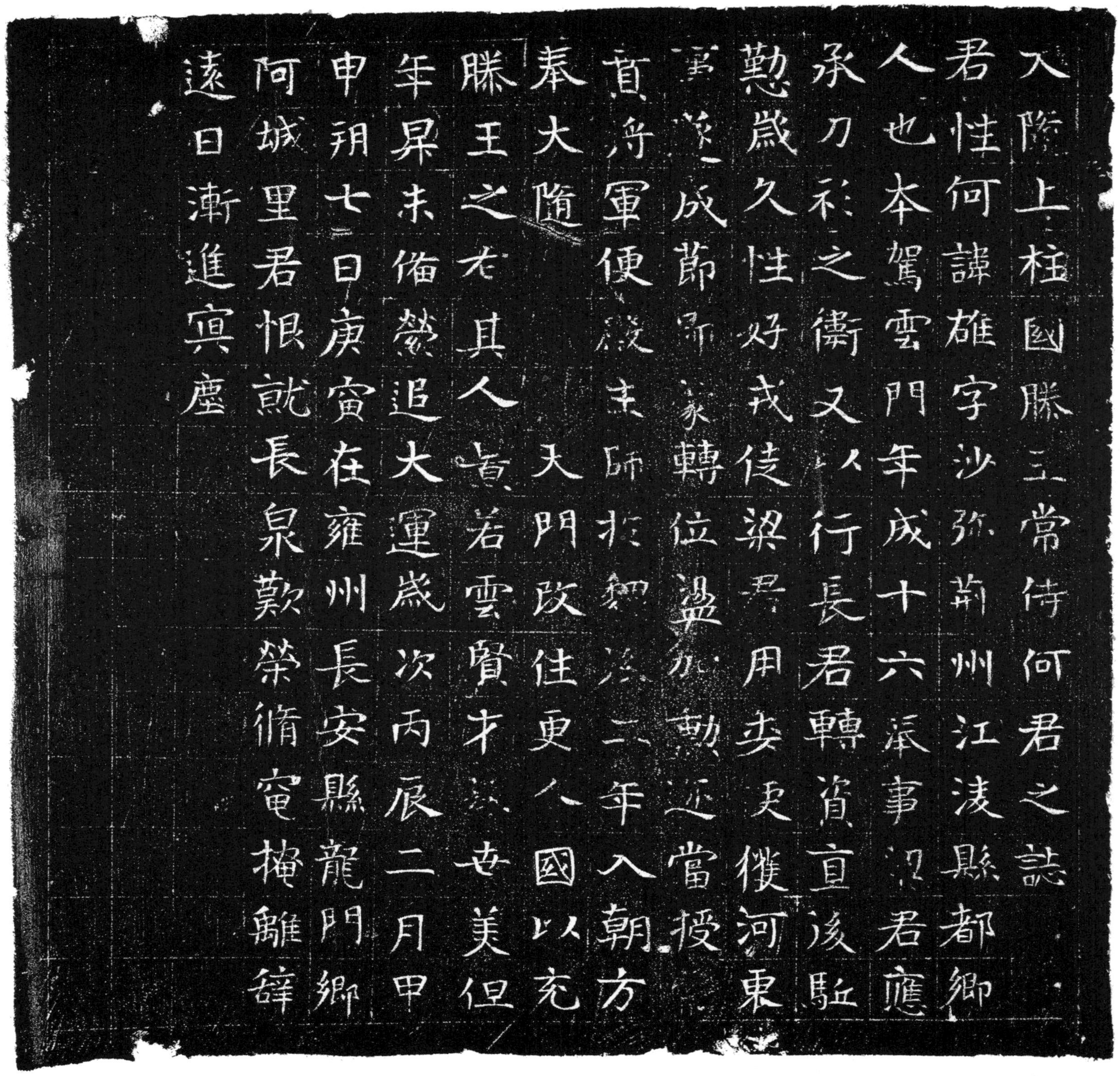
大隋上柱國滕王常侍何君之誌
君姓何諱雄字沙彌荊州江陵縣都鄉
人也本駕雲門年成十六承事梁君應
承刀裓之衛又以行長君轉資直後駈
懃歲久性好戎徒梁君用委吏從河東
軍簽之成節帥豪轉位盪旅勳延當授[illegible]
直將軍便毅未師北鄉洛二年入朝方
奉大隋　天門改住更人國以充
滕王之左其人寘若雲賢才[illegible]世美但
年昇未備殄追大運歲次丙辰二月甲
申朔七日庚寅在雍州長安縣龍門鄉
何城里君恨就長泉歎榮循電掩離辭
遠日漸進冥塵

説 明

隋開皇十六年（596）二月刻。蓋盝形，誌正方形。誌、蓋尺寸相同，邊長均29厘米。蓋素面無題。誌文楷書13行，満行15字。2005年西安市長安區郭杜鎮羊村出土。現存西安市長安博物館。《隋代墓誌銘彙考》《長安新出墓誌》《長安碑刻》著録。

釋 文

大隨上柱國滕王常侍何君之誌」

君性（姓）何，諱雄，字沙弥，荆州江淩（陵）縣都鄉」人也。本駕雲門，年成十六，奉事梁君，應」承刀衫之衛。又以行長君轉資直。後驅」勤歲久，性好戎徒。梁君用委，使獲河東」。事遂成節，即蒙轉位盪加勳迩，當授虎」賁將軍、便殿主帥。於魏後二年入朝。方」奉大隨，天門改住，更人國以充」滕王之左。其人景若雲賢，才□世美。但」年昇未備，鰲追大運。歲次丙辰二月甲」申朔七日庚寅，在雍州長安縣龍門鄉」阿城里。君恨就長泉，歎榮修宨掩，離辞」遠日，漸進冥塵」。

按

誌主何雄，未見史籍記載。此誌出土于今長安區郭杜鎮羊村，誌云其葬地爲“長安縣龍門鄉阿城里”，則今羊村即唐時之龍門鄉阿城里，可補唐代長安坊里之闕。

095.596　羅達墓誌

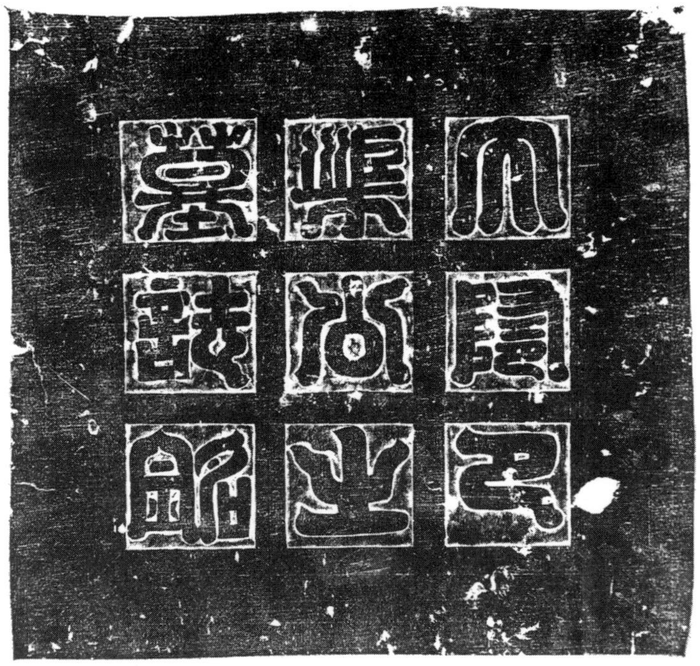

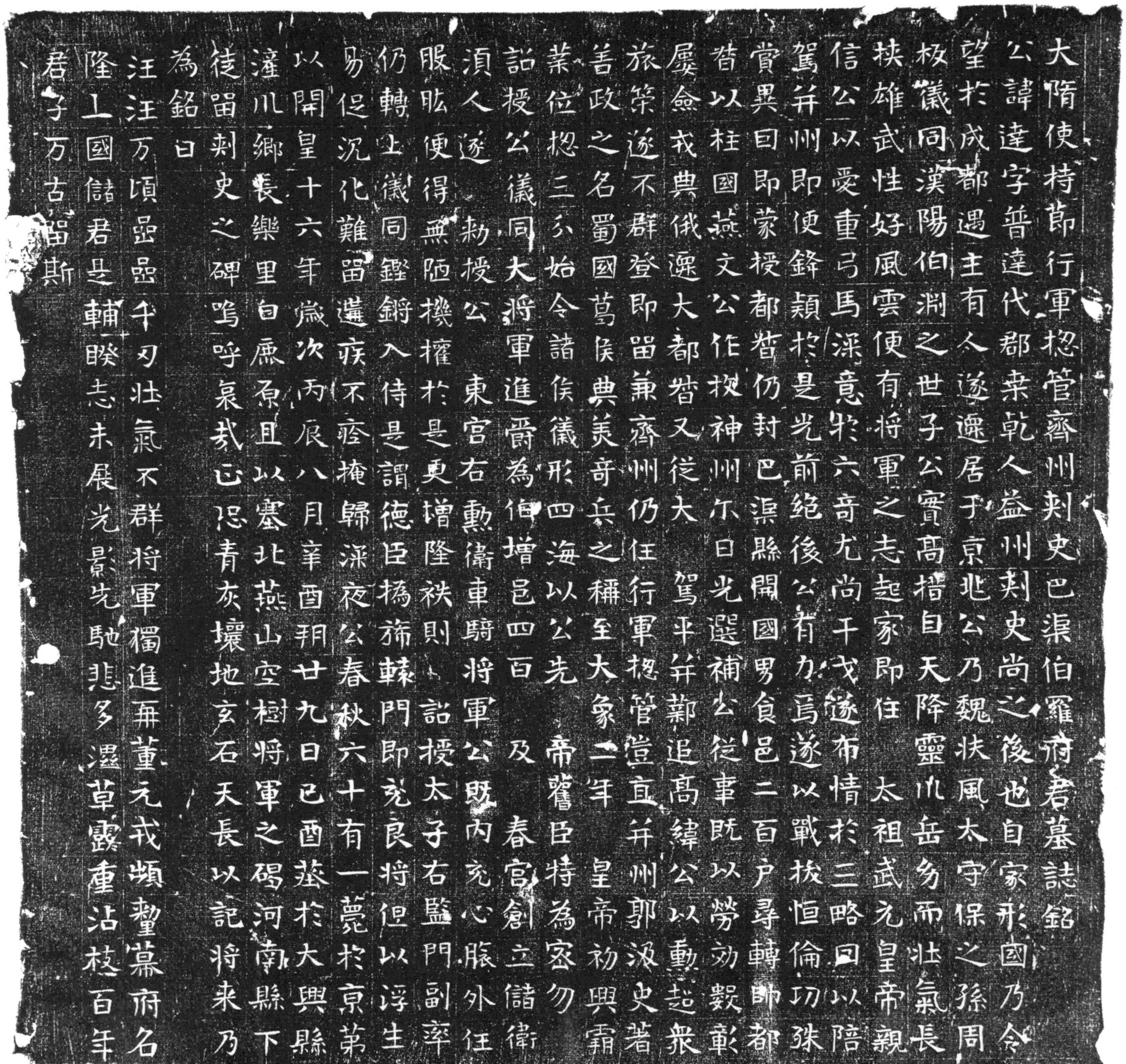

大隋使持節行軍揔管齊州剌史巴渠伯羅府君墓誌銘
公諱達字普達代郡桒乾人益州剌史尚之後也自家形國乃令
望於成都遇主有人遂遷居于京兆公乃魏扶風太守保之孫周
板儀同漢陽伯淵之世子公實高揩自天降靈川岳多而壯氣長
扶雄武性好風雲便有將軍之志起家即任　太祖武元皇帝親
信公以愛重弓馬深意於六奇尤尚干戈遂布情於三略曰以陪
駕并州即便銓類於是光前絶後公有力焉遂以戰拔恒倫功殊
賞異曰即蒙授都督仍封巴渠縣開國男食邑二百户尋轉帥都
督以柱國燕文公作牧神州尔日光選補公從事既以勞効數彰
屢僉戎典俄遷大都督又從大　駕平并鄴追高緯公以勳超衆
旅策遂不群登即留兼齊州仍任行軍揔管苴直并州郭汲史著
善政之名蜀國葛侯典美奇兵之稱至大象二年　皇帝初興霸
業位揔三分始令諸侯儀形四海以公先　帝舊臣特為容勿
詔授公儀同大將軍進爵為伯增邑四百　及　春宮創立儲衛
須人遂　勑授公　東宮右勳衛車騎將軍公既内充心膂外任
股肱便得無陋機權於是更增隆秩則　詔授太子右監門副率
仍轉上儀同鑾鍚入侍是謂德臣㩗旆轅門即是良將但以浮生
易促沉化難留遘疾不瘳掩歸深夜公春秋六十有一薨於京第
以開皇十六年歲次丙辰八月辛酉朔廿九日己酉葬於大興縣
滻川鄉長樂里白鹿原且以塞北燕山空樹將軍之碣河南縣下
徒留剌史之碑嗚呼哀哉𢀸恐青灰壞地玄石天長以記將来乃
為銘曰
汪汪万頃喦喦千刃壯氣不群將軍獨進再董元戎頻蟄幕府名
隆上國儲君是輔睽志未展光景先馳悲多還草露重沾枝百年
君子万古留斯

説 明

隋開皇十六年（596）八月刻。蓋盝形，誌正方形。誌、蓋尺寸相同，邊長均51厘米。蓋文3行，滿行3字，篆書“大隋巴」渠公之」墓誌銘」”。誌文楷書25行，滿行25字。1982年西安市西北國棉五廠出土。同年入藏西安碑林。現存西安碑林博物館。《新出魏晉南北朝墓誌疏證》《隋代墓誌銘彙考》《西安碑林博物館藏墓誌彙編》等著録。

釋 文

大隋使持節行軍總管齊州刺史巴渠伯羅府君墓誌銘」

公諱達，字普達，代郡桑乾人，益州刺史尚之後也。自家形國，乃令」望於成都；遇主有人，遂遷居于京兆。公乃魏扶風太守保之孫，周」板儀同漢陽伯淵之世子。公實高措自天，降靈川岳。幼而壯氣，長」挾雄武。性好風雲，便有將軍之志。起家即任太祖武元皇帝親」信。公以愛重弓馬，深意於六奇；尤尚干戈，遂布情於三略。因以陪」駕并州，即便鋒穎，於是光前絶後，公有力焉。遂以戰拔恒倫，功殊」賞異。因即蒙授都督，仍封巴渠縣開國男，食邑二百户。尋轉帥都」督。以柱國燕文公作牧神州，尔日光選，補公從事。既以勞效數彰」，屢僉戎典。俄遷大都督。又從大駕平并鄴、追高緯，公以勳超衆」旅，策遂不群。登即留兼齊州，仍任行軍總管。豈直并州郭汲，史著」善政之名；蜀國葛侯，典美奇兵之稱。至大象二年，皇帝初興霸」業，位總三分，始令諸侯儀形四海。以公先帝舊臣，特爲密勿」，詔授公儀同大將軍，進爵爲伯，增邑四百。及春宫創立，儲衛」須人，遂敕授公東宫右勳衛、車騎將軍。公既内充心膂，外任」股肱，便得無陋機權。於是更增隆祑，則詔授太子右監門副率」，仍轉上儀同。鏗鏘入侍，是謂德臣；撝旆轅門，即充良將。但以浮生」易促，沉化難留，遘疾不痊，掩歸深夜。公春秋六十有一，薨於京第」。以開皇十六年歲次丙辰八月辛酉朔廿九日己酉，葬於大興縣」滻川鄉長樂里白鹿原。且以塞北燕山，空樹將軍之碣；河南縣下」，徒留刺史之碑。嗚呼哀哉！正恐青灰壤地，玄石天長，以記將来，乃」爲銘曰」：

汪汪万頃，嵒嵒千刃。壯氣不群，將軍獨進。再董元戎，頻釐幕府。名」隆上國，儲君是輔。睽志未展，光影先馳。悲多濕草，露重沾枝。百年」君子，万古留斯」。

按

誌主羅達，未見史籍記載。其世系生平及任職事蹟等，或可補史之闕。

096.597　賀若嵩墓誌

大隋上
儀同賀
若君銘

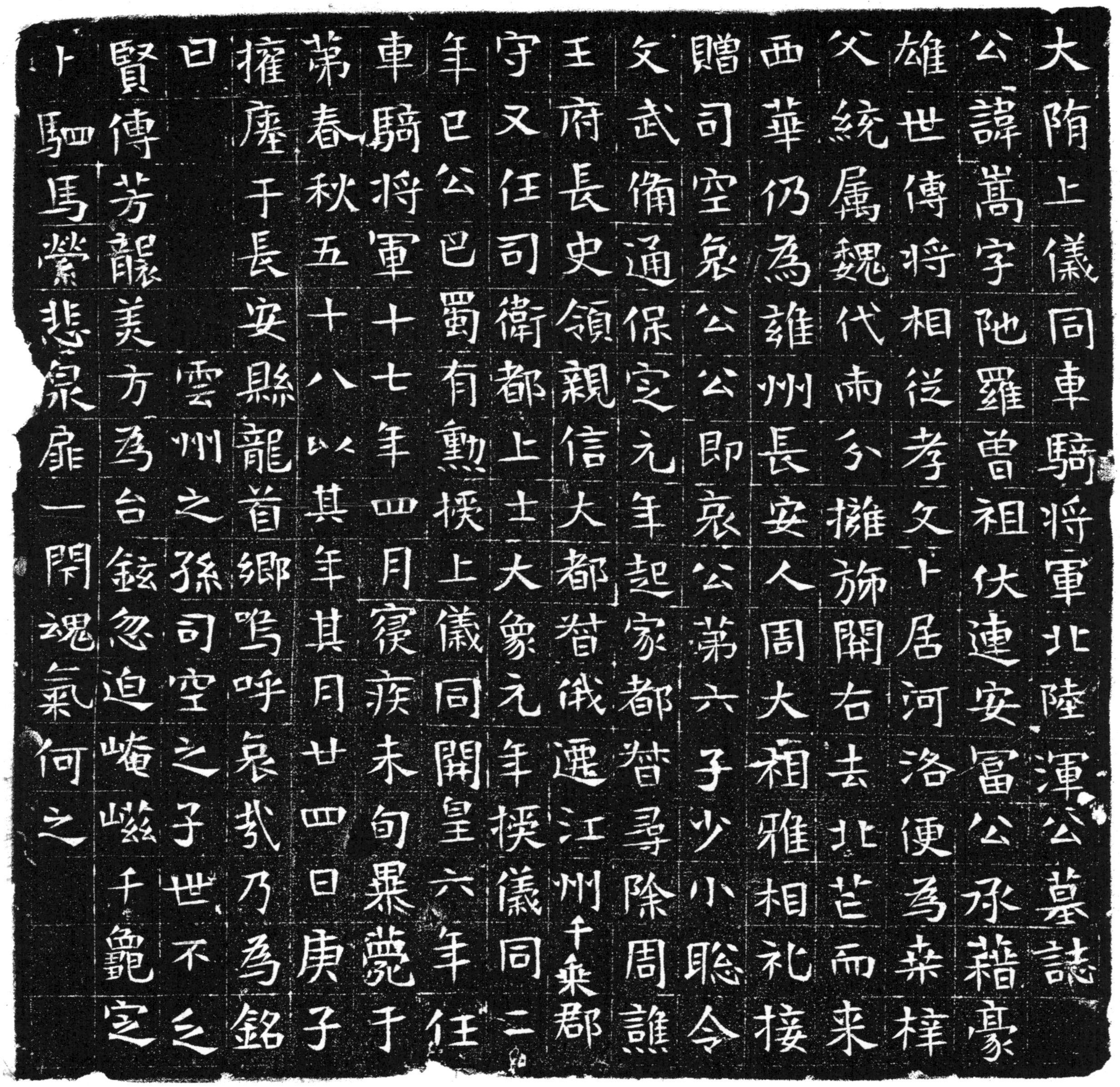

大隋上儀同車騎將軍北陸渾公墓誌
公諱嵩字阤羅曾祖伏連安富公承藉豪
雄世傳將相從孝文卜居河洛便為桑梓
父統屬魏代雨分攜旆開右去北芒而来
西華仍為雍州長安人周大祖雅相礼接
贈司空泉公公即哀公第六子少小聰令
文武備通保定元年起家都督尋除周譙
王府長史領親信大都督俄遷江州千乘郡
守又任司衛都上士大象元年授儀同二
年巳公巳蜀有勳授上儀同開皇六年任
車騎將軍十七年四月寢疾未旬奄薨于
第春秋五十八以其年其月廿四日庚子
權厝于長安縣龍首鄉嗚呼哀哉乃為銘
曰　雲州之孫司空之子世不乏
賢傳芳馥美方為台鉉忽迫崦嵫千龜定
卜駟馬縈悲泉扉一閉魂氣何之

説明

隋開皇十七年（597）四月刻。蓋盝形，誌正方形。誌、蓋尺寸相同，邊長均28厘米。蓋文3行，滿行3字，篆書“大隋上」儀同賀」若君銘」”。誌文楷書16行，滿行16字。西安市出土。現存西安博物院。《隋唐五代墓誌滙編》《陝西碑石精華》《新出魏晉南北朝墓誌疏證》《隋代墓誌銘彙考》等著録。

釋文

大隋上儀同車騎將軍北陸渾公墓誌」

公諱嵩，字阤羅曾。祖伏連，安富公。承藉豪」雄，世傳將相。從孝文卜居河洛，便爲桑梓」。父統，属魏代兩分，擁旆關右。去北芒而来」西華，仍爲雍州長安人。周大祖雅相禮接」，贈司空哀公。公即哀公第六子。少小聰令」，文武備通。保定元年起家都督，尋除周譙」王府長史，領親信大都督。俄遷江州千乘郡」守，又任司衛都上士。大象元年，授儀同。二」年，已公巴蜀有勳，授上儀同。開皇六年，任」車騎將軍。十七年四月寢疾，未旬暴薨于」第，春秋五十八。以其年其月廿四日庚子」，權瘞于長安縣龍首鄉。嗚呼哀哉！乃爲銘」曰：

雲州之孫，司空之子。世不乏」賢，傳芳襲美。方爲台鉉，忽迫崦嵫。千龜定」卜，駟馬縈悲。泉扉一閉，魂氣何之」。

按

誌主賀若嵩，未見史籍記載。《周書·賀若敦傳》《北史·賀若敦傳》，簡略記載其祖賀若伏連、其父賀若統簡歷，而無賀若嵩之傳，則此誌可補史載之闕。

097.597　孫觀墓誌

大隋開皇十七年
歲次丁巳八月甲
寅朔十六日庚子

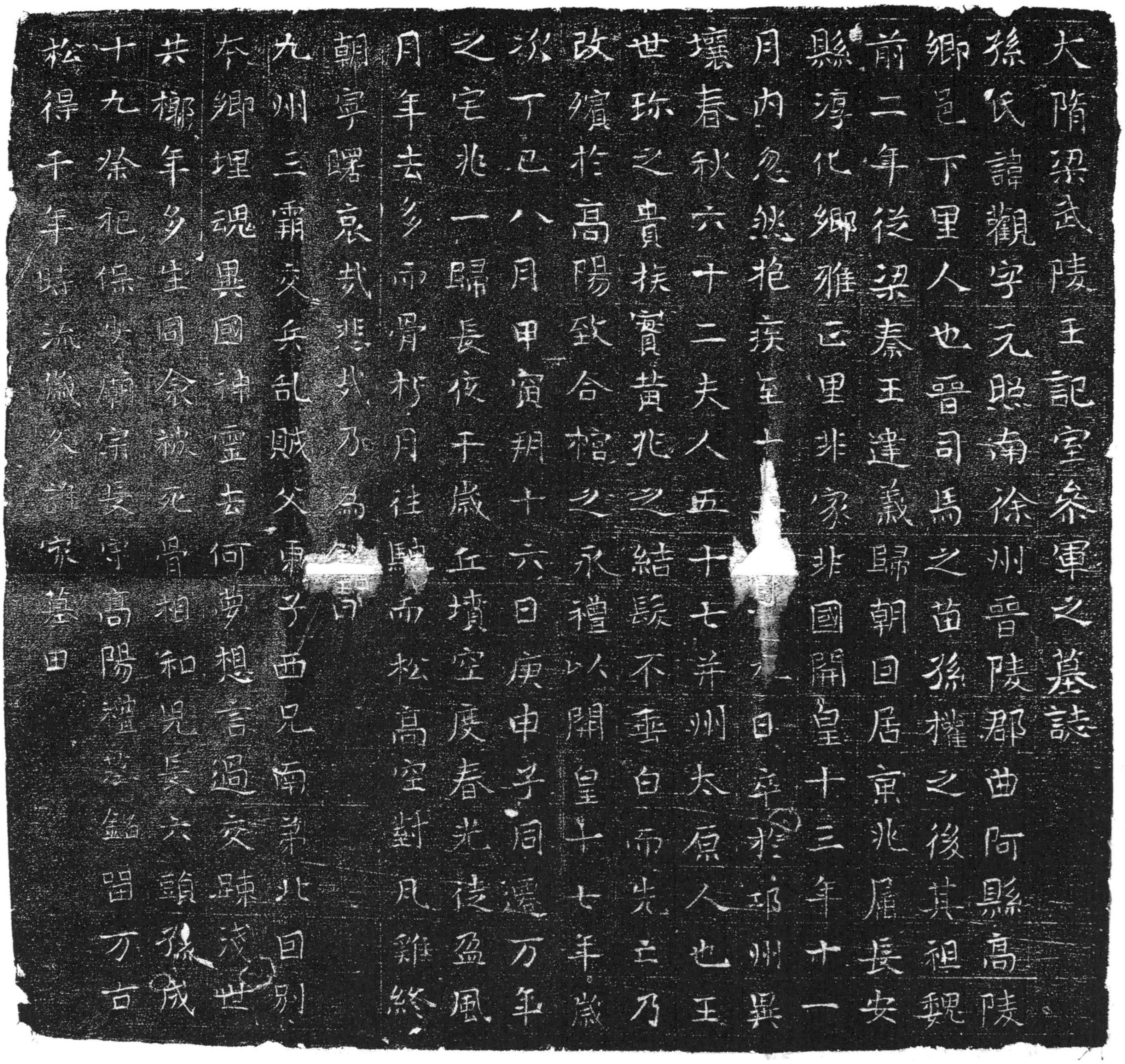
大隋梁武陵王記室參軍之墓誌
孫氏諱觀字元熙南徐州晉陵郡曲阿縣高陵
鄉邑下里人也晉司馬之苗孫權之後其祖魏
前二年從梁秦王建義歸朝因居京兆扈長安
縣淳化鄉雅正里非家非國開皇十三年十一
月内忽然抱疾至十[illegible]日卒於邛州異
壤春秋六十二夫人五十七并州太原人也王
世珎之貴扶實黃兆之結髮不垂白而先亡乃
改殯於高陽致合棺之永禮以開皇十七年歲
次丁巳八月甲寅朔十六日庚申子同還万年
之宅兆一歸長夜千歲丘墳空度春光徒盈風
月年去多而骨朽月往駛而松高空對凡雖終
朝享曙哀哉悲哉乃為銘曰
九州三霸交兵亂賊父東子西兄南弟北目別
亦鄉埋魂異國神靈去何夢想言遇交跡淺世
共鄉年多生同余被死骨相和兒長六頭孫成
十九祭祀保安廟宗長守高陽禮葬銘留万古
松得千年時流微久誌家墓田

説 明

隋開皇十七年（597）八月刻。蓋盝形。誌、蓋尺寸相同，邊長均35厘米。蓋文3行，滿行7字，楷書"大隋開皇十七年」歲次丁巳八月甲」寅朔十六日庚子」"。誌文楷書18行，滿行18字。2005年西安市長安區郭杜鎮羊村出土。現存西安市長安博物館。《隋代墓誌銘彙考》著録。

釋 文

大隋梁武陵王記室參軍之墓誌」

孫氏諱觀，字元照，南徐州晉陵郡曲阿縣高陵」鄉邑下里人也。晉司馬之苗，孫權之後。其祖魏」前二年從梁秦王建義歸朝，因居京兆，屬長安」縣淳化鄉雅正里，非家非國。開皇十三年十一」月内忽然抱疾，至十二月廿九日卒於邛州異」壤，春秋六十二。夫人五十七，并州太原人也。王」世珍之貴族，實黄兆之結髮，不垂白而先亡，乃」改殯於高陽，致合棺之永禮。以開皇十七年歲」次丁巳八月甲寅朔十六日庚申，子同遷万年」之宅兆。一歸長夜，千歲丘墳，空度春光，徒盈風」月。年去多而骨朽，月往駛而松高。空對瓦雞，終」朝寧曙，哀哉悲哉！乃爲銘曰」：

九州三霸，交兵乱賊。父東子西，兄南弟北。因别」本鄉，埋魂異國。神靈去何，夢想言過。交踈淺世」，共梛年多。生同衾被，死骨相和。兒長六頭，孫成」十九。祭祀保安，廟宗長守。高陽禮墓，銘留万古」，松得千年，時流歲久，誰家墓田」。

按

誌主孫觀，未見史籍記載。此誌内容簡略，僅記孫觀祖上遷徙情況及孫觀與其夫人王氏卒年、葬地等信息。其中，誌蓋題改葬之具體時間而不題誌主職官姓氏情況，則在墓誌蓋題記中較爲罕見。

098.597　劉紹墓誌

大隋威烈將軍右員外侍郎劉府君墓誌
公諱紹字方進彭城莒縣人也漢楚元王之後節侯
之十一世孫神英懸跡樹瑞氣於碭山雄啚舊威斬
長虵於豐藪光于典素難可而詳也祖蹇齊巴州刺
史父賢梁青山太守化若春風息如冬日公儀容挺
秀樹鄴林之一枝温德滋明擅藍田之片玉起家除
威烈將軍帷幄稟其謀謨關河須其對敵遷員外侍
郎於肅同于子真雍雅等于文舉遂積善無徵俄從
朝露春秋五十七以開皇三年十月一日終于私宅
夫人郭氏太原人也父踞周使持節大將軍襄州刺
史夫人承茲令淑四德備彰懃于葛覃之詩遵于摽
梅之祀釐居孀室守性唯貞春秋六十三以十七年
八月廿五日攝疾遷逝水花沉影梁日曈暉卽以其
月廿五日合葬於大興縣高陽原豐城雙劒定是追
飛明鏡孤鸞便無獨儛乃為銘曰
沛邑崇基碭山表德之子承家惟王建國冠蓋蟬聯
仁風從特言為世範行為士則儁儁不衆唐唐出群
剋剬以武佳政唯文木求晞露天崖斂雲俄乖伉儷
先從孤墳昔去興居今來同槨池埋比目琴絶雙鶴
遊迎扮坐樓空月落一去何之九泉冥漠

説 明

隋開皇十七年（597）八月二十五日刻。誌長方形。長45厘米，寬44厘米。誌文楷書20行，滿行20字。1999年西安市長安區郭杜鎮出土。現存西安碑林博物館。《西安碑林博物館新藏墓誌彙編》《隋代墓誌銘彙考》等著録。

釋 文

大隋威烈將軍右員外侍郎劉府君墓誌」

公諱紹，字方達，彭城莒縣人也。漢楚元王之後，節侯」之十一世孫。神英慝迹，標瑞氣於碭山；雄圖奮威，斬」長蛇於豐藪。光于典素，難可而詳也。祖寔，齊巴州刺」史。父賢，梁青山太守。化若春風，恩如冬日。公儀容挺」秀，標鄧林之一枝；温德滋明，擅藍田之片玉。起家除」威烈將軍。帷幄稟其謀謨，關河弭其剛毅。遷員外侍」郎。矜肅同于子真，雍雅等于文舉。遂積善無徵，俄從」朝露。春秋五十七，以開皇三年十月一日終于私宅」。夫人郭氏，太原人也。父踙，周使持節、大將軍、襄州刺」史。夫人承兹令淑，四德備彰。勤于葛覃之詩，遵于摽」梅之礼。釐居孀室，守性唯貞。春秋六十三，以十七年」八月廿五日搆疾遷逝。水花沉影，梁日曀暉。即以其」月廿五日，合葬於大興縣高陽原。豐城雙劒，定是追」飛；明鏡孤鸞，便無獨舞。乃爲銘曰」：

沛邑崇基，碭山表德。之子承家，惟王建國。冠盖蟬聯」，仁風挺特。言爲世範，行爲士則。偶偶不衆，唐唐出群」。剋亂以武，匡政唯文。木末晞露，天崖斂雲。俄乖伉儷」，先窆孤墳。昔去異居，今来同槨。池埋比目，琴辭雙鶴」。隧迴霧生，樓空月落。一去何之，九泉冥漠」。

按

誌主劉紹，未見史籍記載。誌載其家族世系，祖、父、誌主及其妻父之任職情況，均可補史載之闕。

099.598　劉安墓誌

説明

隋開皇十八年（598）正月刻。誌正方形。邊長36厘米。誌文楷書18行，滿行18字。誌上部泐蝕較嚴重。有界格。西安市長安區出土。現存陝西省考古研究院。《隋代墓誌銘彙考》著録。

釋文

□□儀同三司高唐縣開國公劉君之墓誌」

□諱安，字仁遠，瀛洲河間樂城人也。賜属雍州」大興縣。公以門業清顯，勳效勞功，特授大賢右」備身正都督、直閤將軍，別封雍州彰縣散子。天」統□年，驅馳幹藝，展力勤勞，特授渭州諸軍事」、渭州刺史。武平六年，勳成久確，將勸有方，特授」□儀同三司、遊擊將軍。其年，授驍騎將軍。隆化」元年，恭幹有德，夙預方勤，特授開府儀同三司」、□□高塘縣開國公，食邑五百户。妻洛州宜遷」縣君、徐州彭城郡君賀拔氏。大隋開皇十八年」歲次戊午正月癸酉朔廿四日丙申，葬於京師」□□洪固鄉胄貴里。祖提，龍驤將軍、歷城鎮將」。□□知名王武力絶人，幼有大略，常懷濟世匡」□之志，扶危定傾之心。早有高譽，爲帝所重。建」□□年，除輔國將軍、靈州鎮城大都督、山鹿縣」開國公，食邑五百户。父豐，大司馬、司徒公、尚書」令、□定瀛殷幽平安燕營汾雲十二州諸軍事」、十二州刺史、威武郡開國公，高昌王」。

按

誌主劉安，未見史籍記載。《北齊書》《北史》之《劉豐傳》俱載其父劉豐，普樂人。歷官普樂太守、靈州鎮城大都督、平西將軍、南汾州刺史、左衛將軍、殷州刺史，卒贈大司馬、司徒公、尚書令，謚曰忠。而其祖劉提任職封賜情況則正史未載，《劉安墓誌》的出土可補史闕。特别是《北齊書·劉豐傳》在“普樂人也”下，校勘記曰：“《御覽》卷二七五無此四字，卻有‘本出河間樂城’六字，不知所出。”此誌的出土則説明了這個問題。

100.600　楊欽墓誌

説 明

隋開皇二十年（600）二月刻。蓋盝形，誌正方形。誌、蓋尺寸相同，邊長均69厘米。蓋文4行，滿行4字，篆書“大隋使持」節大將軍」清水敬公」楊君墓誌」”。誌文楷書33行，滿行33字。誌末3行關于楊欽妻、子情況的記述，字迹均被人爲抹去。蓋四殺飾四神圖案及花紋，四周綫刻纏枝花紋。1977年華陰縣東塬出土。現存西安碑林博物館。《華山碑石》《陝西碑石精華》《西安碑林博物館新藏墓誌彙編》《隋代墓誌銘彙考》《新出魏晉南北朝墓誌疏證》等著録。

釋 文

大隋使持節上開府兆燕恒三州諸軍事太子左右宗衛率雲朔二州道行軍總管清」水縣開國公楊君之墓誌」

公諱欽，字長欽，弘農華陰人也。昔西漢定封，赤泉則傳侯五葉；東京論道，太尉則服衮」四世。豈直丞相貴臣，參廢興於博陸；樓船良將，獻兵録於世宗而已哉。祖颺，散騎侍郎」、朔州鎮將。蘭桂遽摧，故不臻遠大。父叉，大都督、金城魏興二郡太守，清水縣開國侯，食」邑八百户，贈浙州諸軍事、浙州刺史。公桑梓關輔，向背川岳。稟長河之浚靈，蘊高掌之」秀氣。夙標岐嶷，早懷倜儻。孝敬匪因師友，誠義得自胸襟。屬意兵書，窮龍虎之術；留心」劒伎，盡單複之能。州里推高，遠近歸慕。後魏三年，釋褐前侍中士。武成元年，以平洪和」賊勳，授大都督、敷西縣開國伯，邑六百户。天和元年，以芒山戰勳，進授使持節、車騎大」將軍，襲父爵清水縣侯，邑八百户。六年，以平梁老賊勳，授使持節、驃騎將軍、開府儀同」三司。竇霍戎章，羊鄧台服，疇庸既著，兼而有之。建德元年，增邑五百户，并前爲一千三」百户。至五年，蒙授兆州刺史。大象二年，授使持節、都督恒州諸軍事、恒州刺史。公下車」布寬和之政，扇廉平之風。猾吏知耻而去官，貪夫感德而讓畔。無俟朞月，聲績翕然。開」皇元年，以平尉迥勳，授上開府儀同大將軍、太子左宗衛率。二年，授使持節、都督燕州」諸軍事、燕州刺史。公震之以威風，被之以誠信。胡人於焉北牧，雕騎不敢南窺。儌候無」虞，煙塵靜息。斯則良臣光於千里，寧止明珠照乘者哉。三年，進爵清水縣開國公。七年」，又授太子右宗衛率。頃歲匈羯叛换，侵軼疆境。十八年，授雲朔二州道行軍總管。十九」年正月於軍所遘疾，仍事旋京。三月廿九日薨于長安縣醴成鄉仁訓里宅，春秋六十」有四。公器宇凝峻，頃量淵湛。喜愠靡形，澄撓莫變。讀學不求章句，立志願建功名。所輕」者財，所重者義。若夫彈冠膺務，推轂字民。或後殿前驅，契闊行陣；或夙興夜寐，劬勞禁」禦。經歷四紀，出入三代，曾未差以毫釐，乖於任使。可謂良吏良將、有始有終者也。二宫」軫悼，賻贈有加。詔謚曰敬公，礼也。曰以廿年歲次庚申二月庚申朔十四日癸酉，窆」于華州華陰縣潼關鄉通靈里之塋。輴旐具迥，簫鐸相喧。捐舊館而背終嶺，即新墳而」覩龍門。縑竹易歇，金石永存。勒芳猷於陰礎，庶等固於乾坤。乃爲銘曰」：

鋪觀篆籀，逖覽緗油。天下貴族，莫上君侯。赤泉赳赳，禽項寧劉。樓船烈烈，平閩定甌。降」靈不已，挺生君子。稚歲標奇，黄中擅美。尤長弓劒，頗涉經史。篤信有倫，至性無擬。灼灼」騰芳，峨峨昇仕。國步未康，寇結疆埸。慷慨投筆，奮迅戎行。推鋒必勝，應變多方。獻捷壁」水，酬勳廟堂。叔子台命，去病戎章。鳴鐃迥戟，益賦開邦。燕恒闕政，推轂求才。秉文兼武」，帝曰爾能。攀轅惜去，騎竹欣来。匈奴未平，築第忘情。方夷瀚海，向掃龍城。凱歌未薤露」露先鳴[①]。撤祖舊殯，税駕新塋。低松始迥，宿草方生。千秋百代，宅兆恒貞」。

夫人豳寧二州刺史扈敬女（下闕）」第二息世子孝感，年十四娶（下闕）」大女年十七，適上柱國觀國公（下闕）

校勘記

①此句不通。疑“未”後闕一字，而衍一“露”字。

按

誌主楊欽，未見史籍記載。其祖、父及誌主楊欽所任職官，均可補史之闕。墓誌關于武成元年以平洪和賊勳、天和元年以芒山戰勳、天和六年以平梁老賊勳、開皇元年以平尉迥勳等歷史事件，以及由此封授的官爵，對于研究南北朝末期及隋初戰爭史和封賜制度，均有一定的價值。

101.600　席淵墓誌

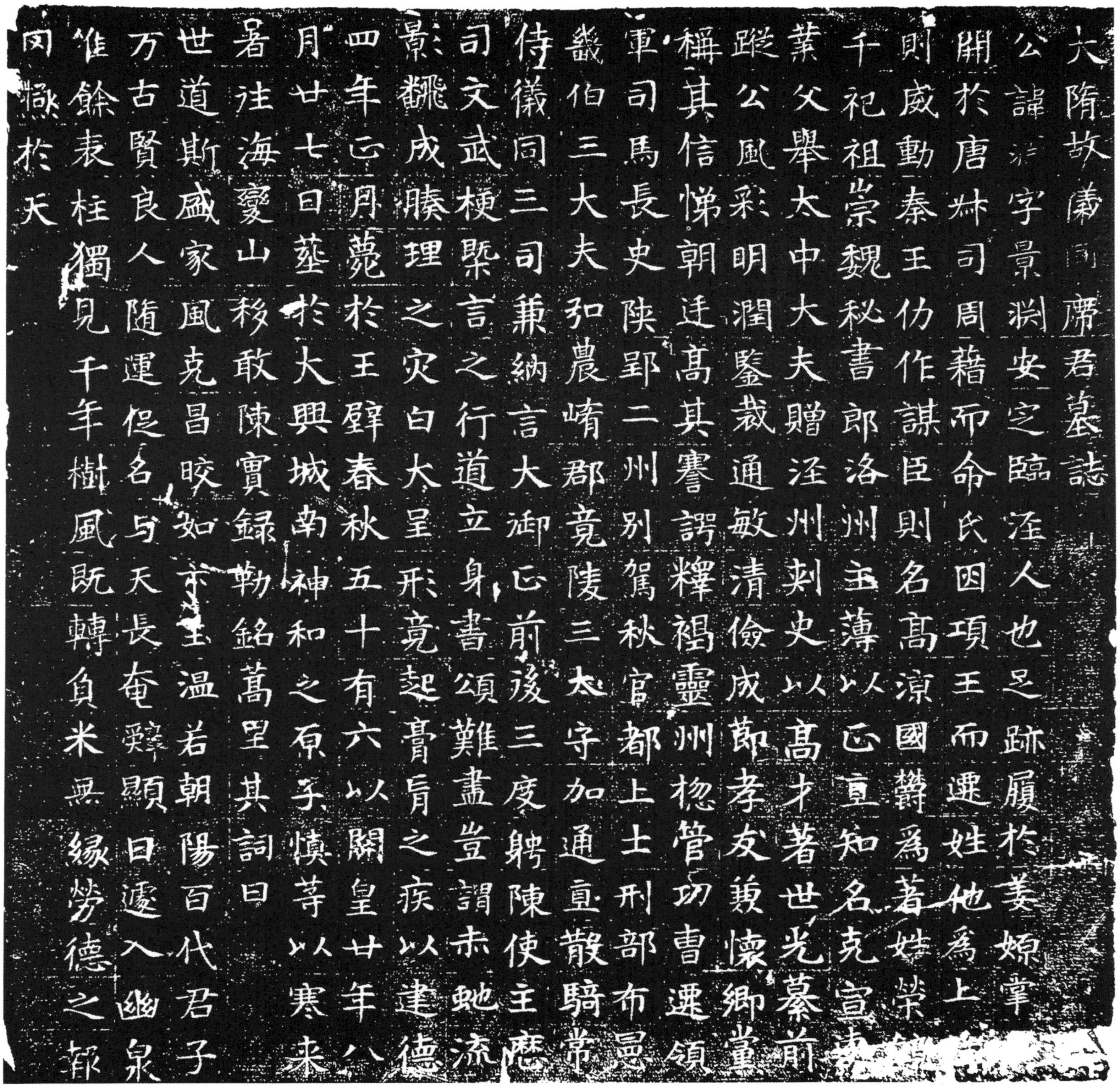

大隋故衛[illegible]席君墓誌
公諱[illegible]字景淵安定臨涇人也足跡履於姜嫄掌
開於唐林司周籍而命氏因項王而遷姓他爲上
則威動秦王仂作謀臣則名高涼國爵爲著姓榮
千祀祖崇魏秘書郎洛州主簿以匡直知名克宣
業父舉太中大夫贈涇州刺史以高才著世光纂前
蹤公風彩明潤鑒裁通敏清儉成節孝友兼懷鄉黨
稱其信悌朝廷高其謇諤釋褐靈州揔管功曹遷領
軍司馬長史陝郢二州別駕秋官都上士刑部布憲
畿伯三大夫司農崤郡竟陵三太守加通直散騎常
侍儀同三司兼納言大御正前後三度聘陳使主歷
司文武楩槩言之行道立身書頌難盡豈謂赤虵流
景飈飈成滕理之灾白大呈形竟起膏肓之疾以建德
四年正月薨於王辟春秋五十有六以開皇廿年八
月廿七日葬於大興城南神和之原子慎等以寒来
暑往海變山移敢陳實録勒銘萬里其詞曰
世道斯盛家風克昌皎如玉温若朝陽百代君子
万古賢良人隨運促名与天長奄辭顯日遽入幽泉
惟餘表柱獨見千年樹風既轉負米無緣勞德之報
罔極於天

説明

隋開皇二十年（600）八月刻。誌正方形，邊長32厘米。誌文楷書20行，滿行20字。近年西安市長安區出土。現爲私人收藏。《隋代墓誌銘彙考》著録。

釋文

大隋故儀同席君墓誌」

公諱淵，字景淵，安定臨涇人也。足迹履於姜嫄，掌□」開於唐叔。司周籍而命氏，因項王而遷姓。他爲上將」，則威動秦王；仂作謀臣，則名高涼國。鬱爲著姓，榮鏡」千祀。祖崇，魏秘書郎、洛州主簿。以正直知名，克宣遠」業。父舉，太中大夫，贈涇州剌史。以高才著世，光纂前」蹤。公風彩明潤，鑒裁通敏，清儉成節，孝友兼懷。鄉黨」稱其信悌，朝廷高其謇諤。釋褐靈州總管功曹，遷領」軍司馬長史、陝郢二州別駕、秋官都上士、刑部布憲」畿伯三大夫、弘農崤郡竟陵三太守，加通直散騎常」侍、儀同三司，兼納言、大御正。前後三度聘陳使主，歷」司文武，梗概言之。行道立身，書頌難盡。豈謂赤蛇流」影，翻成腠理之灾；白犬呈形，竟起膏肓之疾。以建德」四年正月薨於王壁，春秋五十有六。以開皇廿年八」月廿七日葬於大興城南神和之原。子慎等以寒来」暑往，海變山移，敢陳實録，勒銘蒿里。其詞曰」：

世道斯盛，家風克昌。皎如卞玉，温若朝陽。百代君子」，万古賢良。人隨運促，名与天長。奄辭顯日，遽入幽泉」。唯餘表柱，獨見千年。樹風既轉，負米無緣。勞德之報」，罔極於天」。

按

誌主席淵，未見史籍記載。誌所述其族系、職官及地理信息，均可補史之闕載。

102.600　孟顯達碑

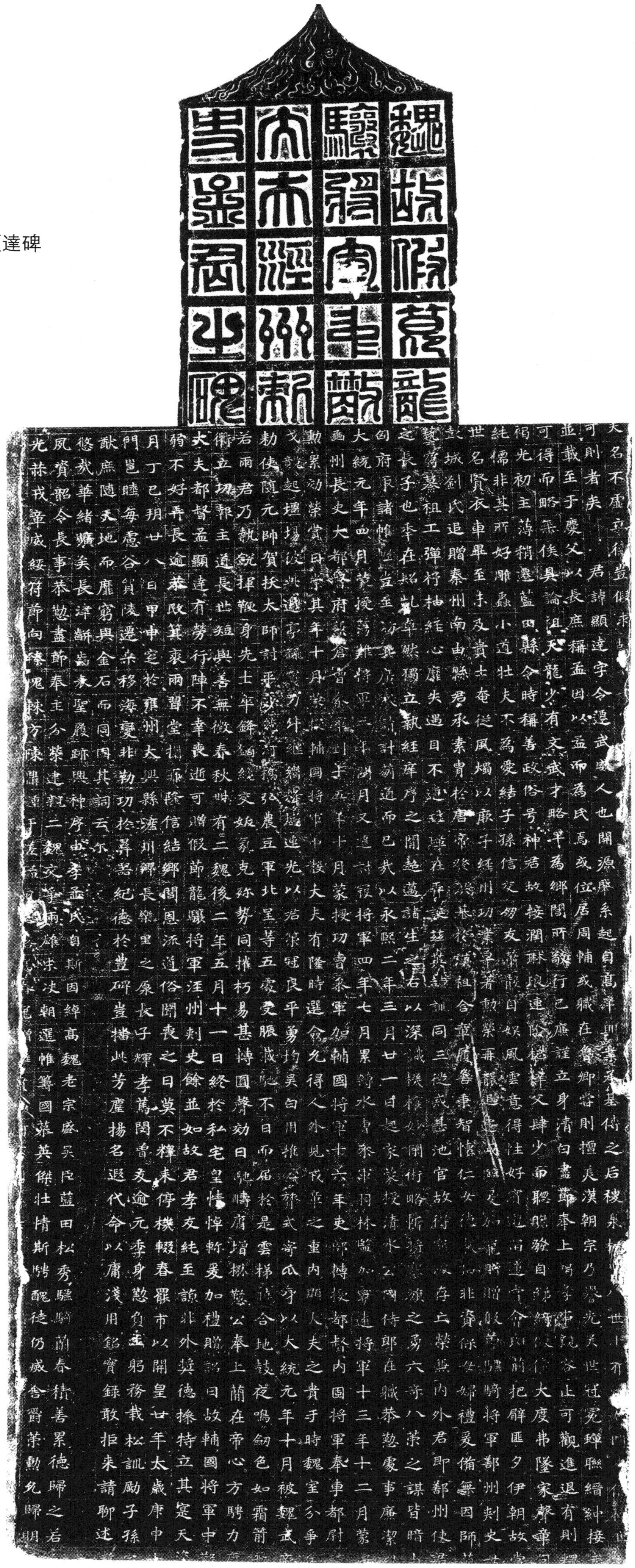

説 明

隋開皇二十年（600）十月刻。碑螭首。通高250厘米，寬67厘米。額文陽刻4行，滿行5字，篆書“魏故假節龍」驤將軍中散」大夫涇州刺」史孟君之碑」”。正文楷書26行，滿行48字。有界格。1910年長安縣南里王村出土，後存西安市湘子廟街，1948年入藏西安碑林。現存西安碑林博物館。《陝西金石志》《陝西碑石精華》《長安碑刻》等著録。

釋 文

夫名不虚立，德豈假求。故（下闕）」可則者矣。君諱顯達，字令遷，武威人也。開源肇系，起自高辛；興業承基，傳之后稷。泉□□八世十有六君，國史備詳，世□」並載。至于慶父，以長庶稱孟，因以孟而爲氏焉。或位居周輔，或職在魯卿。訔則擅美漢朝，宗乃譽光吴世。冠冕蟬聯，縉紳接武」，可得而略，無俟具論。祖天龍，少有文武才略，早爲鄉閭所敬。行己廉謹，立身清白。盡節奉上，竭孝事親。容止可觀，進退有則。釋」褐光初主簿，稍遷藍田縣令。時稱善政，俗号神君。故接潤琳琅，連陰杞梓。父肆，少而聰贍，發自綈綺，倜儻大度，弗墜家聲。章句」純儒，非其所好，雕蟲小道，壯夫不爲。愛結子孫，信交朋友，蕭散自娱，風雲意得。性好賓遊，留連賞會。班荊把臂，匪夕伊朝。故當」世名賢，衣車畢至。未及貴士，奄從風燭。以厥子經州功業早著，勳榮再襲，追遠或臨，爰加寵贈。贈假節驃騎將軍、鄯州刺史。母」彭城劉氏，追贈秦州南由縣君。承素胄於唐帝，發洪基於漢祖。含章履善，秉智懷仁。女德載弘，非資保母；婦禮爰備，無因師範」。藝窮纂祖（組），工殫杼柚，經心靡失，遇目不遺。珪璋在弄，誕兹英哲。訓同三徙，戒甚池官。故得寵被存亡，榮兼内外。君即鄯州使君」之長子也。年在髫齔，卓然獨立。執經庠序之間，超邁諸生之右。以深識機權，妙閑術略，斬將褰旗之勇，六奇八策之謀，皆暗由」匈府，取諸帷幄。豈至訪□廣武，請計蒯通而已哉。以永熙二年三月廿一日起家，蒙授清水公國侍郎。在職恭勤，處事廉潔。到」大統元年四月，蒙授蕩難將軍。三年閏月，又遷討寇將軍。四年七月，累轉水曹參軍、羽林監，加寧遠將軍。十三年十二月，蒙授」豳州長史、大都督府兼倉曹參軍。到十五年十月，蒙授功曹參軍，加輔國將軍。十六年，吏部轉授都督、内固將軍、奉車都尉。積」勳累效，榮賞日崇。其年十月，蒙授輔國將軍、中散大夫。有隆時選，僉允得人。外見戎章之重，内顯大夫之貴。于時魏室分爭，兵」戈競起。疆埸彼此，邊亭翻覆。刀斗繼響，烽燧連光。以君策冠良平，勇均吴白，用推心膂，式寄爪牙。以大統元年十月，被魏武帝」敕使隨元帥賀拔太師討平沙苑、河橋、弘農、豆軍、北呈等五處。受脤載馳，不日而屆。於是雲梯曉合，地鼓夜鳴。劒色如霜，箭飛」若雨。君乃執鋭揮鞭，身先士卒。鋒鏑纔交，妖氛克殄。勢同摧朽，易甚轉圓。聲效日馳，疇庸增懋。勤公奉上，簡在帝心。方騁力康」衢，立功報主。道長世短，與善無徵。春秋卌有二，魏後二年五月十一日，終於私宅。皇情悼軫，爰加禮贈。詔曰：故輔國將軍、中散」大夫、都督孟顯達，有勞行陣，不幸喪逝。可贈假節龍驤將軍、涇州刺史，餘並如故。君孝友純至，諒非外獎；德操特立，其寔天資」。弱不好弄，長逾恭愍。箕裘兩習，堂構再隆。信結鄉閭，恩流道俗。聞喪之日，莫不釋耒停機，輟舂罷市。以開皇廿年太歲庚申十」月丁巳朔廿八日甲申，窆於雍州大興縣滻川鄉長樂里之原。長子輝，孝篤閔曾，友逾元季。身勤負土，躬務栽松。訓勵子孫，家」門邕睦。每慮谷貿陵遷，桑移海變，非勒功於彝器，紀德於豐碑，豈播此芳塵，揚名遐代。命以庸淺，用銘實録，敢拒来請，聊述徽」猷。庶隨天地而靡窮，與金石而同固。其詞云尔」：

悠哉華緒，曠矣長津。齗齒表聖，履迹興神。序由季孟，氏自斯因。綽高魏老，宗盛吴臣。藍田松秀，驃騎蘭春。積善累德，歸之若人」。夙資韶令，長事恭勤。盡節奉主，分榮逮親。二魏交爭，兩雄未決。朝選帷籌，國慕英傑。壯情斯騁，醜徒仍滅。舍爵策勳，允歸明哲」。光赫戎章，威綏符節。向臻槐棘，方陳鼎鍾。于嗟猛氣，處落夏春。寵贈（下闕）

按

孟顯達，未見史籍記載。據碑文記載，孟顯達歷經北魏、西魏，曾參與西魏賀拔勝討平沙苑、河橋、弘農、豆軍、北呈等五處之戰事，其父孟肆贈假節驃騎將軍、鄯州刺史，母劉氏贈秦州南由縣君，均因孟顯達之軍功而封贈。

武樹善《陝西金石志》記載此碑：“碑連額高八尺，每行四十八字，前缺一行半，後缺半行，中間完好。額題‘魏故假節龍驤將軍中散大夫涇州刺史孟君之碑’。宣統二年，咸寧縣李王村巨墓塌陷，縣令培繹如成親往視察，檢得韋項夫婦誌石兩方。又石槨之一面，字迹端好，即此碑也。遂封墓，舁三石于城中圖書館。其前後缺數行者，蓋當時用爲石槨，尺寸較大，故鑿去耳。無書、撰人名，而字體秀逸勁拔，在蘇孝慈之右。誠隋刻之佳者，可寶也。”

103.601　禽昌伯妻宇文氏墓誌

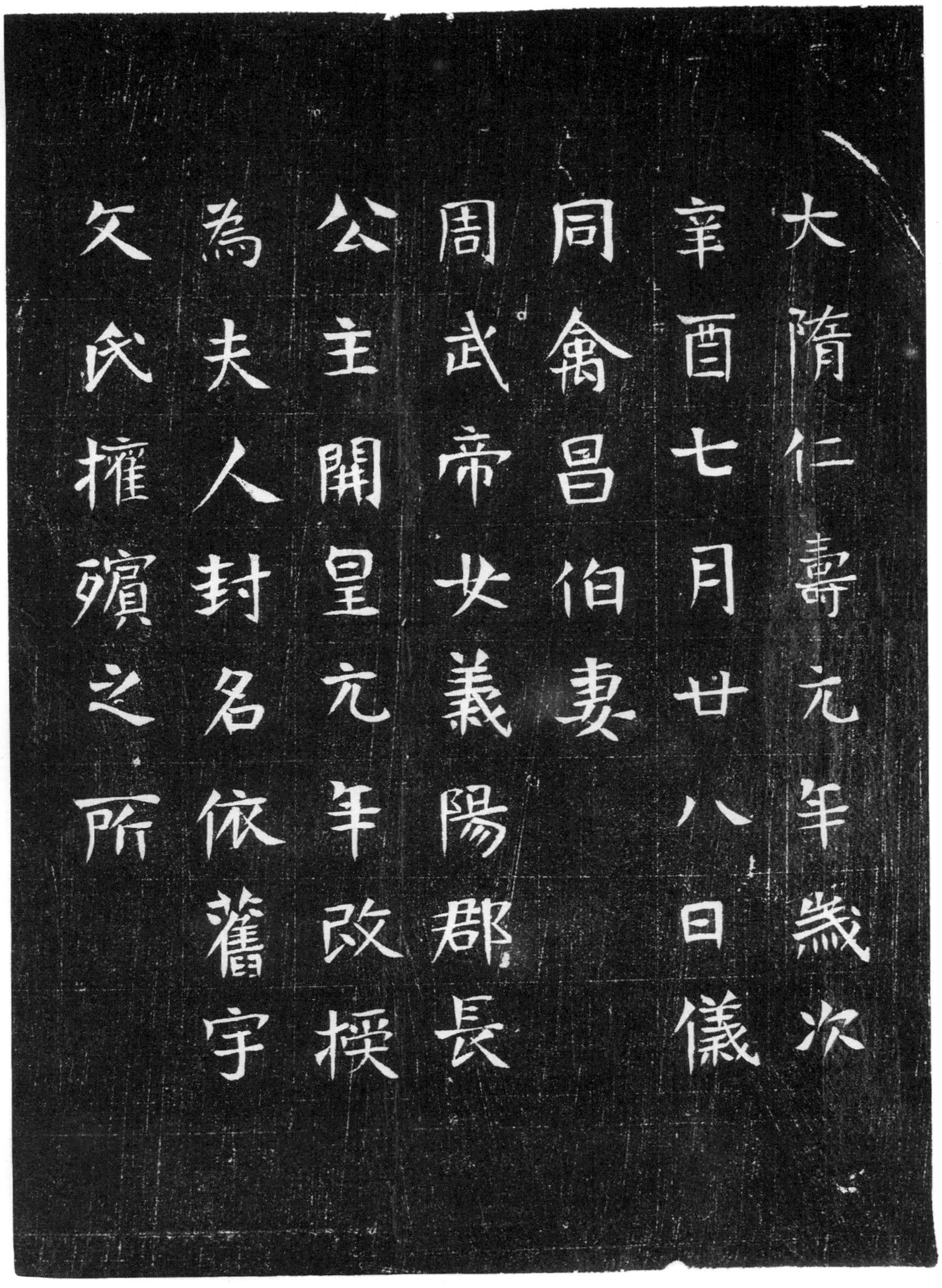
大隋仁壽元年歲次
辛酉七月廿八日儀
同禽昌伯妻
周武帝女義陽郡長
公主開皇元年改授
為夫人封名依舊宇
文氏權殯之所

説 明

隋仁壽元年(601)七月刻。誌正方形。邊長33厘米。誌文楷書7行,滿行8字。1956年西安市東郊洪慶村出土。現存西安碑林博物館。《西安碑林全集》《隋代墓誌銘彙考》著録。

釋 文

大隋仁壽元年歲次」辛酉七月廿八日,儀」同禽昌伯妻」、周武帝女義陽郡長」公主,開皇元年改授」爲夫人,封名依舊,宇」文氏權殯之所」。

按

誌主宇文氏,未見史籍記載。《周書·于謹傳》載:"子顗,大象末上開府、吴州總管、新野郡公。顗弟仲文,大將軍、延壽郡公。仲文弟象賢,儀同三司,尚高祖女。"《大唐朝散大夫行蜀州司法參軍于君墓誌銘》(陝西省古籍整理辦公室藏拓)載:"(于隱)曾祖象賢,周駙馬都尉,隋左領軍將軍、禽昌縣開國公。"則此儀同禽昌伯,當爲周駙馬都尉受封爲禽昌縣公的于象賢。義陽郡長公主,史亦無載,此可補史載之闕。

104.601　同州武鄉縣大興國寺舍利塔下銘

維大隋仁壽元年歲次辛酉
十月辛亥朔十五日乙丑
皇帝普為一切法界幽顯生
靈謹於同州武鄉縣大興國
寺奉安舍利敬造靈塔願
太祖武元皇帝元明皇后皇
帝皇后皇太子諸王子孫等
并內外羣官爰及民庶六道
三塗人非人等生生世世值
佛聞法永離苦空同昇妙果

説明

隋仁壽元年（601）十月刻。碑正方形。邊長51厘米。正文隸書10行，滿行11字。1980年大荔縣朝邑鎮紫陽村二組馬進昌捐贈。現存大荔縣文物局。《陝西碑石精華》《大荔碑刻》著録。

釋文

維大隋仁壽元年歲次辛酉」十月辛亥朔十五日乙丑」，皇帝普爲一切法界，幽顯生」靈，謹於同州武鄉縣大興國」寺，奉安舍利，敬造靈塔。願」太祖武元皇帝、元明皇后、皇」帝、皇后、皇太子、諸王子孫等」，并内外群官，爰及民庶、六道」三塗、人非人等，生生世世，值」佛聞法，永離苦空，同昇妙果」。

按

據初步統計，隋仁壽年間在全國建塔百餘座，歷年來陸續發現出土者有十餘處。目前可知陝西境内隋代舍利塔下銘除大荔所藏外，另有三方：周至仙游寺博物館藏《仁壽元年仙游寺舍利塔下銘》（正方形，邊長63厘米。正文楷書11行，滿行11字。四側飾纏枝蔓草及動物紋飾。1998年周至仙游寺法王塔地宫出土）；咸陽博物館藏《仁壽元年延興寺舍利塔下銘》（正方形，邊長32厘米，中有圓臼，臼徑7厘米，深5厘米。正文楷書5行，滿行10字。早年咸陽市出土）；銅川市耀州區博物館藏《仁壽四年神德寺舍利塔下銘》（銘文刻于石函之上。函蓋盝形，身正方形，内有方形槽。蓋頂邊長83厘米，底邊長101厘米，高51厘米。塔下銘長52厘米。蓋文篆書3行，滿行3字，題“大隋皇帝舍利寶塔銘”。正文楷書12行，滿行12字。石函蓋頂四周綫刻四神邊欄，四殺刻蔓草，四側刻飛天。1969年耀縣照金鎮出土）。將上述舍利塔銘文相對照，其相同年份之銘文格式内容大體一致，其中有關寺院名稱之記載則可補證相關文獻之闕。

此塔下銘中提及之大興國寺，舊址在今大荔縣城關中學。原名般若寺，隋開皇四年（584）改名大興國寺，仁壽元年（601）十月安舍利建塔。

105.601　賀拔毗沙墓誌

隋故上柱國盧國公夫人賀拔氏墓誌
夫人諱毗沙河南洛陽人也昔金行委馭玄曆肇開廓恒岱而為基還
伊洛而定鼎世出良將勤班固之銘門有賢臣入主襃之頌祖度肆州
刺史龍城伯宇量淵深天骨疎朗憑風雲而鼓動騁龍驥以騰驤父勝
太師太宰瑯琊獻公思章宸極舟楫生民齊台輔之星明表丹青之神
化夫人性理端莊風儀婉娩內懷冰鏡外蔽芳蘭動必觀圖辭不越禮
尉氏襲龜組之榮復公侯之業二門正盛兩族俱華各引龍鳳之旗同
纂壇梅之鼎猗歟淑媛作儷氏與焉絺綌而著婦工採蘋藻以宣柔德
於勞錦室弄杼秋機親往來津洽蠶春水既有文而歸魯因有禮而開
封以秩從夫光齊寵命保定三年授宜州宜君郡君建德三年授廣業
國夫人宣政元年授盧國夫人言行無玷質異自生觀察是機鑒洞明
鏡窺松康於觸裏遠識賢才辯邊環於車聲預昭仁智誅荊王之猶不
食鮮禽嫌齊姬之心遠聽繁樂以大隋受命授盧國大夫人治絲教績
克勤以勵衆姬廣被重茵招賢以成諸子咸文伯之奉劍更事嚴師反
田稷之遺金遂稱廉化以茲閨訓弘此家聲儀範畫於甘泉節行光於
月管既而風樹不停露塵難久遷潛輝於漢域忽奔彩於崦嵫開皇十
九年七月廿日薨於第春秋五十八粵以仁壽元年歲次辛酉十月辛
亥朔廿三日癸酉合葬於雍州涇陽縣奉賢鄉靜民里山柄兩鶴猶有
聞天之聲匣癈雙龍空表侵星之氣嗚呼嗣子請等陟屺無見過庭致
感絕漿泣血毀瘠以居喪冒雨懼雷銜悲而繞墓乃為銘曰
帝城近親宛葉故人其星降誕嵩岳生申績宣王室功濟蒸民家承赤
鼎世載朱輪應圖湘水開祥巽位婉穆柔儀神襟清懿玉顏辭趙珠光
照魏肅慎中閨虔恭內饋克勤絺綌不廢紘綖還宅訓子大被招賢丹
無金竈草之瓊由飛劒沒水入月經天昔惜合丞今悲同穴蠶薄徒埋
魚燈遶城松寒悵冷谷深雲咽勒石泉宮流芳無絕

説 明

隋仁壽元年（601）十月刻。誌正方形。邊長50厘米。誌文楷書25行，滿行27字。有界格。1988年咸陽機場基建工地出土。現存陝西省考古研究院。《新出魏晉南北朝墓誌疏證》《隋代墓誌銘彙考》等著録。

釋 文

隋故上柱國盧國公夫人賀拔氏墓誌」

夫人諱毗沙，河南洛陽人也。昔金行委馭，玄曆肇開，廓恒岱而爲基，遷」伊洛而定鼎。世出良將，勒班固之銘；門有賢臣，入王褒之頌。祖度，肆州」刺史、龍城伯。宇量淵深，天骨踈朗。憑風雲而鼓動，騁龍驥以騰驤。父勝」，太師、太宰、瑯瑘獻公。憲章宸極，舟檝生民。膺台輔之星明，表丹青之神」化。夫人性理端莊，風儀婉娩。内懷冰碧，外散芳蘭。動必觀圖，辭不越禮」。尉氏襲龜組之榮，復公侯之業。二門並盛，兩族俱華。各引龍鳳之旗，同」纂鹽梅之鼎。猗歟淑媛，作儷民英。爲絺紘而著婦工，採蘋藻以宣柔德」。躬勞錦室，弄杼秋機；親往桑津，浴蠶春水。既有文而歸魯，因有禮而開」封。以秩從夫，光膺寵命。保定三年，授宜州宜君郡君。建德三年，授廣業」國夫人。宣政元年，授盧國夫人。言行無玷，質異白珪。觀察見機，鑒同明」鏡。窺嵇康於牖裏，遠識賢才；辨蘧瑗於車聲，預昭仁智。諫荊王之獵，不」食鮮禽；矯齊□之心，詎聽繁樂。大隋受命，授盧國大夫人。治絲教績」，克勤以勵衆姬；廣被重茵，招賢以成諸子。戒文伯之奉劒，更事嚴師；反」田稷之遺金，遂稱廉化。以茲閨訓，弘此家聲。儀範晝於甘泉，節行光於」彤管。既而風樹不停，露塵難久。遽潛輝於漢域，忽弇彩於崐峰。開皇十」九年七月一日，薨於第，春秋五十八。粤以仁壽元年歲次辛酉十月辛」亥朔廿三日癸酉，合葬於雍州涇陽縣奉賢鄉靜民里。山栖兩鶴，猶有」聞天之聲；匣瘞雙龍，空表侵星之氣。嗚呼！嗣子靖等，陟屺無見，過庭致」感。絶漿泣血，毀瘠以居喪；冒雨懼雷，銜號而繞墓。乃爲銘曰」：

帝城近親，宛葉故人。箕星降説，嵩岳生申。績宣王室，功濟蒸民。家承赤」鼎，世載朱輪。應圖湘水，開祥巽位。婉㥣懋儀，神襟清懿。玉顔辭趙，珠光」照魏。肅慎中閨，虔恭内饋。克勤絺綌，不廢紘綖。遷宅訓子，大被招賢。丹」無金竈，草乏瓊田。飛劒没水，入月經天。昔歡合巹，今悲同穴。蠶薄徒埋」，魚燈遽滅。松寒帳冷，谷深雲咽。勒石泉宮，流芳無絶」。

按

誌主賀拔毗沙，未見史籍記載。誌題之“上柱國盧國公”即《周書》《北史》之《尉遲運傳》所載之尉遲運。夫婦二人墓誌同時同地出土，而尉遲運墓誌現存地不詳。

誌主賀拔毗沙祖賀拔度、父賀拔勝史書均有記載，其中賀拔度史載爲“賀拔度拔”，賀拔勝則《魏書》《周書》《北史》有傳。賀拔毗沙生平、封爵、葬地之相關問題，可參《新出魏晉南北朝墓誌疏證》。

106.601 楊异墓誌

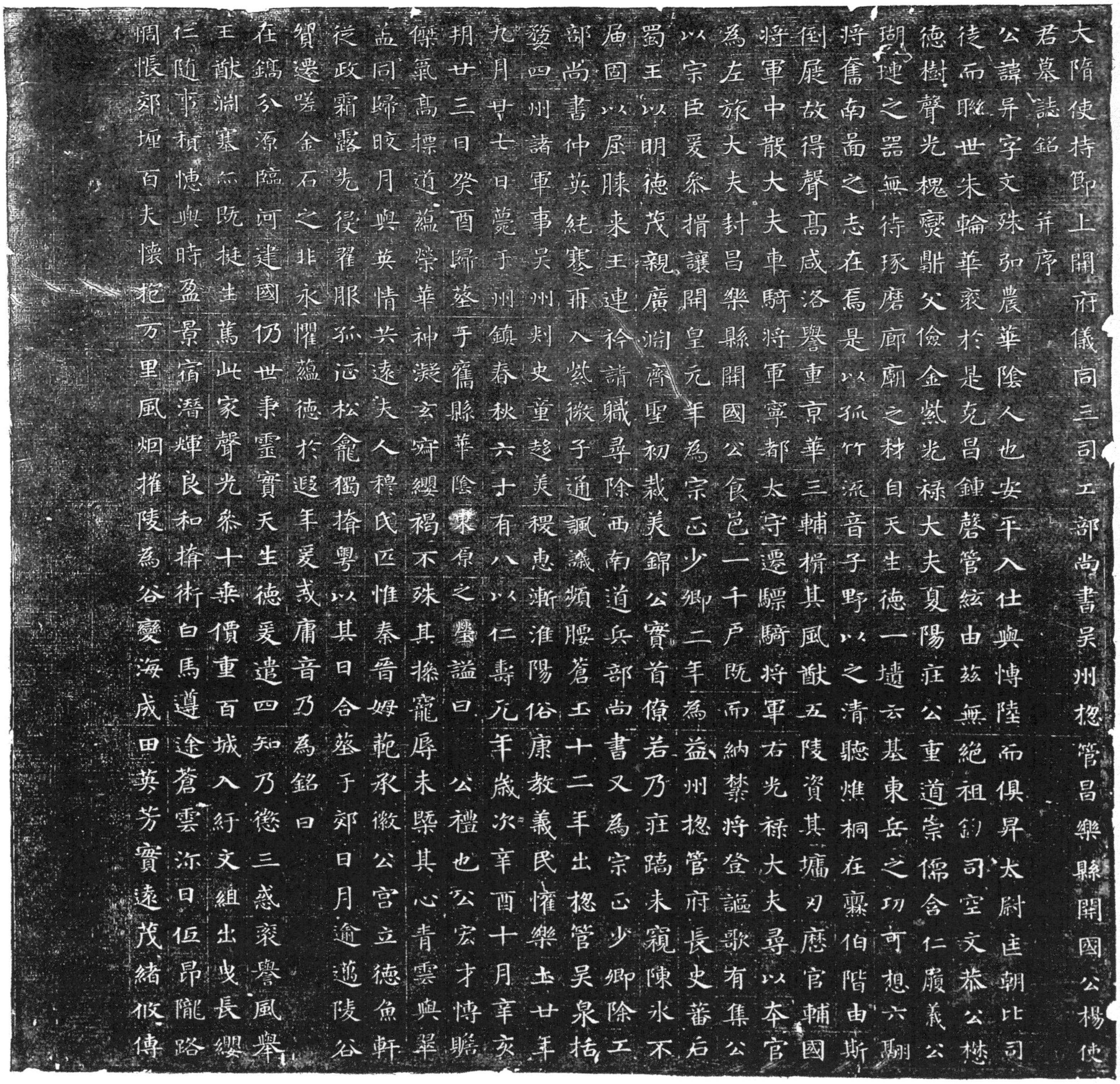

説明

隋仁壽元年（601）十月刻。蓋盝形，誌正方形。誌、蓋尺寸相同，邊長均56厘米。蓋文5行，滿行5字，篆書“大隋使持節」上開府工部」尚書吴州總」管昌樂公楊」使君之墓誌」”。誌文楷書25行，滿行28字。有界格。早年華陰縣出土。現爲私人收藏。《隋代墓誌銘彙考》著録。

釋文

大隋使持節上開府儀同三司工部尚書吴州總管昌樂縣開國公楊使」君墓誌銘□并序」

公諱昇，字文殊，弘農華陰人也。安平入仕，與博陸而俱昇；太尉匡朝，比司」徒而聯世。朱輪華衮，於是克昌；鍾磬管絃，由茲無絶。祖鈞，司空、文恭公。懋」德樹聲，光槐燮鼎。父儉，金紫光禄大夫、夏陽莊公。重道崇儒，含仁履義。公」瑚璉之器，無待琢磨；廊廟之材，自天生德。一壝云基，東岳之功可想；六翮」將奮，南圖之志在焉。是以孤竹流音，子野以之清聽；燋桐在爨，伯階（喈）由斯」倒屣。故得聲高咸洛，譽重京華。三輔揖其風猷，五陵資其牆刃（仞）。歷官輔國」將軍、中散大夫、車騎將軍、寧都太守，遷驃騎將軍、右光禄大夫。尋以本官」爲左旅大夫，封昌樂縣開國公，食邑一千户。既而納禁將登，謳歌有集。公」以宗臣，爰參揖讓。開皇元年，爲宗正少卿。二年，爲益州總管府長史。蕃后」蜀王以明德茂親，廣淵齊聖，初裁美錦，公實首僚。若乃莊蹻未寬，陳冰不」届，固以屈膝来王，連衿請職。尋除西南道兵部尚書。又爲宗正少卿，除工」部尚書。仲英純蹇，再入紫微；子通諷議，頻腰蒼玉。十二年，出總管吴泉括」婺四州諸軍事、吴州刺史。童趍美稷，惠漸淮陽；俗康教義，民歡樂土。廿年」九月廿七日，薨于州鎮，春秋六十有八。以仁壽元年歲次辛酉十月辛亥」朔廿三日癸酉，歸葬于舊縣華陰東原之塋。謚曰□公，禮也。公宏才博贍」，傑氣高標。道藴榮華，神凝玄寂。纓褐不殊其操，寵辱未概其心。青雲與翠」盖同歸，皎月與英情共遠。夫人穆氏，匹惟秦晉，姆範承徽，公宫立德，魚軒」從政，霜露先侵，翟服孤征，松龕獨掩。粤以其日合葬于郊。日月逾邁，陵谷」貿遷。嗟金石之非永，懼藴德於遐年。爰戒庸音，乃爲銘曰」：

在鎬分源，臨河建國。仍世秉靈，實天生德。爰遣四知，乃懲三惑。衮譽風舉」，王猷淵塞。亦既挺生，篤此家聲。光參十乘，價重百城。入紆文組，出曳長纓」。仁随事積，憓與時盈。景宿潛輝，良和掩術。白馬遵途，蒼雲沵日。低昂隴路」，惆悵郊廛。百夫懷抱，万里風烟。摧陵爲谷，變海成田。英芳實遠，茂緒攸傳」。

按

誌主楊昇，《隋書》卷四六有傳。其祖楊鈞、父楊儉，《魏書》卷五八、《周書》卷二二均有載。史書與墓誌記載可互參。其族侄楊素墓誌見113.607條。此誌書法齊整規範，筆力勁健，結構典雅，法式嚴謹，是集魏晉南北朝由隸轉楷之大成、開隋唐歐體之先聲的代表作之一。

107.601　魯鍾馗墓誌

説 明

隋仁壽元年（601）十一月刻。蓋盝形，誌正方形。誌、蓋尺寸相同，邊長均35厘米。蓋文3行，滿行3字，篆書“大隋長」樂夫人」魯墓誌」”。誌文楷書23行，滿行24字。有界格。20世紀80年代西安市長安縣出土。現存陝西省考古研究院。《隋代墓誌銘彙考》著録。

釋 文

周右正宮治尚宮平昌長樂郡國夫人魯氏墓誌銘」

夫人性（姓）魯，諱鍾馗，本齊人，徙居雍州扶風縣，仍爲扶風人也。□」仲連廿三世孫。皆漢臣吴將，嬋（蟬）聯不絶。曾祖祥，雍州刺史，司徒」公。祖慶，雍州刺史。並位居台鉉，任職蕃帷。倜儻瓌奇，英資（姿）挺秀」。父瓊，高尚不仕，栖遲巖壑，放曠烟霞，遠賁丘園，辭榮隱處，人倫」世表，高步一時，雅亮淵猷。追懷曩昔，並出誠入孝，允文允武。夫」人生仁義之門，秉端莊之操。爰及禮年，作配君子。芝蘭之性逾」芳，琴瑟之和弥篤。都督外宣戎政，三略六奇之謀。夫人内燮闈」闉，四德二儀之美。組織紘綖，恭承俎豆。周天和元年，入宮即治」正宮事。夫人行履端直，肅慎有儀。奉節宮闈，勤誠克著。建德四」年，治上宮事。宣正（政）元年，治正宮事。大象二年，又封長樂郡國夫」人。大隋開皇元年，夫人出事周皇太后，俯仰」有儀，風姿可範。陪侍九重，曾無譴咎。来遊甲第，未有失疑。加以」深弘九念，積脩十善。以玆妙果，遂虧遠福。以仁壽元年八月十」三日搆疾，良醫妙藥，頻爾療治，遂不蒙祐，石火易飄，金丹罕驗」。以其年八月十六日薨於岐州岐山縣之第，春秋六十有八。粤」以其年歲次辛酉十一月辛巳朔二日壬午，歸葬於雍州大興」縣洪固鄉疇貴里之原。長子世昉，寔有家風，惟孝惟誠，且恭且」順。居喪盡禮，哀毀過人。刊兹景行，納之泉户。寄以玄石，式鐫不」朽。乃爲銘曰」：

綿綿世胄，出自海源。承基鼎族，因此高門。婉容久匹，孀志難論」。恭勤不爽，節倹斯存。水逐川流，人随世閲。夜臺難曉，泉扉永閉」。壟暗雲浮，松哀風結。唯餘彤管，名芳無絶」。

按

誌主魯鍾馗，未見史籍記載。誌中所述其曾祖祥、祖慶所任雍州刺史，及誌主入宮治正宮事、上宮事等，對于研究雍州刺史在魏晉南北朝時之職任者、南北朝及隋代後宮管理制度等，都有一定的史料價值。此誌書體書寫較爲隨意，碑别字較多。

108.601　田保洛墓誌

大隋故田君之墓誌銘

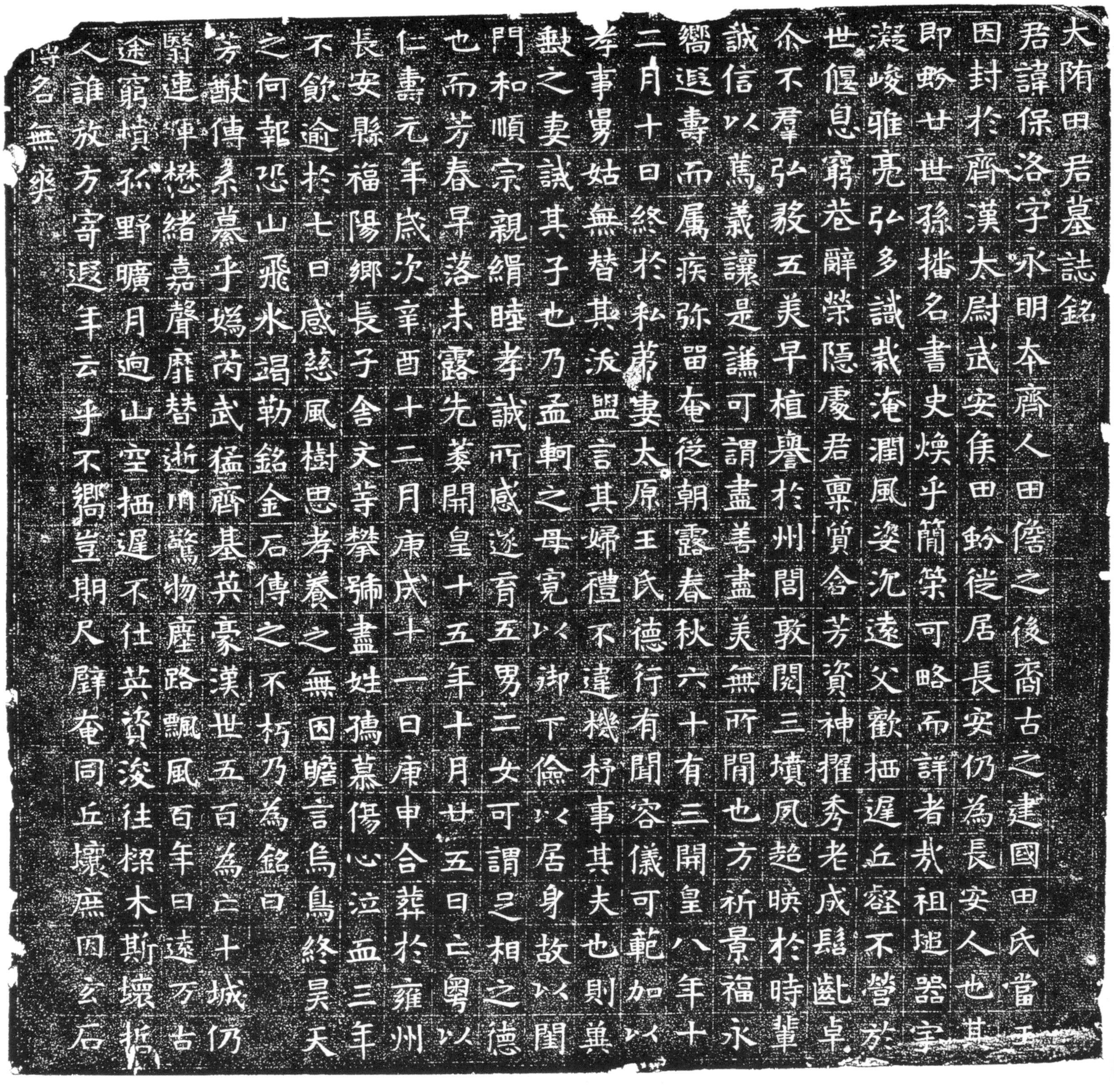
大隋田君墓誌銘
君諱保洛字永明本齊人田儋之後裔古之建國田氏當王
因封於齊漢太尉武安侯田蚡從居長安仍為長安人也其
即蚡廿世孫播名書史煥乎簡策可略而詳者尤祖塴器宇
凝峻雅亮弘多識栽淹潤風姿沉遠父歡拪遲丘壑不營於
世偃息窮巷辭榮隱處君稟質含芳資神擢秀老成髫齔卓
介不羣弘敎五美早植譽於州閭敦閱三墳夙超暎於時輩
誠信以篤義讓是謙可謂盡善盡美無所間也方祈景福永
嚮遐壽而屬疾弥留奄從朝露春秋六十有三開皇八年十
二月十日終於私第妻太原王氏德行有聞容儀可範加以
孝事舅姑無替其汲盟言其婦禮不違機杼事其夫也則異
敷之妻識其子也乃孟軻之母寬以御下儉以居身故以閨
門和順宗親緝睦孝誠所感遂育五男二女可謂之相之德
也而芳春早落未露先萎開皇十五年十月廿五日亡粤以
仁壽元年歲次辛酉十二月庚戌十一日庚申合葬於雍州
長安縣福陽鄉長子舍文等攀號盡姓殰慕傷心泣血三年
不飲逾於七日感慈風樹思孝養之無因瞻言烏鳥終昊天
之向郭恐山飛水竭勒銘金石傳之不朽乃為銘曰
芳猷傳系慕乎嫣芮武猛齊基英豪漢世五百為亡十城仍
腎連渾懋緒嘉聲靡替逝川驚物塵路飄風百年日遠万古
途窮墳孫野曠月迴山空栖遲不仕英資浚往樑木斯壞哲
人誰放方寄遐年云乎不嚮豈期尺壁奄同丘壞庶因玄石
得名無爽

説明

隋仁壽元年（601）十二月刻。蓋盝形，誌正方形。誌、蓋尺寸相同，邊長均37厘米。蓋文3行，滿行3字，篆書“大隋故｣田君之｣墓誌銘｣”。誌文楷書23行，滿行23字。有界格。2005年西安市長安區郭杜鎮楊村出土。現存西安市長安博物館。《長安碑刻》《隋代墓誌銘彙考》著録。

釋文

大隋田君墓誌銘｣

君諱保洛，字永明，本齊人田儋之後裔。古之建國，田氏當王｣，因封於齊。漢太尉武安侯田蚡徙居長安，仍爲長安人也。其｣即蚡廿世孫。播名書史，焕乎簡策，可略而詳者哉。祖塠，器宇｣凝峻，雅亮弘多。識裁淹潤，風姿沉遠。父歡，栖遲丘壑，不營於｣世。偃息窮巷，辭榮隱處。君稟質含芳，資神擢秀。老成髫齔，卓｣爾不群。弘毅五美，早植譽於州閭；敦閲三墳，夙超映於時輩｣。誠信以篤，義讓是謙。可謂盡善盡美，無所間也。方祈景福，永｣饗遐壽。而属疾弥留，奄從朝露。春秋六十有三，開皇八年十｣二月十日，終於私第。妻太原王氏，德行有聞，容儀可範。加以｣孝事舅姑，無替其沃盥。言其婦禮，不違機杼。事其夫也，則冀｣缺之妻；誡其子也，乃孟軻之母。寬以御下，儉以居身。故以閨｣門和順，宗親緝睦。孝誠所感，遂育五男二女，可謂足相之德｣也。而芳春早落，未露先萎，開皇十五年十月廿五日亡。粤以｣仁壽元年歲次辛酉十二月庚戌十一日庚申，合葬於雍州｣長安縣福陽鄉。長子舍文等，攀號盡姓（性），孺慕傷心。泣血三年｣，不飲逾於七日。感慈風樹，思孝養之無因；瞻言烏鳥，終昊天｣之何報。恐山飛水竭，勒銘金石，傳之不朽。乃爲銘曰｣：

芳猷傳系，纂乎嬀芮。武猛齊基，英豪漢世。五百爲亡，十城仍｣翳。連暉懋緒，嘉聲靡替。逝川驚物，塵路飄風。百年日遠，万古｣途窮。墳孤野曠，月迴山空。栖遲不仕，英資（姿）浚往。梁木斯壞，哲｣人誰放。方寄遐年，云乎不饗。豈期尺璧，奄同丘壤。庶因玄石｣，傳名無爽｣。

按

誌主田保洛，未見史籍記載。

109.603　蕭紹墓誌

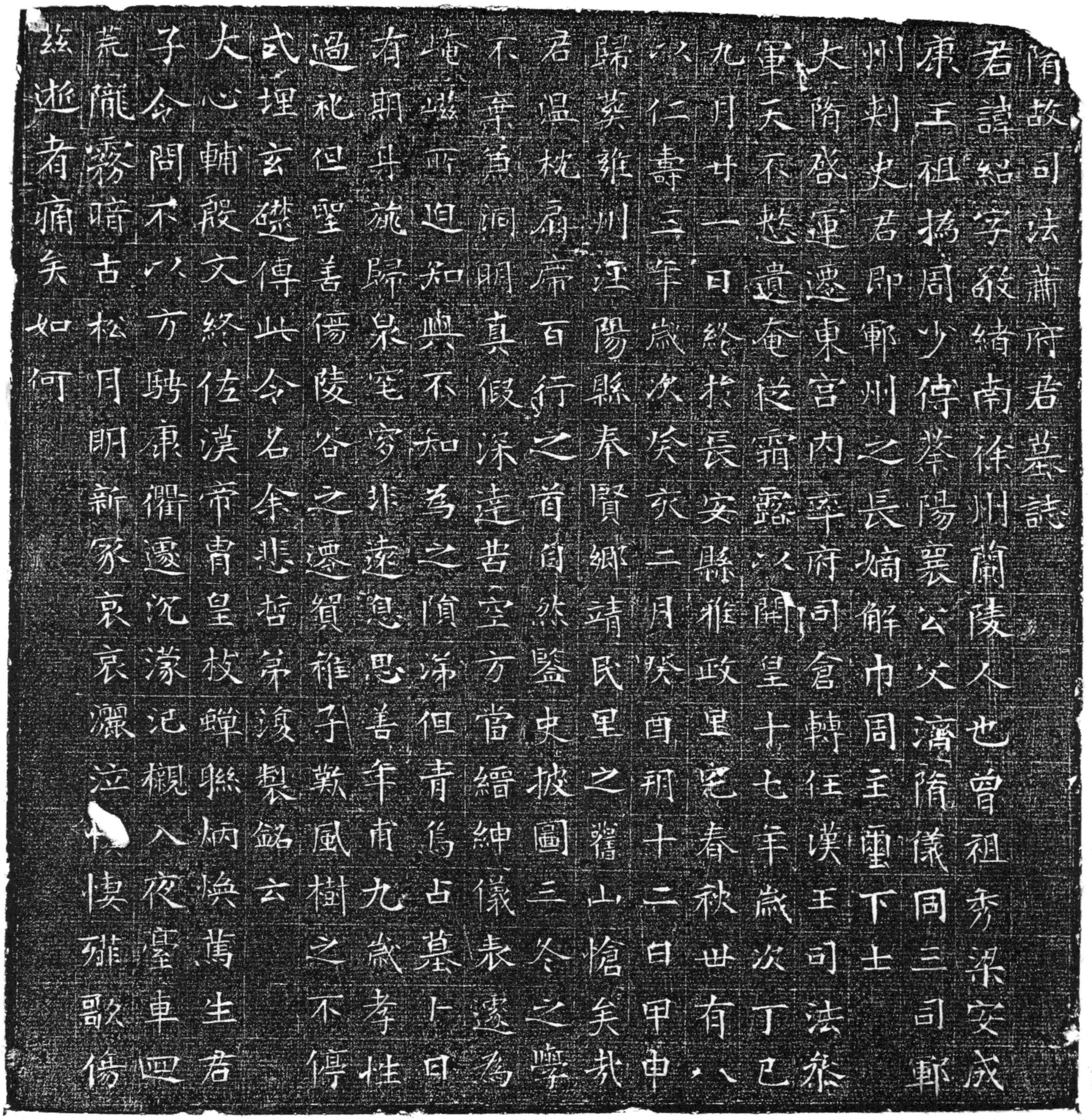

隋故司法蕭府君墓誌
君諱紹字敬緒南徐州蘭陵人也曾祖秀梁安成
康王祖撝周少傅蔡陽襄公父濟隋儀同三司鄆
州刺史君即鄆州之長嫡解巾周主璽下士
大隋啓運遷東宮内率府司倉轉任漢王司法參
軍天不慭遺奄從霜露以開皇十七年歲次丁巳
九月廿一日終於長安縣雅政里第春秋卌有八
以仁壽三年歲次癸亥二月癸酉朔十二日甲申
歸葬雍州涇陽縣奉賢鄉靖民里之舊山愴矣哉
君温枕扇席百行之首自然鑒史披圖三冬之學
不弃箕洞明真假深達昔空方當縉紳儀表遠為
俺嵫所迫知與不知為之隕涕但青烏占墓卜日
有期丹旐歸泉宅穸非遠息思善年甫九歲孝性
過礼但罡善傷陵谷之遷賀稚子歎風樹之不停
式埋玄𨯳傳此令名余悲哲弟浚製銘云
大心輔殷文終佐漢帝胄皇枝蟬聯炳煥萬生君
子令問不以方騁秉彌遷沉潒泥槻入夜臺車迴
荒隴霧暗古松月明新冢哀哀灑泣愴愴雅歌傷
兹逝者痛矣如何

説 明

隋仁壽三年（603）二月刻。蓋盝形，誌長方形。誌、蓋尺寸相同，均長31厘米，寬29厘米。蓋文3行，滿行3字，篆書“隋漢王」司法蕭」君墓誌」”。誌文楷書19行，滿行19字。有界格。2000年咸陽國際機場工地出土。現存咸陽市文物考古研究所。《隋代墓誌銘彙考》著録。

釋 文

隋故司法蕭府君墓誌」

君諱紹，字敬緒，南徐州蘭陵人也。曾祖秀，梁安成」康王。祖撝，周少傅、蔡陽襄公。父濟，隋儀同三司、鄆」州刺史。君即鄆州之長嫡，解巾周主璽下士」。大隋啟運，遷東宮内率府司倉，轉任漢王司法参」軍。天不慭遺，奄從霜露。以開皇十七年歲次丁巳」九月廿一日，終於長安縣雅政里宅，春秋卅有八」。以仁壽三年歲次癸亥二月癸酉朔十二日甲申」，歸葬雍州涇陽縣奉賢鄉靖民里之舊山。愴矣哉」！君温枕扇席，百行之首自然；鑒史披圖，三冬之學」不棄。兼洞明真假，深達苦空。方當縉紳儀表，遽爲」峰嵫所迫。知與不知，爲之隕涕。但青烏占墓，卜日」有期；丹旐歸泉，窀穸非遠。息思善，年甫九歲，孝性」過禮。但聖善傷陵谷之遷貿，稚子歎風樹之不停」。式埋玄礎，傳此令名。余悲哲弟，復製銘云」：

大心輔殷，文終佐漢。帝胄皇枝，蟬聯炳煥。篤生君」子，令問不以。方騁康衢，遽沉濛汜。櫬入夜臺，車迴」荒隴。霧暗古松，月明新冢。哀哀灑泣，悽悽薤歌。傷」茲逝者，痛矣如何」！

按

誌主蕭紹，其曾祖蕭秀，《南史·梁本紀》有載，爲梁文帝蕭順之第七子、梁武帝蕭衍之弟。其祖蕭撝，《周書·蕭撝傳》有載。其父蕭濟，《陳書·蕭濟傳》有載。均與本誌所載吻合。唯蕭紹正史不載。蕭氏本爲“帝胄皇枝”，此誌無論從形制或内容及書體，均未顯皇族之氣勢，當隋時蕭氏已没落矣。

110.603　蘇慈墓誌

説明

隋仁壽三年（603）三月刻。誌正方形。邊長84厘米。誌文楷書37行，滿行37字。有界格。1888年蒲城縣蘇坊鄉崇德村出土。現存蒲城縣博物館。《關中金石文字存逸考》《漢魏南北朝墓誌集釋》《陝西碑石精華》《隋代墓誌銘彙考》《新中國出土墓誌（陝西壹）》等著録。

釋文

大隋使持節大將軍工兵二部尚書司農太府卿太子左右衛率右庶子洪吉江虔饒袁撫七州」諸軍事洪州總管安平安公故蘇使君之墓誌銘」

公諱慈，字孝慈，其先扶風人也。九曲靈長，河流出積石之下；十城側厚，玉英産崐崙之上。故地稱」陸海之奧，山謂近天之高。秀異降生，岐嶷繼體。祖樹仁，魏黑城鎮主。父武，西魏驃騎大將軍、開府」儀同三司、兗雲二州刺史、平遥郡開國公，賜綏銀延三州刺史。時魏氏秦趙將分，東西競峙。公王」父、顯考立事建功，庇大造於生民，獎元勳於王室，福延後嗣，以至於公。公承親之道，孜孜先色；奉」主之義，謇謇忘私。寬仁篤行之風，彰於弱操；成務理物之志，表於壯年。後魏初，起家右侍中士。三」年，加曠野將軍。周明革運，授中侍上士。天和二年，授右侍上士。四年，授都督，充使聘齊。五年，治大」都督，領前侍兵。六年，授正大都督，仍領前侍兵。公久勞禁衛，頻掌親兵。慕典君之慎密，似秺侯之」純孝。其年，重出聘齊。受天子之命，問諸侯之俗。延譽而出周境，陳詩而察齊風。還，授宣納上士。王」言近納，帝命攸宣。咫尺當扆之尊，涣汗如綸之重。七年，授左勳衛都上士。建德元年，授夏官府都」上士，治中義都上士。九府分職，六官聯事。公遍歷兼治，庶績咸舉。四年，授持節、車騎大將軍、儀同」三司、大都督，領胥附禁兵。台司之儀，功高東漢；車騎之將，名馳朔漠。其年，改領左侍伯禁兵。五年」，周武帝治兵關隴，問罪漳鄴，發西山制勝之衆，挫東嬴乞活之軍。一鼓而窮巢穴，三驅而解羅網」。公濳稟神算，内沃皇心。碁帷幄之謀，董權勁之卒。欲渡河北，漢光與鄧禹計同；將涉江南，晉武共」張華意合。及僞徒平殄，齊相高阿那肱已下朝士數百人，公受詔慰納，并率所領影援高隆之兵」。還，授開府儀同大將軍，封瀛州文安縣開國公，邑一千五百户。開幕府而署賢，垂徽章而發号。峻」田井之賦，展車服之容。宣政元年，授前侍伯中大夫。其年，授右侍伯中大夫。其年，周宣帝授右少」司衛中大夫。大象元年，授司衛上大夫。二年，周靖，授工部中大夫。開皇元年，詔授太府卿。其年」，改封澤州安平郡開國公。尋轉司農卿。逢舜日之光華，睹漢官之克復。國淵天府，粟衍泉流。自非」物望時材，何以當斯重寄。二年，詔授兵部尚書。其年，兼授太子右衛率。四年，詔知漕渠，總副」監事。七年，兼右庶子。尋改授太子左衛率。喉脣治本，元凱樞端。領袖宫僚，股肱儲衛。八年，判工部」尚書。其年，又判民部、刑部尚書事。十二年，授工部尚書。其年，授大將軍，衛率、封如故。十八年，以君」主官積歲，承明倦謁，出内之宜，刺舉僉允，授浙州諸軍事、浙州刺史、大將軍，封如故。政平訟理，威」申澤被。仁壽元年，遷授使持節、總管洪吉江虔饒袁撫七州諸軍事、洪州刺史。行清明之化，播信」順之規。吏畏之如神明，民歸之若江海。時桂部侵擾，友川擁據，詔授公交州道行軍總管。方弘」九伐，遽縈千里。遘疾薨于州治，春秋六十有四。粤以三年歲次癸亥三月癸卯朔七日己酉，歸葬」于同州蓮芍縣崇德鄉樂邑里之山，謚曰安公，禮也。公樹德爲基，立言成訓。揚清以激濁，行古而」居今。韜難測之資，藴莫窺之量。存善無際，歿愛不忘。可謂具美君子矣。先遠協吉，厚夜戒期。祖奠」迎晨，徂芳送節。茫茫原野，前後相悲；冉冉春冬，榮枯遞及。世子會昌等，終身茹酷，畢世銜哀。感靜」樹於寒泉，託沉銘於幽石。文曰」：

岳峻基厚，流清源潔。動静無滯，方圓有折。舉直平心，連從掉舌。獨悲魏禪，終存漢節。駿發克昌，申」甫貞祥。作鎮憂國，隼集鷹揚。遷都尊主，虵輔龍驤。誕厥令胤，傳兹義方。一毛五色，一日千里。堤封」絶際，波瀾莫涘。天經至極，人倫終始。優學登朝，飛英擅美。鉤陳弈弈，陛衛森森。戎章重綰，侯服再」廞。端儲率校，掌庾司金。五曹遍歷，二部頻臨。沿洛泝江，風馳雨布。去歎其早，来歌其暮。除惡伐林」，求賢開路。二嶺行涉，五溪將渡。閲世俄盡，觀生易終。汎舟川逝，推轂途窮。松阡暗日，柳駕摇風。郇」戈楚鼎，盛迹元功」。

按

誌主蘇孝慈，《隋書》《北史》之《蘇孝慈傳》均有載，而以字行。誌與史傳記載基本吻合，可互證。誌更詳細，可補史闕載。據誌，蘇慈本籍扶風，而卒後葬于同州蓮芍縣，當與其曾于此總漕渠事有關。又蘇慈所葬之地爲同州蓮芍縣崇德鄉樂邑里，史有蓮勺縣，秦始皇二十七年（前220）置，故址即今渭南臨渭區交斜鎮來化村。北周時屬延壽郡，隋開皇三年（583）後屬雍州，大業元年（605）廢縣。則此誌所記之同州蓮芍縣或當作蓮芍縣。此誌清光緒十四年于蒲城蘇坊鄉崇德村出土，出土一百餘年而保存完好，實屬少見。此誌書、刻均極爲精美，筆姿剛勁而温秀，結體平實而嚴謹，實爲隋代楷書之佳品，開唐代楷體之先河，廣爲書者所珍好。

111.604　隋舍利塔下銘

大隋皇帝舍利寶塔銘

維大隋仁壽四秊歲次甲子四
月丙寅朔八日癸酉
皇帝普為一切法界幽顯生靈
謹於宜州宜君縣神德寺奉安
舍利敬造靈塔願
太祖武元皇帝元明皇太后皇
帝獻皇后皇太子諸王子孫等
并內外群官爰及民庶六道三
塗人非人等生生世世值佛聞
法永離苦因同昇妙果
舍利塔下銘
送舍利大德法師沙門僧暉

說 明

隋仁壽四年（604）四月刻。蓋盝形，碑正方形。邊長均51厘米。蓋文3行，滿行3字，篆書“大隋皇」帝舍利」寶塔銘」”。正文隸楷12行，滿行12字。有界格。四周飾忍冬紋。末題“舍利塔下銘”。1969年耀縣照金寺坪村神德寺出土。現存銅川市耀州區博物館。《陝西碑石精華》《藥王山碑刻》《隋代墓誌銘彙考》著録。

釋 文

維大隋仁壽四年歲次甲子四」月丙寅朔八日癸酉」，皇帝普爲一切法界幽顯生靈」，謹於宜州宜君縣神德寺奉安」舍利，敬造靈塔。願」太祖武元皇帝、元明皇太后、皇」帝、獻皇后、皇太子、諸王子孫等」，并内外群官，爰及民庶、六道三」塗、人非人等，生生世世，值佛聞」法，永離苦因，同昇妙果」。

舍利塔下銘」

送舍利大德法師沙門僧暉」

按

碑文所記“太祖武元皇帝”即楊堅之父楊忠，“元明皇太后”即楊堅之母呂氏。《隋書·高祖紀》載，隋文帝楊堅開皇元年，“追尊皇考爲武元皇帝，廟號太祖。皇妣爲元明皇后”。所記“皇帝”即隋文帝楊堅，“獻皇后”即其妻獨孤氏。《隋書·后妃傳》載，獨孤皇后，“周大司馬、河内公信之女也。信見高祖（楊堅）有奇表，故以后妻焉”，“高祖受禪，立爲皇后”。所記“皇太子”，即隋煬帝楊廣。《隋書·文帝紀》載，開皇二十年十一月，“以晉王廣爲皇太子”。與此同出土的石函，蓋篆書“大隋皇」帝舍利」寶塔銘」”。四周綫刻蔓草及人物畫像：正面中爲博山爐，兩側各爲力士一；左右兩側天王畫像，並楷書題名“東方提頭賴吒天王”“南方毗婁勒叉天王”“西方毗婁博叉天王”“北方毗沙門天王”；背面爲釋迦弟子舉哀圖，並楷書題名“舍利弗”“大目揵連”“大迦葉”“阿難”。

112.607　陳叔興墓誌

前陳沅陵王故陳府君之墓誌
君諱叔興字子推吴興長城人也陳孝宣皇帝之第廿六子施太
妃所生昔者堯授虞舜達四聡於天下周封媯滿紹百世之清徽
若夫列國盟會具顯丘明之史汝潁高風久摽文舉之論自荆河
北從震澤東移辟彼鎬京寔符王氣君纫而穎悟體乎対之金精
重氣淳和蘊慈明之玉潤孝由率性誠乃自然既偹人倫之道且
馳文雅之譽東平聡敏未足擬儀北海肅恭曾何髣髴兼以好學
等於劉安脩文同於曹植爰自礼年早傾乾蔭君孺慕之悲春松
變色精誠所感冬笋抽林至於服闋每讀孝經見事父孝事天明
未常不廢書而泣涕奉承遺訓操履清潔資孝以誠自加形國年
甫十三在陳封沅陵郡王當封之時君乃開東閤以招賢闢西園
而禮士玳瑁珠履之客畢集於梁庭蒙栖涸飲之民競遊於楚席
同校馬而作賦共申白而論詩常以散誕任懷不以矜驕在意真
明三年陳祚忽其云亡同奉　明化開皇九年入　朝特蒙榮渥
大業二年奉　勑預參選限爲染疾不堪集例官　遂未成方當
調鼎以匡時坐槐庭而高視何期降年弗永與善徒虛遘疾弥
留奄從運往以三年五月廿三日薨於長安縣弘教鄉務德里之
第春秋卌有五嗚呼哀哉惟君鑒識弘遠器亮淵曠重義輕財貴
信賤玉篤邁昔賢遠邀清譽梁木其壞哲人亡矣粤以其年歲次
丁卯六月戊寅朔七日甲申葬於大興縣義陽鄉貴安里高陽之
原礼也長子發第二子鬱等哀不勝喪杖而復起恐山移海竭陵
谷貿遷播美譽於無窮騰英聲於玄石迺爲銘曰
爰自軒黃仍曁虞唐帝德允叶媯風克昌悠哉若水弃葉重光降
生才子英聲淵美東閤招賢西園礼士玉潔氷清蘭芬岳峙悲泉
景往漏催時急玄夜方深清暉永戢痛矣哲人悲嗟何及

説 明

隋大業三年（607）六月刻。誌正方形。邊長49厘米。誌文楷書25行，滿行25字。出土具體時、地不詳，1992年西安市長安縣韋曲鎮農民家中徵集。現存西安市長安博物館。《長安碑刻》《隋代墓誌銘彙考》《長安新出墓誌》著録。

釋 文

前陳沅陵王故陳府君之墓誌」

君諱叔興，字子推，吴興長城人也。陳孝宣皇帝之第廿六子，施太」妃所生。昔者堯授虞舜，達四聰於天下；周封嬀滿，紹百世之清徽」。若夫列國盟會，具顯丘明之史；汝穎高風，久標文舉之論。自荊河」北徙，震澤東移，譬彼鎬京，寔符王氣。君幼而穎悟，體平叔之金精」；重氣淳和，藴慈明之玉潤。孝由率性，誠乃自然。既備人倫之道，且」馳文雅之譽。東平聰敏，未足擬儀；北海肅恭，曾何髣髴。兼以好學」等於劉安，脩文同於曹植。爰自禮年，早傾乾蔭。君孺慕之悲，春松」變色；精誠所感，冬笋抽林。至於服闋，每讀《孝經》，見事父孝事，天明」未常不廢書而泣涕。奉承遺訓，操履清潔。資孝以誠，自加（家？）形國。年」甫十三，在陳封沅陵郡王。當封之時，君乃開東閣以招賢，闢西園」而禮士。玳簪珠履之客，畢集於梁庭；巖栖澗飲之民，競遊於楚席」。同枚馬而作賦，共申白而論詩。常以散誕任懷，不以矜驕在意。真（禎）」明三年，陳祚忽其云亡，同奉明化。開皇九年，入朝，特蒙榮渥」。大業二年，奉敕預參選，限爲身染疾，不堪集例官，遂未成。方當」調鼐鼎以匡時，坐槐庭而高視，何期降年弗永，與善徒虚，遘疾弥」留，奄從運往。以三年五月廿三日，薨於長安縣弘教鄉務德里之」第，春秋卅有五。嗚呼哀哉！惟君鑒識弘遠，器亮淵賾，重義輕財，貴」信賤玉。高邁昔賢，遠邀清譽。梁木其壞，哲人亡矣。粵以其年歲次」丁卯六月戊寅朔七日甲申，葬於大興縣義陽鄉貴安里高陽之」原，禮也。長子發，第二子督等，哀不勝喪，杖而復起。恐山移海竭，陵」谷貿遷，播美譽於無窮，騰英聲於玄石，迺爲銘曰」：

爰自軒黄，仍暨虞唐。帝德允叶，嬀風克昌。悠哉若水，弈葉重光。降」生才子，英聲淑美。東閤招賢，西園禮士。玉潔冰清，蘭芬岳峙。悲泉」景往，漏催時急。玄夜方深，清暉永戢。痛矣哲人，悲嗟何及」。

按

誌主陳叔興，係南陳高宗陳頊之子，《陳書·高宗二十九王傳》簡略記載，稱“沅陵王叔興，字子推，高宗第二十六子也。至德元年，立爲沅陵王。禎明三年入關。隋大業中爲給事郎”。與墓誌所載基本相同。唯史載其任給事郎之事，誌則未及，是否爲卒後追贈，文獻闕載，不得而知。陳叔興二子：發、督，均未見史籍記載。其母施氏墓誌見115.609條。另，此誌出土地不詳，據墓誌“葬於大興縣義陽鄉貴安里高陽之原”，當出土于今西安市長安區郭杜鎮第五村一帶。

113.607 楊素墓誌

説 明

隋大業三年（607）八月刻。誌正方形。邊長93厘米。誌文楷書47行，滿行48字。誌石四側均略損，其中下部、左側及左下方損字較多。1975年潼關縣亢家寨出土。現存潼關縣文物局。《隋唐五代墓誌滙編》《潼關碑石》《新中國出土墓誌（陝西壹）》《新出魏晉南北朝墓誌疏證》《隋代墓誌銘彙考》等著録。

釋 文

大隋納言上柱國光禄大夫司徒公尚書令太子太師太尉公楚景武公墓誌銘并序

朝請大夫内史侍郎（下闕）」

公諱素，字處道，弘農華陰人也。其先出自有周，蓋唐叔虞之苗裔。若夫積德爲基，擢本枝於蓼梓；建親作屏，蔚遠葉於□□。□」以嶽靈降祉，標削成而起秀；地勢流謙，注長河而不竭。故能侯服之貴，西漢茂其疇庸；袞職之華，東都美其仍世。自大□□□」来，名德相踵，爲天下盛族。十世祖瑶，晉侍中、儀同三司、尚書令。高祖恩，河間内史。曾祖鈞，歷侍中、七兵尚書、北道大行□□□」刺史、司空、臨貞文恭公。祖暄，度支尚書、華州刺史、臨貞忠公。並以勳德弈世，位望優崇，冠冕式瞻，人倫准的。父㪍，中書□□□」卿、開府儀同三司、汾州刺史、大將軍、淮魯復三州刺史、臨貞忠壯公。宇量凝邈，志略沈遠，身捐士重，節亮時艱。垂令德□□□」，奮英風於百代。公稟景宿之純曜，含俊德而挺生。神機秀發，靈府夷暢。萬籟俱動，未足撓其風飆；百川同會，莫或知其□□。□」性爲道，因心則孝。信義立於言表，器業隆於行餘。五典三墳、六藝百家之説，玉笥金簡、石室名山之奥，莫不詳覽宗致，□□□」流。至如渭渚剖竹，圯橋授略，問兵符於玄女，得劒術於白猿，斯故宛然在目，若指諸掌。既而響含清越，譽重連城。禮賁□□，□」深虚右。周保定五年，起家爲中外府記室，遷司成大夫。公漸翼云初，已致懷於寥廓；攬轡伊始，便有志於澄清。及周武□□□」西鄰，將定東夏。齊王禮崇先路，任重元戎，眷求明德，光膺上佐。請公爲行軍府長史。公爰参旗鼓之節，立乎矢石之間。□□□」陳，戰在先勝。以功進位上開府，封安成公，出爲東楚州總管。任隆疆場，寄重威權。公深謀進取，志存開斥。先居海陵之□，□□」淮南之地。大象二年，襲封臨貞公。及皇隋基命，天步猶艱。道屬經綸，時惟草昧。姦臣叛换，外侮於漳濱；宗國干紀，内□□□」邑。士無裹粮之志，朝貽旰食之憂。公奮其義勇，率先占募。陵峻雉其若夷，眄高墉而俯拾。雖則舞梯之攻燕堞，拔幟而□□□」語以奇兵，未足尚也。乃授公大將軍，尋爲徐州總管。未幾，以虎牢之功，進位上柱國，封清河郡公，邑三千户，舊封聽迴□□□」自禋類改物，彝倫載敘，秉憲繩違，允歸民譽。乃授公御史大夫。巴巫衝要，鄰控邊境。時方謀南伐，皇情西顧，詔公□□□」總管。良圖秘計，朝進夕聞。既而王師大舉，分麾授律。皇帝昔以神猷臨邸，親御戎軒。秦孝王亦以懿戚扞城，爰稟□□□」征之重，非才莫居，親賢並用，於是乎在。開皇八年，同降綸綍，俱爲元帥。於是水龍長騖，蒼兕泛浮，舳艫所指，潅然奔潰。□□□」預之謀，朝論歸美；王濬之捷，功亦居多。江表初定，良資撫納。乃授公荊州總管。以平陳之功，封郢國公，邑三千户，食長□□□」千户，別授一子儀同三司，舊封即以迴授。如帶如礪，允答殊勳；拜前拜後，賞優恒數。尋改封越國公，荊州總管如故。俄□□□」納言。雖復八舍掌壺，獻替斯在；六璽揮翰，樞機是属。乃授公内史令。龍章鳳姿，翔集兼美；珥璫鳴玉，左右攸宜。吴越遐□□□」未洽。彎弓挺劒，蟻結蜂飛。懷柔服叛，非公莫可。乃授大使，安集江南，仍爲行軍元帥。公高旆揚参，遠踰丹徼；樓船舉騆，□□□」波。谷静山空，氛消霧徹。東南底定，帝有嘉焉，授一子上開府儀同三司。尋以公爲尚書右僕射。参貳宰司，憲章惟穆。弘□□□」，績譽斯隆。聲振幽遐，勢傾朝野。又授仁壽宫大監。至於徑輪表繫之度，瞻星揆景之宜，莫不裁之秘思，殆侔神造。十九□□□」州道行軍總管，委以邊略。突厥達頭可汗驅其引弓之衆，率其鳴鏑之旅。踰亭越障，亘野弥原。公親勒輕鋭，分命驍勇，□□□」擊，前後芟夷，轉鬬千里，斬馘万計。自衛、霍以来，未有若斯之功也。復授一子開府儀同三司。雖沙漠之南，咸知款附；而□□□」北，尚有遊魂。今上以睿德居蕃，董攝戎重，輕賫絶漠，寔佇帷算。授公元帥府長史、靈州道行軍總管。公資稟神規，□□□」策，威加絶黨，聲讋虜庭。俄還尚書左僕射。顯膺名器，寔允僉属。作副端揆，弘贊朝猷。時突厥啟民可汗爲本國所敗，隻□□□」，寄命而已。高祖詔復啟民，仍委公樹立。乃收其部落，還成君長。因頻總元帥，以影響焉。會啟民可汗復爲凶徒所逼，□□□」赴躡，殺獲巨多，旋定啟民，反其侵掠。於是服者懷德，叛者畏威。此一役也，邊塵遂息。雖周室之長驅獫狁，漢朝之遠納□□，□」我動庸，曾何仿佛。乃授公世子玄感柱國，以旌武功。獻后升遐，陵塋式建。公包括群藝，洞曉陰陽，歷相川原，□察墳□。□□」所感，寔合神秘。龜謀襲吉，宅兆以安。下詔褒稱，特加旌賞，別封義康

局部

郡公，邑一万户。子孫承襲，貽之長世。及晉陽禍□□□」城邑，□其淵藪，圖逞姦回。公受脤遄邁，投袂致討。勢疾驚飆，威踰奔電。春冰之照彤日，方斯非擬；秋蘀之卷衝風，喻□□□。□」□克舉，茂賞斯隆。迴授推恩，光枝潤葉。豈止蕭何陳力，寵遍宗門；衛青立功，榮加繦褓。頃之，遷尚書令、太子太師。營東□□□」。尋授司徒公，改封楚公，加食邑五百户，通前爲一千五百户。總司百揆，弼和五教。春方居師表之尊，東都率子来之美。□□□」□玉宇，光升典册。車服崇顯，師尹具瞻。公秉德居謙，貴而能降。竭誠盡節，慎終如始。方當翼宣景化，克享大年，而嶽□□□□」光掩曜。大業二年七月癸丑朔廿三日乙亥遘疾，薨于豫州飛山里第，春秋六十三。粤以大業三年八月丁丑朔八□□□□」窆于華陰東原通零里。惟公雅度宏達，淵猷經遠。神華體俊，鑒照不疲。理贍詞敏，樞機無滯。奉上以誠，當朝正色。出□□□□」贊機衡。知無不爲，義存體國。諒而能固，守以直道。至於損益時政，獻替謀猷，故乃削其封奏之草，不言温室之樹。□□□□□」莫能知。加以才藝兼通，學無不覽。是以五禮六樂之文，陰陽緯候之説，蘭臺秘奧，東觀校讎，司天司地，□□□□□□□□□」卜，委以裁綜，垂之不刊，代邸初開，承華式建。公夙荷天眷，亟經遊處。及運膺下武，重建殊勳，尊□□□□□□□□□□□」□□爲社稷之良臣。人之云亡，莫不流涕。故乃悼興當扆，痛甚趨車。詔贈光禄大夫、太尉□□□□□□□□□□□□□□」□□車班劒卌人，前後部羽葆鼓吹，大鴻臚監護喪事，謚曰景武公，禮也。雖則□□□□□□□□□□□□□□□□□□」□□□□乃爲銘曰：

辰象緯天，山嶽鎮地。六階允叶，三才同（下闕）

按

誌主楊素，《隋書》卷四八、《北史》卷四一有傳，誌與史載可互補證，如誌稱“以功進位上開府，封安成公”，《隋書》《北史》則云“改封成安縣公”，而以其弟“約爲安成公”；又如誌稱“封清河郡公，邑三千户”，《隋書》則云“封清河郡公，邑二千户”；又如，楊素因營建獻皇后陵塋有功，誌稱“别封義康郡公，邑一万户”，《隋書》《北史》則云“可别封一子義康郡公，邑萬户”；又如誌稱“班劒卌人”，《北史》則云“班劒三十人”等。均可史、誌互證。其族叔父楊异墓誌見106.601條，其繼母蕭妙瑜墓誌見114.607條。

114.607　楊使君後夫人蕭妙瑜墓誌

周故大將軍
淮魯復三州
刺史臨貞忠
壯公後夫人
蕭氏之墓誌

周故大將軍淮魯復三州刺史臨貞忠壯公楊使君後夫人蕭
氏墓誌
夫人諱妙瑜南蘭陵人梁高祖武皇帝之孫丞相武陵貞獻王
之女也係分若木知慶緒之高派別天潢驗靈源之遠是以蕙
性攸稟襛華早茂令範洪於閨房淵問流乎蕃戚有梁之日封
淮南公主采翟榮隆油軿禮盛既而市朝變俗蘭桂移芳家同
杞宋之苗族蔭神明之後雖非仕晉遂等留秦忠壯公早喪元
妃方求繼德夫人見稱才淑言歸于我齊恭其承自秉柔順之
心正位閨閫弥流懿撫之迹朝廷以夫尊之典授金郡君命
光禮袟飾顯環珮秋朝春襌飛軒並轂松蔦茂矣琴瑟和焉
先公任居方牧時逢交爭徇義忘家捐軀異境夫人孀居守志
無移匪石之詩晝哭經哀自引崩城之慟於是寄情八解憑心
七覺炳戒珠於花紫發意樹於禪枝至如懸針垂露之工蔡女
曹姬之藝姻賞承訓閨門取則而西駕難留東川易逝栝無延
壽之驗木有長年之悲仁壽三年正月廿五日遘疾薨于長安
之道興里春秋七十四粵以大業三年龍集丁卯八月丁丑朔
廿六日壬寅祔葬華陰東原之塋嗟嗟予季望望增哀宅營魂
於神域勒芬芳於夜臺銘曰
祚鬱郊禖源回子姓宗盤殷後梁承天命德既不孤善必餘慶
流芳未已誕茲淑令惟蘭有蕣惟桂有華姚宗窩姒劉族居秦
高門作配君子斯嬪榮參纁綬寵協朱輪運剝時艱天分地絶
義彰家繼情過魏節獨悟回果深知生滅方冀山高遽嗟川閱
衛維周合撫昔悲今郭門遙遠泉路幽深曉鐸催挽秋雲結陰
唯當龍月直照松心

説明

隋大業三年（607）八月刻。蓋盝形，誌正方形。誌、蓋尺寸相同，邊長均46厘米。蓋文5行，滿行5字，篆書“周故大將軍」淮魯復三州」刺史臨貞忠」壯公後夫人」蕭氏之墓誌」”。誌文楷書24行，滿行24字。1996年潼關縣亢家寨出土。現存潼關縣文物局。《潼關碑石》《新出魏晉南北朝墓誌疏證》《隋代墓誌銘彙考》等著録。

釋文

周故大將軍淮魯復三州刺史臨貞忠壯公楊使君後夫人蕭」氏墓誌」

夫人諱妙瑜，南蘭陵人，梁高祖武皇帝之孫，丞相武陵貞獻王」之女也。條分若木，知慶緒之高；派別天潢，驗靈源之遠。是以蕙」性攸稟，襛華早茂。令範泆於閨房，淑問流乎蕃戚。有梁之日，封」淮南公主，釆翟榮隆，油軿禮盛。既而市朝變俗，蘭桂移芳。家同」杞宋之苗，族邁神明之後，雖非仕晉，遂等留秦。忠壯公早喪元」妃，方求繼德。夫人見稱才淑，言歸于我。肅恭箕帚，自秉柔順之」心；正位閫闈，弥流慈撫之迹。朝廷以夫尊之典，授千金郡君。命」光禮秩，飾顯環珮。秋朝春禊，飛軒並轂。松筠茂矣，琴瑟和焉」。先公任居方牧，時逢交爭，徇義忘家，捐軀異境。夫人孀居守志」，無勞匪石之詩；晝哭纏哀，自引崩城之慟。於是寄情八解，憑心」七覺。炳戒珠於花案，發意樹於禪枝。至如懸針垂露之工，蔡女」曹姬之藝，婣賞承訓，閨門取則。而西駕難留，東川易遠，栢無延」壽之驗，木有長年之悲。仁壽三年正月廿五日，遘疾薨于長安」之道興里，春秋七十四。粤以大業三年龍集丁卯八月丁丑朔」廿六日壬寅，祔葬華陰東原之塋。嗟嗟予季，望望增哀，宅營魂」於神域，勒芬芳於夜臺。銘曰」：

祚肇郊祺，源因子姓。宋襲殷後，梁承天命。德既不孤，善必餘慶」。流芳未已，誕兹淑令。惟蘭有薄，惟桂有辛。姚宗寓姒，劉族居秦」。高门作配，君子斯嬪。榮參纁綬，寵協朱輪。運剥时艱，天分地絶」。義彰齊繼，情過魏節。獨悟因果，深知生滅。方冀山高，遽嗟川閲」。衛離周合，撫昔悲今。郭門遼遠，泉路幽深。曉鐸催挽，秋雲結陰」。唯當壟月，直照松心」。

按

誌主蕭妙瑜，係南朝梁武帝第八子蕭紀之女。其由南朝梁入西魏，並嫁楊敷爲繼室，遂爲楊素之繼母。誌與史載可互補證。此誌未署作者，但從誌文“言歸于我”“先公任居方牧”等看，當爲忠壯公楊敷後人所作。另，此方墓誌所載蕭妙瑜因丈夫喪亡而“寄情八解，憑心七覺”，虔心信佛，是佛教傳入中國後，女性信仰群體發心之一大緣由的典型，對于研究南北朝時期佛教發展有一定的價值。

115.609　臨賀王國太妃施氏墓誌

陳臨賀王國太妃墓誌銘
太妃姓施氏京兆郡長安縣人也吴將績之
後也父績陳始興王左常侍太妃婉懿在懷
淑慎后質　宣皇帝聘入後宫寵冠嬪嬙
恩隆椒掖既而芳蘭在夢熊羆之兆斯彰瑞
氣休符蘋蘩之勤惟潔載誕臨賀王叔敖沇
陵王叔興寧遠公主並桂馥蘭芬金鍔王閏
公主以開皇九年金陵平殄　大隋高祖文
皇帝納公主拜為宣華夫人踵此二槁非關
績髮光斯二脈無待更衣以大業五年歲次
己巳八月十一日薨于須政里春秋五十有
九其月十四日葬于高楊原洪固鄉太妃以
移居戚里優賞既隆湯沐之資咸從檀捨式
營寺宇事窮輪奐聊邧玄石以述清徽其詞
云尔
爰自弱齡作嬪帝闈貞孝表質温恭為本逝
川不留過隙難駐蘭蕙俱摧徽猷同樹

説 明

隋大業五年（609）八月刻。蓋佚。誌正方形。邊長45厘米。誌文楷書17行，滿行17字。1992年西安市長安縣韋曲鎮出土。現存西安市長安博物館。《新出魏晉南北朝墓誌疏證》《隋代墓誌銘彙考》《長安新出墓誌》《長安碑刻》等著録。

釋 文

陳臨賀王國太妃墓誌銘」

太妃姓施氏，京兆郡長安縣人也。吴將績之」後也。父績，陳始興王左常侍。太妃婉懿在懷」，淑慎后質。宣皇帝聘入後宫，寵冠嬪嬙」，恩隆椒掖。既而芳蘭在夢，熊羆之兆斯彰；瑞」氣休符，蘋藻之勤惟潔。載誕臨賀王叔敖、沅」陵王叔興、寧遠公主，並桂馥蘭芬，金鏘玉閏」。公主以開皇九年金陵平殄，大隋高祖文」皇帝納公主，拜爲宣華夫人。踵此二橋，非關」縝髮；光斯二服，無待更衣。以大業五年歲次」己巳八月十一日薨于頒政里，春秋五十有」九。其月十四日，葬于高楊（陽）原洪固鄉。太妃以」移居戚里，優賞既隆，湯沐之資，咸從檀捨，式」營寺宇，事窮輪焕。聊刊玄石，以述清徽。其詞」云尔」：

爰自弱齡，作嬪帝闈。貞孝表質，温恭爲本。逝」川不留，過隙難駐。蘭蕙俱摧，徽猷同樹」。

按

誌主施氏係陳宣帝夫人，《陳書·高宗二十九王傳》載“（陳）高宗四十二男……施姬生臨賀王叔敖、沅陵王叔興”。《隋書·后妃傳》載“宣華夫人，陳宣帝之女也”。施氏其餘情況不詳。此誌的出土，關于施氏之父施績、之女寧遠公主以及施氏之卒年葬地等記載，均可補史之闕。其子陳叔興墓誌見112.607條。

116.610　劉琬華墓誌

隋故開府儀同三司驃騎將軍河東公李府君妻劉氏墓誌
夫人諱琬華中山安喜人也昔文思替古唐帝以火曆登天欝起大
風漢高以炎精肇運豈止朱光赫弈白水龍飛景命蟬聯岷山鳳跱
而照彰日月其能已乎祖敬夏本州別駕蒲陰侯器宇高沖英猷峻
遠父貞光祿勳定州刺史西郡文公垂範經國宏圖偉世夫人稟精
明月濯彩遐源藻暎柔儀芳凝陰德灼灼耀閨房之秀肅肅振松下
之風望寒筠以齊貞竝冬氷而共潔流鏡圖史令淑神姿憲章彤管
幽閑雅操秉兹篆燭心有慎箴御以溫涼容無喜慍覽葛覃之詠躬
勤浣濯吟綠衣之篇劬勞紃組詞發榭花之頌文擒秋菊之銘浩浩
歌音深明寵戚之志轔轔車響懸知伯玉之恭而蕙問川流蘭徽淵
蹇含光窈窕君子求思秦晉迭為儷茲華族即太傅柱國大將軍河
陽公之孫太師魏武公之第七子開府儀同三司河東公李府君之
命妻也而告旋師氏百兩言歸砥六行而睦姻親礪四德而弘輔佐
固以夙興夜寐受襟離於階上沼沚採蘋申莊敬於牖下中饋斯劭
內政剋宣蹈禮鳴謙寔邦之媛既而良人早沒銜恤未亡佩栢舟之
詩同恭姜之誓遂斷機貽訓徙宅從仁藐是諸孫義方聖善昔文伯
之母諒可同塵田稷之親曾河異軌庶齊眉壽以保遐期而絳雪無
徵紫霜空驗春秋六十有四大業三年閏三月四日遘疾薨于京第
以六年歲次庚午癸亥朔正月廿日葬於藍田縣童人鄉之山窮以
陵虛谷蒲海變山飛勒百齡之芳德播千載之清輝乃為銘曰
鴻源遐峻替古帝唐炎漢膺曆神基載昌山浮紫氣室照朱光晻藹
嘉祉精爽靈長秀出柔儀懋茲淑令孝愛天真溫恭緯性絺絃勤勞
蘋蘩莊敬雪照松貞蘭芬淵暎榮耀中谷在河之洲幽閑窈窕指問
川流我思輔佐君子好仇閨凝懋德室美徽猷天長霞促電逝川驚
芳襟霧委靜樹風生萋萋綠野鬱鬱佳城幽埏永闇隴月空明

説明

隋大業六年（610）正月刻。蓋盝形，誌正方形。蓋邊長50厘米，誌邊長51厘米。蓋文5行，滿行5字，篆書“大隋故開府」儀同三□□」騎將軍河東」公李府君夫」人劉氏墓誌」”。誌文楷書25行，滿行26字。蓋四周飾四神圖案，四殺飾纏枝花紋；誌四周飾十二生肖圖案。1984年西安市東郊慶華廠招待所出土。現存陝西省考古研究院。《陝西碑石精華》《隋代墓誌銘彙考》《新出魏晉南北朝墓誌疏證》等著録。

釋文

隋故開府儀同三司驃騎將軍河東公李府君妻劉氏墓誌」

夫人諱琬華，中山安喜人也。昔文思稽古，唐帝以火曆登天；鬱起大」風，漢高以炎精肇運。豈止朱光赫弈，白水龍飛，景命蟬聯，岷山鳳跱」，而照彰日月，其能已乎。祖敬夏，本州别駕、蒲陰侯。器宇高沖，英猷峻」遠。父貞，光禄勳，定州刺史、西郡文公。垂範經國，宏圖偉世。夫人稟精」明月，濯彩遐源。藻映柔儀，芳凝陰德。灼灼耀閨房之秀，肅肅振松下」之風。望寒筠以齊貞，並冬冰而共潔。流鏡圖史，令淑神姿。憲章彤管」，幽閑雅操。秉茲蒸燭，心有慎微。御以温涼，容無慸愠。覽葛蕈之詠，躬」勤浣濯；吟緑衣之篇，劬勞紃組。詞發椒花之頌，文擒（摛）秋菊之銘。浩浩」歌音，深明甯戚之志；轔轔車響，懸知伯玉之恭。而蕙問川流，蘭徽淵」塞。含光窈窕，君子求思。秦晉匹焉，儷茲華族。即太傅、柱國大將軍、河」陽公之孫，太師、魏武公之第七子，開府儀同三司、河東公李府君之」命妻也。而告旋師氏，百兩言歸。砥六行而睦姻親，礪四德而弘輔佐」。固以夙興夜寐，受襟離於階上；沼沚採蘋（蘋？），申莊敬於牖下。中饋斯劭」，内政剋宣。蹈禮鳴謙，寔邽（邦）之媛。既而良人早没，銜恤未亡。佩栢舟之」詩，同恭姜之誓。遂斷機貽訓，徙宅從仁。藐是諸孤，義方聖善。昔文伯」之母，諒可同塵；田稷之親，曾河（何）異軌。庶膺眉壽，以保遐期。而絳雪無」徵，紫霜空驗。春秋六十有四，大業三年閏三月四日，遘疾薨于京第」。以六年歲次庚午癸亥朔正月廿日，葬於藍田縣童人鄉之山。竊以」陵虚谷滿，海變山飛，勒百齡之芳德，播千載之清輝。乃爲銘曰」：

鴻源遐峻，稽古帝唐。炎漢膺曆，神基載昌。山浮紫氣，室照朱光。晻藹」嘉祉，精爽靈長。秀出柔儀，懋茲淑令。孝愛天真，温恭率性。絺綌勤勞」，蘋蘋莊敬。雪照松貞，蘭芬淵映。榮耀中谷，在河之洲。幽閑窈窕，哲問」川流。我思輔佐，君子好仇。閨凝懋德，室美徽猷。天長霞促，電逝川驚」。芳襟霧委，靜樹風生。萋萋緑野，鬱鬱佳城。幽埏永闇，隴月空明」。

按

誌主劉琬華，正史無載。墓誌所載其祖、其父之歷官、封賜，均可補史之闕載。誌載劉琬華卒後“葬於藍田縣童人鄉”，其夫李椿墓誌載椿卒後“厝於孝義里”。李椿墓誌與此墓誌同時出土于今西安市東郊慶華廠，則知今西安市東郊洪慶鄉慶華廠一帶，隋時歸藍田縣所轄，其鄉爲童人，其里稱孝義，均可補隋時長安城區鄉里名稱。其夫李椿墓誌見090. 593條。

大隋豐寧公主墓誌銘

117.610　楊靜徽墓誌

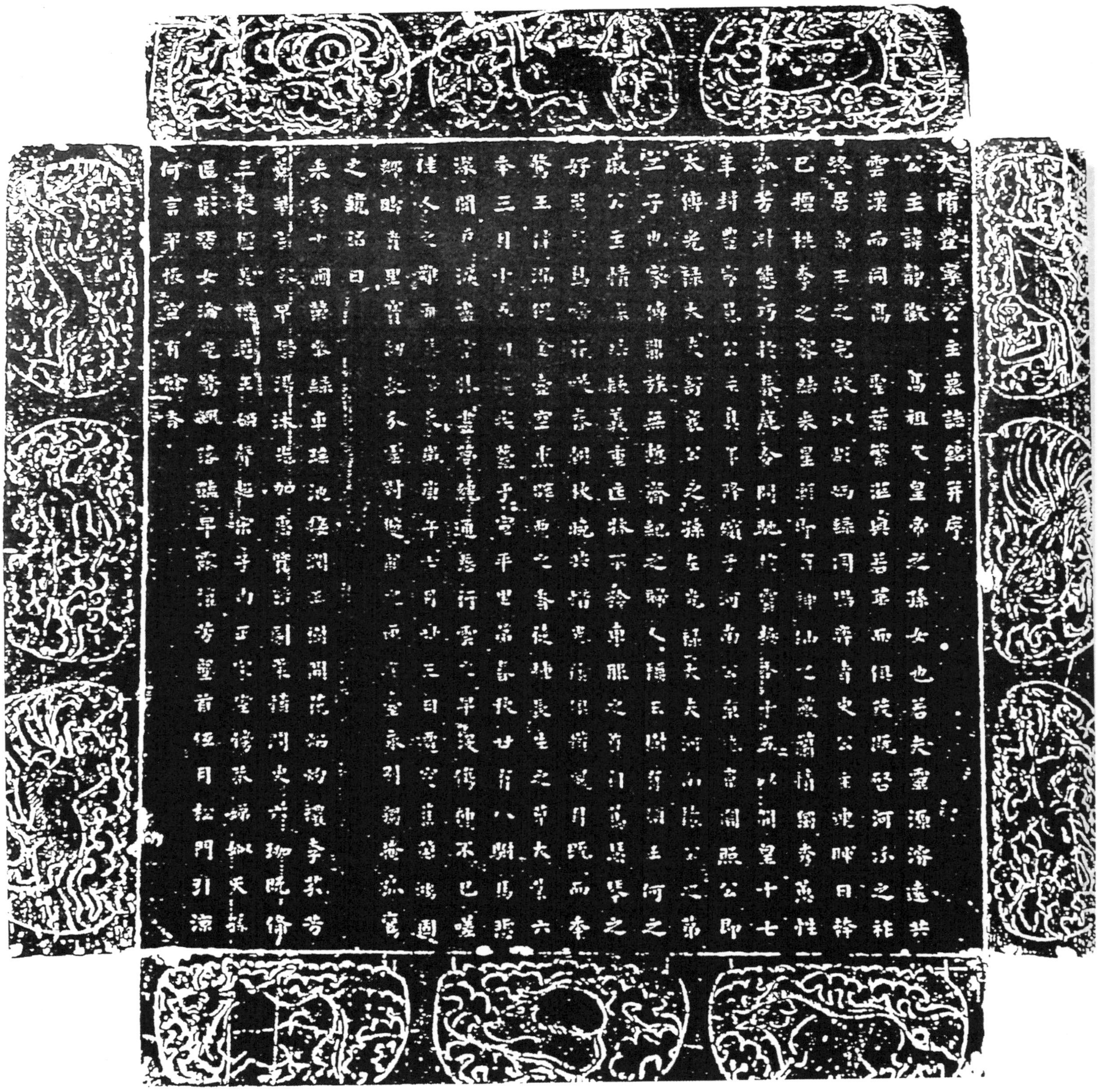
大隋豐寧公主墓誌銘并序

説 明

隋大業六年(610)七月刻。蓋盝形,誌正方形。誌、蓋尺寸相同,邊長均54厘米。蓋文3行,滿行3字,篆書“大隋豐」寧公主」墓誌銘」”。誌文楷書22行,滿行22字。蓋四周及四殺飾以纏枝花紋,誌四周飾壼門内十二生肖圖案。1990年西安市長安縣出土。現存陝西省考古研究院。《隋代墓誌銘彙考》《新出魏晉南北朝墓誌疏證》等著録。

釋 文

大隋豐寧公主墓誌銘并序」

公主諱靜徽,高祖文皇帝之孫女也。若夫靈源濬遠,共」雲漢而同高;聖葉繁滋,與若華而俱茂。既啟河汾之祚」,終居帝王之宅。故以彪炳緑圖,舄弈青史。公主連暉日幹」,已擅桃李之容;結采星軒,即有神仙之麗。蘭情獨秀,蕙性」孤芳。淑態巧於春庭,令問馳於霄極。年十五,以開皇十七」年封豐寧邑公主。其年降嬪于河南公京兆韋圓照。公即」太傅光禄大夫舒襄公之孫,左光禄大夫河南懷公之第」二子也。家傳鼎族,無慙齊紀之歸;人稱玉樹,有類王何之」戚。公主情深結髮,義重匡牀。不矜車服之尊,自篤瑟琴之」好。至于鳥啼花笑,春朝秋晚,共惜光陰,俱歡風月。既而年」驚玉律,漏促金壺。空熏辟惡之香,徒種長生之草。大業六」年三月十五日,遘疾薨于宣平里第,春秋廿有八。駙馬悲」深闃户,淚盡空牀。晝夢纔通,怨行雲之早没;傷神不已,嗟」佳人之難再。其年太歲庚午七月廿三日,還窆舊塋鴻固」鄉疇貴里。寶劒長分,虚對雙龍之匣;妝臺永别,獨掩孤鸞」之鏡。銘曰」:

汞分玄圃,榮参緑車。瑶池接潤,玉樹開花。炤灼穠李,芬芳」蕣華。言容早懋,湯沐先加。惠質鏡圖,柔情問史。六珈既備」,三從擅美。禮邁王姬,聲超宋子。内正家室,傍恭娣姒。天孫」匿影,婺女淪光。驚飈落豔,早露摧芳。壟首低月,松門引涼」。何言翠帳,空有餘香」。

按

誌主楊靜徽,正史不載。誌所載其出身、封賜、配偶、生卒年、卒葬地等史料,可補史載之闕。

118.610　解方保墓誌

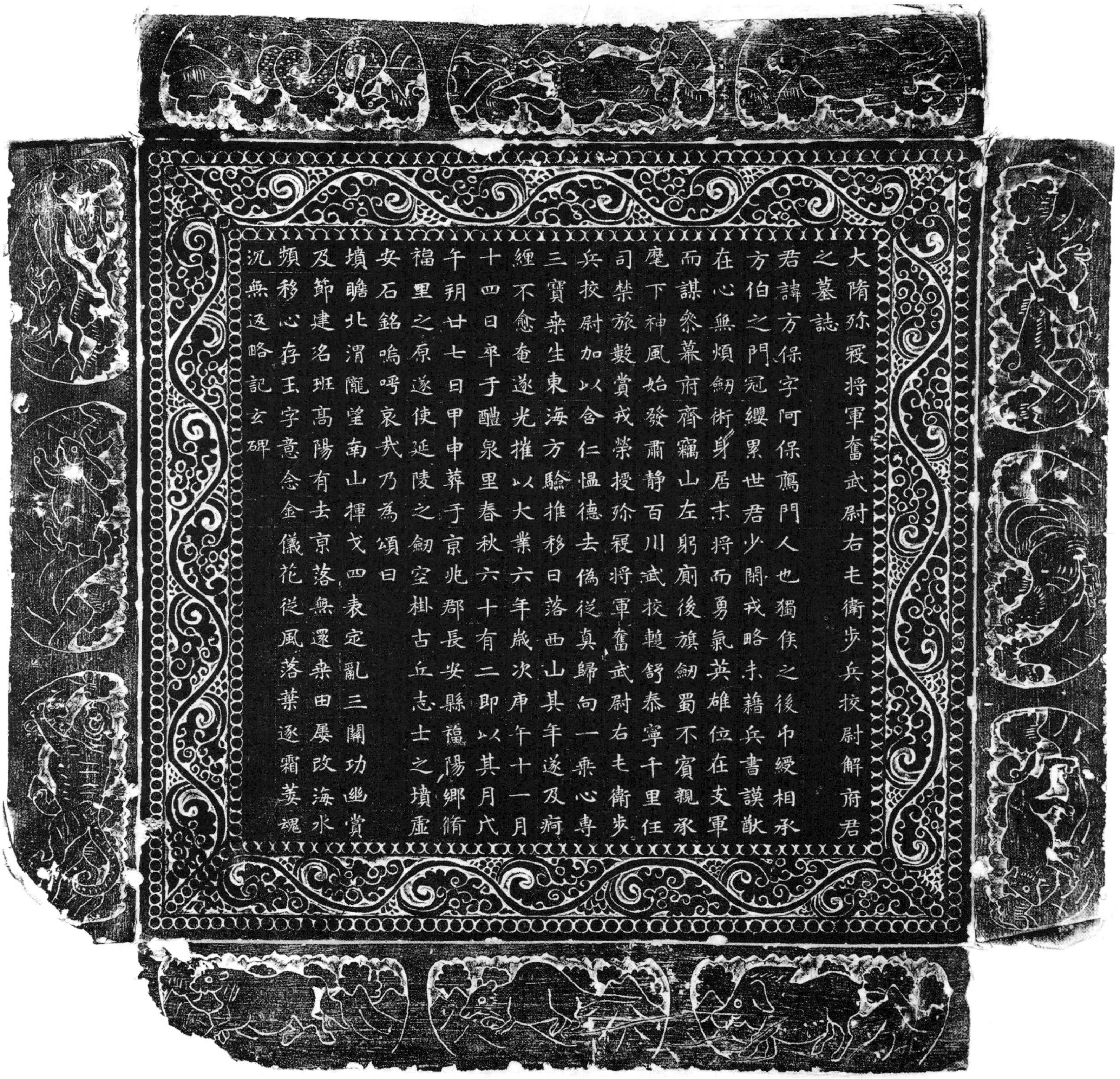

大隋殄寇將軍奮武尉右屯衛步兵校尉解府君
之墓誌
君諱方保字阿保鴈門人也獨侠之後巾緌相承
方伯之門冠纓累世君少開戎略耒藉兵書謨猷
在心無煩紉術身居末將而勇氣英雄位在支軍
而謀參幕府齊竊山左躬蔪後旗紉蜀不賓親承
麾下神風始發肅靜百川武校韇舒泰寧千里任
司禁旅數賞戎榮授殄寇將軍奮武尉右屯衛步
兵校尉加以含仁愠德去偽從真歸向一乘心專
三寶乘生東海方驗推移日落西山其年遂及病
經不愈奄遂光推以大業六年歲次庚午十一月
十四日卒于醴泉里春秋六十有二即以其月戊
午朔廿七日甲申葬于京兆郡長安縣福陽鄉循
福里之原遂使延陵之劒空掛古丘志士之墳虛
安石銘嗚呼哀哉乃為頌曰
墳瞻北渭隴望南山揮戈四表定亂三關功幽賞
及節建名班高陽有去京落無還乘田屢改海水
頻移心存王字意念金儀花從風落葉逐霜萎魂
沉無返略記玄碑

説明

隋大業六年（610）十一月刻。誌正方形。邊長50厘米。誌文楷書19行，滿行19字。四周雕聯珠紋及纏枝蔓草紋，四側飾以壼門内十二生肖圖案。1999年西安市長安縣出土。現存西安碑林博物館。《長安碑刻》《隋代墓誌銘彙考》《西安碑林博物館新藏墓誌彙編》等著録。

釋文

大隋殄寇將軍奮武尉右屯衛步兵校尉解府君」之墓誌」

君諱方保，字阿保，鴈門人也。獨侯之後，印綬相承」；方伯之門，冠纓累世。君少閑戎略，未藉兵書；謨猷」在心，無煩劒術。身居末將，而勇氣英雄；位在支軍」，而謀参幕府。齊竊山左，躬廁後旗；劒蜀不賓，親承」麾下。神風始發，肅靜百川；武校暫舒，泰寧千里。任」司禁旅，數賞戎榮。授殄寇將軍、奮武尉、右屯衛步」兵校尉。加以含仁愠德，去僞從真。歸向一乘，心專」三寶。桑生東海，方驗推移；日落西山，其年遂及。痾」纏不愈，奄遂光摧。以大業六年歲次庚午十一月」十四日，卒于醴泉里，春秋六十有二。即以其月戊」午朔廿七日甲申，葬于京兆郡長安縣福陽鄉脩」福里之原。遂使延陵之劒，空掛古丘；志士之墳，虚」安石銘。嗚呼哀哉！乃爲頌曰」：

墳瞻北渭，隴望南山。揮戈四表，定亂三關。功幽賞」及，節建名班。高陽有去，京落無還。桑田屢改，海水」頻移。心存玉字，意念金儀。花從風落，葉逐霜萎。魂」沉無返，略記玄碑」。

按

誌主解方保，正史無載。此誌雖簡短，但從形制、繪刻及書法方面看，卻精美無比，堪稱隋誌中之精品。

119.611　田德元墓誌

隋故豫章郡掾田府君墓誌
君諱德元字龍光平涼百泉縣人也媯水長源姚墟盛緒廷奉定策
名高中興子恭雅功聲馳域外並詳史諜可略言矣祖廣略周柱國
太保觀國襄公父仁恭隋上柱國司空公觀國敬公世載勳賢門襲
卿宰比韋家於西漢譽表氏於東京故以德冠前脩慶流後裔君稟
靈溫粹天姿孝友青裳辯日髫丱參玄氣調雲霞風儀韶韻雅好琴
書近得梁君之賞性愛虛白遠叶嵇生之志賓遊蒲坐無對方外之
神史籍盈前轉瑩胸中之寶仁壽二年起家授涼州揔管府掾從容
上席剖決如流優遊勝曹衿懷多暇揔管安豐公寶建公深抱風猷
尤相敬禮曾未朞月聲績已高姑臧殷實控接遐裔奉握之迹是為
鄭室君討日受俸官燭稀燃水之心終始若一及秩滿言旋單車
就路清分之聲見稱西土於是幅巾治袖遂其疏澹之情散帙下帷
窮其討論之致既而朝思柢樸時訪賢才大業三年授豫章郡西
曹掾君頻居右職明練遺高譽流鄰邦績陳王府官曹無擁常聞
主諾之唵薄領或繁弥見機神之敏南方山水登臨所以思歸西州
鄉國瞻佇於焉悽愴加以土風卑濕寒暑乖宜疢疾弥留奄然長往
大業七年六月廿二日終於官舍春秋卌有一惟君早稱髦秀夙播
清規博綜文史枕席仁義朋交推其款信氣類挹其風儀坐有嘉賓
門多好事良晨美景命觴酒而開筵勝地名遊賦清篇而自得莫不
詳高金谷趣極蘭亭万古奚言一朝埋玉嗚呼哀哉以七年十二
月壬子朔廿二日癸酉歸葬於大興縣滻川鄉白鹿原東迴南郭聽
殯露之悲哥馬送東都切鳴簫之哀管欲使桒移碧海尚表豐碑谷
變樊山猶傳餘烈銘曰
王龔之孫曜卿之子顯允夫君還追昔美博聞强記敦詩悅史器表
墻仞神標名理弱冠升序能聲早振纖介無私脂膏不潤飛芝依仁
珉黍仰信方期瑚璉將登廊堂一朝已矣万代韜光松深寒霧挽切
晨霜勒茲玄石無絕遺芳

説明

隋大業七年（611）十二月刻。蓋盝形，誌長方形。誌、蓋尺寸相同，均長44厘米，寬43厘米。蓋文4行，滿行4字，篆書“大隋故豫｣章郡西曹｣掾田府君｣之墓誌銘｣”。誌文楷書27行，滿行26字。有界格。1954年西安市東郊郭家灘出土。現存西安碑林博物館。《隋唐五代墓誌滙編》《新中國出土墓誌（陜西貳）》《隋代墓誌銘彙考》等著録。

釋文

隋故豫章郡掾田府君墓誌｣

君諱德元，字龍光，平涼百泉縣人也。嬀水長源，姚墟盛緒。延年定策｣，名高中興；子泰稚功，聲馳域外。並詳史諜，可略言矣。祖廣略，周柱國｣、太保、觀國襄公。父仁恭，隋上柱國、司空公、觀國敬公。世載勳賢，門襲｣卿宰。比韋家於西漢，譬袁氏於東京。故以德冠前脩，慶流後裔。君稟｣靈温粹，天姿孝友。青裳辯日，髫丱參玄。氣調雲霞，風儀韶韻。雅好琴｣書，近得梁君之賞；性愛虚白，遠叶嵇生之志。賓遊滿坐，無虧方外之｣神；史籍盈前，轉瑩胸中之寶。仁壽二年，起家授涼州總管府掾。從容｣上席，剖决如流；優遊勝曹，衿懷多暇。總管安豐公竇瑋公，深挹風猷｣，尤相敬礼。曾未朞月，聲績已高。姑臧殷實，控接遐裔。拳握之珍，足爲｣鄭室。君討日受俸，官燭稀燃。冰水之心，終始若一。及秩滿言旋，單車｣就路。清分之聲，見稱西土。於是幅巾冶袖，遂其踈澹之情；散帙下帷｣，窮其討論之致。既而朝思棫樸，時訪能官。大業三年，授豫章郡西｣曹掾。君頻居右職，明練逾高。譽浹鄰邦，績陳王府。官曹無擁，常聞｣主諾之謡；簿領或繁，弥見機神之敏。南方山水，登臨所以思歸；西州｣鄉國，瞻佇於焉悽愴。加以土風卑濕，寒暑乖宜。疹疾弥留，奄然長往｣。大業七年六月廿二日，終於官舍，春秋卅有一。惟君早稱髦秀，夙播｣清規。博綜文史，枕席仁義。朋交推其款信，氣類挹其風儀。坐有嘉賓｣，門多好事。良晨美景，命醁酒而開筵；勝地名遊，賦清篇而自得。莫不｣辭高金谷，趣極蘭亭。万古奚言，一朝埋玉。嗚呼哀哉！曰以七年十二｣月壬子朔廿二日癸酉，歸葬於大興縣滻川鄉白鹿原。車迴南郭，聽｣薤露之悲哥；馬送東都，切嗚簫之哀管。欲使桑移碧海，尚表豐碑；谷｣變樊山，猶傳餘烈。銘曰｣：

王龔之孫，曜卿之子。顯允夫君，還追昔美。博聞强記，敦詩悦史。器表｣牆仞，神摽名理。弱冠升序，能聲早振。纖分無私，脂膏不潤。飛走依仁｣，氓黎仰信。方期瑚璉，將登廟堂。一朝已矣，万代韜光。松深寒霧，挽切｣晨霜。勒兹玄石，無絶遺芳｣。

按

誌主田德元，正史無載。誌稱其祖田廣略，即田弘，字廣略，《周書》卷二七有傳。誌所載其任“太保”，《周書》則載其爲“少保”；誌載其爲“觀國襄公”，《周書》不載其謚。則誌與正史可互證互補。誌稱其父田仁恭，《隋書》卷五四有傳。《隋書》止載其“子世師嗣。次子德懋，在《孝義傳》”，而不載又一子田德元。則此誌之出土，可補正史所載之闕。又《周書·田弘傳》載其爲“高平人”，《隋書·田仁恭傳》載其爲“長城人”，此誌載其爲“百泉縣人”，則由此亦可看出此縣名稱的歷史變化情況。

120.612　高㲄墓誌

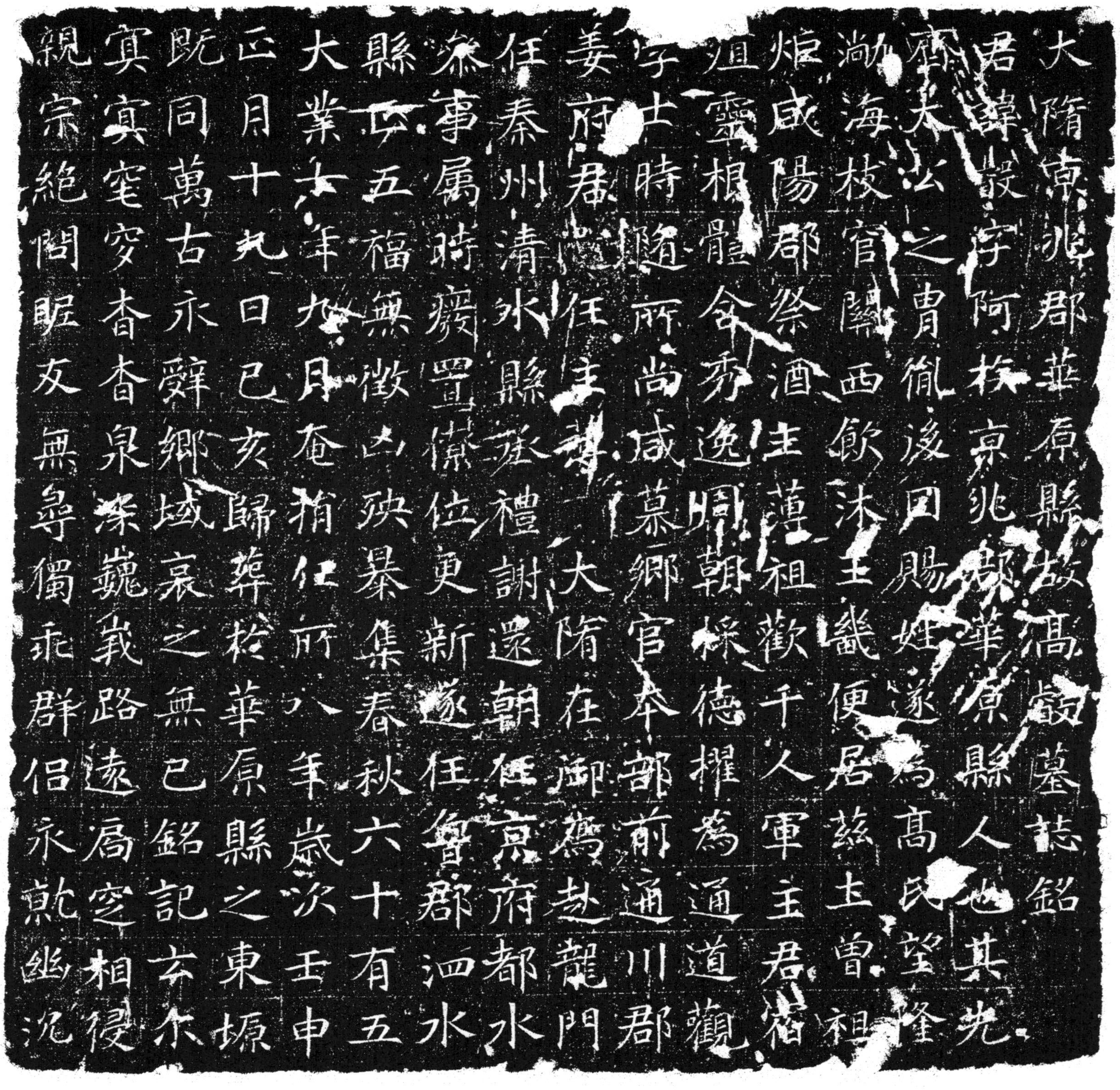

大隋京兆郡華原縣故高㲄墓誌銘
君諱㲄字阿枚京兆郡華原縣人也其先
齊大公之胄胤後因賜姓遂爲高氏望隆
渤海枝官關西飲沐王畿便居茲土曾祖
炬咸陽郡祭酒主簿祖歡千人軍主君[illegible]
洹靈根體含秀逸門朝標德擢爲通道觀
子士時隨所尚咸慕鄉官本郡前通川郡
姜府君任主簿大隋在御爲赴龍門
任秦州清水縣禮謝還朝任京府都水
參事屬時廢置儲位更新遂任魯郡泗水
縣正五福無徵凶殃纍集春秋六十有五
大業七年九月奄捐仁所六年歲次壬申
正月十九日己亥歸葬於華原縣之東塬
既同萬古永辭鄉域哀之無已銘記云尔
冥冥窀穸杳杳泉深巍巍路遠扃窆相侵
親宗絕問眠友無尋獨乖群侶永就幽沉

説明

隋大業八年（612）正月刻。誌正方形。邊長37厘米。誌文楷書16行，滿行16字。有界格。20世紀70年代耀縣孫原鎮五臺村出土。現存銅川市耀州區博物館。

釋文

大隋京兆郡華原縣故高叡墓誌銘」

君諱叡，字阿族，京兆郡華原縣人也。其先」齊太公之胄胤。後因賜姓，遂爲高氏。望隆」渤海，枝宦關西。欽沐王畿，便居茲土。曾祖」炬，咸陽郡祭酒、主簿。祖歡，千人軍主。君宿」殖靈根，體含秀逸。周朝採德，擢爲通道觀」學士。時隨所尚，咸慕鄉官。本部前通川郡」姜府君選任主簿。大隋在御，薦赴龍門」。任秦州清水縣丞。禮謝還朝，任京府都水」參事。属時廢置，僚位更新。遂任魯郡泗水」縣正。五福無徵，凶殃暴集。春秋六十有五」，大業七年九月奄捐任所。八年歲次壬申」正月十九日己亥，歸葬於華原縣之東塬」。既同萬古，永辭鄉域。哀之無已，銘記云尔」：

冥冥窀穸，杳杳泉深。巍峨路遠，扃窆相侵」。親宗絶問，昵友無尋。獨乖群侶，永就幽沉」。

按

誌主高叡，正史無載。誌載其“宿殖靈根”，又于北周時曾任“通道觀學士”。通道觀是北周武帝在廢佛、道二教後所置，由還俗之僧侶道士中選優秀者爲通道觀學士，講《老》《莊》《周易》，兼研佛經。可以推見，高叡任此職之前當精于佛道。這對研究魏晉南北朝宗教發展有一定的價值。

121.613　尼那提墓誌

大隋真
化道場
尼墓誌

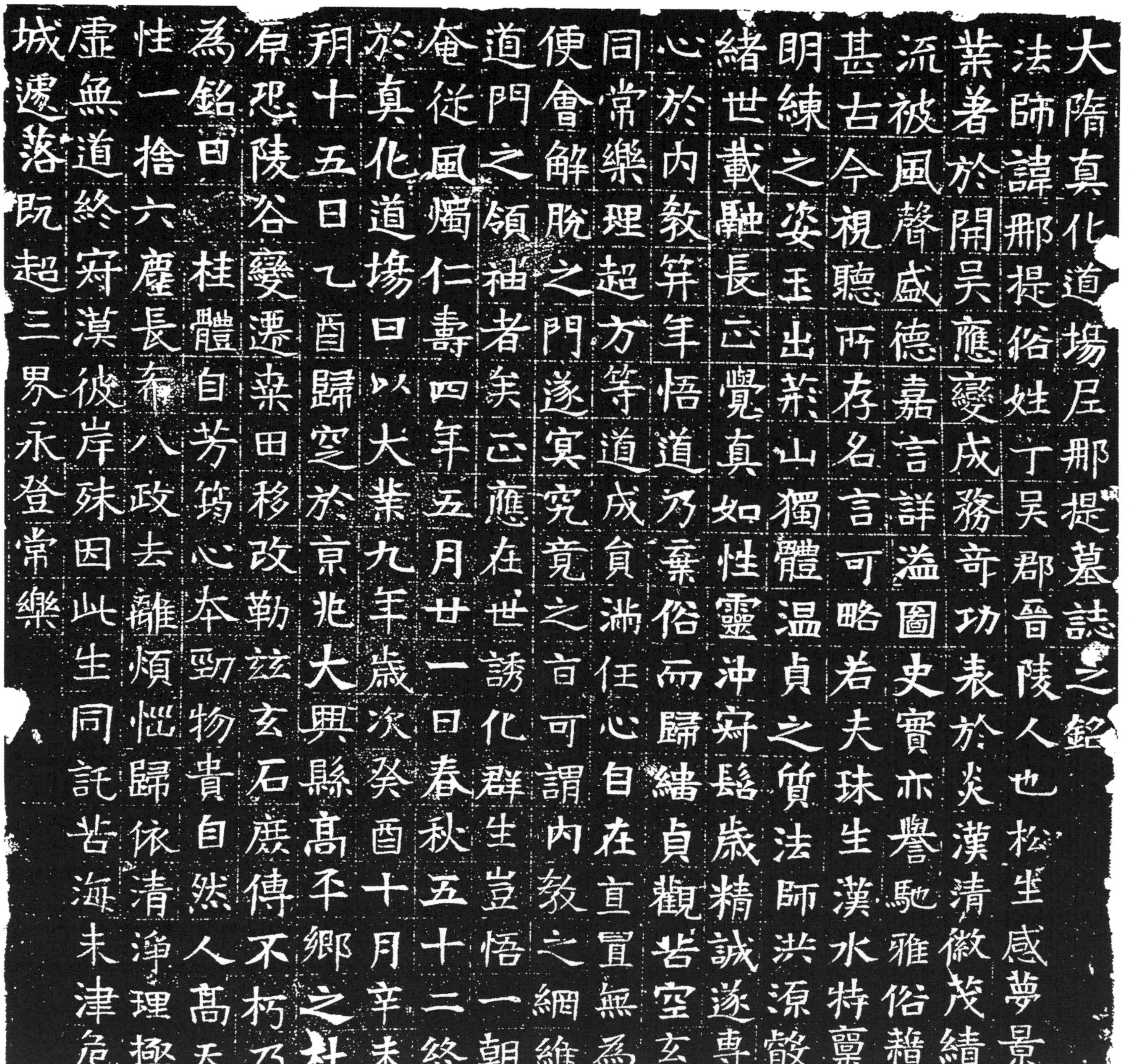
大隋真化道場尼那提墓誌之銘
法師諱那提俗姓丁吳郡晉陵人也松生感夢景
業著於開吳應變成務奇功表於炎漢清徽茂績
流被風聲盛德嘉言詳溢圖史實亦譽馳雅俗稽
甚古今視聽所存名言可略若夫珠生漢水特稟
明練之姿玉出荊山獨體温貞之質法師洪源啟
緒世載融長正覺真如性靈沖寂髫歲精誠遂專
心於内教笄年悟道乃棄俗而歸緇貞觀若空玄
同常樂理超方等道成負滿任心自在直置無為
便會解脫之門遂冥究竟之旨可謂内教之綱維
道門之領袖者矣正應在世誘化群生豈悟一朝
奄從風燭仁壽四年五月廿一日春秋五十二終
於真化道場曰以大業九年歲次癸酉十月辛未
朔十五日乙酉歸窆於京兆大興縣高平鄉之杜
原恐陵谷變遷桑田移改勒茲玄石庶傳不朽乃
為銘曰　桂體自芳筠心本勁物貴自然人高天
性一捨六塵長辭八政去離煩惱歸依清淨理極
虚無道終寂漠彼岸殊因此生同託苦海未津危
城遽落既超三界永登常樂

説明

隋大業九年（613）十月刻。蓋盝形，誌正方形。誌、蓋尺寸相同，邊長均29厘米。蓋文3行，滿行3字，篆書“大隋真」化道場」尼墓誌」”。誌文楷書19行，滿行19字。有界格。1952年西安市長安縣韋曲鎮出土。現存西安碑林博物館。《西安碑林全集》《新中國出土墓誌（陝西貳）》《長安碑刻》等著録。

釋文

大隋真化道場尼那提墓誌之銘」

法師諱那提，俗姓丁，吴郡晉陵人也。松生感夢，景」業著於開吴；應變成務，奇功表於炎漢。清徽茂績」，流被風聲。盛德嘉言，詳溢圖史。實亦譽馳雅俗，藉」甚古今。視聽所存，名言可略。若夫珠生漢水，特稟」明練之姿；玉出荊山，獨體温貞之質。法師洪源叡」緒，世載融長。正覺真如，性靈沖寂。髫歲精誠，遂專」心於内教；笄年悟道，乃棄俗而歸緇。貞觀苦空，玄」同常樂；理超方等，道成員滿。任心自在，直置無爲」。便會解脱之門，遂冥究竟之旨。可謂内教之綱維」、道門之領袖者矣。正應在世，誘化群生。豈悟一朝」，奄從風燭。仁壽四年五月廿一日，春秋五十二，終」於真化道場。曰以大業九年歲次癸酉十月辛未」朔十五日乙酉，歸窆於京兆大興縣高平鄉之杜」原。恐陵谷變遷，桑田移改，勒兹玄石，庶傳不朽。乃」爲銘曰：

桂體自芳，筠心本勁。物貴自然，人高天」性。一捨六塵，長希八政。去離煩惱，歸依清淨。理極」虚無，道終寂漠。彼岸殊因，此生同託。苦海未津，危」城遽落。既超三界，永登常樂」。

按

誌主尼那提，史無載。真化道場，據《長安志》在長安城群賢坊十字街東之北，爲隋開皇十年（590）冀州刺史馮臘捨宅而立。爲一尼寺。

122.613　張子明墓誌

周故金紫光祿大夫清河縣男張府君墓誌
君諱子明清河武城人也五世相韓識義高於戰國六葉侍漢冠冕盛
於西都代有清賢家多雅素風流相踵無乏當時祖昇隴西鎮將氣重
山西族昌關右父密鳳州刺史六條內奏課最連城千里外臨潤兼隣
國並高景譽俱致民謠身存宣室之畫名著功臣之表承家胙土可得
言焉君出自華宗早知禮讓少遊先達夙稟風規虛堂獨坐莊懿於
若思膝席披衿格韻詳於吐嘿事親之義兼敬養於無方立身之道擅
容辭於可貴故以器動群公英聲藉甚于時魏德已衰綴旒將墜運鍾
昏亂乃識忠貞魏皇播越西幸舊秦朝廷彫亡實資多士君以翹楚見
知首膺旌名累遷使持節大都督商洛二州別駕周大祖肇基霸業始
啓山南嶢柳為衿帶之衝商洛乃方城之固惟此二邦莫非賢戚妙選
高才寄深良佐甄以豹蔚之姿屈居驤足之職君盡勤綜務知無不為
多交英豪布諸心膂拂席延賓題輿佇俊於是異人驤首幽谷無伐木
之哥束帛相望山林罕滯淹之士豈直海沂有乂弘農坐嘯而已哉入
為金紫光祿大夫以參禪代之功封清河縣開國男懷黃詭列高步承
明之廬錫土開基同奉山河之誓雖復優遊散職外絕勤勞然而連爵
通侯內豐金帛君深知止足常慕東都之歸每式焚身方思北門之宴
請告謝於朝宗滿贏散於姻族築館山庄追遊鄭敬沈浮閭里遠訪爰
絲既而瓊瑰下泣聲子逝其遐年松桂無徵留侯恨其過隙大統八年
十月廿一日終於里舍春秋五十五大君追悼恩賵有加 詔贈淅州
刺史以大業九年十一月辛丑朔二日壬寅遷窆於涇陽縣洪川鄉
洪原里石安原惟君器用多能沖衿難尚一朝風露千載玄泉嗚呼哀
哉乃為銘曰
九河漸潤六輔衣冠家傳孝節世有芝蘭降挺邦彥獨步三端方林杞
梓辟玉瑤玕魏道屯陂爰初筮仕既屬雄飛將從鵠起効官近署展驥
千里聲高右職切書左史逝川無反風燭難留一辭人世万古山丘車
迴舊壟馬稅新楸桒田儻變永志清猷

説明

隋大業九年（613）十一月刻。誌正方形。邊長46厘米。誌文楷書27行，滿行27字。20世紀80年代咸陽機場基建工地出土。現存陝西省考古研究院。《隋代墓誌銘彙考》著録。

釋文

周故金紫光禄大夫清河縣男張府君墓誌」

君諱子明，清河武城人也。五世相韓，誠義高於戰國；七葉侍漢，冠冕盛」於西都。代有清賢，家多雅素。風流相踵，無乏當時。祖昇，隴西鎮將。氣重」山西，族昌關右。父密，鳳州刺史。六條内奏，課最連城。千里外臨，潤兼鄰」國。並高景譽，俱致民謡。身存宣室之圖，名著功臣之表。承家胙土，可得」言焉。君出自華宗，早知礼讓。少遊先達，夙稟風規。虚堂獨坐，莊慤儼於」若思；勝席披衿，格韻詳於吐嘿。事親之義，兼敬養於無方；立身之道，擅」容辭於可貴。故以器動群公，英聲藉甚。于時，魏德已衰，綴旒將墍。運鍾」昏亂，乃識忠貞。魏皇播越，西幸舊秦。朝廷彫亡，實資多士。君以翹楚見」知，首膺旌召。累遷使持節、大都督、商洛二州别駕。周大祖肇基霸業，始」啟山南。嶢柳爲衿帶之衝，商洛乃方城之固。惟此二邦，莫非賢戚。妙選」高才，寄深良佐。蹔以豹蔚之姿，屈居驥足之職。君盡勤綜務，知無不爲」。多引英豪，布諸心膂。拂席延賓，題輿佇俊。於是異人驤首，幽谷無伐木」之哥；束帛相望，山林罕滯淹之士。豈直海沂有乂，弘農坐嘯而已哉。入」爲金紫光禄大夫。以參禪代之功，封清河縣開國男。懷黄就列，高步承」明之廬；錫土開基，同奉山河之誓。雖復優遊散職，外絶勤勞。然而連爵」通侯，内豐金帛。君深知止足，常慕東都之歸；每戒焚身，方思北門之寠」。請告謝於朝宗，滿羸散於姻族。築館山莊，追遊鄭敬；沉浮閭里，遠訪爰」絲。既而瓊瑰下泣，聲子逝其遐年；松桂無徵，留侯恨其過隙。大統八年」十月廿一日，終於里舍，春秋五十五。大君追悼，恩賵有加。詔贈淅州」刺史。曰以大業九年十一月辛丑朔二日壬寅，還窆於涇陽縣洪川鄉」洪原里石安原。惟君器用多能，沖衿難尚。一朝風露，千載玄泉。嗚呼哀」哉！乃爲銘曰」：

九河漸潤，六輔衣冠。家傳孝節，世有芝蘭。降挺邦彦，獨步三端。方材杞」梓，譬玉瑶玕。魏道屯陂，爰初筮仕。既属雄飛，將從鵠起。效官近畧，展驥」千里。聲高右職，功書左史。逝川無反，風燭難留。一辭人世，万古山丘。車」迴舊壟，馬税新楸。桑田儻變，永志清猷」。

按

誌主張子明及其祖父張昇、父張密，均未見史籍記載。誌所載張子明祖父曾任隴西鎮將，父曾任鳳州刺史，其本人仕西魏任商洛二州别駕、金紫光禄大夫，封清河縣開國男等，均可補史之闕載。

123.615　吴弘墓誌

隋濟陰
縣令吳
府君誌

大隋故濟陰縣令吳府君之墓誌銘
君諱弘字大女京兆大興人也祖父並檀英奇俱稱威重位
列功臣之上名書良史之筆而君稟靈山岳氣感風雲幼有
通理之名早聞穎脫之舉起家至大業二年遷濟陰縣令亨
鮮理務絃哥調俗非直當時流譽實亦去後見思方膺錫於
壽眉豈謂福仁莫驗既而祖光易晚閱水難留朝夢涉洹曉
歌梁木以大業十一年八月十七日終於大興縣永寧鄉之
本第春秋八十有一君之高氏慟甚崩城哀深過禮望夫之
感遂同朝露以其月廿二日終于本第春秋八十有一即以
其年太歲乙亥十月庚申朔一日庚申　夫妻合葬於大興
縣産川鄉白鹿之源昔韓子雙環軸分乖於鄭國張公兩劒
終會遇於延津君有四子長子冨貴任奮武尉第二子為命
不終早先彫落第三子任宣惠尉第四子義陽府備身兄弟
等孝感慕義淚枯松栢仰昊天而罔極瞻岵屺而憎慕思弥
結於寒泉慟方深於風樹嗚呼哀哉乃為銘曰
祖考淵雅遐古蟬聯珪璋疊彩世載英賢辟出莍嶺珠生漢
川秀茲髭傳調逸風煙誕此英奇超前邁後聲存史筆譽流
民口善始令終歸全啓手風勁松哀山迴車柳咄哉倏忽慷
慨未申如何不淑殲我良人月照空幃林昏野壟徘徊飀鶴
悽慘行人一歸泉下金鷄詎晨

説 明

隋大業十一年（615）十月刻。蓋盝形，誌正方形。誌、蓋尺寸相同，邊長均47厘米。蓋文3行，滿行3字，篆書“隋濟音（陰）」縣令吴」府君誌」”。誌文隸楷20行，滿行23字。有界格。蓋四周飾牡丹花紋，四殺飾波浪紋。近年西安市東郊出土。現存西安博物院。《隋唐五代墓誌滙編》《新出魏晉南北朝墓誌疏證》《隋代墓誌銘彙考》等著録。

釋 文

大隋故濟陰縣令吴府君之墓誌銘」

君諱弘，字大女，京兆大興人也。祖、父並擅英奇，俱稱威重，位」列功臣之上，名書良史之筆。而君稟靈山岳，氣感風雲。幼有」通理之名，早聞穎脱之舉。起家至大業二年遷濟陰縣令。亨」鮮理務，絃哥調俗。非直當時流舉，實亦去後見思。方膺錫於」壽眉，豈謂福仁冥漠。既而徂光易晚，閲水難留。朝夢涉洹，曉」歌梁木。以大業十一年八月十七日，終於大興縣永寧鄉之」本第，春秋九十有一。君之高氏，慟甚崩城，哀深過礼。望夫之」感，遂同朝露。以其月廿二日終于本第，春秋八十有一。即以」其年太歲乙亥十月庚申朔一日庚申，夫妻合葬於大興」縣産（滻）川鄉白禄（鹿）之源（原）。昔韓子雙環，暫分乖於鄭國；張公兩劒」，終會遇於延津。君有四子：長子富貴，任奮武尉。第二子爲命」不終，早先彫落。第三子任宣惠尉。第四子義陽府備身。兄弟」等孝感蓼莪，淚枯松栢。仰昊天而罔極，瞻岵屺而憎（增）慕。思弥」結於寒泉，慟方深於風樹。嗚呼哀哉！乃爲銘曰」：

祖考淵雅，遐古蟬聯。珪璋疊彩，世載英賢。璧出荊嶺，珠生漢」川。秀茲髦儁，調逸風煙。誕此英奇，超前邁後。聲存史筆，譽流」民口。善始令終，歸全啟手。風勁松哀，山迴車柳。咄哉儵忽，慷」慨未申。如何不淑，殲我良人。月照空巃（壟），林昏野塵。徘徊飈鶴」，悽慘行人。一歸泉下，金鷄詎晨」。

按

誌主吴弘，未見史籍記載。誌載其“祖、父並擅英奇，俱稱威重，位列功臣之上，名書良史之筆”，應是有名有職之臣，而其于世系及祖、父之名諱、任職情況等則語焉不詳。誌主享年九十一，其妻享年八十一，這在當時極其少有。另，此誌别字較多，是此誌有别于他誌又一特别之處。

124.615　劉世恭墓記

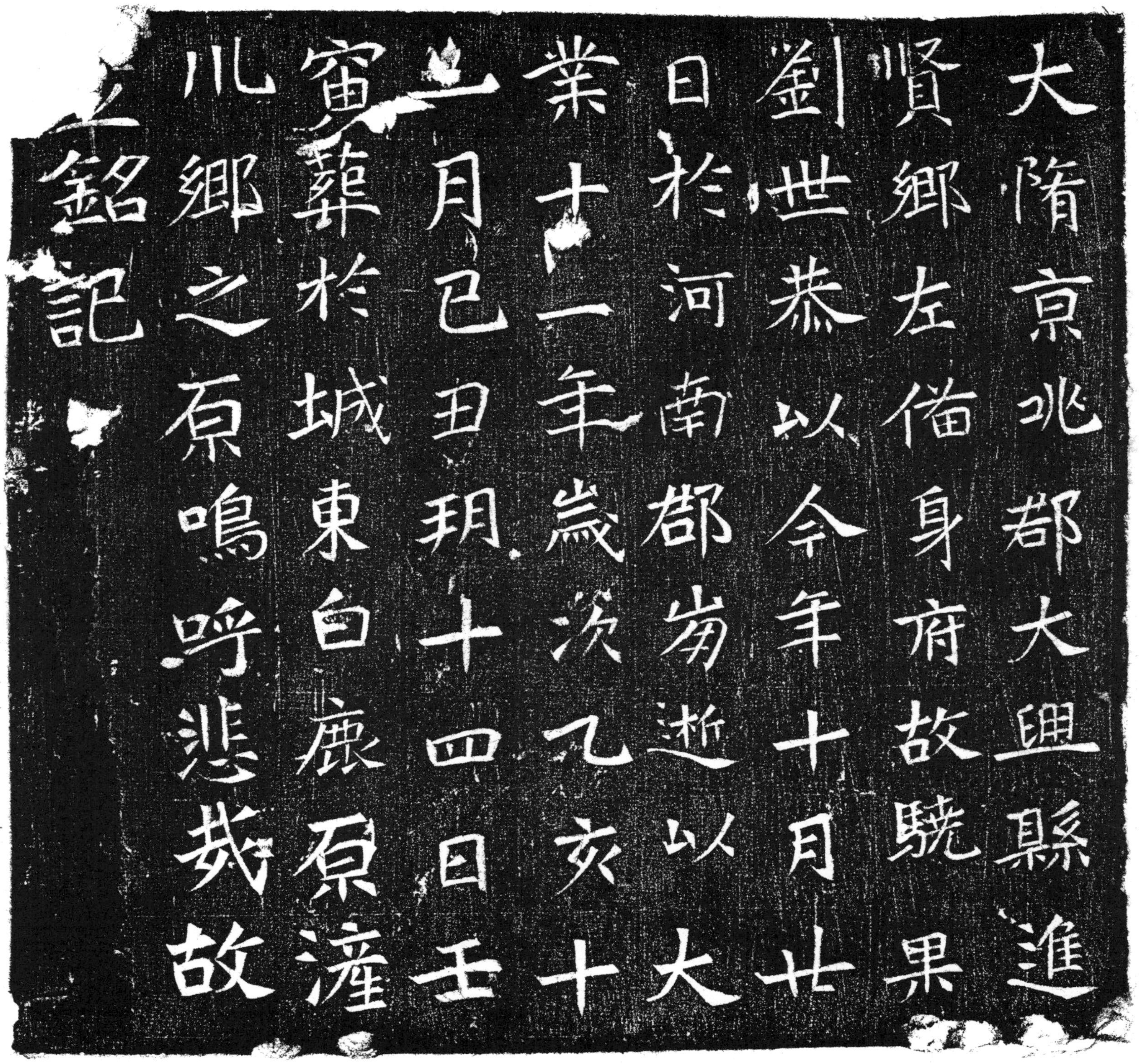
大隋京兆郡大興縣進
賢鄉左備身府故驍果
劉世恭以今年十月廿
日於河南郡崩逝以大
業十二年歲次乙亥十
一月己丑朔十四日壬
寅葬於城東白鹿原灞
川鄉之原嗚呼悲哉故
立銘記

説 明

隋大業十一年（615）十一月刻。誌、蓋均爲正方形，尺寸相同，邊長均28厘米。蓋素面無字。誌文楷書9行，滿行9字。1954年西安市東郊出土。現存中國社會科學院考古研究所西安研究室。《隋唐五代墓誌滙編》《新出魏晉南北朝墓誌疏證》《隋代墓誌銘彙考》等著録。

釋 文

大隋京兆郡大興縣進」賢鄉左備身府故驍果」劉世恭，以今年十月廿」日於河南郡崩逝。以大」業十一年歲次乙亥十」一月己丑朔十四日壬」寅，葬於城東白鹿原滻」川鄉之原。嗚呼悲哉！故」立銘記」。

按

誌主劉世恭，未見史籍記載。誌石形制較小，誌文僅述劉世恭所任職官、卒年葬地，十分簡略，類似于磚記。

125.615　馮淹墓誌

隋故宣惠尉馮君之墓誌
君諱淹字行淹西平人也祖元壽魏朝任晉
州長史父玄材任左衛府司倉並自天生德
率由孝敬髫年流譽允祀許其通家倚歲奇
標伯喈為之倒屣君以弱冠之歲雄傑有聞
鄉黨重其英材命居開令為京兆大興人
也君開皇廿年領此寒真等從入春宮至
大業十年即授宣惠尉君禀山岳之精含海
瀆之秀器度宏遠若高松之暎朗月衿神迴
邁似玉樹之帶清風以大業十一年十一月
廿五日寢疾以加奄從風燭終于私第春秋
卌有四即以其年十二月二日葬於大興縣
滻川鄉白鹿之原嗚呼哀哉乃為銘曰
悠哉慶緒邈矣靈長枝分葉散所在克昌惟
祖惟考令問令望味道求志晦迹韜光冥冥
厚夜鬱鬱佳城雲闇無影風悲有聲草荒逕
没松低隴平空餘不朽蘭菊傳名

説 明

隋大業十一年（615）十二月刻。蓋盝形，誌正方形。誌、蓋尺寸相同，邊長均29厘米。蓋文3行，滿行3字，篆書“隋宣慧」尉馮君」之墓誌」”。誌文楷書17行，滿行17字。1956年西安市東郊出土。現存西安碑林博物館。《西安碑林全集》《新中國出土墓誌（陝西貳）》《新出魏晉南北朝墓誌疏證》《隋代墓誌銘彙考》等著録。

釋 文

隋故宣惠尉馮君之墓誌」

君諱淹，字行淹，西平人也。祖元壽，魏朝任晉」州長史。父玄叔，任左衛府司倉。並自天生德」，率由孝敬。髫年流譽，元礼許其通家；倚歲奇」標，伯喈爲之倒屣。君以弱冠之歲，雄傑有聞」。鄉黨重其英材，命居開□。今爲京兆大興人」也。君開皇廿年領叱寒真等從入春宮，至」大業十年即授宣惠尉。君稟山岳之精，唅海」瀆之秀。器度宏遠，若高松之映朗月；衿神迥」邁，似玉樹之帶清風。以大業十一年十一月」廿五日，寢疾以加，奄從風燭，終于私第，春秋」卌有四。即以其年十二月二日，葬於大興縣」滻川鄉白鹿之原。嗚呼哀哉！乃爲銘曰」：

悠哉慶緒，邈矣靈長。枝分葉散，所在克昌。惟」祖惟考，令問令望。昧道求志，晦迹韜光。冥冥」厚夜，鬱鬱佳城。雲闇無影，風悲有聲。草荒徑」没，松低隴平。空餘不朽，蘭菊傳名」。

按

誌主馮淹及其祖馮元壽、父馮玄叔，均未見史籍記載。《隋書·百官志》載“煬帝即位，多所改革……自一品至九品，置光禄、左右光禄、金紫、銀青光禄、正議、通議、朝請、朝散等九大夫，建節、奮武、宣惠、綏德、懷仁、守義、奉誠、立信等八尉”。可見，蓋文所謂“宣慧尉”當爲“宣惠尉”。

126.616　田行達墓誌

隋故正
議府君
田公銘

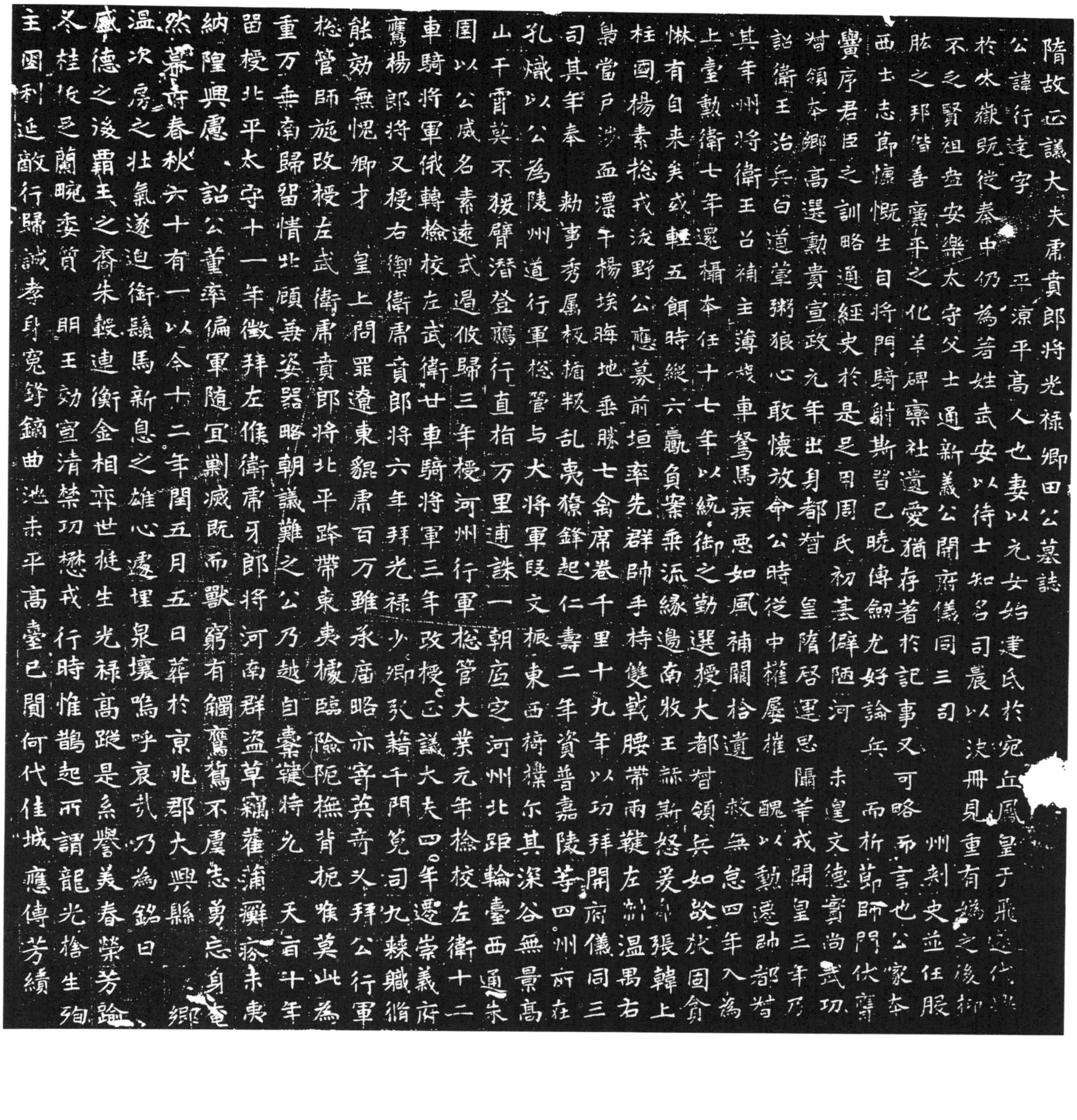

隋故正議大夫虎賁郎將光祿卿田公墓誌
公諱行達字　平涼平高人也妻以元女始建氏於宛丘鳳皇于飛遂代興
於水嶽既從秦中仍為著姓武安以待士知名司農以決冊見重有媯之後柳
不乏賢祖盘安樂太守父士通新義公開府儀同三司　州刺史並任股
肱之邦皆善廉平之化羊碑欒社遺愛猶存著於記事又可略而言也公家本
西土志節懷慨生自將門騎射斯習已曉傳劍尤好論兵　而析節師門伏膺
黌序君臣之訓略通經史於是周氏初基僻陋河　未皇文德實尚武功
督領本鄉高選勳貴宣政元年出身都督　皇隋啓運思　隋華戎開皇三年乃
詔衛王治兵白道掌粥狼心敢懷放命公時從中權屢摧醜以勳遷帥都督
其年州將衛王召補主簿戎車鶩馬疾惡如風補闕拾遺救無息四年入為
上臺勳衛七年還攝本任十七年以統御之勤選授大都督領兵如故於固貪
惏有自來矣戎軒五餌時縱六羸負案乘流緣邊南牧王詠斯怒爰命張韓上
柱國楊素總戎沙野公應募前垣率先群帥手持雙戟腰帶兩鞬左射溫禺右
梟當戶涉血漂千楊埃晦地垂勝七禽席卷千里十九年以功拜開府儀同三
司其年奉　勅事秀屬校楯叛亂夷獠鋒起仁壽二年資普嘉陵等四州所在
孔熾以公為陵州道行軍總管與大將軍段文振東西犄襟尔其深谷無景高
山干霄莫不援臂潛登鴈行直指万里連誅一朝底定河州北距輪臺西通朱
圉以公威名素遠式遏攸歸三年授河州行軍總管大業元年檢校左衛十二
車騎將軍俄轉檢校左武衛廿車騎將軍三年改授正議大夫四年遷崇義府
鷹揚郎將又授右禦衛虎賁郎將六年拜光祿少卿列籍千門覧司九棘職循
能効無愧卿才　皇上問罪遼東貔虎百万雖承廟略亦寄英奇又拜公行軍
總管師旋改授左武衛虎賁郎將北平路帶東夷櫾臨險阨撫背扼喉莫此為
重万乘南歸留情北顧美姿器略朝議難之公乃越自槖鞬特允　天旨十年
留授北平太守十一年徵拜左候衛虎牙郎將河南群盜草竊萑蒲獮薙未夷
納隍興慮　詔公董率偏軍隨宜剿戮既而獸窮有觸鷹鳶不虞志勇忘身奄
然幕府春秋六十有一以今十二年閏五月五日葬於京兆郡大興縣　鄉
溫次房之壯氣遂迫衛驤馬新息之雄心遽埋泉壤嗚呼哀哉乃為銘曰
盛德之後霸王之裔朱轂連衡金相弈世挺生光祿高蹤是系譽美春榮芳踰
冬桂恢邑蘭畹委質　明王効宣清禁功懋戎行時惟鵲起所謂龍光捨生殉
主圖利延敵行歸誠孝身寬篤鎬曲池未平高臺已聞何代佳城應傳芳績

説 明

隋大業十二年（616）閏五月刻。蓋盝形，誌正方形。誌、蓋尺寸相同，邊長均49厘米。蓋文3行，滿行3字，篆書“隋故正」議大夫」田公銘」”。誌文楷書30行，滿行30字。1954年西安市東郊郭家灘出土。現存西安碑林博物館。《隋唐五代墓誌滙編》《西安碑林全集》《新中國出土墓誌（陝西貳）》《隋代墓誌銘彙考》等著録。

釋 文

隋故正議大夫虎賁郎將光禄卿田公墓誌」

公諱行達，字□□，平涼平高人也。妻以元女，始建氏於宛丘；鳳皇于飛，遂代興」於太嶽。既徙秦中，仍爲著姓。武安以待士知名，司農以決册見重。有嬀之後，抑」不乏賢。祖盎，安樂太守。父士通，新義公、開府儀同三司、□□□州刺史。並任股」肱之邦，偕善廉平之化。羊碑欒社，遺愛猶存。著於記事，又可略而言也。公家本」西土，志節慷慨。生自將門，騎射斯習，已曉傳劒，尤好論兵。□而折節師門，伏膺」黌序。君臣之訓略通，經史於是足用。周氏初基，僻陋河□。未遑文德，實尚武功」。督領本鄉，高選勳貴。宣政元年，出身都督。皇隋啟運，思隔華戎。開皇三年，乃」詔衛王治兵白道。葷粥狼心，敢懷放命。公時從中權，屢摧□醜。以勳遷帥都督」。其年，州將衛王召補主簿。棧車駑馬，疾惡如風。補闕拾遺，□救無怠。四年，入爲」上臺勳衛。七年，還攝本任。十七年，以統御之勤，選授大都督，領兵如故。犾固貪」惏，有自来矣。或輕五餌，時縱六羸。負案（岸）乘流，緣邊南牧。王赫斯怒，爰命張韓。上」柱國楊素總戎沃野，公應募前垣，率先群帥，手持雙戟，腰帶兩鞬，左制温禺，右」梟當户，涉血漂干，揚埃晦地，垂勝七禽，席卷千里。十九年，以功拜開府儀同三」司。其年，奉勑事秀。属板楯叛乱，夷獠鋒起。仁壽二年，資、普、嘉、陵等四州所在」孔熾，以公爲陵州道行軍總管，与大將軍段文振東西犄摷。尔其深谷無景，高」山干霄。莫不猨臂潛登，鴈行直指。万里逋誅，一朝底定。河州北距輪臺，西通朱」圉。以公威名素遠，式遏攸歸。三年，授河州行軍總管。大業元年，檢校左衛十二」車騎將軍，俄轉檢校左武衛廿車騎將軍。三年，改授正議大夫。四年，還崇義府」鷹揚郎將，又授右禦衛虎賁郎將。六年，拜光禄少卿。引藉千門，筦司九棘。職脩」能效，無愧卿才。皇上問罪遼東，貔虎百万。雖承廟略，亦寄英奇。又拜公行軍」總管。師旋，改授左武衛虎賁郎將。北平跨帶東夷，據臨險阨。撫背扼喉，莫此爲」重。万乘南歸，留情北顧。兼姿器略，朝議難之。公乃越自橐鞬，持允天旨。十年」，留授北平太守。十一年，徵拜左候衛虎牙郎將。河南群盜，草竊萑蒲。癬疥未夷」，納隍興慮。詔公董率偏軍，隨宜剿滅。既而獸窮有觸，鷹鷙不虞。志勇忘身，奄」然幕府。春秋六十有一。以今十二年閏五月五日，葬於京兆郡大興縣□□鄉」。温次房之壯氣，遂迫銜鬚；馬新息之雄心，遽埋泉壤。嗚呼哀哉！乃爲銘曰」：

盛德之後，霸王之裔。朱轂連衡，金相弈世。挺生光禄，高蹤是系。譽美春榮，芳踰」冬桂。拔足蘭畹，委質明王。效宣清禁，功懋戎行。時惟鵲起，所謂龍光。捨生殉」主，因利延敵。行歸誠孝，身冤鋒鏑。曲池未平，高臺已闃。何代佳城，應傳芳績」。

按

誌主田行達及其祖田盎、父田士通，均未見史籍記載。則此誌所載田氏由平涼之徙秦中，其祖、父之任職及封賜情況，誌主由北周至隋之任職情況等，對于研究田氏家族史、北周至隋之歷史，都有一定的資料價值。此誌文原文多處空格，一則因避尊諱，如“皇隋、勑、皇上、天旨、詔、明王”之前均空一格；一則須確定後填充者，如“字”之後、“鄉”之前各空二字，“州”之前空三字；一則因缺文，如“河”之後，“醜、救”之前等。

127.616　竇儼墓誌

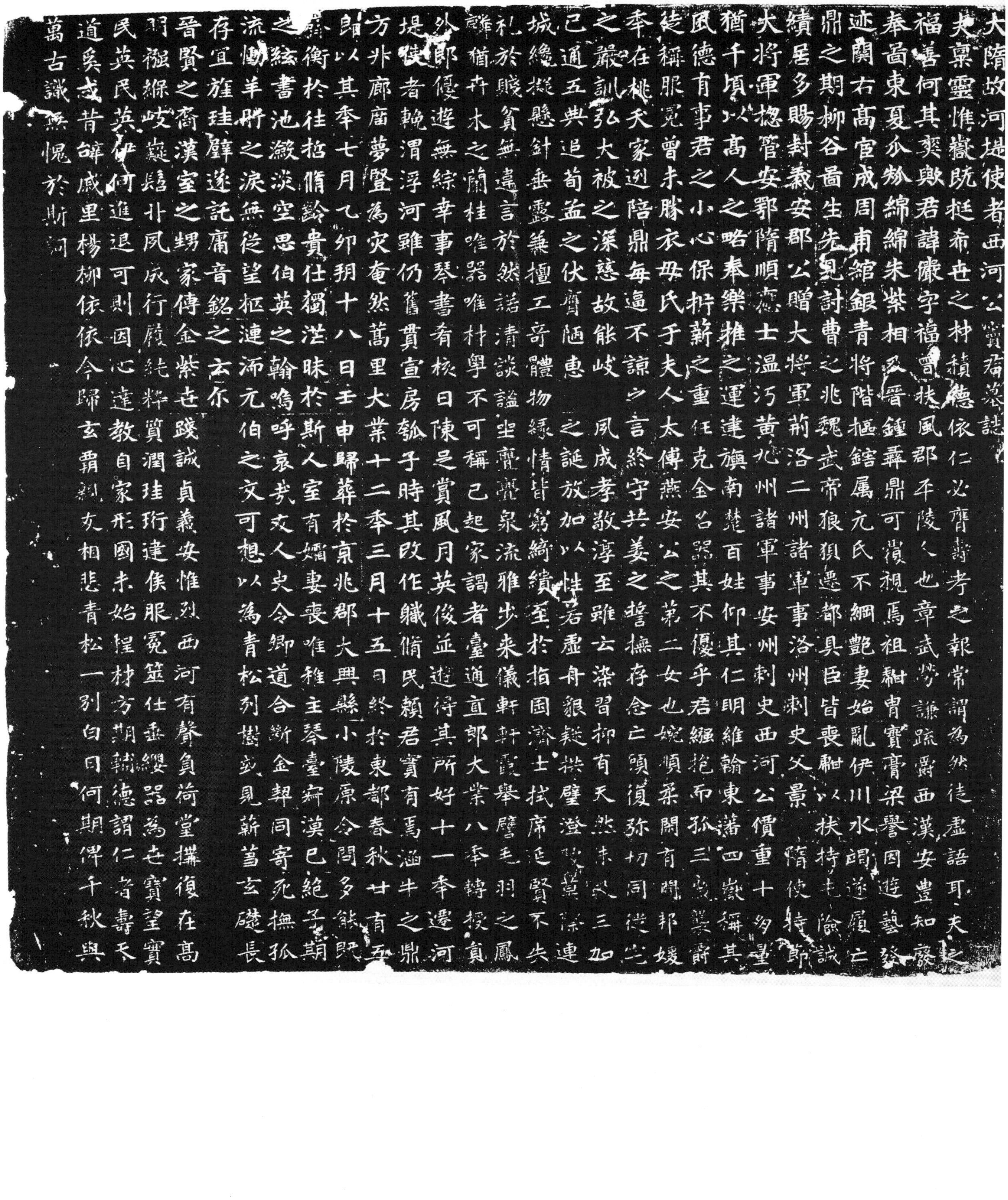

大隋故河堤使者西河公竇府墓誌
夫稟靈惟嶽既挺希世之材積德依仁必齊壽考之報常謂為然徒虛語耳夫之
福善何其爽歟君諱儼字福豐扶風郡平陵人也章武勞謙蹤爵西漢安豐知廢
奉邑東夏介紛綿綿朱紫相承晉鍾彝鼎可覆視焉祖紺曹實膏梁譽因遊藝發
迹闕右高官成周甫綰銀青將階樞鎔屬元氏不綱艷妻始亂伊川水竭遂履之
鼎之期柳谷邑生先見討曹之兆魏武帝狼狽遷都具臣皆喪紺以扶持屯險誠
績居多賜封義安郡公贈大將軍荊洛二州諸軍事洛州刺史父景　隋使持節
大將軍總管安鄂隋順德士溫汙黃九州諸軍事安州刺史西河公價重十勿量
猶千頃以高人之略奉樂推之運達旗南楚百姓仰其仁明維翰東藩四嶽稱其
風德有事君之小心保折薪之重任克全名器其不優乎君纓挖而孤三襲爵
徒稱服冕曾未勝衣母氏于夫人太傅燕安公之第二女也婉順柔閑有聞邦媛
季在桃夭家迎陪鼎每遍不諒之言終守共姜之誓撫存念之頤復弥切同從之
之嚴訓弘大被之深慈故能岐　凤成孝敬淳至雖云染習抑有天然未及三加
已通五典追荀盖之伏齊陋惠　之誕放加以性若虛舟銀嶷拱璧澄波莫際連
城總擬懸針垂露兼擅工奇體物緣情皆窮綺續至於指國濟士拭席延賢不失
禮於賤貧無違言於然諾清談謐坐齊覺泉流雅步來儀軒軒霞舉譬毛羽之鳳
辭循卉木之蘭桂唯器唯材學不可稱己起家調者臺通直郎大業八年轉授貞
外郎優遊無綜華事琴書有校日陳是賞風月英俊並遊得其所好十一年遷河
堤使者輓渭浮河雖仍舊貫宣房瓠子時其改作職脩民賴君寶有焉滔牛之鼎
方非廊廟夢豎為災奄然萬里大業十二年三月十五日終於東都春秋廿有五
即以其年七月乙卯朔十八日壬申歸葬於京兆郡大興縣小陵原令問多能既
齊衡於往哲脩齡貴仕獨浩昧於斯人室有孀妻喪唯稚主琴臺舜漢已絕子期
之絃書池潋淡空思伯英之翰嗚呼哀哉文人史令卿道合斷金契同寄死撫孤
流慟羊所之淚無從望柩連洏元伯之文可想以為青松列樹或見薪蒿玄礎長
存宜旌珪璧遂託庸音銘之云尒
晉賢之裔漢室之甥家傳金紫世踐誠貞義安惟烈西河有聲負荷堂構復在高
羽襁緥岐嶷髫丱凤成行履純粹質潤珪珩建侯服冕筮仕垂纓器為世寶望實
民英民英伊何進退可則因心達教自家刑國未始程材方期輔德謂仁者壽夭
道奚忒昔辭戚里楊柳依依今歸玄扃親友相悲青松一別白日何期俾千秋與
萬古識無愧於斯詞

説明

隋大業十二年(616)七月刻。蓋盝形,誌正方形。誌、蓋尺寸相同,邊長均58厘米。蓋文4行,滿行3字,篆書“隋故河」堤使者」西河公」竇君銘」”。誌文楷書30行,滿行31字。近年西安市長安區出土。現爲私人收藏。《隋代墓誌銘彙考》《長安新出墓誌》《長安碑刻》等著録。

釋文

大隋故河堤使者西河公竇君墓誌」

夫稟靈惟嶽,既挺希世之材;積德依仁,必膺壽考之報。常謂爲然,徒虚語耳。天之」福善,何其爽歟。君諱儼,字福曾,扶風郡平陵人也。章武勞謙,疏爵西漢;安豐知廢」,奉圖東夏。瓜瓞綿綿,朱紫相及。晉鍾彝鼎,可覆視焉。祖虪,胄實膏粱,譽因遊藝。發」迹關右,高宦成周。甫綰銀青,將階樞鍉。屬元氏不綱,艷妻始亂。伊川水竭,遂履亡」鼎之期;柳谷圖生,先見討曹之兆。魏武帝狼狽遷都,具臣皆喪。虪以扶持屯險,誠」績居多。賜封義安郡公,贈大將軍、荊洛二州諸軍事、洛州刺史。父景,隋使持節」、大將軍、總管安鄂隋順應士温沔黄九州諸軍事、安州刺史、西河公。價重十朋,量」猶千頃。以高人之略,奉樂推之運。建旟南楚,百姓仰其仁明;維翰東藩,四嶽稱其」風德。有事君之小心,保析薪之重任。克全名器,其不優乎。君繦抱而孤,三歲襲爵」。徒稱服冕,曾未勝衣。母氏于夫人,太傅、燕安公之第二女也。婉順柔閑,有聞邦媛」。年在桃夭,家迴陪鼎。每逼不諒之言,終守共姜之誓。撫存念亡,顧復弥切。同徙宅」之嚴訓,弘大被之深慈。故能岐□夙成,孝敬淳至。雖云染習,抑有天然。未及三加」,已通五典。追荀孟之伏膺,陋惠□之誕放。加以性若虚舟,貌疑拱璧。澄陂莫際,連」城纔擬。懸針垂露,兼擅工奇。體物緣情,皆窮綺繢。至於指囷濟士,拭席延賢,不失」礼於賤貧,無違言於然諾。清談謐坐,亹亹泉流;雅步来儀,軒軒霞舉。譬毛羽之鳳」麟,猶卉木之蘭桂。唯器唯材,粤不可稱已。起家謁者臺通直郎。大業八年,轉授員」外郎。優遊無綜,幸事琴書。肴核日陳,足賞風月。英俊並遊,得其所好。十一年,遷河」堤使者。輓渭浮河,雖仍舊貫。宣房瓠子,時其改作。職脩民賴,君實有焉。涵牛之鼎」,方升廊廟;夢豎爲灾,奄然蒿里。大業十二年三月十五日終於東都,春秋廿有五」。即以其年七月乙卯朔十八日壬申,歸葬於京兆郡大興縣小陵原。令問多能,既」齊衡於往哲;脩齡貴仕,獨茫昧於斯人。室有孀妻,喪唯稚主。琴臺寂漠,已絶子期」之絃;書池瀲淡,空思伯英之翰。嗚呼哀哉!友人史令卿,道合斷金,契同寄死。撫孤」流慟,羊肸之淚無從;望柩漣洏,元伯之交可想。以爲青松列樹,或見薪蒭;玄礎長」存,宜旌珪璧。遂托庸音,銘之云尔」:

晉賢之裔,漢室之甥。家傳金紫,世踐誠貞。義安惟烈,西河有聲。負荷堂構,復在高」明。襁緥岐嶷,髫丱夙成。行履純粹,質潤珪珩。建侯服冕,筮仕垂纓。器爲世寶,望實」民英。民英伊何,進退可則。因心達教,自家形國。未始程材,方期輔德。謂仁者壽,天」道奚忒。昔辭戚里,楊柳依依。今歸玄霸,親友相悲。青松一别,白日何期。俾千秋與」萬古,識無愧於斯詞」。

按

誌主竇儼,未見史籍記載。誌文所載其祖竇虪封義安郡公,贈大將軍、荊洛二州諸軍事、洛州刺史等,其父竇景任隋使持節、大將軍、總管安鄂隋順應士温沔黄九州諸軍事、安州刺史,封西河公等,竇儼本人從起家謁者臺通直郎,大業八年,轉授員外郎,到十一年遷河堤使者等任職情況,以及竇氏世系等,均可補史之闕載。

128.616　茘非明墓誌

隋故幽州安次縣令茘非明墓誌銘
君諱明字顯暉馮翊郡白水縣永安鄉
人也君結根蔥畹擢秀蘭畦無待雕磨
自成黼藻故得望重西戎襃歎東夏自
建德二年加君爲都督其德過人聞皇
三年授鎮長史逆使單于東儻不敢入
於奠陽都尉春田猶居塞表七年授善
太僕牧監君無伶猗言稱古昔十八年
轉授幽州安次縣令君莅茲善政勸彼
農桑席去珠來民豐五袴春秋六十薨
於私第夫人甯氏心明四教體備六
而能躬事組紃身安浣濯春秋五十七
奄從風燭即以大業十二年十月廿六
日合葬非永安鄉聞道之里乃爲銘曰

説明

隋大業十二年（616）十月刻。誌正方形。邊長30厘米。誌文楷書14行，滿行15字。近年渭南市白水縣出土。現存白水縣文物管理委員會。

釋文

隋故幽州安次縣令茘非明府墓誌銘」

君諱明，字顯暉，馮翊郡白水縣永安鄉」人也。君結根蕙畹，擢秀蘭畦。無待雕礱」，自成黼藻。故得望重西戎，裔標東夏。自」建德二年，加君爲都督。才德過人。開皇」三年，授鎮長史。遂使單于東獵，不敢入」於魚陽。都尉春田，猶君塞表。七年，授君」太僕牧監。君無矜矯，言稱古昔。十八年」，轉授幽州安次縣令。君莅兹善政，勸彼」農桑。虎去珠米，民豐五袴。春秋六十，薨」於私第。夫人雷氏，心明四教，體備六條」。而能躬事組紃，身安浣濯。春秋五十七」，奄從風燭。即以大業十二年十月廿六」日，合葬於永安鄉聞道之里。乃爲銘曰」。

按

誌主茘非明，未見史籍記載。茘非爲古代羌族姓氏。自東漢至魏晉南北朝數百年間，北方少數民族大量内遷，與中原漢族雜居融合。這一時期，關中地區北部的北地郡（今銅川市耀州區）爲鮮卑、氐、羌等少數民族聚集地之一。從陸續發現的各類石刻文獻資料所反映的情況來看，今銅川藥王山所存北朝石刻造像題名中就有茘非貴姬、茘非婆等。彬縣出土的造像題名碑中，可見茘非伏猥、茘非昌祖、茘非娥仁、茘非金安等。1996年在白水縣妙覺寺出土的西魏時期茘非氏造像碑題名中，有茘非廣通、茘非舍榮、茘非景袄、茘非名貴、茘非明儁、茘非清里、茘非引奴、茘非萬孫、茘非屈仇、茘非慶壽、茘非乞得、茘非永石、茘非拢副、茘非醜奴、茘非黄苟、茘非思明、茘非貴慶、茘非君海、茘非阿張、茘非趙奴、茘非明祖、茘非景圖、茘非歡祖、茘非歡明、茘非鳩支、茘非如袄、茘非暯引、茘非永孫、茘非雙樹等多人（參見陝西省考古研究所、白水縣文物管理委員會《陝西白水北宋妙覺寺塔基及地宫的發掘》，《考古與文物》2005年第4期）。由此來看，今白水縣境内亦爲北朝時期茘非氏聚居地之一。此墓誌的出土，對于研究魏晉南北朝時期少數民族與漢族聚居情況有一定的價值。

129.616　宋永貴墓誌

説 明

隋大業十二年（616）十一月刻。蓋盝形，誌正方形。誌、蓋尺寸相同，邊長均57厘米。蓋文3行，滿行3字，篆書“隋故通」議大夫」宋君誌」”。誌文楷書34行，滿行34字。有界格。墓誌周邊文字略有泐滅。出土于西安市東郊郭家灘，清光緒年間入藏西安碑林。現存西安碑林博物館。《八瓊室金石補正》《關中金石文字存逸考》《隋唐五代墓誌滙編》《西安碑林全集》《隋代墓誌銘彙考》等著録。

釋 文

隋故左禦衛府長史通議大夫宋君墓誌銘」

君諱永貴，字道生，西河郡人也。卨以敬敷五教，錫茅土而封商；湯以来蘇八遷，從先王而」居亳。洪源括地，與懸米爭深；高峰極天，共雲丘比峻。時稱冠族，世挺民英。楚客多才，周賓」在位。昌則參謀代邸，夜拜九卿；弘迺燮輔中興，職登三事。箕裘必繼，堂構莫虧。舄弈連華」，衣纓累襲。曾祖丞，桑干郡守、恒州刺史。祖業，河州刺史。褰帷作牧，分竹出守。布政有感，則」穟麥興哥；遺愛在民，則甘棠勿翦。父暉，使持節、車騎大將軍、儀同三司、鄉伯大夫、萬年縣」開國子。持節假奉使之威，將軍實爪牙是任。苴茅土而開國，均儀服於台堦。光覆五宗，貴」延百世。君擢幹芳苑，耀質驪淵。稟庭訓而知言，奉家聲而立德。風神閑雅，播自齠年。書劒」明能，聞諸學歲。既而振纓来仕，解褐登朝。以周天和四年，出身授殄寇將軍、强弩司馬。大」象元年，任右宫伯、右侍散二命士。二年，遷大馭都下士。力堪引强，威能殄寇。雖非右職，允」此嘉名。所奉二君，歷應四選。既仕不擇時，官未爲達。曠大才於高位，沉英俊於下僚。周德」之衰，所由来矣。及」皇基肇創，神武膺期。則哲自天，官人有敘。開皇六年，引授殿内將軍。九年，詔授蒲坂縣」開國子。其年，加授儀同三司，出爲蕃禾鎮將。殿内則出入卧内，儀同則具擬台司。將軍，朝」廷之虎臣；鎮將，京畿之虎落。出撫則旍旄疊映，入侍乃環珮交暉。十四年，蒙授婺州長史」。十七年，詔授觀州司馬。大業三年，改授慶州司馬。累遷朝請大夫、漢川贊治。贊邦佐治」，自郡遷州。慈惠以撫細民，温恭而待國士。示賒以儉，糺猛以寛。煦之以春陽，威之以秋霜」。潤洽傍鄰，時稱善政。五年，入爲左禦衛長史。三軍務重，六衛爲最。總管營校，兼臨卒伍。教」戰勿失，閲武以時。八年，天子親臨遼隧，問罪燕郊。分命方叔，長驅被練。四綱周設」，一鼓而摧。以勳進授通議大夫，長史如故。十年，從駕北巡，言經朔野，不幸搆疾，終於樓」煩郡，春秋五十有四。君少而沉愸，長而弘深。英猛冠時，清華映世。堤封峻而不測，牆宇高」而莫窺。自國自家，至誠至孝。可畏可愛，爲政爲德。清白以遺子弟，澹雅以交友朋。入其室」者，鬱若芝蘭之芳；與其遊者，自染朱藍之色。歷官兩代，從宦十遷。在軍在國之容，允武允」文之藝。出臨九縣九，則民吏扇其風；入佐六軍，則貔虎資其略。何常不竭誠盡義，虔奉憲」章。謹齪勞謙，以全名節。九德備舉，百行無虧。可謂令問令望、有始有卒者矣。以大業十二」年歲次丙子十一月癸丑朔廿一日癸酉，歸葬於京兆郡長安縣龍首鄉之山。柏庭遐阻」，蒿里幽深。九原無可作之期，千年絶見日之義。人間易遠，身世難追，歲月不居，山河莫顧」。世子匡節，酷此茹荼，崩心泣血。風樹之感，萬古踰深。霜露之悲，百身弥切。庶傳盛德，敬勒」泉隅。文曰：

天降玄鳥，神呈白狼。佐禹惟卨，革夏伊商。極天峻峙，控地靈長。或升或」降，且公且王。有客有容，俾建其侯。祚土于宋，作賓于周。禮樂尚在，英靈可求。郢都賞賦，代」國申謀。爰息迺祖，褰帷出撫。弈世載德，重規疊矩。顯考標秀，揚庭接武。服衮儀司，苴茅開」宇。惟君篤生，惟民之英。松柏在性，金石有聲。允諧文武，藉甚公卿。表光内潤，入孝出誠。妙」年筮仕，飛纓即政。爲臣擇君，去危歸聖。飾像三台，官成四命。行標世範，德流民詠。昊天不」憖，折桂銷芳。泉幽隧古，風悲樹涼。寒來暑謝，地久天長。遺德不朽，斯文永彰」。

按

誌主宋永貴及其曾祖宋丞、祖宋業、父宋暉，均未見史籍記載。誌所載其世系、職官、封賜等，均可補史載之闕。關于此誌之考證，參陸增祥《八瓊室金石補正》。因墓誌鑲嵌于牆壁，故四周文字略有泐滅，不清晰處釋文依陸增祥《八瓊室金石補正》卷二八。

130.618　梁明達墓誌

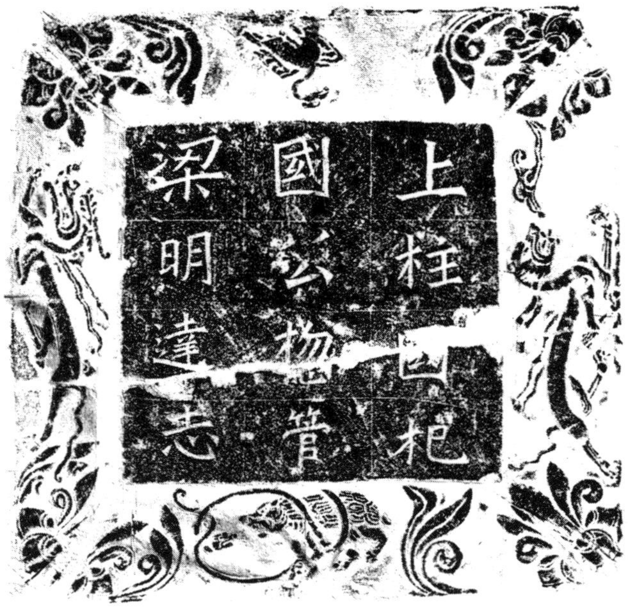
上柱國杞
國公總管
梁明達志

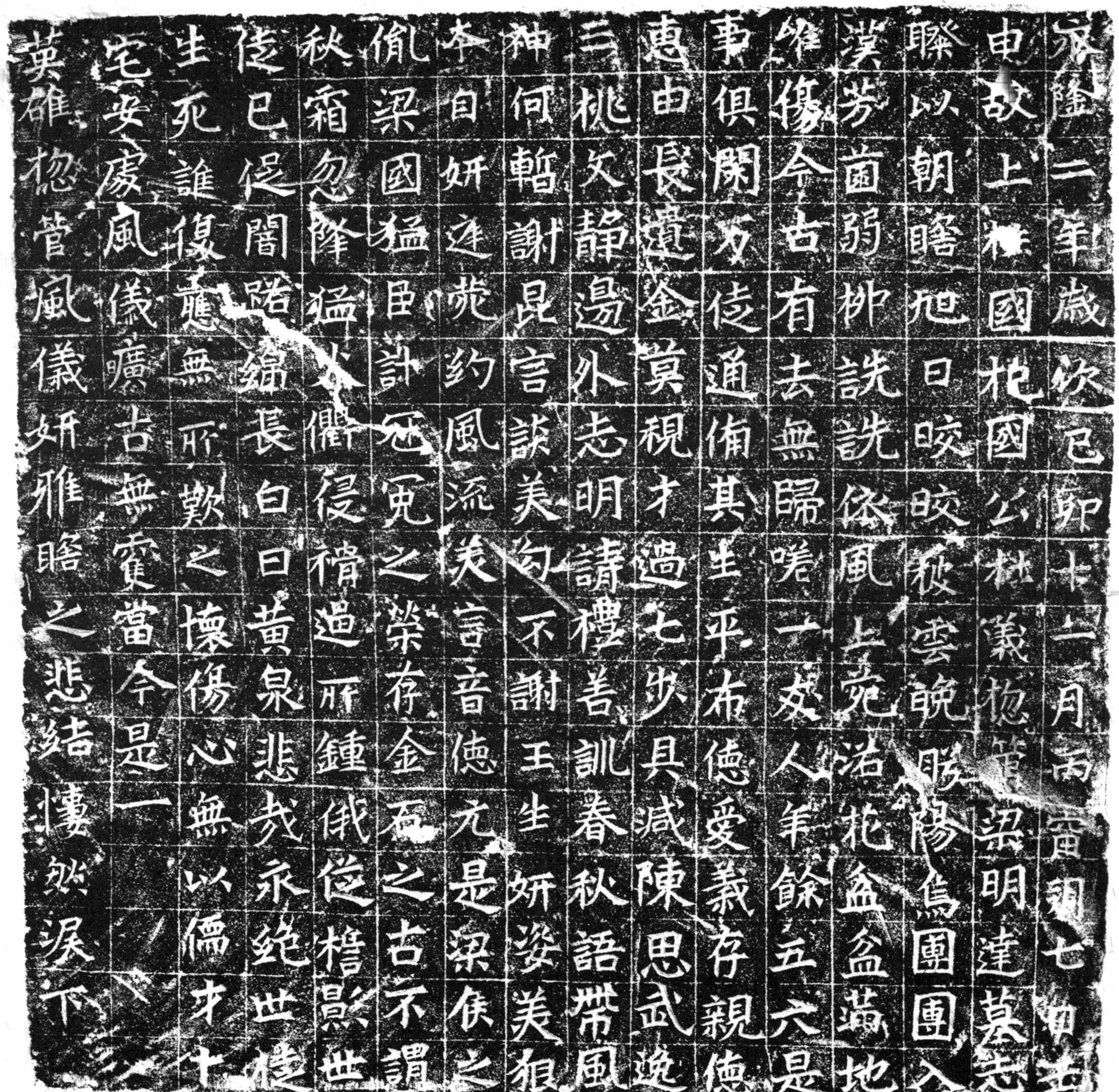
永隆二年歲次己卯十二月丙寅朔七日壬
申故上柱國杞國公桃儀總管梁明達墓志
聯以朝瞻旭日皎皎被雲晚暎陽烏團團入
漢芳菌弱柳詵詵偺風上苑諸花盈盈滿地
雖傷今古有去無歸嗟一友人年餘五六是
事俱闕不使通備其生平布德愛義存親德
惠由長遺金莫覩才過七步具滅陳思武逸
三桃文靜邊外志明請禮善訓春秋語帶風
神何暫謝昆言談美句不謝王生妍姿美狠
本自妍達蒞約風流美言音德允是梁侯之
佩梁國猛臣計冠冤之榮存金石之古不謂
秋霜忽降猛將儬侵禮過所鍾俄從楷影世
徒已促闇蹐縮長白曰黃泉悲哉永絕世徒
生死誰復應無所歎之懷傷心無以儒才十
宅安處風儀曠古無霓當今是一
英雄總管風儀妍雅瞻之悲結悽然淚下

説明

梁永隆二年（618）十一月刻。蓋盝形，誌正方形。蓋邊長56厘米，誌邊長58厘米。蓋文3行，滿行4字，楷書“上柱國杞」國公總管」梁明達志」”。誌文楷書16行，滿行17字。有界格。蓋殺面淺浮雕陽刻四神圖及花草紋。早年出土于陝北榆林。現存榆林市文物保護研究所。《榆林碑石》《隋代墓誌銘彙考》著録。

釋文

永隆二年歲次己卯十一月丙寅朔七日壬」申故上柱國杞國公杜義總管梁明達墓志」

聊以朝瞻旭日，皎皎披雲。晚昑陽烏，團團入」漢。芳茵弱柳，詵詵依風。上菀落花，盆盆滿地」。唯傷今古，有去無歸。嗟一友人，年餘五六。是」事俱閑，万徒通備①。其生平布德，愛義存親。德」惠由長，遺金莫視。才過七步，具減陳思。武逸」三桃，文靜邊外。志明詩禮，善訓春秋。語帶風」神，何暫謝昆。言談美句，不謝王生。妍姿美貌」，本自妍庭。菀約風流，美言音德。元是梁侯之」胤，梁國猛臣。計冠冕之榮，存金石之古。不謂」秋霜忽降，猛火衢侵②，禍逼所鍾，俄從誓影③。世」徒已促④，闇路綿長。白日黄泉，悲哉永絶。世徒」生死誰復⑤，應無所歎之懷。傷心無以儒才，卜」宅安處風儀。曠古無雙，當今是一」。

英雄總管，風儀妍雅。瞻之悲結，悽然淚下」。

校勘記

①④⑤徒，據文意當同“途”。

②衢，據文意當同“遽”。

③誓，據文意當同“逝”。

按

誌主梁明達，未見史籍記載。誌題之“永隆”，爲隋末叛將梁師都僭號稱帝之年號。《舊唐書·梁師都傳》載：“梁師都，夏州朔方人也。代爲本郡豪族，仕隋鷹揚郎將。大業末，罷歸。屬盜賊群起，師都陰結徒黨數千人，殺郡丞唐宗，據郡反。自稱大丞相，北連突厥。隋將張世隆擊之，反爲所敗。師都因遣兵掠定雕陰、弘化、延安等郡，於是僭即皇帝位，稱梁國，建元爲永隆。”梁師都永隆政權所據雕陰、弘化、延安等郡，大體相當于今陝西省延安市、榆林市以及甘肅省慶陽縣部分地區。“永隆”之年號自公元617年起，至唐貞觀二年（628）止，前後共十二載。

今陝西境内出土以“永隆”年號紀年之墓誌尚有永隆十一年（627）《僖恭墓誌》，蓋文篆書“大梁上柱國陽邑僖公墓誌銘”，早年出土于榆林市靖邊縣，現存榆林市文物保護研究所，《榆林碑石》著録。